T0119199

V&R

Forschungen zur systematischen und ökumenischen Theologie

Herausgegeben von
Christine Axt-Piscalar und Gunther Wenz

Band 108

Vandenhoeck & Ruprecht

Die Ethik Martin Luthers

dargestellt von

Max Josef Suda

Vandenhoeck & Ruprecht

Bibliografische Information Der Deutschen Bibliothek

Die Deutsche Bibliothek verzeichnet diese Publikation in der
Deutschen Nationalbibliografie; detaillierte bibliografische Daten sind
im Internet über <http://dnb.ddb.de> abrufbar.
ISBN 3-525-56337-X

Inhalt

Vorwort

Was hier versucht wird, ist eine kurze Darstellung der Ethik Luthers von ihren Quellen her, die seit dem Buch von Paul Althaus: Die Ethik Martin Luthers, 1965, nicht mehr geschrieben wurde.

Der vorliegende Text geht im Wesentlichen auf Vorlesungen zurück, die ich an der Evangelisch-Theologischen Fakultät der Universität Wien gehalten habe. Mein Bemühen ist, einerseits die Ethik Luthers aus ihrer Zeit heraus verständlich zu machen und andererseits die Unterschiede von Luthers ethischen Auffassungen zur Gegenwart zu erörtern, und das bedeutet, auf das Konfessionelle, aber auch das Überkonfessionelle von Luthers Einsichten in die Gewohnheiten, Fehler, Sitten, Ziele und Illusionen von handelnden Menschen zu verweisen.

Nähert man sich dem Werk Martin Luthers, dann erkennt man bald: Es handelt sich um einen Ozean! Anfangs war ich froh, wichtige Schriften Luthers in den acht Bänden der Ausgabe „Luthers Werke in Auswahl" von Otto Clemen kennenzulernen. Der über Luther Schreibende kann sich allerdings die über 100 Bände der „Weimarer Ausgabe" nicht ersparen, kann sie aber auch nicht vollständig ausschöpfen, wenn auch – um im Bild zu bleiben – die Navigation auf diesem Ozean durch die 2001 bei Chadwyck-Healy erschienenen beiden CD-Roms wesentlich erleichtert wurde. (Bei vielen Zitaten habe ich die Angabe nach Clemen zusätzlich beibehalten.) Wichtig zur Orientierung bleibt weiterhin auch Kurt Alands „Hilfbuch zum Lutherstudium".

Neben solchen eher technischen Hilfsmitteln benötigt man freilich Leitsterne der Orientierung. Dies bot mir zuerst die Luther-Interpretation im Werk von Karl Barth, die mir durch meine akdemischen Lehrer Wilhelm Dantine und Kurt Lüthi in Wien und Jacques de Senarclens in Genf vermittelt wurde. Karl Barth lag bekanntlich kontinuierlich im Streit mit den „Neuprotestanten", die, geprägt durch Aufklärung, Idealismus und historische Kritik, vieles zur Aneigung Luthers in der jeweiligen Zeitsituation, möglicherweise aber auch ein Zuviel an „Modernisierung" Luthers getan haben. Inzwischen lese ich jeden Satz Luthers dreimal: einmal mit der antineuprotestantischen Brille, dann mit der neuprotestantischen, und zuletzt mit meiner eigenen. Stark beeinflusst haben mich auch die Arbeiten der Lutherforscher Gerhard Ebeling und Bernhard Lohse ...

Eines ist klar: So offen Luthers ethische Überlegungen dafür waren, allgemein-menschliche und philosophische Gedanken zur Beurteilung unseres Lebens und Handelns einzubringen, seine Ethik ist aufs engste mit seiner Theologie verbunden, ja die Hauptinhalte und -interessen von Luthers Theologie spiegeln sich getreulich in seiner Ethik wider, als da sind: 1.) das

Gesetz, wie es aus dem Alten und Neuen Testament, aber auch aus dem Naturrecht erhoben werden kann und durch die Jahrhunderte hindurch angewandt wurde; die paulinische Gesetzeskritik und Luthers Verständnis von
Gesetz und Gesetzeskritik, 2.) das Evangelium als Mittelpunkt von Luthers
Theologie, das Luther als Rechtfertigung des am Gesetz gescheiterten
Menschen, als Sündenvergebung, gegenseitige Verzeihung und Anfang eines erneuerten, guten Leben auslegt, und 3.) der Beruf = die Berufung,
durch die jeder und jede durch Gottes Rechtfertigung, sprich: im Glauben
an diese Rechtfertigung, zur Mitarbeit mit Gott befähigt wird.

Die Zitate aus Luthers deutschen Schriften sind ein Problem: Werden sie
aus Luthers Frühneuhochdeutsch in unsere heutige Sprache transformiert,
wie das in manchen Publikationen über Luther geschieht, dann täuscht das
darüber hinweg, dass uns ein halbes Jahrtausend vom Reformator trennt.
Ich denke, es ist besser, sich anhand von Luthers Sprache seine relative
Fremdheit bewusst zu halten, dabei aber die unvergleichliche Aussagekraft
seines Deutschen auf sich wirken zu lassen. Deshalb habe ich in Luthers
deutschen Schriften nur ganz leicht geglättet, und zwar habe ich u und i
stets für den Vokal, v und j für den Konsonanten gesetzt. Manche allzu
fremden Wörter oder Wortformen habe ich in spitzen Klammern erklärt.
Die lateinischen Texte wurden von mir in Anmerkungen übersetzt, griechische Wörter in lateinischer Umschrift wiedergegeben.

Zu danken habe ich den Hörern und Hörerinnen aus meinen Vorlesungen für so manche Fragen, Anregungen und Diskussionen. Herr Christian
Danz hat sich die Zeit genommen, Fragen der Luther-Interpretation mit
mir durchzubesprechen, Herr Jörg Persch im Verlag Vandenhoeck & Ruprecht hat freundlicher Weise Interesse an diesem Buch gezeigt, Herr Gunther Wenz die Aufnahme des Buches in die Reihe „Forschungen zur systematischen und ökumenischen Theologie" befürwortet. Ursula, die beste
Ehefrau von allen, hat mit mir das Register dieses Buches erstellt und die
Druckfahnen gelesen.

Wien, am 1. Juli 2005   Max Josef Suda

Einleitung: Annäherung an Luthers Ethik

Zur Annäherung an Luthers Ethik sollen am Beginn dieser Darstellung auch ein paar Worte zur Annäherung an die Ethik überhaupt gesagt werden.

Ethik wird schon sehr lange betrieben; der Begründer der Ethik war Aristoteles, der im 4. vorchristlichen Jahrhundert lehrte und schrieb. Sein einschlägiges Hauptwerk ist die „Nikomachische Ethik". Luther war ein bedeutender Kritiker des aristotelischen Gerechtigkeitsbegriffes – was ich weiter unten noch ausführen werde. Freilich wollte er sich letztlich nicht dagegen stemmen, dass im Rahmen des Siegeszuges des Humanismus auch wieder die Ethik Aristoteles' an der Universität von Wittenberg – durch Melanchthon – vorgetragen wurde.

Heute steht die Ethik freilich vor ganz anderen, nämlich den spezifischen Problemen unserer Zeit. Eines dieser Probleme ist das Nebeneinander von verschiedenen ethischen Konzepten. Dies kann man „ethischen Pluralismus" nennen, der bedingt, dass wir weder die Ethik Luthers zur alleinig gültigen erklären, noch die anderen Ethiken verschwinden lassen können.

Aus den verschiedenen religiösen, philosophischen und lebensweltlichen Traditionen kommen in der heutigen globalisierten Weltgesellschaft viele „Ethiken" zusammen. Diese Situation ist uns noch genauso ungewohnt wie die Verwendung des Plurals „Ethiken". Einerseits sind die verschiedenen, zum Teil gegensätzlichen, „Ethiken" durch den ethischen Pluralismus gegeneinander relativiert, und dadurch ist die Überzeugungskraft jeder ethischen Position gemindert; andererseits aber ist der Pluralismus ein Ausdruck der Freiheit, eines der obersten ethischen Werte. Auf die Thematik der Freiheit werde ich noch mehrmals zurückkommen ...

Jetzt möchte ich angeben, was denn die Ethik nach ihrem Begriff und im Allgemeinen ist.

a) Was ist Ethik?

Es scheint selbstverständlich zu sein, dass „Ethik" eine Wissenschaft bezeichnet, gleichwohl ist es nicht überflüssig, dies zu betonen. Die meisten Menschen verwenden nämlich das Wort „Ethik" im Sinn einer Sammlung von sozial notwendigen und nützlichen Lehren, die man von Kindesbeinen an lernen sollte; dann wäre Ethik ein System von Imperativen. Deshalb bringen sie „Ethik" immer wieder mit der Übernahme von Gesetzen, Regeln und Normen zusammen, auch die evangelische Ethik. Dies ist nicht zu verhindern, jedoch sehr problematisch. Luther war einer der schärfsten Kritiker des *Gesetzes* (im biblischen, aber auch in einem allgemeineren Sinne), daher ein Kritiker jeder Art von Gesetzlichkeit. Selbstverständlich *denkt* Luther über das Gesetz *nach* – nämlich im Verhältnis des Gesetzes zum Evangelium. Dabei ist das Entscheidende für Luther, dem Evangelium im Leben zur Geltung zur verhelfen. Dies muss auch für die Ethik von größter Wichtigkeit werden. Wie das geschehen kann, dem ist ein wesentlicher Teil der folgenden Ausführungen gewidmet.

Die Wissenschaft der Ethik wurde, wie schon erwähnt, vom antiken Philosophen Aristoteles (384–322 v.Chr.) begründet, und seine „Nikomachische Ethik" ist und bleibt eines der wichtigsten ethischen Bücher. Liest man dieses Werk, dann findet man, dass Ethik in Überlegungen, Analysen und Reflexionen über das menschliche Handeln besteht. Die Menschen, die Aristoteles beobachtete, und deren Handeln er analysierte, waren Menschen der griechischen Polis. Sie hielten sich zumeist an ein bestimmtes *Ethos*. Im Griechischen gibt es zwei Varianten des Wortes Ethos: *ethos* mit dem Buchstaben Epsilon heißt soviel wie „Wohnstätte, Ge*wohn*heit, Sitte"; mit dem Buchstaben Eta bedeutet das Wort fast dasselbe, legt aber die Betonung auf „Sitte, Sittlichkeit und Charakter". In beiden Varianten bezeichnet *Ethos* dasjenige, was *man* gewöhnlich tut.

Der Begriff *Ethik* nun leitet sich vom Adjektiv *ethikos, -e, -on* ab, und Ethik wird seit Aristoteles als Plural dieses Adjektivs, *ta ethika* = das Ethische oder „die ethischen Angelegenheiten" verstanden. Es liegt aber auch nahe, das Adjektiv *ethikos, -e, -on* Substantiven zuzuordnen, und dann kann man Ethik auch als eine Abkürzung der Wortverbindung *ethike episteme*, bzw. *ethike theoria* = ethische Wissenschaft lesen. Die *ethike episteme* reflektiert darüber, was, wie und warum denn nun etwas Sitte (Ethos) ist. Ethik ist daher prinzipiell nie selbst Sitte oder Verhalten, sondern die Reflexion darüber, obwohl man sekundär und ungenau doch wieder von einem „ethischen" bzw. „unethischen" Menschen, Verhalten etc. spricht, und dann nicht mehr die Reflexion, sondern die Qualität von Handlungen und Einstellungen meint. Die ethische Reflexion kann das vorhandene Ethos bejahen oder zu einem neuen Ethos führen, vielleicht sogar zu einem „Weltethos"[1], zumeist aber dient sie Individuen und/ oder Gruppen zur Beurteilung von eigenen und fremden Handlungen und Orientierung in der „Lebensführung" (Rendtorff).

Übrigens hat der Begriff *Moral* die gleiche Bedeutung wie Ethik, nur dass *Moral* von einem lateinischen Wort, nämlich *mos* (Gewohnheit, Sitte), abgeleitet ist. Das Adjektiv *moralis* verlangt dann ähnlich wie *ethike* nach einer Ergänzung. Sie findet sich in moralis *philosophia*. Wie *Ethik* ist also auch *Moral* prinzipiell nie selbst Sitte oder Verhalten, sondern die Reflexion darüber („prinzipiell" deshalb, weil man im heutigen Sprachgebrauch eben doch verflacht von Moral als Verhalten spricht). In manchen Ethiken

---

[1] Küng (2002).

wird ein Unterschied zwischen den Begriffen Ethik und Moral gemacht. In dieser Darstellung gebrauche ich vorwiegend die Bezeichnung „Ethik" und unterscheide „Ethik" nicht grundsätzlich von „Moral".

Weder nach Aristoteles noch nach Luther ist Ethik eine Ansammlung von Geboten, wie man leben solle. Bei Luther würde ein solches Verständnis von Ethik schon deshalb völlig verkehrt sein, weil es seine Berufung auf das Evangelium unberücksichtigt ließe. Das Evangelium ist nach Luther *Befreiung vom Gesetz*. Eine Art Rückbindung ans Gesetz bleibt aber insofern bestehen, als der/ die vom Gesetz Befreite stets weiß, *wovon* er/ sie frei ist. *Luthers Ethik ist Reflexion sowohl über das Gesetz als auch über die Freiheit vom Gesetz, also über das Evangelium.* In ihrem Reflektieren – nicht in ihrem Inhalt – gleicht Luthers Anstrengung der von Aristoteles.

Man tut sich allerdings schwer, Luthers Ethik genau in demselben Maße eine „wissenschaftliche" Ethik zu nennen wie diejenige des Aristoteles. Luther war, wie erwähnt, ein Kritiker der aristotelischen Ethik und hat keinen gesteigerten Wert darauf gelegt, „wissenschaftlich" ausgewiesener Ethiker zu sein. Luther verstand sich in erster Linie als Exeget und Reformator der Kirche – freilich, als Ausleger von Gesetz und Evangelium hatte und hat er zur Ethik sehr viel zu sagen. Da aber Luther kein Werk mit dem Titel „Ethik" verfasst hat, spreche ich lieber davon, dass die Ethik bei Luther „Reflexion", als dass sie „Wissenschaft" sein will.

So wenig Luther an der Entwicklung einer besonderen „Wissenschaft der Ethik" gelegen war, so interessant wurde hingegen diese Wissenschaft später, zumal in der Moderne, d. h. seit der Aufklärung – auch in der theologischen Aufklärung und im Neuprotestantismus. Nachdem Kant die Morallehre bzw. Ethik faktisch zur Grundlage von Religionsphilosophie und Theologie erklärt hatte,[2] wurde die Ethik bei manchen Theologen zur Grundwissenschaft,[3] aber nicht nur bei Theologen, sondern in den Köpfen vieler aufgeklärter Menschen, zumal der Protestanten. Diese bemerkenswerte Hinwendung der Moderne zur Ethik wird verstehbar, wenn wir sie einmal vom *Pathos* des weltverändernden *Tuns* her begreifen (Goethes Faust verkündet: „Am Anfang war die Tat"), zum andern aber aus dem *Pathos der Freiheit*. Ethik in der Tradition von Kant ist ja Bestimmung der eigenen Pflichten in Freiheit, und damit überhaupt Selbstbestimmung in Freiheit. Luther hat nun insofern auch für die Stellung der Ethik nach der Aufklärung hohe Bedeutung, als er (z. T. mit Recht, z. T. mit Unrecht) sowohl zum Tatmenschen als auch zum Heros der Freiheit und Neubegründer der Ethik am Beginn der Neuzeit deklariert wurde.[4]

---

[2] Kant (1794).

[3] Z. B. bei Rothe (1845/1848, 1867/1871).

[4] Noch Karl Holl, der eine „Luther-Renaissance" in Gang setzte, hat, wenn er Luther einen „Neubau der Sittlichkeit" zuschreibt, den Reformator mit der neuprotestantischen Brille gelesen. Siehe: Holl (1918 = [7]1948).

b) Die Doppeldeutigkeit von Freiheit

Freiheit, wie wir den Begriff in der Gegenwart theoretisch und praktisch einsetzen, ist ein doppeldeutiger Begriff. Sie kann in einem *christlichen*, aber auch *antichristlichen* Sinne verstanden werden. Genauer: Freiheit ist einerseits innerhalb der Geschichte des Christentums entstanden und immer noch mit ihr verknüpft, andererseits ist der Freiheitsbegriff zur Zeit der Aufklärung im Kampf gegen das „ancien régime" benutzt und gegen die Bevormundung durch die christlichen Kirchen und ihre Ethik angewendet worden. Diese Doppeldeutigkeit (oder Dialektik, Ambivalenz, Paradoxie der Freiheit) wird sie nie loswerden: Freiheit heißt, Beherrschung nicht zu dulden, trotzdem aber soziale Bindungen zu brauchen, in denen Herrschaft in der einen oder anderen Form vorkommt. Freiheit heißt weiterhin, keine Regeln von außen zu akzeptieren, gleichwohl aber auf der Suche nach Regeln zu sein, die man sich zwar autonom *gibt*, in Wahrheit aber von anderen (z. B. aus der Bibel, aus der Natur, d. h. aus einem philosophisch verstandenen Naturrecht oder aus der griechischen Moralphilosophie) *übernimmt*. Freiheit heißt, sich selbst bestimmen zu *können*, aber eigentlich gar keine andere Möglichkeit zu haben, d. h. sich selbst bestimmen zu *müssen*.

Am Thema Freiheit steigen wir bereits ein erstes Mal mit Luther in die Auseinandersetzungen um die Ethik ein, denn Luthers Schrift „Von der Freiheit eines Christenmenschen", 1520, eine seiner bekanntesten, führt nicht ohne Grund den Begriff *Freiheit* im Titel; aber Luther kommt uns in dieser Schrift auch sofort in die Quere, da er gleichbedeutend neben die Freiheit die „Dienstbarkeit" stellt: „Eyn Christen mensch ist eyn freyer herr ueber alle ding und niemandt unterthan. Eyn Christen mensch ist eyn dienstpar knecht aller ding und yderman unterthan."[5] Und frei ist ein Christenmensch auch nur in Hinsicht seiner Seele, und die Seele hat „keyn ander dinck, widder yn hymel noch auff erden, darynnen sie lebe, frum, frey und Christen sey, den das heylig Evangely, das wort gottis von Christo gepredigt."[6]

Luthers Ethik lehrt nicht die moderne Autonomie. Die Freiheit, die Luther vertritt, ist *Freiheit von der Sünde*, ja sogar *Freiheit vom Gesetz*, die durch das Evangelium entsteht, aber nicht Wahlfreiheit (liberum arbitrium), sodass etwa der Mensch entscheiden könnte, ob das Gesetz gelte oder nicht, ob Gott existiere oder nicht ... Luthers Freiheit ist folglich nicht – wie diejenige Kants – Autonomie (= Selbstgesetzgebung); insofern ist Luther nur sehr bedingt als Vorläufer der Moderne und nur sehr bedingt als moderner Mensch anzusprechen.

Luthers Freiheitsbegriff führt uns zwar in einem ersten Zugang mitten in die Moderne hinein, reißt uns aber auch wieder aus ihr heraus, bevor wir uns noch gemütlich in ihr eingerichtet haben, oder *sobald* wir uns in ihr ein-

---

[5] WA 7, 21, 1ff.
[6] WA 7, 22, 3ff.

gerichtet haben, und versetzt uns in die „herrliche Freiheit der Kinder Gottes" (Röm. 8,21),[7] die gar kein modernes, sondern ein altes, und doch immer wieder neues Thema des Christentums ist. Ganz dieselbe Sache, Freiheit von Sünde, Gotteskindschaft, d. h. in Einheit mit Gott zu leben, konnte
der Reformator 1525 in seiner Schrift gegen Erasmus „De servo arbitrio"
(Vom versklavten Willen) paradoxer Weise als Unfreiheit beschreiben.

Die Gleichsetzung von Freiheit und Unfreiheit in „De servo arbitrio" bedeutet folgendes: Wer Gott kennt, besser: von Gott erkannt ist (1. Kor.
8,2f; 1. Kor. 13,12; Gal. 4,9; Phil. 3,12), wer sein Leben in Einheit mit
Gott lebt, hat gar nicht den Wunsch, sich gegen Gott zu entscheiden, und
wird deshalb von außen als schlechthin unfrei angesehen, ja sieht seine
Freiheit sogar selber als Unfreiheit an. Die Rechtfertigung als Gerecht-ge-
sprochen-Werden durch Gott verschafft dem Gerechtfertigten einen solchen Status an Freiheit, dem gegenüber alles andere Unfreiheit wäre, daher
will niemand in freier Wahl die Möglichkeit wahrnehmen, aus der Freiheit
herauszutreten, er/sie ist daher mitnichten frei, die Freiheit zu verlassen.
Dieses unauflösliche Ineinander von Freiheit und Unfreiheit in der Gottesbeziehung des Menschen wurde vor ihm von niemandem so scharf wie *von*
Luther artikuliert. In nicht-theologischer Perspektive kommt jedoch Jean-
Paul Sartre im 20. Jahrhundert zum selben Ergebnis: „Ainsi, sur quelque
plan que nous nous placions, les seules limites qu' une liberté rencontre, elle
les trouve dans la libertée ... la liberté ne peut être limitée que par la liberté
et sa limitation vient, comme finitude interne, du *fait* qu' elle ne peut pas ne
pas être liberté, c' est-à-dire qu' elle se condamne à être libre."[8] – Sogar
wenn Sartre sagt, wir seien zur Freiheit verurteilt, trifft er sich mit Luther.
Auch Luthers Rechtfertigungsbegriff beinhaltet ein Urteil, und zwar ein
endgültiges, ein „Ver-Urteil" (die Silbe *ver* bezeichnet etwas Perfekti-
sches), nur dass Luthers Freiheitsbegriff anscheinend positiv, derjenige Sartres negativ gemeint ist. Bei näherem Hinsehen löst sich dieser Anschein
aber auf: Luthers Freiheit, die die Gläubigen weder verlassen wollen noch
können, ist Abhängigkeit von Gott, Sartres Freiheit ist der ebensowenig zu
verlassende Raum, in dem sich unsere Existenz entfaltet.

Für gläubige wie säkulare Menschen gibt es dasselbe Beispiel einer Erfahrung des Ineinanders von Freiheit und Unfreiheit, nämlich in einer Lie-
besbeziehung (ein Beispiel, das übrigens auch Luther herangezogen hat):
Bindung durch Liebe bedeutet ein Glück, das nicht im geringsten als Unfreiheit empfunden wird, obwohl Bindung wegen des Aufeinander-Ange-

---

[7] Luthers Übersetzung für griechisch *eleutheria tes doxes ton teknon tou theou* (wörtlich:
Freiheit des Glanzes der Kinder Gottes); Hieronymus übersetzt wörtlicher: libertas gloriae fi-
liorum Dei.

[8] Sartre (1943), 583 („Daher, auf welche Ebene wir uns auch stellen, die einzigen Grenzen,
auf die eine Freiheit stößt, findet sie in der Freiheit. ... die Freiheit kann nur durch die Freiheit
begrenzt werden, und ihre Begrenzung kommt, als innere Endlichkeit, aus der *Tatsache*, dass
sie nicht nicht Freiheit sein kann, d. h. dass sie sich selber dazu verurteilt, frei zu sein.").

wiesenseins doch Unfreiheit ist. Liebe ist also Freiheit und Unfreiheit in einem.

In erster Annäherung an Luthers Ethik wäre hiermit zu sagen: Luthers Ethik ist eine Ethik der Freiheit – Freiheit stets aber im Sinne des Geschenks des Gerechtseins, der Freiheit von Sünde und aus dem Evangelium, Freiheit als Leben in der Gottesbeziehung, nicht aber im modernen Sinne als Autonomie oder „Selbstverwirklichung". Da die Gottesbeziehung des Menschen mit dem Wort „Glauben" ausgedrückt werden kann, ist Luthers Ethik daher auch eine Reflexion über das Leben aus dem Glauben.

Obwohl die Leser dieser Zeilen sicher alle an einer Reflexion über das Leben aus dem Glauben interessiert sind, muss ich sie vor einigen *Schocks* warnen, die ihnen Luther versetzen wird. Denn Luther ist uns manchmal ziemlich fern, und wir sollen diese Ferne auch wahrnehmen und uns nicht über sie hinwegschwindeln. Luthers Ethik ist daher zwar für evangelische Christen eine tonangebende, aber trotzdem eine *historische* Position. Wir können und sollen uns nicht zu schnell mit Luther und seinem ethischen Ansatz identifizieren. Luther, seine Theologie und Ethik sind im Grunde vormoderne Erscheinungen. Luther konnte z. B. direkter als wir Späteren von Gott und seinem Wort als fassbarem Gegenüber sprechen, er konnte unmittelbarer als wir an den Glauben appellieren, er konnte wie selbstverständlich dort und da den Teufel am Werk sehen, und er konnte äußerst strenge Strafen wie die Todesstrafe (z. B. bei Ehebruch) fordern. Wir hingegen sind durch Aufklärung, Bibel- und Religionskritik sowie Toleranz hindurchgegangen und sollten nicht den Versuch machen, das Rad der Geschichte zurückzudrehen. Wird ein solcher Versuch gemacht – und das geschieht in den christlichen, islamischen oder hinduistischen Fundamentalismen, dann kommt es stets zu zweifelhaften Ergebnissen – Luther würde übrigens alle religiösen Fundamentalismen als unevangelisch und „gesetzlich" zurückweisen.

Es gibt aber eine wichtige moderne Erscheinung, an der wir eine Vermittlung zwischen Luther und uns versuchen können: der Individualismus. Der moderne Freiheitsbegriff lässt sich als Individualismus auslegen: als individuelle Glaubens- und Religionsfreiheit, als „Individualitätskultur" (Falk Wagner)[9], als Freiheit zur individuellen „Lebensführung" (Rendtorff)[10]. In Zeiten der viel strengeren Bindungen (Sklaverei, Leibeigenschaft, Feudalherrschaft, Zunftwesen) wurden die Menschen im Gegensatz zu heute mehr von anderen geführt, als dass sie ihr Leben führen konnten. In dieser Situation erlebten sich die Menschen in religiöser und bildungsmäßiger Hinsicht von Luther zur Entwicklung ihres Glaubens und Wissens ermutigt. Die Reformation war ja auch eine Bildungsbewegung.

Ich denke, es gibt von Luther her zwar nicht die Möglichkeit, Autonomie

---

[9] Wagner (1995), 23, 26f.
[10] Rendtorff (1990, Bd. 1), 20ff u. ö.

oder das liberum arbitrium zu bejahen, sehr wohl aber den modernen *Individualismus.* Denken wir an Luthers persönliche Haltung z. B. in seinem Auftreten gegenüber Kaiser und Reich 1521 in Worms, oder hören wir folgende Predigtformulierung Luthers in der 1. Invocavitpredigt von 1522, in der er die individuelle religiöse Verantwortung proklamiert: „Wir sind alle zum tode gefoddert und wird keiner fur den andern sterben ... Hierinn so muß ein yederman selber die hauptstück so einen Christen belangen, wol wissen und gerüst sein ..."[11]

Ich habe hier zwar nur *ein* wichtiges Beispiel gebracht, meine aber, dass es generell möglich ist – und zwar über Umwege – die moderne-vormoderne Sichtweise Luthers und unsere zusammen zu bringen.

Wir müssen selbstverständlich unser modernes Bewusstsein als Vermittlungsinstanz auf Luther hin einsetzen. Dabei sollten wir aber nicht versuchen, uns über Luther zu erheben und dieses moderne Bewusstsein zum Kriterium von Luthers Theologie und Ethik machen.

c) Freiheit von Sünde

Hören wir die Wendung „Freiheit von Sünde", dann müssen wir berücksichtigen, dass die Begriffe *Sünde* und *Sünder* heute – zwar nicht unter TheologInnen, aber im Alltagsgespräch – großes Befremden auslösen. Wir haben hier jedoch biblische und nicht nur Luthersche ethische Begriffe vor uns, und das Verständnis von Sünde ist für die Luthersche Ethik (sowie für das Verständnis der biblischen Ethik) grundlegend.

Kaum etwas ist heute so unpassend, wie wenn man von Sünde spricht, aber Unmenschlichkeit und Bosheit können wir in allen Bereichen des Zusammenlebens beobachten, sodass Gerhard Ebeling mit Recht bemerkt, dass „dieser Flut der Erfahrung des Bösen eine fast völlige Ebbe der Sündenerfahrung korrespondiert"[12]. Wahrscheinlich liegt das daran, dass Sünde zuerst auf sexuelle Verfehlungen, dann auf erotische Praktiken, dann auf Verkehrs- und Diätsünden eingeschränkt und dabei nach und nach verniedlicht und ironisiert wurde. Demgegenüber ist daran zu erinnern, dass im biblischen und Lutherschen Sprachgebrauch Sünde nicht aus dem Gottesbezug herausgelöst werden kann. Ebeling: „Sünde ist in derselben Weise ein nur in Relation zu Gott verwendbares Wort, wie dies vom Begriff der Schöpfung oder der Auferstehung der Toten gilt."[13] Sünde und Sündersein sind bei Luther daher auf die Gegenüberstellung von Mensch und Gott bezogen, darauf, dass der Mensch sein Leben vor Gott führt. Hier der fehlsame, unvollkommene und ungerechte Mensch – dort der unfehlsame, vollkommene und gerechte Gott, hier der Irrende – dort der Irrtumslose. Wir

---

[11] WA 10/III, 1, 15ff.
[12] Ebeling (1979, Bd. 1), 361.
[13] Ebeling (1979, Bd. 1), 360.

Menschen aber (heute mehr noch als zu Zeiten Luthers) wollen diesen Unterschied nicht wahrhaben und sind uns selbst genug.

Gerhard Ebeling, in diesen Belangen ein kenntnisreicher Interpret Luthers, formuliert: „Wie man die Sünde als ein Nichtwollen, daß Gott Gott sei, charakterisieren kann, so will auch der Sünder nicht, daß er Sünder sei, wie er gleichfalls nicht will, daß er Geschöpf sei. Der Sünder will also die Sünde nicht wahrhaben. Würde er sie wahrnehmen und wahrhaben, wäre er schon nicht mehr im eigentlichen Sinne Sünder. Man könnte aber mit gewissem Recht auch anders akzentuieren: Erst dann ist er in Wahrheit Sünder. Deshalb konnte Luther sagen, der Mensch müsse erst zum Sünder werden, indem er sich als Sünder erkennt."[14]

Wenn Luther schon an seinen Zeitgenossen erkannte, der Mensch wolle nicht, dass Gott Gott ist, sondern er selber wolle Gott sein, so ist in der Moderne die Situation noch viel dramatischer geworden. *Kollektiv* verhalten sich die Menschen wie gottgleiche Herrscher über die Erde; *individuell* ist jeder sein eigener Gott, der sein eigenes Glück bewirken und frei über den Nächsten verfügen will.

Melanchthon schrieb in der Confessio Augustana/ Artikel II, über den Menschen, er werde „sine metu Dei, sine fiducia erga Deum"[15] geboren. Mit Luther und Melanchthon müssen wir *Sünde* als Ungerechtigkeit und Unglauben, mehr noch: als *Gottlosigkeit und Gottferne* verstehen. Heute zeigt sich unsere Gottferne in vielerlei Gestalten: im technischen Machbarkeitswahn, in Selbstgerechtigkeit, aber auch in Verzweiflung und Sinnleere, denn stellt sich heraus, dass wir nicht machen können, was wir wollen, und müssen wir an unserer eigenen Güte und Gerechtigkeit zweifeln, somit den Glauben an uns selber als Letztinstanz aufgeben, dann ist Verzweiflung angesagt. In ethischer Hinsicht zeigt sich die Gottferne im Versuch, in der Gestaltung des eigenen Lebens das Ich an die Stelle des Schöpfers und Erlösers zu setzen, sich soz. selbst zu erfinden und sich selber das Paradies zu schaffen, indem man „glücklich wird", in religiöser Hinsicht im Erfinden neuer Religionen oder im fanatischen Bejahen der eigenen religiösen Ansichten (Sektierertum, Fundamentalismus).

Aber an dieser Stelle möchte ich auf das Eigenartige an Luthers Sündenerkenntnis aufmerksam machen: Sünde ist zwar etwas völlig Negatives, aber am Negativen ist Positives zu beobachten, soz. *das Positive des Negativen*, denn nach Luther führt gerade die Negativität der Sündenerkenntnis zur Positivität des Glaubens: Die Einsicht, dass wir Gott ferne sind, macht uns bereit zur Erfahrung der Nähe Gottes. Das Eingeständnis der Sünde ist der Beginn der Annahme der Sündenvergebung. Die Erkenntnis, dass wir nichts sind, ist die Voraussetzung dafür, dass Gott aus uns etwas machen kann. Denn Gott ist derjenige, der aus dem Nichts etwas schafft. Wenn wir

---

[14] Ebeling (1979, Bd. 1), 365.
[15] Bekenntnisschriften ([10]1986), 53 („ohne Gottesfurcht, ohne Glauben an Gott").

uns von allen guten Geistern verlassen fühlen, wird Gott, der einzige gute Geist, wirksam werden. Die positive Seite der Sündenerkenntnis liegt also darin, dass wir unseren Blick von uns abkehren und auf Gott richten.

Sinnleere, esoterische Praktiken und der Fanatismus der Fundamentalismen weisen auf eine *fundamentale* Unsicherheit der darin befangenen Menschen hin – Luther hingegen vermittelt uns die Gewissheit (*certitudo*), erfolgreich jenen Weg des Glaubens gehen zu können, den er selber gegangen ist, und dabei ähnliche Gewissheit zu erlangen. Natürlich ist das keine faule Sicherheit, auch nicht die Sicherheit, die uns Kirchenmauern, Traditionen und kirchliche Hierarchien geben können.

Luthers Freiheitsbegriff als Freiheit von der Sünde könnte trotz aller Einwände seine Bedeutung behalten. Ich habe diese Freiheit schon mit Röm. 8,21 als die „herrliche Freiheit der Kinder Gottes" zitiert. Die uns von Luther vermittelte Gewissheit ist sowohl das Heraustreten aus der falschen egoistischen Sicherheit des In-sich-Ruhens als auch aus der fundamentalen Unsicherheit der Spätmoderne und das Eintreten in eine Gemeinschaft mit Gott, die in der Mitteilung von Gottes Gerechtigkeit und Weisheit besteht. Das Leben in dieser Gewissheit ist die Gewissheit des Glaubens. Von einem solchen Leben handelt Luthers Ethik.

d) Die Prinzipien von Luthers Ethik

Die Lehre vom Glauben ist bekanntlich keine Sache der Ethik allein, sondern auch der Dogmatik, ja der Theologie insgesamt. Wahrscheinlich wegen dieser Zusammengehörigkeit von Ethik und Theologie als ganzer ist es keinem der Reformatoren je eingefallen, eine eigene „theologische Ethik" unter diesem Titel zu verfassen. Melanchthon hat die Ethiken Ciceros und Aristoteles' vorgetragen; seine eigenen ethischen Lehrbücher sind philosophisch ausgerichtet.[16] Die erste protestantisch-theologische Ethik schrieb Georg Calixt im Jahre 1634.[17]

Luthers Ethik ist kein gesondertes Unternehmen im Rahmen seiner Theologie (auch ein System der Theologie oder eine Dogmatik hat Luther bekanntlich nicht geschrieben). Luthers Ethik ergibt sich aus der Mitte seiner Theologie, und dort liegen auch ihre Anfangsgründe.

Fragt man nach den Prinzipien, Grundüberzeugungen bzw. Anfangsgründen oder Ausgangspunkten von Luthers Ethik, dann wird die Antwort nur erste Hinweise auf Dinge geben können, die später ausgeführt werden müssen. Luther selber hat keinen Prinzipienkatalog aufgestellt. Er geht in verschiedenen Schriften immer wieder anders und neu an die ethischen Probleme heran. Wie der Reformator z.B. Bibelstellen ad hoc neu übersetzt, wenn er sie im Deutschen oder im Lateinischen anführen will, so – ja noch

---

[16] Melanchthon (1556 u. 1546).
[17] Calixt (1970).

viel freier – bewegt er sich, wenn er sich der Grundlagen seiner Ethik vergewissern will.

1.) *Bibel* – Als erstes ist hier die bekannte Tatsache zu nennen, dass Luther die *Bibel* als Gundlage seiner gesamten Theologie, daher auch seiner Ethik, betrachtet hat. Luther ist in seinen Äußerungen zur Ethik als Ausleger der Bibel zu verstehen und zu würdigen, obzwar nicht im Sinne moderner Exegese. Ich werde zu zeigen versuchen, dass in Luthers Exegese Elemente der Meditation eine entscheidende Rolle spielen. – Abgesehen von der Bibel bieten dem Reformator selbstverständlich Beobachtungen menschlicher Verhaltensweisen aus seiner Gegenwart und aus der Geschichte Anschauungsmaterial in Hülle und Fülle zur ethischen Reflexion. Aber das gilt für alle Ethiker. Das Hervorstechende an Luther ist hingegen, dass er seine Gesichtspunkte zur Beurteilung von Leben und Handeln zuerst und zuletzt in Meditation über die Bibel und in der Arbeit an ihrer Übersetzung und Auslegung gewinnt. *Ethik aus der Beschäftigung mit der Bibel* ist wahrscheinlich die weiteste Formulierung, die man für Luthers Ethik finden kann.

2.) *Rechtfertigung* - Luthers Bibelmeditation, seine exegetische Arbeit, ja seine gesamte Lebenserfahrung führen ihn auf das von Paulus verkündete Evangelium der Rechtfertigung und Erneuerung des glaubenden Menschen durch und in Christus. In Christus offenbart sich Gott dem suchenden Luther, in ihm entdeckt er den „evangelischen" Gott, den sich uns Zuwendenden, sich um uns Sorgenden, uns gerecht Machenden. Daher kann die *Rechtfertigung* des Menschen durch Gott als Grundüberzeugung Luthers namhaft gemacht werden, die er aus der Exegese ableitet und von dort für seine ganze Theologie, daher auch für die Ethik in Geltung setzt.

Insofern Luthers Ethik eine religiöse Ethik ist, unterscheidet sie das von aller anderen christlich-konfessionellen und religiösen Ethik: die Berufung auf eine radikale Erneuerung der ethischen Subjekte durch das Einwirken Gottes, seine Rechtfertigung. Alle anderen Konfessionen und Religionen müssen vom lutherischen Standpunkt her als „gesetzlich" bezeichnet werden, womit freilich nichts gegen „das Gesetz" gesagt ist (es ist nach Luther weiterhin gültig, ja Gott rechtfertigt den Menschen eben nach dem Maßstab des Gesetzes), aber der Standpunkt, das Prinzip der Ethik ist ein anderes. In der Rechtfertigung, in der die Sünder verurteilt, jedoch zugleich zum Rechtsein erneuert werden, liegt der Grund dafür, dass Menschen überhaupt das Rechte und Gute zuwege bringen. Die Rechtfertigung ist Beseitigung alles Unrechten im Sinne der *Hinrichtung*[18] auf das Gute, welches das göttliche Gesetz schaffen und bewahren will.

Die Rechtfertigung des Sünders wird in der *Rechtfertigungslehre* thematisiert. Dass die Beschäftigung mit der Bibel zur Rechtfertigungslehre als ih-

---

[18] „Rechtfertigung" konnte übrigens noch in der Reformationszeit Vollstreckung eines Todesurteils bedeuten.

rem Zentrum führt, ist das Um und Auf Lutherscher Theologie und daher ebenso wenig aus seiner Ethik wegzudenken. Die Rechtfertigungs*lehre* ist der Ausgangspunkt für jedwede ethische Erkenntnis. Der Ausgangspunkt der Rechtfertigungslehre für die Ethik ist jedoch in den anderen christlichen Konfessionen nicht ebenso gewürdigt worden wie von Luther und seinen Anhängern. Es ist bekannt, dass die Beschäftigung mit der Bibel nicht selten auch zu einer Gesetzesethik oder zu anderen Formen von Ethik geführt hat. Deshalb genügt es nach Luther keineswegs, sich bloß ganz allgemein auf die Bibel zu berufen. Luther betont immer wieder seine Lebens- und theologische Erfahrung, in der er erkannt hat, was die *Mitte der Schrift* sei, nämlich die Rechtfertigungslehre, bzw. das, *„was Christum treibet"* (= was die Erkenntnis von Christus bewirkt, was Christus predigt).[19] In seiner Ethik leitet uns Luther dazu an, wie man an diesem Ausgangspunkt sein Leben orientieren könne. Der Reformator ermutigt uns, in Reflexion unseres eigenen Lebens und in Meditation der Bibel *selber* diese Mitte der Schrift zu erkennen.

3.) *Unterscheidung von Gesetz und Evangelium* – Steht nun aber die Wichtigkeit der Rechtfertigungslehre fest und damit die Wichtigkeit des Gerechtfertigt-Werdens, um gute Menschen zu werden und gut zu handeln, dann erfordert das einen besonderen Umgang mit der Bibel, auf die sich ja alle christlichen Ethiker stützen. Kennzeichnend für Luther als Ausleger der Bibel ist daher eine weitere Grundüberzeugung, nämlich die, dass in der Auslegung der Bibel, in der Theologie insgesamt, und daher auch in der Ethik zwischen zwei Dingen unterschieden werden müsse: *zwischen Gesetz und Evangelium*. Diese Unterscheidung ist ein dynamisches *Prinzip*, das einige für Luther charakteristische Aussagen generiert. Denn es ist nämlich etwas völlig anderes, ob wir bei unseren ethischen Überlegungen von einer Forderung Gottes oder von der Erfüllung dieser Forderung, ob wir vom Scheitern am Gesetz oder von der Verzeihung dieses Scheiterns ausgehen, oder gar von der Aufhebung der Gesetzesforderung. Luther erkennt mit dieser Unterscheidung an, dass in der Bibel nicht *nur* Evangelium vorkommt (Evangelium, wie erwähnt, von Luther als identisch mit dem verstanden, „was Christum treibet"). Denn neben dem Evangelium steht in vielen Formulierungen bei Luther *gleich wichtig* das Gesetz. „Gesetz" hat bei Luther immer einen sehr weiten theologischen Sinn (am ehesten so, wie ihn Paulus gebraucht), was aber nicht bedeutet, dass die Verwendung des Gesetzes auf den theologischen Diskurs beschränkt werden müsse, denn Ge-

---

[19] „Auch ist das der rechte Prüfestein alle Bücher zu taddeln/ wenn man sihet/ ob sie Christum treiben oder nicht/ Sintemal alle schrift Christum zeiget/ Rom III. Und S. Paulus nichts denn Christum wissen wil I. Corin. II. Was Christum nicht leret/ das ist noch nicht Apostolisch/ wens gleich S. Petrus oder Paulus leret. Widerumb/ was Christum prediget/ das were Apostolisch/ wens gleich Judas/ Hannas/ Pilatus/ und Herodes thet." (Luther in der Vorrede zur Übersetzung des Jakobusbriefs, in: Biblia [1545/1983] CCCXCIʳ-CCCXCIIʳ = WA Bibel 7, 384, 26ff).

setz ist für Luther im natürlichen Recht genauso wie in der Bibel vorhanden und bezeichnet im weitesten Verständnis die Regelhaftigkeit, mit der Gott die Welt regiert. „Gleich wichtig" wie das Evangelium ist das Gesetz dem Reformator deshalb, weil wir ohne Gesetz das Evangelium gar nicht verstehen könnten. Wir verstehen Evangelium nicht bloß *von der Voraussetzung des Gesetzes* her, sondern *am* Gesetz: Evangelium als Erfüllung des Gesetzes, Befreiung vom Gesetz etc.

Erst in dieser Unterscheidung wird klar, was Luther mit „Evangelium" meint: Rechtfertigung der Ungerechten, Seligkeit der Armen, Gotteskindschaft der Gottlosen, nicht aber eines der neutestamentlichen Bücher mit seinen Berichten vom Leben Jesu und seiner Jünger, Wunderberichten und Redenzusammenstellungen.

4.) *Glaube* – Sodann ist die Grundüberzeugung Luthers festzuhalten, dass sich auf den menschlichen Willen und seine Motivation zu handeln nichts sosehr auswirkt als der Glaube. Der/die Glaubende vertraut Gott und bejaht sowohl Gesetz als auch Evangelium: das Gesetz, insofern es ihn/sie als ungerecht erweist, das Evangelium, insofern es ihn/sie rechtfertigt. Glaubende sind Menschen, die hinfort aus der Rechtfertigung leben und handeln wollen. Ihr Wille wird durch den Glauben neu gebildet – „gebildet" im doppelten Sinn von *geschaffen* und durch einen Lernvorgang *erneuert*. An diesem Punkt wirkt die nicht immer leicht erfassbare Dialektik von Luthers Glaubensbegriff auf seinen Willensbegriff ein: Im Glauben kommt der Mensch zu völliger Eigenständigkeit, aber durch das Wirken Gottes, also nicht ohne oder gegen Gott. Der Glaube ist Aktivität des Menschen und Gottes in einer solchen Einheit, dass sich Gott und Mensch weder in Konkurrenz, noch in einem nachträglich zusammengesetzten gemeinsamen Wirken befinden, da sie im Glauben eins sind: Der Mensch braucht nichts Zusätzliches zur Rechtfertigung Gottes und als Ergänzung zur Inspiration Gottes zum Handeln aus Glauben zu tun, es geschieht dabei aber auch nichts gegen den menschlichen Willen und seine Freiheit, sondern seine Freiheit ist vielmehr im Glauben begründet. Der Mensch ist durch die Offenbarung Gottes und insbesondere durch das Evangelium der Rechtfertigung als Person angesprochen, und er antwortet, indem er der Rechtfertigung *ent*spricht. Dass im *Glauben* unser *Wille* zum Tun des Guten motiviert werde, ist daher eine der Grundüberzeugungen der Ethik Luthers. Der Wille bezeichnet dabei aber nicht nur etwas Subjektives, sondern auch etwas Objektives: das Gerecht- und Gutsein des Glaubenden: im Deutschen hat „Wille" dieselbe Etymologie wie „Wohl". Wohl – in biblischer Terminologie besser: Heil – kommt uns nur durch das schaffende und erlösende Wirken Gottes zu; es trifft uns als Widerwillige und Passive, macht uns jedoch zu Willigen: Leuten, die in Übereinstimmung mit Gott das Rechte wollen. Wir dürfen den Willen der Glaubenden nicht als Gegenüber zu Gott oder gar Gegensatz zu Gott ansehen. Das ist er nur vor und außerhalb des Glaubens: dort ist er Widerwille gegen Gott und damit Ausdruck der Sünde. – Auf die Frage freilich, wie es zu einem derartigen Widerwillen, der doch eben auch Wille des Menschen ist, kommen könne, erhalten wir bei Luther keine oder nur die sehr problematische Auskunft: durch den Teufel, wobei Luther die Hinweise auf den Teufel gegenüber der Bibel und der mittelalterlichen Theologie in erschreckender Weise vervielfältigt und verstärkt.

Des Reformators Meinung, wie der menschliche Wille zum Tun des Rechten motiviert werden könne, werde ich mit *Ethik aus dem Glauben* überschreiben und dazu aus einer seiner wichtigsten ethischen Schriften, „Von den guten Werken" von 1520 ausführlich zitieren. Dort geht es um einen ethischen Ansatz, die sich einer Werke-Ethik entgegenstellt und den Glauben als motivierendes Vorzeichen vor alles Handeln (und damit vor die Werke) des Menschen setzt. Dort aber – und in der zeitgleichen Schrift „Von der Freiheit eines Christenmenschen" nennt Luther sogar den Glauben selber ein Werk. Dies hat manche Interpreten Luthers verwirrt! Luther wollte meines Erachtens damit ausdrücken, dass der Glaube nicht bloß passiv – ein Geschenk Gottes – ist, sosehr er in der Tat ein Geschenk Gottes ist, sondern Aktivität, ja höchste Aktivität. Die Schrift „Von den guten Werken" lehrt uns den Glauben als Werk und die daraus folgenden Werke des Glaubens.

5.) *Beruf-* Zu guter Letzt möchte ich als Grundüberzeugung Luthers herausstellen, dass Christenmenschen von Gott in Gemeinschaft mit ihm zum Tun des Rechten *berufen* sind. Dies könnte Prinzip *Berufung* genannt werden. Es ist ein *Prinzip*, über das nicht nur reflektiert wird, aus dem sich nicht nur die Taten der Subjekte ableiten, sondern das eine ganze Sozialordnung begründet. Macht man sich klar, dass in der Rechtfertigung nicht nur das Wort der Vergebung über das verfehlte Leben des Gläubigen ergeht, sondern auch das Wort der Berufung zu einem neuen Leben, und die Glaubenden in Übereinstimmung mit Gott leben, dann ist die Bezeichnung *Berufsethik*[20] für Luthers Ethik zutreffend. Die Bezeichnung „Berufsethik" kann auf die theologische Tiefe von Luthers Ethik hinweisen, da wir durch die Versenkung in die Bibel das Wort Gottes hören, durch das uns Gott verändert und be-ruft. Das Hören des Rufes Gottes bringt uns in ein ganz enges – fast mystisches – Verhältnis zu Gott. Unser Beruf wird nach Luther eine Berufung zu Mitarbeitern Gottes.

„Berufsethik" kann aber auch für die *weiteste* Formulierung der Ethik Luthers angesehen werden. Ein Beruf entsteht ja nicht erst durch die Lektüre der heiligen Schrift. Alle Menschen haben einen Beruf von Gott, aber nur die Glaubenden *wissen* darum. Luther ist z. B. der Ansicht, dass Gott Menschen in den Ehestand und in den Stand der für das Gemeinwesen Verantwortlichen (die „Oberpersonen", „Obrigkeit") auch ohne deren Glauben beruft – für den kirchlichen Stand bzw. Beruf ist freilich der Glaube Vo-

---

[20] „Beruf" hatte zu Luthers Zeiten noch dieselbe Bedeutung wie „Berufung".

raussetzung. Vom Berufsgedanken her ist Luthers Ethik eine christliche und evangelische Reflexion über das soziale Leben.

Nach Luther beruft Gott im Wesentlichen in drei „Stände", den *status ecclesiasticus*, *politicus* und *oeconomicus*.[21] Dass der kirchliche Stand mit Christen besetzt sein wird, versteht sich von selbst. Luther rechnet freilich auch mit Christen als Eheleuten und im Amt der Obrigkeit und ermutigt Christen und Christinnen, Ehe und politische Aufgaben im Glauben zu erkennen und anzunehmen, er behauptet aber, dass Nichtchristen genauso wie Christen in den status politicus bzw. status oeconomicus berufen werden können (freilich „ohn ihren Dank", d.h. dass sie es Gott nicht *danken* und dabei nicht an ihn *denken*). Die religiösen Gegebenheiten der Reformationszeit, dass alle von Luther Angesprochenen Christen und Christinnen sind, dürfen heute nicht mehr gemacht werden, Luther hat sie auch keineswegs zur Voraussetzung der Gültigkeit seiner Soziallehren gemacht, daher sind Luthers Reflexionen über das soziale Leben nicht einfach nur zeitgebunden, sie sind mutatis mutandis weiterhin des Bedenkens wert.

Im Zeitalter der Reformation schlossen sich aber auch nicht alle *christlichen* Eheleute und Obrigkeiten der ethischen Argumentation Luthers an, und Luthers ethische Gesellschaftslehre war schon damals im Kontext des Pluralismus seiner Zeit zu sehen. Neben der evangelischen Ethik war mindestens die römisch-katholische, die renaissance-humanistische, weiters die jüdische und die islamische Ethik von Bedeutung. Das Herausstellen von Oikonomia (Hausstand) und Politia (Stand der Regierenden, d.h. der „Obrigkeit") als Berufungen durch Gott ist ein Luthersches Spezifikum; damals wie heute bedurften und bedürfen Lutheraner keiner geringeren Überzeugungskraft als Luther, wollen sie eine derartige Berufsethik plausibel machen. Aber mehr noch als im 16. Jahrhundert ist lutherische Ethik im Kontext eines ethischen Pluralismus zu sehen.

---

[21] Genaueres weiter unten.

1. Meditation als Methode Luthers

Die längste Zeit hindurch hat man nichts von der Methode der Meditation bei Luther gehört oder gelesen, obwohl Luther an prominenten Stellen seines Werkes darauf zu sprechen kommt. Meditation ist eine Seite von Luthers Theologie, die ihn mit dem Mittelalter verbindet. Dem Neuprotestantismus, der vor allem an der „Modernität" Luthers interessiert war, kam offensichtlich diese mittelalterliche Seite Luthers nicht gelegen. Es scheint aber, dass die meditative Seite der Theologie Luthers in unserer Gegenwart wiederentdeckt wird, da wir uns unter dem Eindruck einer Meditationsbewegung, die von hinduistischen und buddhistischen Quellen ausgeht, auch wieder auf die christlichen Quellen der Meditation besinnen.[1] Für Luther sind hier vor allem die Arbeiten von Martin Nicol zu nennen,[2] aber auch die Würdigung der meditativen Seite Luthers und ihre Einbeziehung in die systematische Gesamtreflexion des Begriffes „Theologie" durch Oswald Bayer.[3] Das Meditieren ist eine Kunst, die Luther selber ausgeübt hat, und die ihm durch die „monastische Theologie" zugeflossen ist. O. Bayer würdigt diese „monastische" (neben der „scholastischen") Theologie als eine der Wurzeln der Lehre Luthers.[4]

Für die Ethik ist Luthers Methode der Meditation insofern von Bedeutung, als in ihr die Bibel als Grundlage von Theologie und Ethik sowohl in Reflexion als auch in Praxis unmittelbar zur Geltung kommt: Meditation über biblische Abschnitte angesichts des menschlichen Lebens und über das menschliche Leben anhand biblischer Abschnitte ist Lebensinhalt. Meditation in der Ethik Luthers bedeutet zweierlei: 1.) eine Methode, wie Luther ethische Aussagen gewann und auch wir ethische Aussagen gewinnen können, 2.) eine Methode, mit der Luther sein Leben gestaltete und mit der folglich auch wir unser Leben gestalten können.

Meditation ist somit nicht ein nur theoretisches Verhalten, nach dem allererst die Praxis in Angriff genommen werden muss, sondern Meditation ist selber Lebenspraxis, Gestaltung des Lebens: Meine in Meditation verbrachten Minuten oder Stunden müssen nicht von der Praxis abgezogen

---

[1] Allgemeine Literatur zur Meditation: Brück (2002); Carrington (1996); Dumoulin (1966); Engel (1999); Enomiya-Lassalle (1986 u. 1995); Haag (1991); Hut (1990); Lotz (1973); Oberhammer (1977); Scharfetter (1999); G. Schmid (1984); Stachel (1973); Sudbrack (1994); Waldenfels (1988); Watts (2001); Wilhelm/Jung (1986).

[1] Vgl. Nicol (1991), 40 u. ö.

[2] Nicol (1991); Suda (1996 u. 2004).

[3] Bayer (1988) u. (1994), bes. 28f u. 83ff.

[4] Bayer (1994), 27ff; siehe auch: Köpf (1999).

werden und sind daher für meine Lebenspraxis nicht verlorene, sondern ge-
wonnene Zeit. – Versteht man unter Praxis allerdings nur technisch und
ökonomisch produktives Handeln, dann ist Meditation unpraktisch. Seit
sich jedoch herausgestellt hat, wie viel das technische und ökonomische
Handeln von unseren natürlichen, psychischen und kulturellen Grundlagen
zerstört, muss man der Praxis unserer modernen Industriegesellschaft gegenüber immer kritischer werden. Eine in der Industriegesellschaft als unpraktisch angesehene Praxis wie die Meditation gewinnt daher täglich an
Relevanz, da sie uns zur Besinnung bringt, das Denken bildet und ein Bewusstsein von Gott, von uns selbst und vom menschlichen Leben entstehen
lässt. Dies wirkt der Tendenz der modernen technisch-ökonomischen Praxis entgegen, uns von jeder Besinnung abzuhalten, indem sie eine Freizeit-
industrie entwickelt, die uns „ablenkt", „zerstreut" und uns in die Besin-
nungslosigkeit führt. – Meditative Besinnung kann in dieser Situation freilich kein kurzes Sich-Herumreißen sein, sondern nur eine wohlgeplante
Übung und neue Ausrichtung des Lebens.

Ein paar Worte zur Abgrenzung zwischen Meditation und Gebet: Beides
sind geistige Tätigkeiten, die einige Ähnlichkeit miteinander haben, ineinander übergehen können, aber doch auch gut voneinander zu unterscheiden sind: Gebet ist eine Anrede an Gott (in den heidnischen Religionen
u. U. an mehrere Götter) in der zweiten Person. Es formuliert Bitte, Dank,
Klage und/oder Lobpreis mit vorgeprägten oder eigens erfundenen Wendungen. Oswald Bayer weist dem Gebet bei Luther im Gegensatz zur Meditation den Inhalt der Auseinandersetzung mit Gott zu.[5]

Meditation zwar kann anhand eines Gebetes, d. h. über die Worte eines
Gebets geschehen (aber auch über Bilder, über Musik); Meditation kann
Sätze und Formulierungen weiterdenken und sinnt über etwas Vorgegebenes nach ... Luther selbst hat intensiv gebetet und auch schriftliche Gebe-
te formuliert, er hat aber sein Beten durchaus von seinem Meditieren abge-
grenzt.

1.1. Luthers eigenes Meditieren nach dem „großen Selbstzeugnis" (1545)

In einem seiner spätesten Texte, nämlich der Vorrede zum 1. Band der Gesamtausgabe seiner lateinischen Schriften (1545), dem sog. „großen Selbstzeugnis", gibt uns Luther Aufschluss über die Entstehung einer seiner frü-

---

[5] Bayer (1994), 39: „So ist der Wortwechsel zwischen dem sündigen Menschen und dem
rechtfertigenden Gott zunächst der Kampf, das ‚certamen', in dem es darum geht, wer recht
behält. Solcher Wortwechsel ist keine harmlose Korrelation von Gotteserkenntnis und Selbsterkenntnis."

hesten und wichtigsten Einsichten als Reformator, nämlich der Einsicht in die paulinische Rechtfertigungslehre:[6]

„Donec miserente Deo meditabundus dies et noctes connexionem verborum attenderem, nempe: Iustitia Dei revelatur in illo, sicut scriptum est: Iustus ex fide vivit, ibi iustitiam Dei coepi intelligere eam, qua iustus dono Dei vivit, nempe ex fide … Hic me prorsus renatum esse sensi, et apertis portis in ipsam paradisum intrasse."[7] – Luther hat seine reformatorische Einsicht durch Meditieren gewonnen! Die Bibelstelle, über die er meditiert, ist Röm. 1, 17. Luther befasst sich dabei nicht nur intellektuell mit dieser Bibelstelle (was meditari auch bedeutet – das Wort ist am einfachsten mit „nachdenken" zu übersetzen), er exegesiert nicht nur einen Vers, sondern er versenkt sich in ihn. Das Eigentümliche des Verfahrens Luthers ist erkennbar an der Beschreibung des Geschehens und an seinem Ergebnis. Schon das Wort „meditabundus" fällt auf. Es handelt sich um ein eher seltenes Adjektiv, das „immer und immer auf etwas sinnen" bedeutet.[8] Die mittelalterlich-mönchische Praxis bezeichnete dieses wiederholende Nachsinnen treffend mit „ruminare" („wiederkauen"). Dazu kommt die Bestimmung „Tag und Nacht" (genauer: „Tage und Nächte"). Wenn wir wissen, wie ernst Luther alle seine Aufgaben, und besonders die Bibelexegese genommen hat, werden wir ihn hierbei nicht der Übertreibung verdächtigen; wir werden hier aber einen Anklang an einen wichtigen Bibelvers hören.[9]

An erster Stelle seines Berichtes spricht Luther von dem Erbarmen Gottes, das seine Meditationseinsicht ermöglicht. Zweifellos war Luther bei seinem Meditieren von der Hoffnung erfüllt, von Gott zum Verstehen der Bibelstelle inspiriert zu werden. Wir werden auch in der Annahme nicht fehlgehen, dass Luther bei seinem Bemühen und Meditieren ständig zu Gott gebetet hat. Gebet und Meditation sind, wie erwähnt, nahe beieinander, aber nicht dasselbe.

Als Erfolg seiner Meditation berichtet Luther von einem Ereignis, wie es dramatischer nicht beschrieben werden könnte: Er gebraucht die Wendungen „neu geboren", „offene Tore des Paradieses". – Auffallend ist an diesem Ereignis das sonst bei Luther zurücktretende kontemplative Element; denn

---

[6] Die ursprüngliche reformatorische Einsicht Luthers (manchmal mit dem sog. „Turmerlebnis" identifiziert) ist schwer zu datieren, etwa zwischen 1515 und 1518. Vgl.: B. Lohse (1968 u. 1988).

[7] WA 54, 186, 3ff („Bis ich mit der Hilfe des barmherzigen Gottes Tag und Nacht meditierend auf den Zusammenhang der Wörter achtgab, nämlich: ‚Die Gerechtigkeit Gottes wird in ihm [scil. im Evangelium] offenbart, wie geschrieben steht: Der Gerechte lebt aus dem Glauben.' Da begann ich, die Gerechtigkeit Gottes als eine solche zu begreifen, in welcher der Gerechte durch Gottes Gabe lebt, nämlich aus Glauben … Da fühlte ich mich ganz und gar neu geboren und durch offene Pforten geradewegs ins Paradieses hineingegangen zu sein.").

[8] Georges (1988), Bd. 2, 845.

[9] Nämlich an „meditabitur die ac nocte" aus Psalm 1, 2, einem Psalmvers, den Luther selber zweimal in Psalmenkommentaren ausgelegt hat. (Siehe WA 3, 19f [Dictata super psalterium] und AWA 2, 41f [Operationes in Psalmos]).

„durch die geöffneten Tore in das Paradies eingetreten zu sein" ist kein in-
tellektuelles oder Hörerlebnis, sondern eher eine „Schauung" (contemplatio); Luther scheint von einem sinnlichen Erlebnis zu sprechen („sensi"!), er
spricht aber nicht von „contemplatio". Diesen für die mittelalterliche Mystik wichtigen Begriff hat Luther selten verwendet. Ich werde weiter unten
berichten, dass er in Luthers Anweisungen zur Meditation von 1539 auffal-
lender Weise gar nicht vorkommt.

Hier haben wir sie also vor uns in wenigen und dürren Worten – die Aussage von der Rechtfertigung des Menschen, auf der die Ethik Luthers auf-
baut! „Die Gerechtigkeit Gottes ist als eine solche zu begreifen, in welcher
der Gerechte durch Gottes Gabe lebt, nämlich aus Glauben." Die dramatische Wiedergeburts- und Paradieseserfahrung Luthers – säkularisierten
Menschen der Moderne ohnehin unzugänglich – sieht man dieser Aussage
nicht an. Sie ist auch kaum zu vermitteln. Die Rechtfertigungserfahrung in
ihrer biblischen Begründung und Ausformulierung schon eher. Aber es gibt
doch Dramatisches zu vermerken: Luthers Meditationserkenntnis leitet die
Reformation ein.

Nicht jeder Meditierende wird Wiedergeburts- und Paradieseserfahrun-
gen machen oder eine Reformation einleiten. Aber vielleicht verstehen wir
die Erfahrung Luthers besser, wenn wir die Dimensionen seiner Einsicht
hinzunehmen, die er im nächsten Satz hinzufügt:

„Ibi continuo alia mihi facies totius scripturae apparuit. Discurrebam
deinde per scripturas, ut habebat memoria, et colligebam etiam in aliis vo-
cabulis analogiam, ut opus Dei, id est, quod operatur in nobis Deus, virtus
Dei, qua nos potentes facit, sapientia Dei, qua nos sapientes facit, fortitudo
Dei, salus Dei, gloria Dei."[10] Die Rechtfertigungslehre in dem oben benutzten Wort ist demgegenüber tatsächlich etwas Dürres; sie sollte zusätzlich eine „Wirk-, Kraft-, Weisheits-, Macht-, Heil- und Ruhmlehre" heißen. Dies geht aber in die nach und nach entstehende evangelische Schul-
doktrin nicht ein ...

Was kann man nun aus Luthers Bericht von seiner Meditationserfahrung
im großen Selbstzeugnis an Allgemeingültigem bewahren? – Zuerst ist wichtig festzuhalten, dass Luthers Meditation *Wort*meditation ist, noch genauer
*Bibel*meditation. Ich versuche, zwei Punkte herauszugreifen, die jedem
Menschen zum Vorbild dienen können:

1.) Nur die längere, intensive und individuelle Auseinandersetzung mit
einer Bibelstelle kann zu einer Mediationseinsicht führen. Das Nachschla-
gen in Wörterbüchern und das Verwenden von Kommentaren ist keine Meditation. Nach dem Beispiel Luthers wird es darauf ankommen, dass wir

---

[10] WA 54, 186, 9ff („Da zeigte mir die gesamte Schrift sofort ein anderes Gesicht. Ich
durchlief daraufhin die Schriften, wie ich sie im Gedächtnis hatte, und sammelte andere analoge Begriffe, wie: Werk Gottes, das heißt, das Gott in uns wirkt, Kraft Gottes, durch die Gott
uns stark macht, Weisheit Gottes, durch die er uns weise macht, Macht Gottes, Heil Gottes,
Ruhm Gottes.").

uns jene Bibelstelle und jenes biblische Problem vornehmen, das uns angeht und uns von sich aus zu schaffen macht, so wie Luther die Aussage über die Gerechtigkeit in Röm. 1, 17 anscheinend zur Meditation gezwungen hat.

2.) In der Meditation geht es nicht darum, neue und spektakuläre Erkenntnisse anzustreben, denn: Was Luther in Röm. 1, 17 eingesehen hat, dass nämlich Gott dem Glaubenden das Gerechtsein schenkt, war nicht neu, sondern seit Paulus in der Christenheit bekannt, wenn auch durch die Praxis der mittelalterlichen Kirche verstellt. Meditation vermittelt anscheinend längst Bekanntes, aber doch wieder Unbekanntes, Einsichten, die sozusagen völlig am Tage, und dennoch versteckt sind. Meditation erreicht durchaus ein neues Wissen, aber nicht mittels theoretischer Information, sondern mittels – ja mit welchem Mittel? – durch Infragestellung seiner selbst, durch Einsatz von Lebenszeit (fast könnte man sagen „durch Einsatz des Lebens"), durch Änderung der Lebenseinstellung, durch Änderung von Frage- und Blickrichtung. Es ergibt sich, dass Meditation nicht nur als ethische Methode bezeichnet werden darf, nach Luther ist sie offensichtlich eine der gesamten Theologie (z. B. der Exegese) besonders angemessene Methode.

1.2. Die Katechismusmeditation (1530)

In der Vorrede („neuen Vorrede") zum großen Katechismus von 1530 tritt Luther der Sache nach für die Praxis der Meditation ein, wie wir gleich an einigen Zitaten erkennen werden. Freilich fällt dort das Wort „Meditation" nicht. Luther verbindet seine Anweisungen zur Meditation mit einer groben Schelte der nachlässigen Pfarrer und noch gröberen Ausfällen gegen den Teufel, sodass es u.U. möglich ist, Luthers Absicht zu verkennen. Z.B.: „Ach das sind zumal schändliche Freßlinge und Bauchdiener, die billicher Säuhirten oder Hundeknechte sein sollten denn Seelwärter und Pfarrherr. Und daß sie doch soviel täten, weil sie des unnützen, schweren Geschwätzes der sieben Gezeiten nu los sind, an derselbigen Statt morgens, mittags und abends etwa ein Blatt oder zwei aus dem Katechismo, Betbüchlin, Neu Testament oder sonst aus der Biblia lesen und ein Vaterunser fur sich und ihr Pfarrkinder beten …"[11] – Wer diese Worte genau zu lesen vermag, wird freilich bereits auf die Spur der Meditationspraxis gesetzt:

a) Die von Luther empfohlene Praxis soll die „sieben Gezeiten", also die sieben Horen oder Zeiten des Brevierbetens, ablösen, die Luther in seinem Mönchs- und Priesterstand als große Last und äußerliches Werk erlebt hatte (viele Texte waren – und sind! – im Breviergebet vorgeschrieben).[12] Das

---

[11] Bekenntnisschriften ([10]1986), 546.

[12] Das Stundengebet bestand aus den folgenden sieben Horen (sieben „Gezeiten"): Matutin = Laudes, Prim, Terz, Sext, Non, Vesper, Komplet. Dabei soll der ganze Psalter in einer Woche (!), die heilige Schrift in einem Jahr gelesen werden.

Breviergebet nun ist durch die Reformation zwar gestrichen worden, aber nicht ersatzlos, sondern etwas Neues soll an seine Stelle treten: das Lesen aus dem Katechismus, aus der Bibel etc.

b) Der Inhalt der neu vorgeschlagenen spirituellen Praxis ist nicht deshalb so bescheiden angesetzt (ein oder zwei Blatt!), damit die Pfarrer schnell damit fertig werden, sondern damit sie sich intensiver damit befassen können.

c) Das Meditieren ist vom Beten getrennt.

Luther führt seine eigene (neue) Praxis als Beispiel an: „Ich bin auch ein Doktor und Prediger, ja so gelehrt und erfahren, als die alle sein mügen, die solche Vermessenheit und Sicherheit haben. Noch tue ich wie ein Kind, das man den Katechismon lehrt, und lese und spreche auch von Wort zu Wort des Morgens, und wenn ich Zeit habe, das Vaterunser, zehen Gepot, Glaube, Psalmen etc. und muß noch täglich dazu lesen und studieren und kann dennoch nicht bestehen, wie ich gerne wollte, und muß ein Kind und Schüler des Katechismus bleiben und bleib's auch gerne. Und diese zarte, ekele Gesellen wöllen mit einem Überlesen flugs Doktor über alle Doktor sein, alles können und nichts mehr bedürfen."[13]

Wir erfahren hier, dass für Luther nahezu die wichtigste Frage beim Meditieren die ist, worüber wir meditieren. Wenn der Reformator „ein Kind und Schüler des Katechismus bleiben" muss und will, lehrt er uns, dass wir nicht ausgefallene und neue Inhalte suchen sollen, sondern bei den ganz nahe liegenden christlichen Inhalten bleiben sollen. Diese Inhalte – genau sie kommen im Katechismus vor – sind aber die wichtigsten und brauchbarsten. Um Missverständnisse zu vermeiden: Luther meint mit Katechismus *nicht seine Erklärungen* im Großen und Kleinen Katechismus, sondern die erklärten Stücke selber: die Zehn Gebote, das Glaubensbekenntnis und das Vaterunser. Und es ist in der Tat wahr, dass wir z. B. über das erste Gebot[14] ein Leben lang nachdenken können: über seine Stellung an der Spitze des Dekalogs, über die negative Formulierung dieses Gebotes, sodann, was es positiv bedeutet, wer Gott ist, welche Abgrenzung gegenüber anderen Göttern besteht, was andere Götter sein könnten, wer Gott für mich ist, wie Gott mit mir handelt, was von Gott im Alten und Neuen Testament gesagt wird, über die Offenbarung Gottes an uns etc. etc. Erkennen wir, dass die anderen Gebote und Katechismusstücke ähnlich wichtige Themen zum Inhalt haben, dann fällt die Befürchtung fort, wir könnten bei unserer Katechismusmeditation zu wenig zu tun haben, und es ergeht uns wie Luther, der den Katechismus „täglich studieren" konnte.

Für den modernen Menschen bedeutet die im ersten Anlauf „primitiv" erscheinende Praxis der Katechismusmeditation (und auch in der Tat „primitiv" zu nennende, nämlich im Sinn von „erstlich", „anfänglich", „grund-

---

[13] Bekenntnisschriften ([10]1986) 547f.

[14] In Luthers Übersetzung: „Du sollt nicht andere Gotter haben." (Bekenntnisschriften [[10]1986] 560).

legend") eine Herausforderung als Kritik am modernen Bewusstsein und Bejahung der Betätigung dieses Bewusstseins in einem.

a) Die Kritik liegt im Umschalten von der durch das moderne Denken insinuierten ständigen Selbstreflexion und Befassung mit sich selbst: In der Katechismusmeditation befassen wir uns mit Wichtigerem als wir selber sind: mit den Geboten, mit den Glaubensinhalten, mit dem von Jesus formulierten Gebet, letztlich mit Gott. Dass aber niemand, der über Gott nachsinnt, sich selber verliert, zeigt die gesamte Geschichte der christlichen Frömmigkeit.

b) Die Bejahung des modernen Bewusstseins sehe ich bei Luther darin, dass die Individualität des Nachdenkens und der Lebensgestaltung zum Zuge kommen. In der Meditation soll sich der Mensch nicht hinter kirchlich geprägten Gebeten und hinter noch so gescheiten Theologenmeinungen verstecken, sondern soll und darf sich ganz individuell den Grundlagen und Grundfragen der christlichen Religion aussetzen.

Das schönste und beste Ergebnis der Katechismusmeditation in Luthers Einsicht ist freilich erst auszusprechen, es ist die zu erwartende Gabe des heiligen Geistes: „Denn ob sie es gleich allerdinge aufs allerbeste wüßten und künnten (das doch nicht müglich ist in diesem Leben), so ist doch mancherlei Nutz und Frucht dahinden, so man's täglich lieset und übet mit Gedanken und Reden, nämlich daß der heilige Geist bei solchem Lesen, Reden und Gedenken gegenwärtig ist und immer neue und mehr Licht und Andacht dazu gibt, daß es immerdar besser und besser schmeckt und eingehet ..."[15] Meditation bedeutet also letztlich eine geistige Veränderung der Meditierenden: Hinordnung und Öffnung unseres Bewusstseins auf die Inspiration durch den heiligen Geist. Vielleicht kann man das formelhaft so sagen: Aufgabe des Egozentrismus und Eintritt in den „Pneumatozentrismus". Der heilige Geist ist für Luther in einer Weise fassbar und zugänglich, die uns teils befremdet, teils aber ermuntert, ist doch der heilige Geist nach Luther „bei solchem Lesen, Reden und Gedenken gegenwärtig", begleitet also das Katechismus- und Bibelwort mit seiner Inspiration. Weil der heilige Geist aber von sich aus und spontan inspiriert, kann sich das Individuum nicht seiner bemächtigen, tritt er also in das Selbstbewusstsein des/ der Einzelnen ein, ohne dass er zum Selbstbewusstsein des/ der Einzelnen wird: Das individuelle Bewusstsein ordnet sich vielmehr - indem es sich radikal verändert, ohne sich selbst aufgeben - dem heiligen Geist zu.

An dieser Aussage über das Wirken des heiligen Geistes glaube ich ein Problem lösen zu können, das mich lange beschäftigt hat, dass sich nämlich die Rechtfertigungslehre, die für Luther doch so wichtig war, im Großen und Kleinen Katechismus expressis verbis nicht findet. Die Lehre von der Inspiration durch den heiligen Geist, wenn wir die biblischen Schriften, insbesondere die Katechismusstücke, meditieren, steht an ihrer Stelle. Ist näm-

---

[15] Bekenntnisschriften ([10]1986), 549.

lich die Rechtfertigungslehre eine Doktrin über das Beschenktwerden durch Gott, dann besagt die Inspiration durch den heiligen Geist genau das: Beschenkt zu werden mit Gott selber, der ja der heilige Geist ist. Dies sagt Luther in folgendem äusserst dichten Satz aus, der seltsamer Weise mitten im Kleinen Katechismus (!) steht, und den ich in Kapitel 5 noch einmal verwenden werde: „Ich gläube, daß ich nicht aus eigener Vernunft noch Kraft an Jesum Christ, meinen Herrn, gläuben oder zu ihm kommen kann, sondern der heilige Geist hat mich durchs Evangelion berufen, mit seinen Gaben erleuchtet, im rechten Glauben geheiliget und erhalten ...“[16] Der Glaube ist also Geschenk des heiligen Geistes, nichtsdestoweniger kann, muss, darf das menschliche Subjekt sagen: „Ich glaube". Hier spricht der beschenkte, erleuchtete und inspirierte Mensch.

Nun ist bekannt, dass Luther sich scharf von allen jenen Zeitgenossen abgrenzte, die sich auf spezielle Eingebungen des heiligen Geistes beriefen (Karlstadt [Andreas Bodenstein], Thomas Müntzer, Sebastian Franck, Kaspar Schwenkfeld u.a.) und sie abwertend als „Schwärmer"[17] titulierte. Hat sich Luther geändert und empfiehlt er nunmehr dem Meditierenden den Weg der Schwärmerei? Natürlich nicht. Meditation bei Luther ist nämlich nicht Meditation über eigene Einfälle, sondern Meditation über Worte, Sätze und Gedankenzusammenhänge der Bibel. (Die Meditation über das Glaubensbekenntnis bildet davon keine Ausnahme, weil Luther das Bekenntnis als Verdichtung der biblischen Botschaft auffasst.)

Nach den zitierten „evangelischen" Passagen („evangelisch" deshalb, weil sie von der Verheißung und Begabung mit dem heiligen Geist sprechen), fügt Luther noch eine Ermahnung vom Gesetz her hinzu: „Und ob solchs nicht gnug wäre zur Vermahnung, den Katechismus täglich zu lesen, so sollt uns allein gnugsam zwingen Gottes Gebot, welcher Deutero. 6. ernstlich gebeut ‚daß man solle sein Gebot sitzend, gehend, stehend, liegend, aufstehend immer bedenken und gleich als ein stetig Mal und Zeichen fur Augen und Händen haben'."[18] – Dieses Gebot[19] fordert, wie wir sehen, von uns ein Denken, aber nicht ein analytisches, sondern ein wiederholendes Denken und Sich-Versenken. Luther übersetzt hier Meditieren mit Be-denken.

---

[16] Bekenntnisschriften ([10]1986), 511f.

[17] Zur Thematik der „Schwärmer" siehe: Bloch (1963) – Haas (1979) – Steck (1955) – Wolf (1938).

[18] Bekenntnisschriften ([10]1986), 550f – Das Bibelzitat steht Deut. 6,6ff. Es sei hier nach der Vulgataübersetzung angeführt, weil dort „meditari" vorkommt: „Eruntque verba haec quae ego praecipio tibi hodie in corde tuo et narrabis ea filiis tuis et *meditaberis* sedens in domo tua et ambulans in itinere dormiens atque consurgens et ligabis ea quasi signum in manu tua." Luther übersetzt *meditari* mit *bedenken* (das hebräische Verbum an der Stelle ist übrigens *dbr*).

[19] Es hat im Judentum zur Praxis der „Gebetsriemen" geführt, mit denen sich der fromme Beter Kapseln auf Stirn und Handrücken bindet, in denen auf Streifen geschriebene Gebote enthalten sind.

1.3. Luthers Anweisungen zur Meditation von 1539

An einer prominenten Stelle, nämlich in der Vorrede zur Wittenberger Ausgabe seiner deutschen Werke von 1539, gibt der Reformator eine kurze, aber inhaltsreiche Anweisung für seine Leser, wie man meditieren solle. Diese Anweisung bildet die mittlere von drei Regeln, womit Luther „eine rechte weise in der Theologia zu studirn"[20] anzeigt. Die drei Regeln heißen (mit lateinischen Bezeichnungen mitten im deutschen Text) „Oratio, Meditatio, Tentatio"[21] (Gebet, Meditation, Anfechtung). Beim Ausdruck „Weise, in der Theologia zu studieren" ist sogleich das Missverständnis abzuhalten, dass es sich hierbei um einen Auszug aus dem Studienplan für Theologen handle. Von diesen drei Regeln ist ja nicht ohne Grund im Vorwort zu Luthers deutschen Werken die Rede, die sich an eine breite Öffentlichkeit richten, während die Universitätstheologen hauptsächlich mit den lateinischen Schriften angesprochen wurden. Alle Christen und Leser der Werke Luthers werden angeleitet *in* der Theologie, nicht *die* Theologie zu studieren.

Luthers *Meditationsregel* lautet nun: „Zum andern soltu meditirn, das ist: Nicht allein im hertzen, sondern auch eusserlich die mündliche rede und buchstabische wort im Buch imer treiben und reiben, lesen und widerlesen, mit vleissigem auffmercken und nachdencken, was der heilige Geist damit meinet."[22] Wir sehen hier deutlich, dass für Luther Meditation im wesentlichen Bibelmeditation bedeutet. Das gemeinte „Buch", das wert ist, so intensiv vorgenommen zu werden, ist zweifellos die Bibel.[23] Das meditierende Bibellesen beschreibt Luther nun unvergleichlich plastisch mit „treiben und reiben, lesen und wieder lesen". Meditation ist also

a) eine äußerliche Übung. Luther empfiehlt neben dem Lesen mit den Augen auch ein hörbares Sprechen der gelesenen Worte. Das Meditative liegt in der immer neuen Zuwendung zu den Wörtern und Sätzen.[24] Diese äußerliche Übung ist freilich zum wenigsten ein mechanisches Wiederholen als vielmehr

b) eine geistige Anstrengung („fleißiges Aufmerken und Nachdenken"). Luther zielt dabei nicht auf dieselbe intellektuelle Tätigkeit, wie sie im Wissenschaftsbetrieb vorkommt: philologische Studien, Vergleiche von Exegetenmeinungen zur Stelle, sondern auf eine derartige geistige Anstrengung

---

[20] WA 50, 658, 29f.

[21] WA 50, 659, 4.

[22] WA 50, 659, 22–25.

[23] Zwei Absätze vorher hat es geheißen: „Erstlich soltu wissen, das die heilige Schrifft ein solch Buch ist, das aller ander Bücher weisheit zur narrheit macht, weil keins vom ewigen leben Leret on dis allein." (WA 50, 659, 5–8).

[24] Nicol (1991), 55ff, untersucht das Vorhandensein der mittelalterlichen Vorstellung des „ruminare" („Wiederkäuens") bei Luther für das meditative Wiederholen von Worten.

des Meditierenden, durch die er selber versteht, was genau die vorliegenden Worte sagen. Die Befassung mit den Textworten kann nicht intensiv genug geschehen. Luther: „Und hüte dich, das du nicht uberdrussig werdest oder denckest, du habest es ein mal oder zwey gnug gelesen, gehöret, gesagt, und verstehest es alles zu grund, Denn da wird kein sonderlicher Theologus nimer mehr aus, Und sind wie das unzeitige Obs, das abfellet, ehe es halb reiff wird."[25] Es ist eine gewöhnliche Erfahrung, dass beim einmaligen Lesen eines Textes so manche Zusammenhänge verborgen bleiben. Gewichtige Texte verlangen daher ein mehrmaliges Hin- und Herwenden, ein Memorieren und genaues Ausloten.

c) Bemerkenswert gegenüber anderen Formen der Beschäftigung mit Texten ist auch, dass das Meditieren weder in den Text eingreift (also nicht in ihn „eindringen", ihn auch nicht „entschlüsseln" will), noch sich auch seiner bemächtigt (ihn nicht „erfassen", „begreifen", „sich aneignen", ihn „aufnehmen", „rezipieren" will). Schon das Verbum „verstehen" würde zu viel Manipulation mit dem Text besagen, insofern die Silbe „ver" dem „stehen" eine perfektive Bedeutung verleiht, die ein irgendwie Zu-Ende-Kommen mit dem Text, ihn „zum Stehen bringen" bedeutet. In der Meditation wird der Text vielmehr so gelassen, wie er von sich aus dasteht, er wird beachtet, betrachtet. Der/ die Meditierende greift nicht in den Text ein, sondern sinnt und denkt über ihn nach, merkt auf ihn, achtet auf den Zusammenhang der Worte. Das Aufmerken und Nachdenken überschreitet sich nach Luther schließlich selber, gibt sich nahezu auf, wird passiv, indem es sich

d) darauf richtet, „was der heilige Geist damit meinet". Der Meditierende soll nicht auf seine eigene Interpretation und seinen eigenen Geist gerichtet sein, sondern er soll seinen Geist auf den heiligen Geist richten. Da Luther ohne jeden Zweifel das vom heiligen Geist mit den biblischen Worten Gemeinte als die Wahrheit des Textes ansieht, ergibt sich daraus auch die Bedeutung der Meditation nicht nur für die Ethik, sondern auch für die Bibelexegese.

Öffnet sich der Meditierende für den heiligen Geist, wird freilich die schon vorher gegebene erste Regel Luthers ganz selbstverständlich, unter der es geheißen hat: „... knie nider in deinem Kemerlein und bitte mit rechter demut und ernst zu Gott, das er dir durch seinen lieben Son wolle seinen heiligen Geist geben, der dich erleuchte, leite und verstand gebe."[26]

Den Unterschied zur „schwärmerischen" Berufung auf den heiligen Geist beschreibt Luther folgendermaßen: „Denn Gott wil dir seinen Geist nicht geben on das eusserliche wort, da richt dich nach, Denn er hats nicht vergeblich befolhen, eusserlich zu schreiben, predigen, lesen, hören singen, sagen etc."[27] – „Gott will dir seinen Geist nicht geben ohne das äußerliche

---

[25] WA 50, 659, 25–29.
[26] WA 50, 659, 10–12.
[27] WA 50, 659, 32–35.

Wort ...", aber, so dürfen wir ergänzen: Mit dem äußerlichen will er dir in der Tat seinen Geist geben: Die Gabe des heiligen Geistes ist eine Gestalt der Rechtfertigung, wie ich bereits unter 1.2.) ausgeführt habe.

Bibelwort und heiliger Geist sind so zwar verschieden: Der heilige Geist ist nicht auf das Bibelwort festgelegt, und mit dem Text der Bibel kann man allerhand treiben: von historischer und sprachlicher Auslegung bis zur auflösenden Kritik; aber sie hängen auch wieder zusammen, indem das Bibelwort uns für den heiligen Geist öffnet, und der heilige Geist das Verstehen der Bibelworte bewirkt, ja selber der Sinn der Worte ist.

Es ist noch ein weiterer Punkt hinzuzufügen, dass nämlich Meditation keine gemütliche Sache ist, keine neutrale Psychotechnik, sondern dass sie den Meditierenden in Gefahr bringt, ja bringen muss. Und so ist Meditation auch mit der dritten Regel „Tentatio" (Anfechtung) verbunden: „Darumb sihestu, wie David in dem genanten Psalm (scil. Ps. 119) so offt klagt über allerley Feinde, frevele Fürsten oder Tyrannen, über falsche Geister und Rotten, die er leiden mus, darum das er meditirt, das ist: mit Gottes wort umbgehet ..."[28] Der allgemeinste Feind ist nach Luther der Teufel. Er wird den Meditierenden angreifen: „Denn so bald Gottes wort auffgehet durch dich, so wird dich der Teuffel heimsuchen, dich zum rechten Doctor machen, und durch seine anfechtunge leren, Gottes wort zu suchen und zu lieben."[29] – Luther beschreibt die Anfechtung bzw. Versuchung durch den Teufel als unerträgliche Spannung: Einerseits kämpft der Teufel gegen den Meditierenden, andererseits treibt er durch sein Anfechten die rechte Erkenntnis hervor, bringt den Meditierenden dazu, das Wort Gottes zu suchen und auf den heiligen Geist zu hören.[30]

Martin Nicol weist darauf hin, dass die Tentatio im Vergleich zur mittelalterlichen Theologie eine ziemlich ungewöhnliche Folge der Meditation ist. Luther, der sonst größtenteils von der mittelalterlichen Meditationspraxis her verstanden werden kann, schert hier aus dieser Praxis aus.[31] Anstatt der *contemplatio* als höchster Stufe steht bei Luther die *tentatio*. Ich werde gleich anschließend zeigen, dass Luther jedoch gar nicht wenig von der Kontemplation gehalten hat ... Was will Luther an unserer Stelle mit „Tentatio/ Anfechtung" sagen?

1.) Die Anfechtung ist durchaus mit der hohen Stufe der contemplatio zu vergleichen, weil beide Stufen den Meditierenden in die Nähe Gottes bringen. Hier ist an die Kreuzestheologie Luthers zu erinnern, in der er einen

---

[28] WA 50, 660, 5-7.
[29] WA 50, 660, 8-10.
[30] Luther führt sein eigenes Schicksal an: „Denn ich selber ... habe seer viel meinen Papisten zu dancken, das sie mich durch des Teufels toben so zuschlagen, zudrenget und zuengstet, das ist, einen zimlich guten Theologen gemacht haben, dahin ich sonst nicht komen were." (WA 50, 660, 10-14). Die – zugegebenermaßen sehr problematische Teufelsvorstellung – Luthers werde ich in Kapitel 7 diskutieren.
[31] Nicol (1991), 91, nennt als die gewöhnliche Stufenfolge der mittelalterlichen Meditationsübung „lectio - meditatio - oratio - contemplatio".

seiner Grundgedanken vorträgt, dass sich nämlich Gott über das Gegenteil des von ihm Erwarteten offenbart: im Scheitern am Kreuz erweist er sich als der Herr, im Tod steht er auf, den Sünder macht er zum Gerechten – und in der Anfechtung kommt er uns am nächsten.[32]

2.) Nach Luthers Überzeugung müssen Christus und die Gnade „per contentionem" („im Streit") gepredigt werden und mittels ihrer Bestreitung ans Licht kommen.[33] Dieser Streit tobt auch in und um den Meditierenden, und die Nennung des Teufels in einer Regel „in der Theologia zu studirn" ist Ausdruck der Gefährlichkeit dieses Streites.

1.4. Eine meditativ-kontemplative Predigt (1522)

Luther hat die mönchische Meditationspraxis, der er in seiner Frühzeit zweifellos verhaftet war,[34] umgeformt und das Meditieren einem besonderen Stand, nämlich dem Mönchs- und Nonnenstand, entrissen und es in Anweisungen und beispielhaften Predigten allen Christen nahegebracht. Aus einer solchen Predigt will ich hier zitieren.

Wenn der Reformator in der Aufklärung vorwiegend als Erneuerer von Sittlichkeit und gesellschaftlichem Zusammenleben, wenn er in einer konfessionell-lutherischen Theologie vorwiegend als Erneuerer der Kirche gesehen wurde, so sind beide Ansichten dahingehend zu ergänzen, dass nach Luther die meditative Versenkung, ja sogar die Kontemplation („Betrachtung", „Schauung") Bestandteil des christlichen Lebens sein sollte.

Luther war kein Mystiker, aber er hat die mystischen Schriften eines Bernhard von Clairvaux und Johannes Tauler hoch geschätzt und selber die anonyme mystische Schrift „Theologia Deutsch" zweimal (1516 und 1518) herausgegeben.[35] Seine Erfahrungen mit der Mystik scheint er „demokratisiert" zu haben, indem er sie in Predigten an die Gemeinde weitergab.

In der folgenden Textpassage (es handelt sich um eine Predigt aus der Kirchenpostille von 1522 über das Weihnachtsevangelium Luk. 2, 12–14) weist Luther nach einer Einleitung seine HörerInnen an, wie sie aus eigenen Kräften den Text meditativ-kontemplativ ausschöpfen können:

„Das Evangelium ist ßo klar, das nitt viel außlegens bedarff, ßondern es will nur wol betracht, angesehen und tieff tzu hertzen genommen seyn. Und

---

[32] Siehe: Appel (1938); H.-M. Barth (1967); H. Beintker (1954); Blaumeiser (1995); Buehler (1942); Lienhard (1962); Loewenich (⁶1982); Obendieck (1931); Peters (1983); Schultz (1964); Schumann (1938); Schwarzwäller (1970); Thaidigsmann (1983).

[33] Die Formulierung „per contentionem" findet sich mehrmals in „De servo arbitrio" (z.B. WA 18, 779, 17ff; 782, 21ff und 27ff).

[34] Vgl. Nicol (1991), 40 u.ö.

[35] Zum Einfluss der Mystik auf Luther siehe: Benrath (1982); Böhme (1981); Haas (1997); Kohlschmidt (1947); B. Lohse (1995), 38f und 230f; Ruehl (1960); Schwarz (1984); Seeberg (1931); Wehr (1999); zum Einfluss Bernhards von Clairvaux im Besonderen: Köpf (1999).

wirt niemant mehr nutz davon bringen, denn die yhr hertz still hallten, alle ding außschlahen und mit vleyß dreyn sehen ..."[36]
Der Prediger Luther relativiert in jedem der beiden Sätze seine eigene Rolle als Prediger und weist seine HörerInnen an, sich in den Text zu versenken: Warum bedarf das Evangelium „nitt viel außlegens"? – Es ist in ihm alles am Tage; aber niemand wird es aufnehmen können, auch nicht die PredigthörerInnnen, „denn die yhr hertz still halten": Keine intellektuelle Anstrengung kann das Evangelium erschließen. Es erschließt sich selber. Es „will nur wol betracht" sein. – Luthers Aufforderung zum „Betrachten" (und dies ist die Übersetzung von *contemplatio*, der höchsten Stufe der mittelalterlichen Meditationspraxis) kommt hier mit der wiederentdeckten evangelischen Botschaft überein: Gott und sein Wort tun alles, wir dürfen, ja müssen uns passiv verhalten. Oswald Bayer: „Vita passiva – identisch mit ihr: die iustitia passiva – ist der Glaube, der weder Wissen noch Tun ist."[37]
Neben der Wendung „yhr hertz still hallten" fallen in den Anweisungen der hier vorgestellten Predigt besonders die Worte „alle ding außschlahen" ins Auge. Man muss hierbei an die passive Haltung der Mystiker erinnern, an ihr Loslassen aller Dinge – und das bedeutet ursprünglich „Gelassenheit" –, an die via negativa in der Gotteserkenntnis, wie sie seit Dionysius Areopagita in der Theologie eine Rolle spielt. In dem „Ausschlagen aller Dinge" ist jene Grundhaltung zu erkennen, die Luthers Meditation mit wichtigen anderen Formen von Meditation verbindet: die Abkehr von der Außenwelt, das Verwerfen der eigenen Vorstellungen und Phantasien und das Zur-Ruhe-Bringen des diskursiven Denkens. Je genauer man sich bewusst ist, wie sehr Luther ein Mann des Wortes und der Tat war, desto mehr fällt ins Gewicht, dass er in dieser Predigt nicht zum Reden und Tun, sondern zum Stillesein und Betrachten hinlenkt.
Der Gebrauch des Vokabulars *des Schauens* ist in dieser Predigt nicht ein einmaliges Abweichen Luthers von seinem sonstigen Sprachgebrauch – denn für gewöhnlich ist für ihn *das Hören* das wichtigere Mittel zur Aufnahme des Evangeliums. In unserer Weihnachtspredigt spielt hingegen das Schauen, also die *contemplatio*, weiterhin eine hervorragende Rolle: „Drumb willtu hie auch erleucht und warm werden, gottlich gnade und wunder sehen, das deyn hertz entprant, erleucht, andechtig und frolich werde, ßo gang hynn, da du stille seyest und das bilde dyr tieff ynß hertz fassest, da wirstu finden wunder ubir wunder ..."[38] Dem Vokabular des Schauens entspricht die Verheißung, dass die Betrachter *erleuchtet* werden sollen. Aber was sollen sie betrachten, damit sie erleuchtet werden? – Die Antwort: „die ganze Szene der Geburt Christi aus Lukas 2" ist nicht falsch ... Aber Luther wäre nicht Luther und nicht der begnadetet Prediger, der er war, würde es ihm nicht gelingen, im Rahmen des Vokabulars des

---

[36] WA 10/I, 62, 5–8.
[37] Bayer (1994), 45.
[38] WA 10/I, 62, 11–14.

Schauens mit seinen sprachlichen Mitteln unsere Meditation und Kontemplation auf einen leicht zu übergehenden, jedoch entscheidenden, und daher in Wahrheit nicht zu übergehenden Blickpunkt hinzuführen:

„Sihe, wie gar schlecht und eynfelltig die ding tzugehen auff erden, und doch ßo groß gehallten werden ym hymel. Auff erden gehet es alßo tzu: Da ist eyn arm, jungis weyble, Maria, tzu Nazareth, gar nichts geacht ...“[39] Luther legt zuerst die Niedrigkeit der Geburt Jesu ausführlich dar und fasst dann zusammen: „Wie gar furwirfft doch gott was hoch ist, und wyr tobenn und rasen nit denn nach eyttler hohe, auff das wyr ya nit ym hymel zu ehren werdenn, ymer unnd ymer tretten wyr gott auß seynem gesicht, das er unß yhe nit ansehe ynn der tieffe, da er alleyn hynnsihet.“[40]

Die Betrachtung entdeckt also, dass die angesehene Szene das Gegenteil von dem ist, was sie zu sein scheint: Das Niedrige ist das Hohe, und das Hohe ist das Niedrige. Ja sogar der Vorgang des Schauens verkehrt sich: Wir betrachten die Geburt Gottes, aber in unserem Betrachten wird uns bewusst, dass es Gott ist, der uns ansieht. Aus der menschlichen contemplatio Dei wird eine göttliche contemplatio hominis. Wenn Gott uns ansieht, kommen wir – um es existentialistisch auszudrücken – zu unserer „Eigentlichkeit“, aber die Eigentlichkeit führt in Verwirrung, denn Gott sieht uns an „in der Tiefe, da er allein hinsieht“. Diese Formulierung wird eine mehrfache Bedeutung haben:

1.) Gott sieht uns dort an, wo Maria und Jesus sind, nämlich in Niedrigkeit, in die wir einzig durch die Nachfolge Jesu gelangen. Von unserer Natur aus streben wir aber nach der Höhe: nach Wohlergehen und Ansehen.

2.) Gott sieht in unsere Tiefe, hinter unsere Fassade: Kein Outfit, kein Selbstbild, das wir für uns und andere aufbauen, täuschen ihn.

3.) Gott sieht uns tief unten in unserer Sünde an, in unserer Gottferne. Zwar will uns Gott von sich aus erhöhen, „auf dass wir im Himmel zu Ehren werden“, aber wir verhindern dies durch unsere Verweigerung von Selbsterkenntnis, die sich Gott gegenüber als Sündenbekenntnis äußern müsste.

Wir sehen: Von einer ganz anderen Seite als Luther es 1539 mit der Regel der „Tentatio“ tun wird, nähert er sich in der Weihnachtspredigt von 1522 den Hindernissen der Meditation, an denen aber kein Weg vorbeiführt: Der einzige gangbare Weg führt durch sie hindurch. Sind es 1539 die Anfeindungen von außen, letztlich durch den Teufel, ist es hier das Widergöttliche am und im Menschen, also in uns. Beide Arten von Hindernissen sind Gegenstand einer Lehre von der Sünde.

Aber Luthers Auslegung endet nicht bei den Hindernissen. Die Predigt nimmt eine teils erwartete, teils erhoffte Wendung mit den Worten: „Nun wollen wir auch sehen, was unß fur mysteria, heymliche ding, ynn dießer

---

[39] WA 10/I, 62, 17–20.
[40] WA 10/I, 70, 1–4.

historien furgelegt werdenn. Zwey furnemlich werden ynn allen mysteriis angetzeygt, das Evangelium und der glawb ..."[41] – Sosehr Evangelium und Glaube in der gesamten Christenheit *präsent* sind – und besonders im Protestantismus *präsent* sein sollten, sosehr sind sie oft nur *äußerlich präsent*, in Wahrheit aber *absent*. Deshalb ist es ganz angebracht, in Übereinstimmung mit Luther Evangelium und Glauben weiterhin „Mysterien" und „heimliche Dinge" zu nennen.

– – – – –

In bin in meiner Darstellung der Meditation bei Luther einen Weg vom „großen Selbstzeugnis" Luthers von 1545 ausgegangen, von dem klar ist, dass es eine frühe – dramatische – persönliche Erfahrung Luthers (etwa zwischen 1515 und 1518) betrifft.

In seiner Weihnachtspredigt von 1522 greift Luther, ohne dass er das ausdrücklich sagte, auf Möglichkeiten der Mystik zurück und leitet die PredigthörerInnen zur Meditation und Kontemplation des Weihnachtsgeschehens an. Er scheint hierbei auch seine eigenen Erfahrungen eingebracht zu haben, aber er macht die ZuhörerInnen von sich dadurch unabhängig, dass er ihnen Anstoß und Anleitung gibt, sich den eigenen Erfahrungen auszusetzen, die den Glauben bewirken können.

Die Katechismusvorrede von 1530 enthält – ohne das Wort „Meditation" zu verwenden – der Sache nach wertvolle Meditationsanweisungen.

Solche Anweisungen bekommen wir sodann explizit in dem zitierten Text von 1539.

Es ist erstaunlich, dass es einer „Meditationsbewegung" bedarf, die von Indien über China, Japan und Amerika nach Europa ausgreift, damit wir entdecken, wie oft und an welch auffallenden Stellen im Werk Luthers sachlich und/ oder wörtlich von Meditation, ja sogar von Kontemplation, die Rede ist.

---

[41] WA 10/I, 70, 23–25.

2. Ethik aus der Rechtfertigung und mit der Rechtfertigungslehre[1]

Die Rechtfertigungslehre ist das Zentrum der Theologie Luthers, und da seine Ethik eine zutiefst theologische ist, auch das Zentrum seiner Ethik. In der Einleitung habe ich die Rechtfertigung des Menschen durch Gott und die Rechtfertigungs*lehre* innerhalb der Ethik Luthers unterschieden. Nach Luthers Meinung sollen wir uns von Gottes Rechtfertigung ergreifen und bestimmen lassen, und Luther will uns dies lehren. Rechtfertigung und Rechtfertigungs*lehre* sind folglich bei Luther eine Einheit und daher zusammen zu behandeln und auf die Ethik anzuwenden.

2.1. Der Grundgedanke

Der Grundgedanke ist ganz leicht auszusprechen und zu verstehen: Wenn in der Ethik das Ethos (die Sitte) und das Verhalten der Einzelnen in Bezug auf das Ethos untersucht werden, dann stellt sich sehr bald die Frage nach Gut und Böse im Verhalten aller Einzelnen, aber auch nach Gut und Böse des Ethos. Sitte und Verhalten wollen ja das Gute bewirken. Aber sind die Sitten gut? Und: Wie bewirkt man das Gute?

Das Tun des Guten bedarf guter Menschen. Daher fragt sich, aus welcher Ursache wir gut sind oder gut werden. – Nach Luther nun können wir nur durch eine Setzung Gottes gut werden, nämlich durch seine Rechtfertigung, *iustificatio* (= Gerechtmachung), denn das war Luthers Gotteserkenntnis, dass Gott ein solcher Gott ist, der die aus dem Gutsein der Geschöpflichkeit herausgefallenen Menschen durch seine Gegenwart und durch seine Wirksamkeit an den Menschen von neuem recht macht. Wie begründet Luther das, und wie ist die Rechtfertigung durch Gott zu verstehen? Hier nun tritt die genauere Erkenntnis der Rechtfertigung durch die Rechtfertigungs*lehre* ein, die darlegt, dass und wie Gott uns gerecht macht.

Gegenüber der Rechtfertigungslehre geraten wir als moderne Menschen in Schwierigkeiten. In der Moderne, daher auch in der modernen Ethik ist zuallererst die Reflexion des handelnden Menschen auf sich selber angesagt

---

[1] Allgemeine Literatur dazu: Althaus 1951; Baur 1968; Bayer (1984); Beintker (1995); Bläser (1953); Dantine (1959); Etzold (1965); Härle/Herms (1980); Herms (1978/1982); Jenson (1995); Kinder (1957); Kreuzer (2002); Lütgert (1903); Mannermaa (1989); G. Müller (1977); Pesch (1982); Pesch/Peters (1981); Peters (1974 u. 1984); Pöhlmann (1971); Ritschl (⁴1895); Sauter (1989); Seils (1995); Stolle (2002); Subilia (1981).

(„Was soll *ich* tun? Ist das, was *ich* tue, richtig? Wie kann *ich mich selbst* er-kennen, beherrschen, verwirklichen?"). Luther ist, so behaupte ich, zu-gleich als vormoderner wie als moderner Denker zu begreifen. Ich bezeich-ne das in Abhebung von der mit der Aufklärung beginnenden Moderne als „neuzeitlich". Entgegen der auf das menschliche Subjekt zentrierten Mo-derne leitet uns Luther dazu an, auf Gott als unser Gegenüber (unser „Ob-jekt"), gleichzeitig aber auch auf uns selber zu reflektieren. Die Gerecht-werdung können wir uns nicht selber verschaffen, sie ist aber nicht wirklich, wenn sie nicht im menschlichen Subjekt wirklich wird und somit wirkt. Die-se Wirklichkeit ist der in Kapitel 5 zu analysierende Glaube.

Den Unterschied von Luthers Theologie zur vor-neuzeitlichen, also zur mittelalterlichen Theologie und Kirche, erkennen wir daran, dass die Er-neuerung des Menschen nicht mehr durch sakramentale Eingießung der Gnade (*gratia infusa* – „eingegossene Gnade"), sondern durch gläubige An-nahme der Gnade zustande kommt. Dabei analysiert sich das menschliche Subjekt zwar als gänzlich der Gnade unwürdig, sprich: als Sünder („Was will Gott in seinen Geboten von mir? Habe ich sie erfüllt? Habe ich Gott ge-genüber meine Wirklichkeit als Sünder erkannt?"), ergreift jedoch im Glau-ben die neue Wirklichkeit, nämlich die Kraft des Gut- und Gerechtseins.

Die Aneignung des Gerechtseins erfolgt im Hören auf Gottes Wort in der Predigt, im Empfang des Sakraments, das selber ein „sichtbares Gottes-wort" (*verbum visibile*) ist, und in der Meditation jener Bibelabschnitte, die von Recht, Gerechtigkeit, Rechtfertigung, Gesetz, Vergebung, Erlösung etc. handeln. Wie oben dargestellt, hat Luther selber seine entscheidende Einsicht in diese Lehre aus einer Bibelmeditation erhalten.

2.2. Luthers Auffassung von der Rechtfertigung

Was aber hat nun Luther über die Rechtfertigung aus der Bibel entnommen, und was ist sie für Luther? – Man kann bei Luther viele Aussagen über die Rechtfertigung finden kann, und diese Lehre bildet den Brennpunkt oder Mittelpunkt seiner Theologie schlechthin, wie Bernhard Lohse treffend schreibt: „Es war das erste Mal in der gesamten Theologie- und Dogmen-geschichte, daß sich für einen Theologen die entscheidende Wahrheit des christlichen Glaubens in solcher Weise auf einen bestimmten Artikel konzentrierte ... Seit Augustin und seinem Streit mit Pelagius war die Lehre von Sünde und Gnade besonders in der Scholastik immer wieder reflektiert und in unterschiedlicher Weise entfaltet worden. Dabei wurden selbstver-ständlich auch bestimmte Aspekte erörtert, die von Luther in der Rechtfer-tigungslehre neu behandelt wurden. Aber eine derartige Konzentration auf einen bestimmten Artikel, wie sie bei Luther vorliegt, ist ohne Vorläufer."[2]

---

[2] Lohse (1995), 275.

Jedoch können wir bei diesem Thema auf kein Buch oder Traktat Luthers mit dem Titel „Die Rechtfertigungslehre" zurückgreifen.[3] Das zeigt aber nur, wie sehr die Einsicht über und Lehre von der Rechtfertigung seine gesamte Theologie und Ethik durchdringt. Man muss sehen, dass Luther in vielen Zusammenhängen, auch immer wieder mit verschiedenen Worten sehr beziehungsreich – aber in mancherlei verschiedenen Beziehungen und aus verschiedenen Blickpunkten – über die Rechtfertigung gesprochen hat. Wir dürfen jedoch die Frage stellen, ob Luthers Ausführungen nicht mindestens teilweise von Bedingungen seiner Epoche und von den Aufgaben, die er sich selber stellte, geprägt worden sind: von der reformatorischen Aufgabe, gegen den Dogmatismus, den Ritualismus und die „Werkheiligkeit" der mittelalterlichen Kirche anzukämpfen und das herauszuarbeiten, worauf es im Christentum ankommt.

Die ganze Breite von Luthers Zugang zur Rechtfertigungslehre sei einleitend mit den Worten Bernhard Lohses beschrieben: „Das Wort ‚iustificare' hat bei Luther verschiedene Bedeutungen. Luther bezeichnet mit ihm einerseits die Für-Gerecht-Erklärung des Menschen durch Gott. Er kann mit ‚iustificare' andererseits aber auch das Geschehen bezeichnen, durch welches der Mensch kraft der göttlichen Verheißung und Gnade ‚freigesprochen', verwandelt und erneuert wird; hier wird also die Rechtfertigung als ein ‚Prozeß' verstanden, der sich über das ganze Leben erstreckt und erst in der Auferstehung an sein Ziel gelangt."[4]

2.2.1. Definitionen der Rechtfertigung

In einem eher späten Text, bei Gelegenheit der Promotionsdisputation von Palladius und Tilemann im Jahre 1537 definiert Luther: „Articulus justificationis est magister et princeps, dominus, rector et judex super omnia genera doctrinarum, qui conservat et gubernat omnem doctrinam ecclesiasticam et erigit conscientiam nostram coram Deo. Sine hoc articulo mundus est plane mors et tenebrae."[5] – Gegen diesen Satz könnte man einwenden: Ist nicht vielmehr der Artikel von Gott der höchste, oder der von der Inkarnation des Logos im Menschen Jesus? Aber Luther äußert sich hier ja im Rahmen einer bestimmten Disputation, und er hat auch keineswegs bei jeder Gelegenheit die Rechtfertigungslehre so vehement betont. Ganz erstaunlich ist z.B., dass Luther in der Darlegung der christlichen Lehre im Großen (und Kleinen) Katechismus, die doch für die breite Öffentlichkeit bestimmt wa-

---

[3] Diesen Traktat hat vielmehr Philipp Melanchthon, Luthers Freund, Mitarbeiter und Mitreformator, in der Apologie der Confessio Augustana geschrieben, es ist der Artikel IV. „De iustificatione", in: Bekenntnisschriften ([10]1986), 158–233.

[4] Lohse (1995), 276.

[5] WA 39/I, 205, 2ff („Der Rechtfertigungsartikel ist der Meister und Fürst, Herr, Leiter und Richter über alle Art von Lehren, der alle kirchliche Lehre schützt und regiert und unsere Gewissen Gott gegenüber aufrichtet. Ohne diesen Artikel ist die Welt lauter Tod und Finsternis.")

ren, auf die Rechtfertigungslehre explizit überhaupt nicht eingeht. Gerhard
Ebeling demonstriert zwar die enge Zusammengehörigkeit von Glaube und
Rechtfertigung und schreibt völlig zu Recht: „Die Gerechtigkeit des Glaubens ist die eigentliche Gabe des Geistes"[6], wobei er auf Luthers Auslegung
des 3. Glaubensartikels Bezug nimmt; Tatsache aber ist, dass Luther selber
bei der Auslegung dieses Glaubensartikels weder im Großen noch im Kleinen Katechismus ein einziges Wort von der Rechtfertigung sagt.

Vielleicht können wir Luther an der zitierten Stelle aus der Promotionsdisputation so verstehen: Das Wesen bzw. das Eigentümliche des alt- und
neutestamentlichen Glaubens, und daher auch der Gottes- und Inkarnati-
onslehre, werden erst vom Rechtfertigungsartikel aus zugänglich: Seine ein-
malige und zugleich lebenslängliche Bedeutung zeigt unsere Situation *coram
Deo* („vor Gott", „Gott gegenüber") auf, die in einer Zusammengehörigkeit, Relation von Gott und Mensch besteht, wie Gerhard Ebeling erkennt:
„Gott und Israel, und darin eingeschlossen: Gott und jeder Einzelne, sind
relational zueinander bestimmt. Das kommt am deutlichsten zum Ausdruck
in dem Sein vor Gott im Sinne von: ,vor dem Angesicht Gottes', worin das
Sein von Gott her stets mit gemeint ist."[7] Unser Recht-Sein ist aus der Relation zu Gott zu sehen, weil unser ganzes Sein von Gott her zu sehen ist.

Hat nun der Artikel der Rechtfertigung bei Luther eine so umfassende
Bedeutung für das menschliche Leben, dann muss von ihm nicht nur in der
Dogmatik, der Predigtlehre oder beim Aufbau der Kirche die Rede sein,
sondern auch in der Ethik. Wenn der Rechtfertigungsartikel „alle kirchliche
Lehre regiert", dann regiert er auch die ethische Lehre.[8] Und wenn ohne
ihn „die Welt lauter Tod und Finsternis" ist, weil wir ohne ihn auch ohne
Gott wären, dann sind sowohl unsere Handlungen als auch unser Reflektieren darüber ohne ihn ebenfalls verloren. Für die Ethik heißt das nun, dass
wir alle Handlungen im Lichte des Rechtfertigungsartikels betrachten und
unsere ethischen Reflexionen um diesen Artikel kreisen lassen müssen. Für
den durch den Glauben motivierten Willen ergibt sich, dass die Rechtfertigung dem Glauben so vorangeht, dass der Glaube ohne sie nichts wäre,
mit ihr aber alles ist. Durch die Rechtfertigung ist unser Glaube außer uns
in Christus und im trinitarischen Gott gegründet, durch sie wirkt aber auch
Gott in uns,[9] und die Erkenntnis der Rechtfertigung lässt uns allen Gefahren trotzen.[10]

Aber worum geht es genauerhin im Rechtfertigungsartikel? Als Luther

---

[6] Ebeling (1979), Bd. 3, 192.

[7] Ebeling (1979), Bd. 3, 198.

[8] Paul Althaus beginnt sein Buch „Die Ethik Martin Luthers" mit dem grundlegenden Kapitel „Ethos auf dem Boden der Rechtfertigung" ([1965], 11–31).

[9] Als solches hat Luther das Werk Gottes erkannt: „Opus Dei, id est, quod operatur in nobis Dei ..." („Das Werk Gottes, das Gott in uns wirkt ..." [WA 54, 186, 11f]).

[10] In der Promotionsdisputation von 1537: „Quia animus stabilitus et firmatur hac certa co-
gnitione potest in omnibus periculis persistere." (WA 39/I, 205a, 12f) [„Denn der durch diese
Erkenntnis gefestigte Geist kann in allen Gefahren bestehen."].

1516/17 den Galaterbrief zum ersten Mal auslegt,[11] äußert er sich zu dem Satz: „Scientes autem quod non iustificatur homo ex operibus legis nisi per fidem Iesu Christi; et nos in Christo Iesu credidimus ut iustificemur ex fide Christi" (Gal. 2, 16)[12] in folgender Weise: „Mira et nova diffinitio iustitiae, cum usitate sic describatur: ,Iustitia est virtus reddens unicuique, quod suum est'. Hic vero dicit: ,Iustitia est fides Jhesu Christi' ... Ideo qui in Christum credit, per Christum non solum omnibus satisfacit, sed etiam facit, ut omnia sibi debeant, cum per fidem efficiatur unum cum Christo. Ideo vocatur haec iustitia ,iustitia dei', quia donata a deo, ut I. Corin. I: ,Qui factus est nobis a deo iustitia atque prudentia etc."[13] – Die angesprochene „gewöhnliche" Definition, die der „wunderbaren und neuen Definition" gegenübersteht, ist die der aristotelischen „iustitia distributiva",[14] einer Tugend, durch die man gerecht ist, vorausgesetzt, man übt sich in ihr und übt sie aus. Nach der gewöhnlichen Definition wird also die Gerechtigkeit vom Menschen gefordert. Nach der Definition des Galaterbriefes aber wird die Gerechtigkeit dem Menschen geschenkt. Daher gibt es zwei Arten von Gerechtigkeit.

In der Druckfassung der Galaterbrief-Vorlesung von 1519 stellt Luther entsprechend diesen zwei Arten von Gerechtigkeit auch zwei Arten von Rechtfertigung vor (wieder bezogen auf Gal. 2, 16). Dies soll nun in einem längeren Zitat belegt werden:

„In primis itaque sciendum, quod homo dupliciter iustificatur et omnino contrariis modis.

Primo ad extra, ab operibus, ex propriis viribus. Quales sunt humanae iusticiae, usu (ut dicitur) et consuetudine comparatae. Qualem describit Aristoteles aliique philosophi. Qualem leges civiles et ecclesiasticae in ceremoniis, qualem dictamen rationis et prudentia parit. Sic enim putant, operando iusta iustum fieri, temperando temperatum, et similia. Hanc facit et lex Mosi, ipse quoque decalogus, scilicet ubi timore penae aut promissione mercedis servitur deo, non iuratur per nomen dei, honorantur parentes, non occiditur, non rapitur, non adulteratur &c. Haec est iusticia servilis, mercennaria, ficta, speciosa, externa, temporalis, mundana, humana, quae

---

[11] Gedruckt wurde diese Auslegung erst 1519.

[12] (Vulgatatext) In Luthers Übersetzung von 1545: „Doch weil wir wissen/ das der Mensch durch des Gesetzes werck nicht gerecht wird/ Sondern durch den Glauben an Jhesum Christ/ So gleuben wir auch an Christum Jhesum/ Auff das wir gerecht werden durch den glauben an Christum."

[13] WA 57, 69, 14ff (= Clemen 5, 331, 35ff) [„Eine wunderbare und neue Definition der Gerechtigkeit, die sonst gewöhnlicher Weise so heißt: ,Die Gerechtigkeit ist die Tugend, einem jeden das Seine zu geben'. Hier aber heißt es: ,Die Gerechtigkeit ist der Glaube an Jesus Christus' ... Daher, wer an Christus glaubt, leistet nicht nur allen Genugtuung, sondern bewirkt auch, dass alles ihm schuldig ist, da er durch den Glauben mit Christus eins wird. Die Gerechtigkeit heißt hier deshalb ,Gerechtigkeit Gottes', weil sie von Gott geschenkt wird, entsprechend dem Wort 1. Kor 1: ,Der uns gemacht ist von Gott zur Gerechtigkeit und Weisheit' usw."].

[14] Aristoteles: Nikomachische Ethik, 1131a, 10ff.

ad futuram gloriam nihil prodest, sed in hac vita recipit mercedem, gloriam, divitias, honorem, potentiam, amicitiam, sanitatem aut certe pacem ac tranquillitatem minusque malorum quam ii, qui secus agunt ...

Hanc Hiere. ij. vocat cisternam dissipatam, quae non continet aquam, et tamen (ut ibidem dicit) facit, ut praesumant se sine peccatis esse, et omnino similis est actibus iis, quos videmus a Simia fieri aemulatione hominum ...

Secundo ab intra, ex fide, ex gratia, ubi homo de priore iusticia prorsus desperans ... proruit ante deum, gemens humiliter peccatoremque sese confessus cum publicano dicit: Deus, propitius esto mihi peccatori. Hic, inquit Christus, descendit iustificatus in domum suam. Haec enim est aliud nihil quam invocatio nominis divini. Nomen autem dei est misericordia, veritas, iusticia, virtus, sapientia, suique nominis accusatio. Est autem nomen nostrum peccatum, mendacium, vanitas, stulticia, iuxta illud: Omnis homo mendax, vanitas omnis homo vivens &c.

Invocatio autem nominis divini, si est in corde et ex corde vere facta, ostendit, quod cor et nomen domini sint unum simul et sibi cohaerentia. Ideo impossibile est, ut cor non participet eiusdem virtutibus, quibus pollet nomen domini. Cohaerent autem cor et nomen domini per fidem. Fides autem per verbum Christi, quo praedicatur nomen domini, sicut dicit: Narrabo nomen tuum fratribus meis, et rursum: Ut annuncient in Syon nomen domini. Sicut ergo nomen domini est purum, sanctum, iustum, verax, bonum &c., ita si tangat tangaturque corde (quod fit per fidem) omnino facit cor simile sibi. Sic fit, ut credentibus in nomine domini donentur omnia peccata et iusticia eis imputetur ,propter nomen tuum, domine,' quoniam bonum est, non propter meritum ipsorum, quoniam nec ut audirent meruerunt. Iustificato autem sic corde per fidem, quae est in nomine eius, dat eis deus potestatem filios dei fieri, diffuso mox spiritu sancto in cordibus eorum, qui charitate dilatet eos ac pacatores hilaresque faciat, omnium bonorum operatores, omnium malorum victores, etiam mortis contemptores et inferni. Hic mox cessant omnes leges, omnium legum opera: omnia sunt iam libera, licita, et lex per fidem et charitatem est impleta."[15]

---

[15] WA 2,489,21-490,33 („Vor allen Dingen muss man daher wissen, dass der Mensch gerecht werde auf zweierlei und völlig verschiedene Weisen. Zuerst nach außen, von den Werken, aus den eigenen Kräften. Derart sind die menschlichen Gerechtigkeiten, die, wie man sagt, durch Übung und Gewohnheit erworben werden, wie Aristoteles die Gerechtigkeit beschreibt und andere Philosophen, wie die bürgerlichen Gesetze und die kirchlichen Gesetze in den Zeremonien sie meinen, und wie das Gebot der Vernunft und die Klugheit sie erzeugt. Denn so meinen sie, durch Tun des Gerechten gerecht, durch Sich-Mäßigen mäßig zu werden und dergleichen. Eine solche Gerechtigkeit wirkt auch das Gesetz des Moses, auch der Dekalog selber, wo man nämlich aus Furcht vor Strafe und wegen der Verheißung des Lohnes Gott dient, nicht bei Gottes Namen schwört, die Eltern ehrt, nicht tötet, nicht raubt, nicht die Ehe bricht usw. Das ist der knechtische Gerechtigkeit, gedungen, erdichtet, hübsch anzusehen, äußerlich, zeitlich, weltlich, menschlich, welche nichts nützt zum künftigen Leben, aber in diesem Leben Lohn, Ruhm, Reichtum, Ehre, Macht, Freundschaft, Gesundheit empfängt oder doch wenigstens Frieden und Ruhe und weniger Übles als jene, die anders handeln ... Jeremia [2,13] nennt sie eine rissige Zisterne, die kein Wasser enthält, dennoch aber macht, dass sie sich einbilden,

Zwei Rechtfertigungen gibt es also. Die eine bewirkt der Mensch, sie ist aber „äußerlich", denn wer sich so rechtfertigt, hat aus Furcht vor Strafe bloß die guten Sitten eingeübt; die andere bewirkt Gott und sie ist „innerlich", denn durch sie erfährt der Mensch eine grundlegende Änderung. In der einen hält sich der Mensch an Aristoteles, den „gottlosen Heiden" (wie Luther bei manchen Gelegenheiten sagt), in der anderen an Christus. Aber die Dinge sind nicht so einfach, dass Philosophie und Bibel einander gegenüberstünden, sondern innerhalb der Bibel steht auch das Gesetz des Moses gegen das Evangelium Jesu, mehr noch, da beides Worte Gottes sind (ich werde weiter unten darüber schreiben), stehen zwei Gerechtigkeiten Gottes gegeneinander, und somit steht Gott gegen Gott: Auf der einen Seite *fordert* Gott Gerechtigkeit von uns, auf der anderen Seite *schenkt* er sie uns.

Luther ist keineswegs der Ansicht, dass es nur die evangelische Gerechtigkeit gäbe, nein, auch die gesetzliche Gerechtigkeit, aber diese ist „erdichtet, hübsch anzusehen, äußerlich, zeitlich". Warum? Nach der gesetzlichen Gerechtigkeit rechtfertigen wir uns vor Gott und den Menschen, damit wir gut dastehen, Vorteile haben und es uns gut gehe. Befürchteten wir nicht Strafen, Verlust von Ansehen und Vorteilen, würden wir uns ganz anders verhalten. Daher ist diese Rechtfertigung nach Luther „erdichtet." –

---

sie seien ohne Sünden, und ist ganz und gar dem gleich, was wir sehen einen Affen tun, wenn er Menschen nachahmt ... Zweitens, von innen, aus dem Glauben, aus der Gnade, wo der Mensch an der ersten Gerechtigkeit ganz und gar verzweifelt ... und vor Gott niederfällt und mit demütigem Seufzen sich als Sünder bekennt und mit dem Zöllner sagt: ‚Gott sei mir Sünder gnädig' [Luk. 18, 13f]. Dieser, spricht Christus, ‚ging gerechtfertigt in sein Haus'. Denn diese Gerechtigkeit ist nichts anderes als die Anrufung des göttlichen Namens; der Name Gottes aber ist Barmherzigkeit, Wahrheit, Gerechtigkeit, Kraft, Weisheit. Und sie ist Anklage des eigenen Namens; unser eigener Name aber ist Sünde, Lüge, Eitelkeit, Torheit, gemäß jenem Worte: ‚Alle Menschen sind Lügner' [Ps. 116, 11]; ‚Wie so gar nichts sind alle Menschen, die doch so sicher leben' [Ps. 39, 6].
Die Anrufung des göttlichen Namens aber, wenn sie im Herzen ist und in Wahrheit von Herzen geschieht, zeigt, dass das Herz und der Name des Herrn miteinander eines sind und aneinander haften. Darum ist's unmöglich, dass das Herz nicht teilhabe an den gleichen Tugenden, deren der Name des Herrn mächtig ist. Das Herz und der Name des Herrn haften aber aneinander durch den Glauben. Der Glaube aber kommt durch das Wort Christi, durch das der Name des Herrn gepredigt wird, wie es heißt: ‚Ich werde deinen Namen meinen Brüdern erzählen' [Ps. 22, 23] und weiters: ‚Damit sie in Zion den Namen des Herrn verkündigen' [Ps. 102, 22]. Gleichwie der Name des Herrn rein, heilig, gerecht, wahrhaftig, gut usw. ist, also macht er das Herz ganz und gar ihm gleich, wenn er das Herz anrührt und von ihm angerührt wird, welches geschieht durch den Glauben. Also geschieht es, dass denen, die an den Namen des Herrn glauben, alle Sünden vergeben werden, und Gerechtigkeit ihnen zugerechnet wird, um deines Namens willen, Herr, denn er ist gut, und nicht um ihrer Verdienste willen, denn sie haben's nicht einmal verdient, dass sie hören dürfen. Wenn aber das Herz also gerecht worden ist durch den Glauben an seinen Namen, dann gibt Gott ihnen die Macht, Gottes Kinder zu werden, indem er alsbald seinen heiligen Geist in ihre Herzen gießt, der sie durch die Liebe weit und freudevoll und fröhlich macht, und zu Tätern alles Guten, Überwindern des Übels, ja auch zu Verächtern des Todes und der Hölle. Hier hören alsbald alle Gesetze und aller Gesetze Werke auf: Alles ist nun frei und erlaubt, und das Gesetz ist erfüllt durch Glaube und Liebe.")

Die evangelische Gerechtigkeit dagegen kommt „von innen, aus dem Glauben, aus der Gnade". „Von innen" heißt, dass sie aus dem Herzen kommt. Von der biblischen Anthropologie herkommend meint Luther mit „Herz" nicht bloß den Sitz des Gefühls, wie wir annehmen würden, sondern vor allem den Sitz des Denkens. Dies könnten wir heute als kognitive und emotionale Intelligenz in Einheit interpretieren.

Vom Herzen sagt Luther, dass es „und der Name des Herrn miteinander eines sind und aneinander haften". Wie aber können das Herz des Menschen und der Name Gottes eines sein? Durch die Anrufung des Namens Gottes. Wir können diesen Namen sowohl als Jahwe = Herr, als auch Jesus, heiliger Geist, oder einfach: „Gott" verstehen. Luther knüpft hier an den biblischen Gebrauch des Namens Gottes an: Da Gott im Kult Israels nicht in einer Statue gegenwärtig war, erlangte der *Name* Gottes die Bedeutung seiner Gegenwart. Luther rechnet aber seltsamer Weise auch „Barmherzigkeit, Wahrheit, Gerechtigkeit, Kraft, Weisheit" unter die Namen Gottes. Wir lernen hier etwas von der Wort-Theologie Luthers kennen: Worte – vor allem bedeutungsschwangere Worte aus der Bibel, die Sprache der biblischen Botschaft insgesamt und die Gebetsworte der Psalmen – sind nicht im modernen Sinn als „Informationen" zu begreifen, sondern als Präsent-Werden der damit gemeinten Personen und Sachen. Freilich im ganz ursprünglichen Sinn von „Information" handelt es sich gleichwohl um eine Information: Wir kommen *in eine Form.* Durch die Namen Gottes werden wir in die Formen „Barmherzigkeit, Wahrheit, Gerechtigkeit, Kraft, Weisheit" gebracht. An unserer Stelle bedeutet das: Durch die Anrufung des Namens Gottes wird das Herz von Gott und seinen Tugenden berührt und wird damit eins, insbesondere mit seiner Gerechtigkeit.

Das Ergebnis der Gerechtmachung durch Gott ist äußerst wünschenswert. Wir haben es gelesen: Solcherart Gerechtfertigte sind „durch die Liebe ... freudevoll und fröhlich", „Täter alles Guten, Überwinder des Übels" usf.

Wir wissen bereits, dass Luthers persönlicher theologischer Wendepunkt gemäß seinem „großen Selbstzeugnis" in eben dieser Entdeckung bestand, dass er die evangelische Gerechtigkeit als eine verliehene bzw. geschenkte erkannte, im Gegensatz zur geforderten. Aber warum können wir nur aus Gott, nicht aus uns selber gerecht werden?

2.2.2. *Probleme und Lösungen rund um die Rechtfertigungslehre*

Das Problem der ersten Art von Gerechtigkeit, nämlich der (aristotelischen) Forderung, sich so lange in der Tugend der Gerechtigkeit zu üben, bis man gerecht ist, liegt in folgendem: Wie könnte der tugendlose Mensch sich durch Übung tugendhaft machen? Aus ihm selber kann die Änderung ja nicht kommen, sonst hätte er sich schon früher geändert. Oder er kann es, will es aber nicht. Woher sollte er dann den tugendhaften Willen hernehmen? Sowohl das Fehlen der Möglichkeit als auch des Willens des Menschen, gerecht zu werden, ist höchstens von außen her ersetzbar – etwa durch die Notwendigkeit der Anpassung an die herrschenden Normen. Genau dann trifft aber der Einwand Luthers zu, dass der Mensch selber nicht gut geworden ist, sondern dass er nur dem äußerlichen Druck nachgegeben hat, und seine Gerechtigkeit „erdichtet" ist.

Eine andere Antwort auf die gestellte Frage („Warum können wir nur aus Gott, nicht aus uns selber gerecht werden?") ist jene, die die gute *Natur* des Menschen als sein eigentliches Wesen zur Geltung bringen will. Dass der Mensch im Grunde gut ist, könnte sowohl von antiken (z. B. stoischen) Voraussetzungen als auch von modernen (z. B. von Rousseau) her gegen die Lutherische Lösung eingewendet werden. Eine solche Ansicht kann sich sogar darauf berufen, dass der Mensch gemäß Gen. 1, 26–27 nach dem Ebenbild Gottes, und daher gut geschaffen wurde. Wie aber, wenn jemand seine gute Naturanlage bewusst vernachlässigt, gegen sie handelt, oder sie ihm auch nur entgleitet?

Die christliche Ethik mit und ohne Luther hat den Verlust der guten Naturanlage unter dem Titel der Sünde (in der westlichen Theologie – wie referiert – sogar unter dem Titel „Erbsünde") reflektiert, und Luther hat seine eigene Lebenserfahrung in die Diskussion eingebracht, eine Lebenserfahrung die dahin ging, dass er trotz größter asketischer Bemühung nicht wirklich gut und gerecht geworden war. Die Tiefe und Erschütterung, die in Luthers Erfahrung steckt, führt zur Entdeckung der allgemeinen Sünde bzw. Erbsünde, die eine derartige grundsätzliche Verflochtenheit in Untugend und Ungerechtigkeit ist, dass an ihr jede Erziehung zum Guten nur nachträgliche Korrekturen vornehmen kann; und: Wer erzieht die Erzieher? Aber bleibt dem Menschen vielleicht nichts anderes übrig, als sich mit dieser Gestörtheit abzufinden? Luthers Antwort war: Nein, indem er sich auf die Reaktion Gottes auf des Menschen Sünde berief; diese Reaktion heißt Erlösung, Versöhnung und Rechtfertigung.

In der Rechtfertigungslehre ist auch stets jene Einsicht Luthers zu berücksichtigen, die ich die „Umkehrung aller Verhältnisse" nennen möchte: Während die biblische Gesetzesethik und Aristoteles unter „Gerechtigkeit" vom Menschen das Gute und Gerechte einfordern, fordert die von Paulus und Luther gelehrte Rechtfertigung durch Gott gar nichts, sondern teilt uns das Gute und Gerechte umsonst mit. Wenn ein Mensch für gewöhnlich allen anderen Menschen gerechtes Handeln schuldet, so ist er umgekehrt nach der evangelischen Gerechtigkeit ein Gläubiger der ganzen Kreatur, die *ihm* alles schuldet (omnia sibi debent).

Mit dem Ausdruck „Umkehrung aller Verhältnisse" versuche ich auf den Begriff zu bringen, was Luther an den oben zitierten Stellen über die Rechtfertigung lehrt: Gerechtfertigt wird der Ungerechte; dies geschieht dadurch, dass der Gerechte, Christus, an die Stelle des Sünders und auf die Seite der Ungerechtigkeit tritt. Beim Hinweis auf Christus dürfen wir aber nicht an ein „christologisches Dogma" oder an eine „Lehre" über Christus denken; denn auch der vor einem halben Jahrtausend von Luther wieder-

entdeckte „evangelische" Christus ist inzwischen zu einer von Ruß einge-
schwärzten Ikone geworden ...

Luther hat die Umkehrung aller Verhältnisse in mehreren Varianten seiner „Kreuzestheologie" ausgeführt, die in erster Linie nicht besagt: Bewei-
nung des toten Christus und Trauer um ihn, sondern Umkehrung aller Verhältnisse am Kreuz! Kreuzestheologie heißt: Der gekreuzigte Gott selber
erweist in seiner Ohnmacht seine Macht, in seinem Tod sein Leben. Von da
her fasst Luther den Gedanken: Gott offenbart sich in der gesamten Geschichte „sub contraria specie" (unter dem Schein des Gegenteils) bzw. einfach *sub contrario*.[16] Das Geschehen am Kreuz sagt beides aus: Gott ist verborgen und offenbar, unerkennbar und erkennbar. Menschliche Erkennt-
nismöglichkeiten, menschliche Sprache und menschliche Logik zerbrechen,
aber aus und mit den Bruchstücken kommt die göttliche Gerechtigkeit und
das göttliche Tun und Sein zur Sprache. H. Blaumeiser: „Für den Menschen
oder besser: für die nach dem Maßstab der Selbstidentität urteilende Logik
des selbstbezogenen, fleischlichen Menschen ist es ein Widerspruch, wenn
sich Gottes Gottsein ausgerechnet in der äußersten Nichtigkeit zeigen soll.
Aber ist es das auch für Gott? Eines ist sicher: In seiner Liebe zum Nichti-
gen, Geringen und Sündigen ist Christus für Luther die genaue ‚Übersetzung' und nicht die ‚Verhüllung' von Gottes ureigener Handlungsweise."[17]

Das Handeln Gottes sind seine Worte. In der Schrift „Von der Freiheit
eines Christenmenschen", 1520, entwickelt der Reformator die Rechtfertigungslehre aus dem Beziehungsgeflecht der Worthandlungen Gebot/Ge-
setz und Verheißung/Evangelium. Der *Ausdruck* Rechtfertigung kommt
dort zwar nicht vor, die *Sache* der Rechtfertigung aber wohl. Zuerst spricht
der Reformator von zwei getrennten Worten in der heiligen Schrift (gemeint
sind zweierlei Worte *Gottes*), wobei man sich klar darüber sein muss, dass
die Bibel bei Luther zweifellos nicht nach der einen und der anderen Seite
„auseinander fällt", sondern dass es sich um eine „getrennte Einheit" von
Gesetz und Evangelium handelt: „Und ist zu wissen, das die gantze heylige
schrifft wirt yn zweyerley wort geteyllet, wilche seyn Gebot oder gesetz
gottis und vorheyschen (Verheissen) oder zusagunge."[18] Vom Verhältnis
Gesetz und Evangelium werde ich noch ausführlicher handeln. Nun vor allem zur Seite des Evangeliums, da ja in ihm, und nur in ihm, die Rechtfertigung zur Sprache kommt: „Wen nu der mensch auß den gebotten sein un-
vormuegen gelernet und empfunden hatt, das yhm nu angst wirt, wie er dem
gebott gnug thue, Seyntemal das gebot muß erfullet seyn, oder er muß vor-
dampt seyn ... Dan ßo kumpt das ander wort, Die gottlich vorheyschung
und zusagung, und spricht ‚wiltu alle gepott erfullen, deyner boeßen begir-
de und sund loß werden, wie die gebott zwyngen und foddern (fordern), Si-

---

[16] Blaumeiser (1995); Dantine (1959); Hell (1992); Loewenich (1982); Negri (1973);
Schultz (1964); Thaidigsmann (1983).
[17] Blaumeiser (1995), 507f.
[18] WA 7, 23, 29f (= Clemen 2, 13).

he da, glaub in Christum, yn wilchem ich dir zusag alle gnad, gerechtickeyt, frid und freyheyt, glaubstu, so hastu, glaubstu nit, so hastu nit."[19]

Wir haben es hier mit einem äußerst wirkungsvollen und wirkmächtigen *Wort* zu tun. Es ist das Wort, das „alle Gnade, Gerechtigkeit, Frieden und Freiheit" zusagt, das Wort der Verheißung, lateinisch „promissio".[20] Im Verlauf der Reformation hat dieses Wort, das Aussprechen von Vergebung und zugleich Proklamieren des Gerechtseins eines sündigen Menschen, die zentrale Rolle gespielt. Hieran knüpft sich die seit damals umstrittene Frage, ob die Rechtfertigung nun ausschließlich eine *„forensische"* (von *forum* = Gerichtshof), oder aber auch eine *„effektive"* sei. Mit den Worten eines wohlmeinenden Katholiken gefragt: „Erklärt uns die Proklamation für gerecht, weil Gott sich entscheidet, uns als gerecht anzusehen, obwohl wir ontisch nicht gerecht sind, oder macht uns die Proklamation selbst ontisch gerecht und erklärt uns folglich auch für gerecht?"[21]

Im IV. Artikel der Augsburgischen Konfession, 1530, verfasst von Philipp Melanchthon, ist diese Frage noch nicht entschieden: „Item docent, quod homines non possint iustificari coram Deo propriis viribus, meritis aut operibus, sed gratis iustificentur propter Christum per fidem, cum credunt se in gratiam recipi et peccata remitti propter Christum, qui sua morte pro nostris peccatis satisfecit. Hanc fidem imputat Deus pro iustitia coram ipso, Ro. 3 et 4."[22] Iusti-ficari meint das Gerecht-gemacht-Werden, das wohl kaum anders als forensisch zu verstehen ist. Der Ausdruck „in gratiam recipi" bedeutet hingegen einen Ortswechsel aus dem Bereich der Sünde in den Bereich der Gnade und daher eher etwas Effektives, während wiederum das „imputare" nur forensisch interpretiert werden kann.

Wilhelm Dantine, der die reformatorische Rechtfertigungslehre von ihrer biblischen Begründung her überprüft, kommt zum Ergebnis, dass das forensische das effektive Gerecht-gemacht-Werden einschließt: „Wir haben ja davon gesprochen, daß im Begriff ‚dikaioun' Gerechtmachung und Gerechtsprechung untrennbar in eins zusammenfällt, und dass der Streit über die declaratorische oder die effektive Bedeutung der iustificatio vom biblischen Verständnis aus gesehen höchst überflüssig ist, weil es sich durchaus um effektive Gerechtmachung handelt, die aber ausschließlich durch ein vollmächtiges Gerichtsurteil Ereignis wird."[23]

---

[19] WA 7, 24, 5–14 (= Clemen 2, 14).

[20] Siehe Bayer (1989).

[21] Jenson (1995), 108.

[22] Bekenntnisschriften ([10]1986), 56 (Deutscher Text, ebd.: „Weiter wird gelehrt, daß wir Vergebung der Sunde und Gerechtigkeit vor Gott nicht erlangen mogen durch unser Verdienst, Werk und Genugtun, sondern daß wir Vergebung der Sunde bekommen und vor Gott gerecht werden aus Gnaden umb Christus willen durch den Glauben, so wir glauben, daß Christus fur uns gelitten habe und daß uns umb seinen willen die Sunde vergeben, Gerechtigkeit und ewiges Leben geschenkt wird. Dann diesen Glauben will Gott fur Gerechtigkeit fur ihme halten und zurechnen, wie Sant Paul sagt zun Romern am 3. und 4.").

[23] Dantine (1959), 90.

Die Konkordienformel, 1580, entscheidet dann nachdrücklich zugunsten der forensischen und gegen eine effektive Rechtfertigungslehre: „Reiicimus, ... damnamus ... Quod in prophetarum et apostolorum dictis (ubi de iustitia fidei agitur) vocabula *iustificare* et *iustificari* non significent a peccatis absolvere et remissionem peccatorum consequi, sed propter infusam (per spiritum sanctum) caritatem, virtutes et opera, quae inde promanant, re ipsa et revera iustos effici."[24] – Was hier abgewehrt werden soll, ist zum einen die katholische Doktrin der *gratia infusa* („eingegossene Gnade"), zum anderen aber der durch den Reformator Andreas Osiander vorgetragene Gedanke der realen Einwohnung Christi in den Gläubigen.[25]

Wenn man auch nicht sofort mit der Konkordienformel gehen, und die effektive Rechtfertigung ablehnen muss, so ist doch festzuhalten, dass das forensische Verständnis der Rechtfertigung das eigentlich Neue an der Reformation ist. Es hängt mit der Wichtigkeit „des Wortes" (in mehreren Hinsichten seiner Bedeutung) zusammen: mit der Verkündigung des Wortes, das gehört und begriffen werden kann, mit der sprachlichen Formierung unseres Willens im bewussten Glauben, mit den Einsetzungsworten der Sakramente in der Volkssprache, ohne die in der Reformation kein Sakrament gefeiert wird, und zuletzt und zutiefst mit Christus selber als dem „Wort", der unsere Gerechtigkeit ist. Mit diesem Gebrauch von „Wort", der einerseits an den biblischen Gebrauch anschließt, andererseits aber auf die Lern- und Informationsbedürfnisse der Neuzeit eingeht, grenzt sich die Reformation vom Sakramentalismus der mittelalterlichen Kirche ab. Auch die Rechtfertigung wird uns somit über unser Hören, Verstehen und unsere „Information" zuteil, und wird uns nicht „eingegossen".

Andererseits wäre es falsch zu sagen, Luther (und Melanchthon) hätten eine „nicht-effektive" Rechtfertigung gelehrt. Martin Seils findet das Effektive der Rechtfertigung in Luthers Begriff „unio cum Christo" („Einheit mit Christus") und untersucht den Gebrauch dieses Begriffes in Luthers zweiter Galatervorlesung (1531/ediert 1535). Sein Ergebnis: „Bei Luther handelt es sich um die personale Spitze seiner Erkenntnis von der um Christi willen ,gerechtmachenden' Gerechtigkeit Gottes selber. Genau das ist aber auch festzuhalten. Das ,nun nicht ich' des Paulus versteht Luther als Aussage über den Tod, den das selbstbezogene Ich in der rechtfertigenden Christusgegenwart zu erleiden hat. Das ,es lebt in mir Christus' versteht er als die Geburt eines demgegenüber fremden, gerechtfertigten Lebens, ,das mir

---

[24] Bekenntnisschriften ([10]1986), 935 („Wir verwerfen, ... verdammen ... Daß in den Sprüchen der Propheten und Aposteln, wann von der Gerechtigkeit des Glaubens geredt wird, die Wort *rechtfertigen* und *gerechtfertigt werden* nicht sollen heißen von Sünden ledig sprechen und Vergebung der Sünden erlangen, sondern vonwegen der durch den Heiligen Geist eingegossenen Liebe, Tugend und daraus folgende Werk mit der Tat und Wahrheit gerecht gemacht werden.") [ebd.].

[25] Vgl. den in: Bekenntnisschriften ([10]1986), 935, Anm.3, zitierten Buchtitel Osianders „Das unser lieber HERR Jhesus Christus ... durch den Glauben in allen wahren Christen wohne" (von 1559).

nicht in meiner Person geboren ist, sondern durch Christus im Glauben gegeben'. Die Aussagen von der ‚conglutinatio' und ‚inhaesio' sind Aussagen im Verstehenszusammenhang dessen, was sich im rechtfertigenden Glauben als personales Neuwerden vollzieht."[26] – Seils deutet hier (mit Luther) die Rechtfertigungslehre nicht forensisch, sondern als Gegenwart des rechtfertigenden Wortes, dieses Wort aber fasst er als Christus auf. Aber Christus als wirkendes Wort ist nur im Glaubensbewusstsein gegenwärtig, das sich an das Verständnis der neutestamentlichen Worte anschließt, und nicht als *gratia infusa*. Das „personale Neuwerden" geschieht nicht ohne die Person des/ der Glaubenden.

Eine aus der Mystik stammende Beschreibung des Gerechtwerdens finden wir in Luthers „Von der Freiheit eines Christenmenschen": „Hie hebt sich nu der froelich wechßel und streytt. Die weyl Christus ist gott und mensch, wilcher noch nie gesundigt hatt, und seyne frumkeyt unuebirwindlich, ewig und almechtig ist, ßo er denn der glaubigen seelen sund durch yhren braudtring, das ist der glaub, ym selbs eygen macht und nit anders thut, denn als hett er sie gethan, ßo mussen die sund ynn yhm vorschlunden und erseufft werden, … also wirt die seele von allen yhren sunden, lauterlich durch yhren malschatzts ⟨Brautgabe⟩, das ist des glaubens halben, ledig und frey, und begabt mit der ewigen gerechtickeit yhrs breuedgamß Christi."[27] – Das Wort der Rechtfertigung ist an dieser Stelle ein Verlobungswort, also auch ein Wort mit Rechtsfolgen ähnlich dem gerechtsprechenden Gerichtsurteils, hier aber viel mehr eine Liebeserklärung, die einen „fröhlichen Wechsel und Streit" hervorruft und in der Folge sogar eine „fröhliche Wirtschaft" begründet, wie Luther im nächsten Satz sagen wird.[28]

Ich leite Folgendes an ethischer Bedeutsamkeit aus Luthers Rechtfertigungslehre ab: Die Rechtfertigungslehre ändert uns: Es entsteht eine neue Identität der Glaubenden, die Luther vielfältig beschrieben hat: im zweiten Galater-Kommentar als Einheit mit dem gekreuzigten und auferstandenen Christus, in der Freiheitsschrift als mystische Verlobung mit Christus, in derselben Schrift aber auch als (Neu)-Schöpfung. Auf die (Neu)-Schöpfung spielt Luthers Rede von den guten und schlechten Bäumen an: „Gleych wie Christus sagt ‚Ein boeßer bawm tregt keyn gutte frucht. Ein gutter bawm tregt keynn boße frucht'. ⟨Mt. 7,18⟩ … Wie nu die bawm mussen ehe seyn, den die frucht, und die frucht machen nit die bawm wider ⟨weder⟩ gutte noch boese, sondern die bawm machen die fruechte, Alßo muß der mensch ynn der person zuvor frum oder boeße seyn, ehe er gutte oder boeße werck thut, Und seyne werck machen yhn nit gut odder boeße, sondern er macht gutt oder boeße werck."[29]

Die Rechtfertigung bewirkt, dass die Person des Menschen gut wird,

---

[26] Seils (1995), 41.
[27] WA 7,25,34–26,4 (= Clemen 2,15f).
[28] Siehe dazu: Beer (1980).
[29] WA 7,32,9f (= Clemen 2,21f).

d. h. eine neue Identität in Christus erhält. Das Gleichnis von Baum und Frucht soll im Fall der Rechtfertigung nicht von einer natürlichen, sondern von einer geistigen Änderung, nicht von der Schöpfung, sondern von der Neuschöpfung, nicht von einem beliebigen Glauben, sondern von einem bestimmten, dem rechtfertigenden Glauben verstanden werden.

Es steht ja ohne Zweifel fest, sagt Luther, was wir in der Praxis tun sollen, nämlich das Gute, das uns sowohl im natürlichen Gesetz als auch im schriftlichen Gesetz der Bibel vorgeschrieben ist. Steht dieses Gesetz aber immer nur als Forderung und Zwang über uns, und tun wir das Gute, weil wir müssen, nicht weil wir wollen, dann bilden unser Bewusstsein und unser Handeln einen unauflöslichen Widerspruch. Wie können wir diesen Widerspruch auflösen? Dadurch dass wir eine neue Identität bekommen und annehmen, die der Einheit mit Christus, wodurch der Widerspruch gegen das Gesetz ein Ende findet.

Davon spricht der Reformator in seiner Einleitung zur Übersetzung des Römerbriefes: „Aber das Gesetz erfüllen ist/ mit lust und liebe seine werck thun/ und frey on des Gesetzes zwang göttlich und wol leben/ als were kein Gesetze oder straffe. Solche lust aber freier liebe/ gibt der heilige Geist ins hertz … DAher kompts/ Das allein der Glaube gerecht machet/ und das Gesetz erfüllet/ Denn er bringet den Geist aus Christus verdienst. Der Geist aber machet ein lüstig und frey hertz/ wie das Gesetz foddert/ So gehen denn die guten werck aus dem Glauben selber."[30]

Die Folge des Glaubensbewusstseins ist also ein besseres Leben, nämlich ein „göttlich und wol leben". Unser Leben teilt sich bekanntlich in Denken und Handeln. Der Glaube beseitigt den Widerspruch zwischen Denken und Handeln, und so wird unser Leben zum göttlichen und Wohl-Leben. Wir werden im Kapitel über den Glauben eine ähnliche Verheißung Luthers zu Kenntnis nehmen, da er nämlich das „Werk des Glaubens" (in seinem ersten Grad) als ein derartig ausgezeichnetes Leben benennt. Im Kontext der Vorrede zum Römerbrief liegen die Dinge jedoch ein wenig anders, nämlich so, dass der Glaube, wie schon einmal zitiert, nicht unser, sondern *ein göttliches Werk* in uns ist: „Aber Glaube ist ein Göttlich werck in uns/ das uns wandelt und new gebirt aus Gott/ Joh. I. Und tödtet den alten Adam/ machet uns gantz ander Menschen von hertzen/ mut/ sinn/ und allen krefften/ und bringet den heiligen Geist mit sich … Denn wie niemand im selber kan den glauben geben/ So kan er auch den unglauben nicht wegnemen."[31]

Und so stehen wir wiederum vor der Frage: Ist der Glaube unser Werk oder ist er das Werk Gottes? Hat sich etwa Luthers Theologie zwischen „Von den guten Werken", 1520, und der zitierten Vorrede zur Übersetzung des Römerbriefs grundlegend gewandelt? Ich habe zwar aus der Bibelübersetzung von 1545 zitiert, die Vorrede zur Übersetzung des Römerbriefs ist

[30] Biblia (1545/1983), CCCXXXI^v (= WA Bibel 7, 384, 6, 12ff).
[31] Biblia (1545/1983), 332^r (= WA Bibel 7, 10, 6ff).

aber bereits 1522 entstanden.[32] Und auch in dieser Vorrede sagt Luther, dass uns der Glaube „gerecht macht", also aktiv tätig ist, und weiter: „GLaube ist ein lebendige/ erwegene zuversicht auff Gottes Gnade/ so gewis/ das er tausent mal drüber stürbe. Und solche zuversicht und erkentnis göttlicher gnade/ machet frölich/ trotzig und lüstig gegen Gott und alle Creaturn/ welchs der heilige Geist thut im glauben."[33]

Es bleibt nichts übrig als zu sagen, dass der Glaube nach Luther beides ist, ein göttliches Werk in uns und unser Werk. Diese Einsicht liegt dann nicht fern, wenn wir uns durch die Rechtfertigung mit Christus und daher mit Gott eins wissen.

Das von Luther so genannte „göttliche Leben" besteht somit 1.) aus dem Glaubensbewusstsein, das unser ganzes Leben der Rechtfertigung unterstellt, und 2.) aus dem daraus sich völlig von selbst ergebenden Tun, dem Tun dessen, „was dir vor die Hände kommt", wie Luther mit 1. Sam. 10,7 bei Gelegenheit sagen kann. Wie an dieser Bibelstelle der Prophet Samuel dem Saul rät, gemäß den Anforderungen zu handeln, die sich ad hoc zeigen, so vertraut Luther darauf, dass jedes Werk, aus dem Glauben getan, in der jeweiligen Situation das Richtige sein wird. In gewisser Weise ist Luthers Ethik – was seine eigenen Entscheidungen und manche seiner ethischen Empfehlungen betrifft – mit dem Ansatz der modernen *Situationsethik* zu vergleichen. Das führt mich dazu, eine Einordnung Luthers in den gesamtethischen Diskurs zu versuchen.

2.3. Vergleiche mit anderen ethischen Systemen

Luthers Ethik ist unter den mancherlei Typen von Ethik zweifellos dem Typus der *religiösen Ethik* zuzuordnen. Aber unter den religiösen Ethiken unterscheidet sie sich wieder sehr stark von anderen Typen! Religiöse Ethik ist sehr häufig *Gesetzesethik*, z. B. im Judentum und im Islam: In beiden Religionen geht das Gesetz über Vermittlung von Propheten (Moses, Mohammed) von Gott aus. Luther bedenkt das Gesetz in der Rechtfertigungslehre jedoch im Gegenüber zum „anderen Wort Gottes", dem Evangelium, das für ihn zum Entscheidenden wird; dadurch erreicht Luther eine Trennung der evangelischen Ethik von jeder Gesetzesethik, lässt das Gesetz als gültigen Maßstab aber gleichwohl bestehen. Darüber im nächsten Kapitel mehr!

Aber auch das Judentum vertritt eine Gnadenlehre, insofern es die Verheißungen des Alten Testaments weiterverkündigt,[34] und indem es das Gesetz nicht nur als Forderung Gottes, sondern auch als die Wohltat der Wei-

---

[32] Bornkamm (1967), 143.
[33] Biblia (1545/1983), 332^r (= WA Bibel 7,10,16ff).
[34] Das Wort „euangelion" erhält seine Bedeutung ausgehend vom Verb „euangelizein", das in Jes. 40,9; 52,7; 61,1 die Tätigkeit der Freudenboten bezeichnet.

sung zum rechten Handeln im Gottesverhältnis und im Zusammenleben der Menschen auffasst. Ähnliches gilt für den Islam, wenn im Koran die Barmherzigkeit Gottes verkündigt wird. Aus lutherischer Sicht kann die Ethik im Judentum und im Islam nur als Gesetzesethik gesehen werden; wahrscheinlich ist das dem Selbstverständnis dieser Religionen auch nicht allzu fern. Vielleicht kann ich jedoch besser so formulieren: Da Judentum und Islam nicht jene strikte Trennung von Gesetz und Evangelium vornehmen wie Luther, muss man dort von einem ungetrennten Gebrauch von Gesetz und Evangelium ausgehen.

Im Buddhismus tritt Gesetzlichkeit in doppelter Weise auf: einerseits als strenges Einschärfen moralischer Grundgebote,[35] andererseits als Anweisungen zur Meditation, was man „Übungsmystik" genannt hat, weil dadurch Erleuchtung erlangt werden soll, wovon wir aber tunlichst die im Westen davon abgeleitete Psychotechnik abheben sollten. Es gibt allerdings eine gewisse Analogie zur christlichen Gnadenlehre: Im Buddhismus geschieht die Erleuchtung plötzlich und unabhängig von den Meditationsübungen. Gleichwohl bleibt auch in der Ethik des Buddhismus der Charakter der Gesetzlichkeit vorherrschend.

Sehen wir auf den Begriff des Tao (zu übersetzen als „Weg, Sinn") in der altchinesischen Religion oder auf den Begriff des Logos in der religiösen Philosophie des antiken Stoizismus, so finden wir hier ebenfalls Gesetzlichkeit als Mittelpunkt der Ethik. In diesen Systemen hat das Gesetz zwei Dimensionen: Einerseits ist es Forderung, die sich in Geboten und Verboten bekannt gibt, andererseits Beruhigung darüber, dass alles Geschick in einer teils verborgenen, teils einsehbaren übermenschlichen Ordnung gegründet ist.

Im Gegensatz zu diesen auf Gesetz und Ordnung ausgerichteten religiösen Ethiken ist Luthers Ethik eine *Ethik der Freiheit* bzw. der *Befreiung*. Aber diese Befreiung muss auch von dem aufklärerischen und dann wieder vom revolutionären Begriff von Befreiung (wie er in der lateinamerikanischen Theologie der Befreiung gedacht wurde) unterschieden werden. Luther meint Befreiung von der Sünde, Befreiung von der Feindschaft gegen Gott und daher Befreiung zur Einheit mit Gott und mit den Mitmenschen durch die Nächstenliebe. Es gibt eine Überinterpretation Luthers im Neuprotestantismus,[36] die Luther zu einem Heros der politischen Freiheit oder Vorläufer der Aufklärung machen wollte. Zwar bringt Luthers Ethik durchaus Freiheit im Umgang mit der Welt, das heißt bei ihm dann aber: die Frei-

---

[35] 1. Nicht-Töten (bezogen auf alle Lebewesen), 2. Nicht-Stehlen, 3. Vermeiden von Unzucht (bedeutet für die Asketen geschlechtliche Enthaltsamkeit, für die Laien Vermeidung von Ehebruch), 4. Reden der Wahrheit, 5. Enthaltung von Rauschgetränken (Heiler [1959], 271ff) [Für Asketen bestehen noch weitere Gebote und Verbote.]
[36] Vgl. Loewenich (1963).

heit, die Welt gleichsam mit den Augen Gottes des Schöpfers zu sehen, die Erlösung durch Christus in ihr zu verkündigen und aus der Inspiration des heiligen Geistes zu leben, nicht aber die Welt nach menschlichen Ideen zu gestalten.

Aber auch gegenüber den säkularen – d.h. zumeist philosophischen – Ethiken ist Luther ein „einsamer Vogel auf dem Dach" (Ps. 102, 8). Ich versuche in Kürze drei Konfrontationen mit Ansätzen philosophischer Ethiken:

a) Ziehen wir die *Tugendethik* zum Vergleich heran (Platon, Aristoteles, Stoizismus, Thomas v. Aquin u. a.), mit der Luther selber konfrontiert war, dann springt der folgende Unterschied ins Auge: Während die antik-heidnische Tugendethik versucht, positive Fähigkeiten (die vier Haupttugenden: iustitia, prudentia, fortitudo, temperantia) am Menschen aufzuspüren, und durch Lernen zu verstärken und einzuüben, urteilt Luther, dass wir auf uns allein gestellt und außerhalb der Übereinstimmung mit Gott nichts Rechtes tun können, dass Gott diese Übereinstimmung von sich aus hergestellt, und dass wir vor allem Tun die Übereinstimmung mit Gott im Glauben festhalten müssen. Besonders gut erkennen wir den springenden Punkt der Auseinandersetzung, wenn wir lesen, wie der Reformator mit der Tugend der Gerechtigkeit (iustitia) ringt: Wir wissen zwar, sagt er, was und wie Gerechtigkeit sein sollte, wir haben auch den Wunsch, gerecht zu sein, aber – allein auf uns gestellt – erreichen wir das Gerecht-Sein nie.

Die christliche Tugendethik, die die vier antiken Tugenden durch Glaube, Hoffnung und Liebe ergänzt (z. B. bei Thomas von Aquin), ist Luther gerade dadurch verdächtig, dass sie den Glaubensbegriff in die Kategorie „Tugend" einordnet. Wenn daraus die Möglichkeit eines allmählichen Erwerbs des Glaubens durch Lernen und Üben abzuleiten wäre, kann der Reformator nur schärfsten Widerspruch einlegen und auf das für den Menschen unüberbrückbare Gegensatzverhältnis des Glaubens zur Sünde hinweisen.

Ebenso wie die Reflexion über den Glauben *in* die Ethik Luthers hineingehört, und nicht etwa nur eine dogmatische Voraussetzung der Ethik bildet, so gehört auch die Reflexion über die Sünde in die Ethik. Am einfachsten können wir Sünde mit Röm. 14, 22 definieren (eine Stelle, die Luther immer wieder heranzieht): „Was aber nicht aus dem Glauben kommt, das ist Sünde." Sünde ist also das Gegenteil von Glauben. Sünde und Glauben sind gerade dann wesentliche Inhalte der Ethik, wenn man *Ethik* entsprechend dem Wortsinn als reflexives Unternehmen (*ethike theoria*) versteht. – Die Eigenart der *Ethik aus der Rechtfertigung* im Gegensatz zur *Tugendethik* ist also, dass die erste keinen kontinuierlichen Übergang zum Gutsein (Tugendhaft-Sein) kennt. Anstatt eines Überganges gibt es einen Bruch: den zwischen Sünde und Gerechtfertigt-Werden. In der Tugendethik gibt es dagegen das Immer-tugendhafter-Werden. Die Rechtfertigungs-Ethik ist eine theologisch, die Tugendethik eine anthropologisch ausgerichtete Ethik.

b) Im Gegensatz zur *Güter-Ethik (eudaimonistischen Ethik)*, die von Aristoteles (der zugleich auch Tugendethiker war), Epikur, Augustinus u. a. vertreten wurde und bis heute relevant ist, orientiert sich Luthers Ethik nicht an einem vom Menschen zu erreichenden Glückszustand. Besonders interessant wäre hierbei eine Konfrontation zwischen Luther und Augustinus (Luther war bekanntlich Augustiner-Mönch!), die ich hier nicht in extenso durchführen kann. Die eudaimonistische Ethik Augustins unterscheidet sich nämlich auch wieder stark von anderen Güter-Ethiken; aber immer setzt Augustin das wirksamste Motiv unseres Handelns in das Erreichen eines Glückszustandes – jedoch nicht *irgend*eines: Nach langen Überlegungen (geleitet von dem Gedanken, dass wir nicht ein vorläufiges und unvollkommenes, sondern ein endgültiges und vollkommenes Glück anstreben) legt Augustin dieses Glück in die *visio beatifica Dei* (gemäß der 6. Seligpreisung der Bergpredigt: „Selig sind, die reinen Herzens sind; denn sie werden Gott schauen." Mt. 5, 8). – Soviel mir bekannt ist, lehnt Luther dieses Ziel nirgends ausdrücklich ab, er orientiert sich aber auch nirgends ausdrücklich daran. Hätte Luther ein Buch mit dem Titel „Ethik" geschrieben, würde er sich wahrscheinlich mit der Ethik Augustins kritisch auseinandergesetzt haben. So aber finden wir bei Luther, dass er sich in seinen ethischen Schriften, die ja alle Gelegenheitsschriften sind 1.) an den Bedingungen des Handelns orientiert (diese sind: die Schöpfung, die Gesellschaft der Menschen, vor allem aber *das Gesetz* in seiner politischen Breite und religiösen Tiefe) sowie 2.) am gegenwärtigen Sein der Handelnden (ihrem Geschöpf-, Sünder-, Gerechtfertigtsein), aber nie an ihrem Glück. Zwar wäre es nicht falsch, als Ziel von Luthers Ethik anzugeben, dass wir im Glauben an Gott und in der Nächstenliebe unser Leben glücklich verbringen sollen, und insofern wäre es unsinnig, einen feindseligen Gegensatz zu Augustinus zu konstruieren, aber der Gedanke des Glücklichwerdens durch Glauben und Liebe ist nicht der Hauptzweck der Ethik des Reformators.

c) Werfen wir jetzt noch einen Blick auf die *Pflichtenethik*, die eine Tradition des Stoikers Panaitios über Cicero und den Kirchenvater Ambrosius bis zu Kant hat, und halten wir uns hierbei im besonderen an Kant, weil dessen Ethik von größtem Einfluss war und in der Moderne nicht zuletzt bei den Protestanten große Zustimmung fand, dann kommen wir beim Vergleichen mit Luther in eine schwierige Situation: Der Aufklärer Kant hat das evangelische Christentum (und damit implizit Luther) beurteilt, aber nicht umgekehrt, und eine Stellungnahme Luthers zur antiken Pflichtenethik ist mir nicht bekannt. Wir können nur fragen: Wie *könnte* sich Luther etwa zur Kantischen Pflichtenethik gestellt haben?

Hier ist vor allem das Moment der Begründung der Ethik aus der *Vernunft* bei Kant relevant: Aus der Einsicht, dass ich Herr meiner Handlungen (also frei) bin, folgt die Notwendigkeit, mir selbst vernünftige Regeln des Handelns zu geben, die ich daher nicht beliebig wählen, sondern nur im Hinblick auf eine allgemeine vernünftige Gesetzgebung formulieren kann. (Der *kategorische Imperativ* in seiner ersten Fassung lautet: „Handle so, daß die Maxime deines Willens jederzeit zugleich als Prinzip einer allgemeinen Gesetzgebung gelten könne."[37])

Wenn ich ein wenig spekulieren darf, vermute ich, auf diesen Ansatz würde der Reformator in doppelter Weise reagiert haben: Erstens würde er diese Überlegung als Begründung eines *natürlichen Gesetzes* (aus der menschlichen Natur, insbesondere aus der Natur der Vernunft) gewürdigt, jedoch eingewendet haben: Angesichts des natürlichen Gesetzes stehen wir nicht anders da als angesichts des positiven (in festen Formulierungen gegebenen) biblischen oder weltlichen Gesetzes. Zweitens würde Luther die Absolutheitsrolle, die Kant der Vernunft zubilligt, abgelehnt haben. Vernunft ist nach Luther eine menschliche Fähigkeit, die dem Menschen zwar von Gott gegeben, aber genauso für die Sünde anfällig ist wie alle anderen Fähigkeiten. Luther sprach zwar manchmal hoch rühmend, dann aber wieder grob tadelnd von der Vernunft, ja nannte sie sogar „Hure Vernunft", um damit auszudrücken, sie biete sich guten und bösen Absichten an; deshalb könne sie nicht der Sünde entnommen werden. Gerade umgekehrt: Wenn die Rechtfertigung, sprich: die Befreiung von Sünde, für den Menschen als ganzen notwendig ist, dann ebenso für seine Vernunft als seine ihn auszeichnende Fähigkeit.

---

[37] Kant: Kritik der praktischen Vernunft, A 54 (= Bd. 6, 140).

3. Die Unterscheidung von Gesetz und Evangelium und die Weitergeltung des Gesetzes[1]

3.1. Die Unterscheidung

Ich darf einen bereits zitierten Satz aus Luthers Schrift „Von der Freiheit eines Christenmenschen", 1520, wiederholen: „Und ist zu wissen, das die gantze heylige schrifft wirt yn zweyerley wort geteyllet, wilche seyn Gebot oder gesetz gottis und vorheyschen (Verheissen) oder zusagunge."[2] „Vorheyschen" und „zusagunge" sind andere Ausdrücke für das Evangelium: jenes Wort Gottes, das ein Menschenleben aus Chaos und Verzweiflung zum Guten hinleiten kann, ja das überhaupt, und nur es allein, für uns alle das richtige Leben bewirkt. Dieses *eine* Wort ist Gott selber, ist sein bedeutungsvoller Name, ist Jesus Christus als Offenbarer, Offenbarung und Offenbarsein Gottes, ist der heilige Geist, der uns in den unzähligen Formen seiner Geistesgegenwart inspiriert. Dieses Evangelium ist das *eine* Wort Gottes in immer neuen Gestalten. Daneben bleibt aber weiterhin das *andere* Wort Gottes bestehen, es ist sogar sein *erstes* Wort: das Gesetz. Das bedeutet aber nicht, dass sich Gesetz und Evangelium auf einer Ebene befinden, dass sie einander in einem Schaukelsystem abwechseln. Nein! Das Evangelium, indem es die Rechtfertigung bringt, ist für Luther das Ent- und Unterscheidende, an ihm wird auch die eigentümliche Bedeutung des Gesetzes neu sichtbar; aber in der Verlagerung der Begründung der Ethik vom Gesetz aufs Evangelium, von der Selbstrechtfertigung des Menschen zum Gerechtfertigtwerden durch Gott, von der Unfreiheit der Gottferne zur Freiheit des Glaubens liegt nach Luther ein Fortschritt.

Luther hat in der Unterscheidung von Gesetz und Evangelium eine der wesentlichsten Aufgaben der Theologie gesehen: „Qui igitur bene novit discernere Evangelium a lege, is gratias agat Deo et sciat se esse Theologum. Ego certe in tentatione nondum novi, ut deberem. Sic autem discernenda sunt, ut Evangelium ponas in coelo, legem in terra, ut Evangelii iustitiam appelles coelestem et divinam, legis terrenam et humanam, Utque tam diligenter distinguas iustitiam Evangelii a legis iustitia, quam diligenter distin-

---

[1] Allgemeine Literatur zu diesem Thema: Althaus (1952 u. 1968); K. Barth (1961 u. 1998); Bring (1957); Ebeling (1979), Bd. III, 288–295; Elert (1948); Ellwein (1933); Gogarten (1967), 48–63; Heintze (1958); Hermann (1958/1960); Iwand (2000); Joest (1968); Kailus (2004); Kinder/Händler (1968); Klappert (1976); MacDonough (1963); Ohly (1985); Pannenberg/Kaufmann (1986); Peters (²1994); Suda (1999); Walther (2004); E. Wolf (1935 u. 1938).

[2] WA 7, 23, 29f (= Clemen 2, 13).

xit Deus coelum a terra, lucem a tenebris, diem a nocte, Ut haec sit lux et dies, illa tenebrae et nox."[3] Dies gilt selbstverständlich für die Ethik genauso wie für die Dogmatik und die Exegese. In der Einleitung habe ich die Unterscheidung von Gesetz und Evangelium ein dynamisches Prinzip innerhalb der Ethik Luthers genannt. Was bedeutet das? – In der Ethik muss bei jedem Satz gefragt werden: Handelt es sich hier um Gesetz oder Evangelium? Der eben niedergeschriebene Satz („In der Ethik …") z. B. ist „Gesetz". Hingegen kann der Satz: „Alle Ethik ist Reflexion", je nach den Umständen Gesetz oder Evangelium sein: Gesetz, wenn er dazu anhält, über das Ethos im Allgemeinen oder einzelne Handlungen nachzudenken; Evangelium, wenn er Distanz und damit Freiheit gegenüber Ethos und Handeln eröffnet. Der Satz eines Richters hingegen: „Sie sind wegen erwiesener Unschuld freigesprochen", ist Evangelium.

Mit „Evangelium" ist im Rahmen der Ethik Luthers die auf das Leben, Tun und Leiden bezogene Botschaft von der Rechtfertigung gemeint, insofern sie, und sie allein, die rechte Grundlage abgibt für unseren Glauben und folglich für unsere Glaubensreflexion über Leben, Handeln und Leiden.[4] Diese Grundlage dürfen wir nicht aus den Augen verlieren, wir müssen auch immer wieder auf sie zurückgreifen; aber das bedeutet nicht, dass das Gesetz zur Grundlegung der Ethik uninteressant wäre. Luthers Ethik entfaltet sich vielmehr in den Unterscheidungen „Gesetz und Evangelium", und, wie ich weiter unten ausführen werde, in den zusätzlichen Unterscheidungen „Christusreich und Weltreich" sowie „Oikonomia, Politia, Ecclesia".

Auf diesen drei Ebenen von Unterscheidungen wirkt sich allerdings die Rechtfertigung(slehre) jeweils anders aus:

– Auf der Ebene Gesetz/Evangelium zeigt die Rechtfertigungslehre, die Bibel auslegend und ad hoc argumentierend, dass wir im Bemühen, das Gesetz zu erfüllen nicht gerecht werden können. Sie zeigt auf, dass uns unser eigenes Gewissen anklagt, weil wir hinter den Gesetzesforderungen zurückbleiben und höchstens den äußerlichen Schein von Gerechtigkeit erlangen können. Die Rechtfertigungslehre unterrichtet uns aber vor allem darüber, dass wir der Zuwendung und Gegenwart Gottes glauben und seine Rechtfertigung annehmen sollen, in der er uns wider alles Erwarten zu Gerechten

---

[3] WA 40/1, 207, 17ff („Wer also das Evangelium recht vom Gesetz zu unterscheiden weiß, der danke Gott und wisse, dass er ein Theologe ist. In der Anfechtung weiß ich das zweifellos noch nicht so, wie ich sollte. Sie sind nämlich so zu unterscheiden, dass man das Evangelium im Himmel, das Gesetz auf der Erde ansiedelt, die Gerechtigkeit des Evangelium eine himmlische und göttliche nennt, die des Gesetzes eine irdische und menschliche, und dass man so genau die Gerechtigkeit des Evangeliums von der des Gesetzes unterscheidet, wie Gott den Himmel von der Erde, das Licht von der Finsternis und den Tag von der Nacht unterschieden hat, sodass diese Licht und Tag, jene Finsternis und Nacht ist.")

[4] „Das christliche Handeln ist Handeln im Rechtfertigungsglauben und ist eben als solches und nur als solches gut im Sinne des Evangeliums, gut inmitten aller bleibenden Sündigkeit, weil es im Glauben geschieht." (Althaus [1965], 15).

erklärt, woraufhin wir sodann in Gemeinschaft mit ihm gut und recht leben und handeln dürfen.

– Bei der Unterscheidung Christusreich/Weltreich handelt es sich nicht um sprachliche Darlegungen, Gedankengänge und Erklärungen, sondern um zwei teils entgegengesetzte, teils parallele Regierungsformen, nach denen Gott durch Menschen das Zusammenleben ordnet. Im Christusreich sind jene Menschen zusammengefasst, die sich im Glauben an die Rechtfertigungslehre halten. Sie verwirklichen in der Nachfolge Jesu und in Orientierung an seinen Anweisungen (vor allem an der Bergpredigt) ein Gemeinschaftsleben, in dem in Freiheit jene Ziele leitend sind, die letztlich auch das Gesetz anstrebt. Sie wissen, dass dieses Gesetz auch ihnen immer wieder gesagt werden muss, damit sie nicht meinen, sündlos zu sein; sie freuen sich aber mehr und mehr am Evangelium. Dieses wird ihnen zum Ruf, sich in die Regierungsformen Gottes berufen zu lassen, und das heißt: im Christusreich die Nächstenliebe zu predigen, mehr noch: aus ihr zu leben, genauso aber im Weltreich jene Verantwortung zu übernehmen, die mit der Strenge des Gesetzes Unrecht verhindert, gleichwohl aber Barmherzigkeit und Liebe als letzte Ziele nicht außer Augen läßt.

– Auf der Ebene Oikonomia/Politia/Ecclesia (Nährstand/Wehrstand/Lehrstand) sind wir bei einem Sozialmodell. Dieses herrschte in verschiedenen Ausformungen in Europa schon vor Luther,[5] wurde aber von Luther mit Hilfe des Berufsgedankens neu bestimmt: Die Angehörigen aller Stände sind berufen, aber nicht alle wissen um ihre Berufung, oder aber sie akzeptieren sie nicht. Im Nährstand und Wehrstand ist das auch nicht unbedingt notwendig. Die Menschen folgend dort dem Beruf Gottes auch „ohn ihren Dank". Hingegen folgen die ChristInnen ihrem Beruf, der sich aus ihrer Rechtfertigung ergibt, bewusst und glaubend. In Kirche und Gemeinde (Ecclesia = Lehrstand) wird das Evangelium qua Rechtfertigung verkündet, sie ist dort Rechtfertigungs*lehre*. Im Lehrstand wird aber ebenso das Gesetz gepredigt und gelehrt sowie die Aufgaben der drei Stände auseinandergesetzt. (Nicht zufällig heißt der *status ecclesiasticus* im Luthertum „Lehrstand": Die Predigt galt weniger als religiöse Rede, sondern mehr als Lehre der biblischen Inhalte, und das Schulwesen wurde von den Reformatoren als integrierende Aufgabe der Reformation aufgefasst.)

Wenn ich nun auf die erste Unterscheidung, also die zwischen Gesetz und Evangelium zu sprechen komme, und wenn zugestanden ist, dass in der lutherschen Ethik *Evangelium* soviel wie Verkündigen, Erkennen und Anwenden der Rechtfertigung bedeutet, dann dürfen wir mit Recht fragen: Kommt diese Unterscheidung nicht zu spät? Liegt sie nicht schon hinter uns, nachdem wir uns auf die Rechtfertigung/ das Evangelium als die Grundlage der Ethik eingelassen haben? Hat nach Luther nicht das Gesetz

---

[5] Siehe: Dumézil (1958).

seine Rolle im Rahmen der Ethik schon ausgespielt, bevor es sie noch angetreten hat? – Weit gefehlt!

Ich konnte im Kapitel über die Rechtfertigung darlegen, dass und wie sich die Ethik Luthers von anderen religiösen und philosophischen Ethiken unterscheidet. Dabei musste ich sagen, dass viele andere Ethiken im Wesentlichen durch die eine oder andere Form von Gesetz bestimmt werden. Ist Luthers Ethik daher von den anderen ethischen Diskursen isoliert? – Das ist nicht der Fall. Man könnte – etwas übertrieben – sagen: Luthers Ethik ist genauso Gesetzesethik wie viele andere, sogar gemäß den Ausführungen des Reformators selber, wie wir an den Zitaten aus „Von den guten Werken" im Abschnitt 5.2. festellen werden.

Ethik würde an den Erfordernissen der Praxis vorbeigehen, wenn sie auf die ethische Grundfrage „Was soll ich tun?" nicht eine Antwort gäbe, und eine solche Antwort wird – die Frage legt es nahe – in der einen oder anderen Form „gesetzlich" sein. Ethik darf mich ja nicht ins Beliebige schicken oder offen lassen, was ich tun solle, denn ich erwarte von einer Ethik zu Recht Regeln für mein Leben in Natur und Menschenwelt.

Ja sogar, wenn man eine Unterteilung der Ethik in *präskriptive* (*vor*schreibende) und *deskriptive* (*be*schreibende) vornehmen und unter der Form der deskriptiven Ethik allen Arten von Vorschriften entgehen wollte, würden sich mit Notwendigkeit aus der Deskription selbst gewisse Normen und Handlungsanweisungen ergeben. Betrachten wir z. B. die deskriptive und wertneutrale Wissenschaft der Soziologie, so wird die aus dieser Wissenschaft geschöpfte Erkenntnis vom gängigen gesellschaftlichen Verhalten bei allen, denen diese Erkenntnis zugänglich ist, nicht-deskriptive Gedanken erzeugen: Wir werden uns möglicherweise den beschriebenen Verhaltensweisen anpassen (und sie damit als Aufforderung zu dieser Anpassung betrachten), oder wir werden sie bekämpfen und das Bekämpfen dieser Verhaltensweisen als eine Art von Gesetz betrachten, oder, sind wir politisch tätig, werden wir die herrschenden sozialen Strukturen als Gesetze betrachten, die die Politik berücksichtigen müsse.

Kurz: Ethik hat ohne Zweifel mit Regeln, Vorschriften, Weisungen, Normen, also mit „dem Gesetz" zu tun (was natürlich immer nur heißen kann: dass sie in einer Reflexion die Gesetze prüft, akzeptiert oder verwirft, neue ventiliert etc.).

3.2. Von der Weitergeltung des Gesetzes

Bei Luther ist das Gesetz in zweierlei Weise gegenwärtig und gültig:

1.) in der Weise, Hintergrund und Abstoßfeder der Rechtfertigung zu sein. Gesetz ist also zugleich mit der Rechtfertigungsbotschaft und als Voraussetzung dieser Botschaft zu akzeptieren. Wir werden ja ohne „des Gesetzes Werke" von Gott gratis gerecht gemacht. Die Rechtfertigung muss

dabei ständig sowohl gegen unsere Ungerechtigkeit angehen, als auch weiterhin alle Gesetzlichkeit überwinden (z. B. die mögliche falsche Auffassung, die Rechtfertigung sei ein Gesetz). Die Rechtfertigung ist der Gegen-
pol des Gesetzes, und wenn man von einem Pol weiß und auf diesen Pol bezogen ist, ist man selbstverständlich auch auf den anderen Pol bezogen
bzw. weiß darum. Dieses bestehenbleibende Wissen des Glaubens um das
Evangelium als Botschaft des Gerechtseins am Maßstab des Gesetzes ist im
Kontext der Lutherschen Ethik als *Glaubensbewusstsein* zu bestimmen.
D.h.der Glaube und somit der Bezug sowohl auf die Rechtfertigung als auf
das Gesetz ist Bewusstsein und Lebensinhalt in einem. Würden wir unseren
Glauben aufgeben, wären wir nach Luther erst recht auf das Gesetz bezo-
gen – nämlich ihm unterworfen, da nach Luther zwar die Achtung des Ge-
setzes Glaubensinhalt ist, aber das Gesetz nicht aus dem Glauben entsteht.
Das Gesetz ist nämlich unabhängig von allem Glauben sowohl mit dem
Menschsein selber als „natürliches Gesetz"[6] als auch in der Form des von
Gott geoffenbarten Gesetzes gegeben. In der Rechtfertigung sind wir – dialektisch formuliert – dem Gesetz so unterworfen, dass wir wissen: Wir sind
ihm *nicht* unterworfen. Anders gesagt: Durch Evangelium und Rechtfertigung sind wir Gott unterworfen, der uns jedoch in dieser Unterwerfung =
Rechtfertigung zur Gemeinschaft mit ihm befreit.

2.) Das Gesetz besitzt nach Luther aber auch *Gültigkeit für sich* – nicht
bloß in Relation zum Evangelium. Freilich hängt beides aufs engste zusammen: Dass eine Relation besteht, besagt, dass es Relata gibt; und das Gesetz ist in dieser Relation keinesfalls etwas Verschwindendes, wie man
fälschlich annehmen könnte, wenn man die Rechtfertigungslehre für sich
allein vortragen würde.

Dass das Gesetz auch Gültigkeit und Wert für sich besitzt, ist ein Grund-
datum der Ethik Luthers; und dies sieht man innerhalb der Entwicklung
von Luthers Theologie spätestens an seinem Auftreten gegen die *Antinomer*
(d.h. gegen die „Gesetzesgegner", wie der ehemalige Schüler Johannes
Agricola und dessen Mitstreiter genannt worden sind). Der Streit um den
Antinomismus wurde in den Jahren 1527/28 und 1537–1540 ausgetragen.[7]

Fünf Thesenreihen Luthers und drei ausführliche Disputationen gegen
die Antinomer sind erhalten.[8]

Ich knüpfe zuerst an die 24. These der ersten Disputation an und halte
mich dann an die genaueren Ausführungen Luthers dazu in der Disputation.

Die 24. These lautet: „Et perniciose docent, legem Dei simpliciter tollen-

---

[6] „Das natürliche Recht ist dem Menschen ,eingepflanzt', nämlich der menschlichen Vernunft. Insofern ist es Vernunftrecht – die Vernunft weiß darum. Aber es stammt von Gott, der
die Vernunft gegeben und das natürliche Gesetz ihr eingeschrieben hat." (Althaus [1965], 32).

[7] Hall (1990); Kawerau (1881/1977); Mann (2003); Richter (1996); Rogge (1960 u. 1978);
Seeberg (1959), 260ff.

[8] WA 39/I, 334–584.

dam esse ab Ecclesia, id quod blasphemum et sacrilegum est.«[9] – Johannes Agricola und dessen Freunde hatten frühe Äußerungen Luthers vehement bejaht, missverstanden oder vielleicht gar nicht einmal missverstanden, sondern gemäß ihrem eigenen Verständnis derartig auf die Spitze getrieben, dass das Evangelium das Gesetz völlig überflüssig gemacht hätte. Für die Ethik können wir nach dem über die Rechtfertigung Vorgetragenen ein Auf-die-Spitze-Treiben der Rechtfertigungslehre mit folgenden Gedanken rekonstruieren: Die Rechtfertigung ist die alleinige Grundlage der Ethik. Da die vom Gesetz (vor allem vom Dekalog) gebotenen Werke erst nach der radikalen Erneuerung des Menschen in der Rechtfertigung durch Gott getan werden können, und dann sogar freiwillig getan werden, ist das Gesetz zu nichts nütze.

Die Auseinandersetzung hatte sich am Thema der Buße entzündet. Die Antinomisten waren der Ansicht, nicht einmal zur Buße bedürfe man des Gesetzes, da ja der Mensch *vor* der Rechtfertigung verstockt bleibe und erst nach seiner Begnadigung und Erneuerung überhaupt einsehen könne, wie sehr er vom rechten Weg abgewichen sei. Demgegenüber differenzierte Luther bereits in der 4. These der 1. Disputation: „Poenitentiae prior pars, scilicet dolor, est ex lege tantum. Altera pars, scilicet propositum bonum, non potest ex lege esse."[10]

Die Wichtigkeit der Rechtfertigungslehre sowohl für die ethische Reflexion als auch für die Praxis wird nach Luthers Theologie darin sichtbar, dass ohne die Rechtfertigung nicht einmal ein guter *Vorsatz* gefasst werden könne; der Gläubige erkennt angesichts dieser Situation das Falsche an ihm selber, ja er *fühlt* es (dolor!), und somit wird ihm die bleibende Beziehung der Rechtfertigung darauf, wovon er gerechtfertigt wird, nämlich von der Sünde, nicht erspart.

Das ist aber erst der Randbereich von Luthers Gesetzeslehre! Er versteht das Gesetz keineswegs nur negativ. Sehen wir genauer zu, dann eröffnet sich das Feld einer zutiefst positiven Auffassung vom Gesetz. Ich zitiere aus Luthers Argumentation zur Verteidigung der schon oben im Wortlaut angeführten 24. These: „Circumcisio et aliae ceremoniae habuerunt suum certum populum et tempus, quo completo desierunt. Decalogus vero haeret adhuc in conscientia."[11] – Zuerst sind wir wieder im Randbereich des Gesetzes: teilweise (Beispiel: Beschneidung) ist es abgeschafft. Hier bewegt sich Luther im traditionellen christlichen Verständnis des alttestamentlichen Gesetzes, indem er annimmt, dass die *leges ceremoniales*, also die Kultgesetze,

---

[9] WA 39/I, 346,32f („Und in verderblicher Weise lehren sie, das Gesetz Gottes sei von der Kirche schlechthin aufzuheben. Das aber ist gotteslästerlich und frevelhaft.").

[10] WA 39/I, 345,22 („Der erste Teil der Buße, nämlich die Betrübnis (über die Sünde) kommt allein aus dem Gesetz. Der zweite Teil, nämlich der gute Vorsatz, kann nicht aus dem Gesetz sein.").

[11] WA 39/I, 374,1ff („Die Beschneidung und andere Zeremonien hatten ihr bestimmtes Volk und ihre Zeit, nach deren Erfüllung sie aufhörten. Der Dekalog aber haftet weiterhin im Gewissen.").

und ebenso die *leges iudiciales*, also solche Gesetze, nach denen in der Praxis Recht gesprochen wurde, bloß im Volk Israel Geltung gehabt hätten, die leges morales aber weiterhin gelten. Vor allem aber hält er fest: „Nam si Deus nunquam tulisset legem per Mosen, tamen mens humana naturaliter habet hanc notitiam, Deum esse colendum, proximum diligendum."[12]

Hier begegnen wir der von Luther vertretenen Lehre vom *natürlichen Recht* bzw. natürlichen Gesetz. Es ist dies ein Topos der Ethik, der sich außerhalb und innerhalb der christlichen Theologie vorfindet.[13] Luther kann sich auf Paulus, Röm. 2, 14f[14], berufen oder auf Jesus in der Bergpredigt, Mt. 7, 12: „Alles nun, was ihr wollt, dass euch die Leute tun sollen, das tut ihnen auch!"[15] Dieses Prinzip nennt man gern die „goldene Regel".[16] An sie anknüpfend schreibt der Reformator gegen Ende seiner Schrift „Von weltlicher Obrigkeit, wie weit man ihr Gehorsam schuldig sei" aus dem Jahre 1523: „Denn die natur leret, wie die liebe thut, das ich thun soll, was ich myr wollt gethan haben."[17] Interessant ist die Abänderung der goldenen Regel in Luthers Formulierung: Was Jesus aus dem Charakter der mitmenschlichen Beziehung ableitet (bei Luther: das lehrt die Liebe), wird zusätzlich auf die *Natur* bezogen. Luther denkt hier an die *menschliche* Natur, an der sich ein solches Prinzip „natürlich" in erster Linie in der *Vernunft* manifestiert.

Wir lasen gerade in der Antinomer-Disputation, dass die mens humana *naturaliter* über die notitia der ethischen Grundlagen verfüge. Gegen Ende der Obrigkeitsschrift benutzt Luther für diesen Zusammenhang ausdrücklich das Wort *Vernunft*: „Darumb sollt man geschriebene recht unter der vernunfft hallten, darauß sie doch gequollen sind als auß dem rechts brunnen, und nit den brunn an seynen floßlin ⟨Flüßlein⟩ bynden und die vernunfft mitt buchstaben gefangen furen."[18] – Dies ist eine der (vielen) Stel-

---

[12] WA 39/I, 372,3–5 („Denn hätte Gott niemals das Gesetz durch Moses gegeben, besäße das menschliche Bewusstsein dennoch von Natur aus die Einsicht, dass Gott zu verehren und der Nächste zu lieben sei.").
[13] Böckle (1966 u. 1973); Fuchs (1955); Herr (1972); Ilting (1983); Kerber (1982); Klose (1985); Lohmann (2002); Raunio (1990 u. 2001); Rommen (1942); E. Wolf (1935 u. 1964).
[14] „Denn wenn Heiden, die das Gesetz nicht haben, doch von Natur tun, was das Gesetz fordert, so sind sie, obwohl sie das Gesetz nicht haben, sich selbst Gesetz. Sie beweisen damit, dass in ihr Herz geschrieben ist, was das Gesetz fordert, zumal ihr Gewissen es ihnen bezeugt, dazu auch die Gedanken, die einander anklagen oder auch entschuldigen." (revidierte Lutherübersetzung 1984 – im Folgenden zum Vergleich Luthers Übersetzung von 1545:) „Denn so die Heiden/ die das Gesetz nicht haben/ und doch von natur thun des Gesetzes werck/ dieselbigen/ dieweil sie das Gesetze nicht haben/ sind sie inen selbs ein Gesetz/ damit/ das sie beweisen/ des Gesetzes werck sey beschrieben in irem hertzen/ Sintemal ir Gewissen sie bezeuget/ da zu auch die gedancken/ die sich untereinander verklagen oder entschüldigen."
[15] Luther 1545: „Alles nu/ das ir wöllet/ das euch die Leute thun sollen/ Das thut ir inen."
[16] Die „goldene Regel" leuchtet offensichtlich ganz von selber ein, ist bereits bei Konfuzius bezeugt und offensichtlich mehrmals spontan er- oder gefunden worden. Vgl. Küng (1990), 84; Raunio (2001).
[17] WA 11, 279, 19f (= Clemen 2, 392).
[18] WA 11, 280, 16ff (= Clemen 2, 394).

len, an denen Luther die Vernunft positiv würdigt. Solche Stellen werden freilich von vernunftkritischen Stellen in Schach gehalten (Stichwort: „Hure Vernunft"). Hält man beide Beurteilungsweisen gegeneinander, kann man gut und gern einen Widerspruch konstatieren. Dieser Widerspruch geht vom anfänglich eindeutigen Begriff „Vernunft" aus, der durch seine Anwendung bei der Ausführung guter und böser Handlungen zweideutig wird. Wenn wir uns weiter in die Auseinandersetzungen mit den Antinomern vertiefen, werden wir den Schlüssel zum Verständnis dieser Zweideutigkeit der Vernunft bei Luther finden.

Wir lesen dort weiter: „Habet et decalogus suum praefinitum tempus, quo scilicet Christus in carne apparuit et sese legi subiecit, is ademit ei ius et compescuit eius sententiam, ne posset in desperationem adigere, et condemnare."[19] – Hier beschreibt Luther unter Berufung auf das Kommen Christi, wie sogar die Geltung des Dekalogs zu Ende geht. Haben damit aber nicht die Antinomer Recht bekommen, die das Gesetz völlig abschaffen wollten, oder hat sich Luther im Zuge der Disputation verheddert? Dass dem nicht so ist, war schon an der vorhergehenden Einführung des natürlichen Rechtes zu ahnen: Der Dekalog verliert zwar seine Gültigkeit, aber nicht das zugrunde liegende Gesetz Gottes! So sehr Luther immer wieder das schriftliche Wort Gottes (und das ist neben dem Evangelium auch das Gesetz) für wichtig hielt, so weit und gern er im Großen und Kleinen Katechismus bei der Erklärung des Dekalogs ausholte, so sehr konnte er auch betonen, dass der Dekalog eben nur *eine* Manifestation des Gesetzeswortes Gottes ist, und dass sich dieses Gesetzeswort ebenso durch die Vernunft im natürlichen Gesetz manifestieren könne. – Fällt damit Luther aber nicht auf der anderen Seite seiner schmalen Gratwanderung zwischen Gesetz und Evangelium herunter, macht er nicht seine Ethik wieder zu einer Gesetzesethik?

3.3. Die Dialektik von Gesetz und Evangelium

Für Luther kam es nicht nur in der Ethik, sondern überall in der Theologie darauf an, zwischen Gesetz und Evangelium genauestens zu unterscheiden, wie ich eingangs bereits anführte – aber eben *Zusammengehöriges* zu unterscheiden. Dieses Verhältnis ist auch als *„Dialektik"* von Gesetz und Evangelium bezeichnet worden.[20] In den folgenden zu zitierenden Sätzen kön-

---

[19] WA 39/I, 374, 5ff („Auch der Dekalog hat seine vorherbestimmte Zeit, zu der nämlich Christus im Fleisch erschien und sich dem Gesetz unterwarf. Er entriss ihm das Recht und besänftigte sein Urteil, damit es nicht in die Verzweiflung treiben und verdammen konnte.")

[20] Karl Barth (KD I/2, 299) spricht von der „bekannten reformatorischen Dialektik von Gesetz und Evangelium" – Werner Elert: „Das Verhältnis von Gesetz und Evangelium ist demnach in doppeltem Sinne dialektisch. Einmal, weil wir auf beide den Begriff der ‚Offenbarung' Gottes anwenden können und müssen, obwohl diese Anwendung auf *beide* in sich widerspruchsvoll ist. Sodann, weil beide unzweifelhaft gelten, obwohl die Geltung des einen die des

nen wir Luther bei seiner dialektischen Unterscheidungsarbeit beobachten: „In futura autem vita prorsus tolletur ⟨scil. lex⟩, illic non opus erit monere, ut Deum diligamus. Sed tum vere et perfecte id faciemus, id quod Christus hic fecit. Tunc non dices: Debeo diligere patrem, sed diligo patrem, et sicut mandatum mihi dedit, ita facio. Sub Christo igitur lex est in fieri esse, non in facto esse. Hinc ⟨hic?⟩ opus habent credentes, ut lege admoneantur, illic non erit debitum aut ulla exactio, sed opus legis perfectum et summa dilectio.“[21] – Bei Gott selbst gilt die Zusammengehörigkeit von Gesetz und Evangelium. Dies wird im zukünftigen Leben aber auch bei uns gelten! Von dieser eschatologischen und „archetypischen" (im Sinne der altprotestantischen Orthodoxie)[22] Einheit der beiden Größen ist ihre zeitliche und „ektypische" Unterscheidung zu trennen, denn, worin die Einheit eigentlich liegt, in der Liebe (die Luther an dieser Stelle als Gottesliebe definiert, aber nicht von der Nächstenliebe getrennt wissen wollte), wird im Zeitlichen immer nur bruchstückhaft wirklich. Trotzdem *wird* die Liebe. Christus hat sie gelebt, und im Reich Christi, das durch Christus auf der Erde begründet worden ist, leben auch wir diese Liebe.[23]

Verblüffend ist nun, dass Luther formuliert „*lex* est in fieri", wo wir doch erwarten würden: Die *Liebe* ist im Werden. Sollte er nicht sagen „dilectio est in fieri" oder „euangelium est in fieri"? Er könnte auch das sagen. Hieraus ergibt sich, dass Gesetz und Evangelium letztlich auf dasselbe zusteuern: die Liebe; beides kann man zu Recht in dem Ausdruck „lex caritatis" vereinen.[24] In der Antinomerdisputation wird klar, wie sehr Luther das Gesetz würdigt, ebenso begreiflich aber wird seine Behauptung, dass im ge-

---

andern aufhebt und umkehrt." (Elert [1960/1968], 162) – „Luthers berühmte Formel, daß der Mensch ,gerecht und Sünder zugleich' ist, historisch schon vor der Formel von ,Gesetz und Evangelium' ausgebildet, erweist sich so als eine anthropologische Ausdrucksvariante der lebenslangen Dialektik von Gesetz und Evangelium. Sein Leben lang kommt der Mensch also nicht von der Aufgabe los, ,unvermischt und ungetrennt' beieinanderzuhalten, zu unterscheiden und zu verbinden, unter Umständen an ein und demselben Text, was er jetzt zu hören hat: Anklage und Forderung, oder Zuspruch und Freispruch. Hört er falsch, dann hat er Gott, Christus, das Gesetz, das Evangelium falsch verstanden und somit verfälscht." (Pesch [1982], 73) – Siehe auch: Hermann: Luthers These etc. (1960); Negri (1973); Thaidigsmann (1983).

[21] WA 39/I, 374, 8ff („Im zukünftigen Leben aber wird er ⟨scil. der Dekalog⟩ gänzlich aufgehoben werden, dort wird nicht nötig sein zu mahnen, dass wir Gott lieben, sondern wir werden es wahrhaftig und vollkommen tun – was Christus schon hier getan hat. Dann wirst du nicht sagen: Ich muss den Vater lieben, sondern: Ich liebe den Vater, und wie er mir das Gebot gegeben hat, so tue ich. Unter Christus ist das Gesetz also erst im Werden, und nicht im Gewordensein. Daher ⟨hier?⟩ ist es für die Gläubigen notwendig, durchs Gesetz ermahnt zu werden, dort wird es keine Schuld oder Forderung geben, sondern das Werk des Gesetzes wird vollendet und vollendete Liebe sein.")

[22] Die altprotestantische Orthodoxie unterschied das Wissen, das Gott von sich selber hat, als theologia archetypos vom menschlichen Wissen von Gott als theologia ektypos. Vgl. H. Schmid (1979), 28.

[23] Balthasar (1977); G. Bornkamm (1968); Rahner (1965); Raunio (2001); Schwarz (1962); Taube (1986).

[24] Siehe das Buch von Heckel (1953), in dem zu diesem Thema alle bei Luther relevanten Stellen zusammengetragen sind.

genwärtigen Leben die Erfüllung des Gesetzes nur bruchstückhaft erreicht werde. Zwar: Christus war die Einheit von Gesetz und Evangelium in diesem irdischen Leben, und in Gemeinschaft mit Christus berühren wir diese Einheit immer wieder, aber: Wie die endgültige Geltung des Gesetzes erst im Werden ist, so auch die Einheit von Gesetz und Evangelium. Vorderhand gibt es nur eine „dialektische", d. h. widersprüchliche Einheit von Gesetz und Evangelium. Deshalb gilt das Gesetz weiterhin und deshalb müssen auch die Gläubigen – nicht etwa nur die Ungläubigen – immer wieder durchs Gesetz ermahnt werden. Alles andere wäre nach Luther Selbsttäuschung der Gläubigen.

Es gab zwar einen sog. „linken Flügel" der Reformation, auf dem man meinte, eine neue gesellschaftspolitische Ordnung sei durch die Wiederentdeckung des Evangeliums und seine konsequente Durchsetzung möglich. Thomas Müntzer z. B. und die revolutionären Bauern, die eine solche neue Ordnung erzwingen wollten, warfen Luther vor, in seiner Reformation zuwenig weit zu gehen und am Buchstaben der Bibel hängen zu bleiben. Sie hingegen beriefen sich nicht nur auf die Bibel, sondern auf zusätzliche Eingebungen des heiligen Geistes. Der Reformator hat die Gedanken und die Praxis solcher Christen (weil sie von unmittelbare Geisterfahrung „schwärmten") stets als *Schwärmerei* denunziert. Warum?

Ist für Luther das Beispiel Christi zu wenig? Ist der von Christus veranlasste und vom heiligen Geist inspirierte Glaube zu schwach? Ist gar das Wirken Christi und des heiligen Geistes wirkungslos? – Mit der Theologie Luthers wird man ganz im Gegenteil sagen können: Christus wirkt, die Rechtfertigung befreit, der Glaube bewährt sich im Leben, die Liebe als Erfüllung des Gesetzes ist im Werden; aber alles das stößt auf unerklärlichen Widerstand. Christus wurde verfolgt und getötet, das Evangelium wird abgelehnt (das erfuhren Luther und die Anhänger des Evangeliums auch zur Zeit der Reformation). Das Warum dieser Ablehnung ist für Luther letztlich unerklärlich. Luther hat zwar in solchen Fällen gern und häufig auf den Teufel und seine Macht, die er als *Fürst dieser Welt* hat, verwiesen. Aber warum hat der Teufel solche Macht? ...[25] Den Gläubigen fällt und fiele es zu, nicht nur in allen ihren Werken, sondern auch in allen Leiden (die sie – ich werde das im Abschnitt 5.3. zitieren – im zweiten und dritten Grad des Glaubens erfahren!) Christus nachzufolgen: in seinem Vertrauen zum Vater, in seiner Menschenfreundlichkeit, d. h. in der Nachfolge seiner Lebenseinstellung bis hin zu Tod und Auferstehung. Dies geschieht unter den Gläubigen aber nur mit Zagen und teilweise. Sie nehmen die Gaben Gottes: seine Gerechtigkeit, sein Werk, seine Kraft, seine Weisheit, sein Heil, sei-

---

[25] Ebeling (1979), Bd. II, 491, spricht vom „Haß der Welt als Gotteshaß", und erläutert: „An all dem wird spürbar, daß es am Sein in der Liebe mangelt, an einem allem überlegenen und alles überwindenden Erfülltsein von der Liebe Gottes. Das ist mehr als nur ein Mangel, vielmehr die Folge eines Sichsträubens, eines tief verborgenen Widerwillens gegen Gott, der die Kehrseite des Sein-Wollens-wie Gott ist."

nen Ruhm nicht oder nur mit lauter Vorbehalten an. Daher ist das Reich Gottes erst im Kommen, daher muss zur Gottes- und Nächstenliebe und zur Einhaltung aller anderen moralischen Gebote immer noch ermahnt werden, daher sind auch Gesetz und Evangelium immer noch aufs Genaueste zu unterscheiden.

In seinem Lutherbuch schreibt Ebeling: „Nichtunterscheidung, Vermengung von Gesetz und Evangelium – das ist das Normale, das immer und überall schon Gegebene, der Zustand, den die christliche Verkündigung immer schon antrifft und um dessentwillen sie überhaupt ergeht, in den sie aber auch ständig hineingerissen ist und in dem sie unterzugehen droht infolge des Verfehlens ihres Auftrags. Dann wird die Verwirrung vollends heillos, wenn selbst die Verkündigung, die Gesetz und Evangelium unterscheiden soll, sie vermengt. Denn Nichtunterscheidung von Gesetz und Evangelium besagt auf jeden Fall, dass das Evangelium preisgegeben und nur Gesetz übriggeblieben ist. Wenn jedoch das Gesetz nicht vom Evangelium unterschieden, vielmehr selbst als Evangelium ausgegeben wird, ist es gar nicht mehr wirklich als Gesetz erkannt; und darum ist letztlich, weil *nur* noch Gesetz da ist, auch das Gesetz verloren. Evangelium ist dagegen eo ipso Unterscheidung von Gesetz und Evangelium ... Denn nur da tritt das Evangelium in Aktion, wo es unterscheidend dem Gesetz gegenüber in Aktion tritt und darum auch das Gesetz als wirkliches Gesetz erkennen läßt."[26]

Das ist nun die Relevanz der Unterscheidung von Gesetz und Evangelium für die Ethik: *Nicht bloß in der Verkündigung* ist zwischen Gesetz und Evangelium zu unterscheiden, sondern auch im Leben und Handeln bzw. im Nachdenken darüber. Hier kann Luthers Ethik für alle Menschen, in erster Linie aber für die Christen einen wichtigen Beitrag leisten, denn immer wieder stellt sich im ganz gewöhnlichen Leben die Grundfrage: Soll ich, und wann soll ich die Einhaltung von Recht und Gesetz verlangen oder soll ich verzeihen, d. h. Verfehlungen übergehen, einen Neuanfang machen? Dies gilt in den Beziehungen zu meinen Nächsten, zu Gruppen und Gemeinschaften und letztlich auch im Verhältnis zu mir selber. Es ist ethisch sowohl falsch, jedes Verhalten zu akzeptieren, als auch, ständig auf dem Buchstaben des Gesetzes und auf der Strenge der Moral zu bestehen. Ohne feste Regeln kann kein Zusammenleben gelingen, aber ebenso wenig ohne das Übergehen von Verfehlungen, das Umformulieren von Regeln, ja sogar die gänzliche Freiheit von ihnen. Hier ist von ethisch reflektierenden, lebenden und handelnden Christen/innen die Unterscheidungsfähigkeit verlangt: Gilt in einer Sache oder Situation das eine oder das andere Wort Gottes? Gesetz und Gebot oder Zusagung und Verheißung? Forderung und Strenge oder Verzeihung und Nachgeben? – Hierin kann sich das im 1. Kapitel beschriebene Meditieren Luthers über die biblische Botschaft ethisch

---

[26] Ebeling: Luther (1964), 129f.

konkretisieren. Jede/r einzelne Christ/in kann in Entscheidungsfällen die biblische Botschaft (die er/sie täglich in aller Ruhe meditiert hat) im Geist vor sich stellen, und sich fragen: Welches der „beiden Worte Gottes" trifft in der jetzigen Situation zu?

Nicht nur in der Reformationszeit, sondern auch heute noch dreht sich das Leben vielfach um diese zwei „Worte", d.h. Grundeinstellungen bzw. Haltungen: Gesetz oder Evangelium? Ich versuchte gerade, diesen Unterschied am Verhalten zum Mitmenschen zu konkretisieren. Aber auch in meiner ethischen Selbstreflexion ist die Entscheidung zwischen Gesetz und Evangelium gefragt: Muss ich jetzt, in dieser Lebenssituation das Gesetz auf mich anwenden, muss ich mich Regeln unterwerfen, an mir arbeiten, um mich zu ändern, oder darf ich die Sündenvergebung, die Freiheit, die mir Gott in Christus zukommen lässt, gelten lassen? – genauso sind die beiden Worte Gottes dann auch auf die jeweilige politische bzw. geschichtliche Situation zu beziehen, und es ist diese Situation an ihnen zu reflektieren. Wir können z.B. die Fragen stellen: Ist in der heutigen ökologischen Krise das Gesetz anzuwenden, und das hieße: Bestrafung der Umweltsünder, strenge Eindämmung von Naturzerstörung vor dem Hintergrund einer Bedrohung alles Lebens auf der Erde? Oder ist das Evangelium der Hoffnung anzuwenden, dass Gott seine Schöpfung erhält, dass wir Menschen nie die Macht des Schöpfers haben werden, um die Schöpfung zu zerstören, und dass Gott selber die Menschheit zur Liebe zu allen Geschöpfen (einschließlich der Tiere und Pflanzen) umschaffen kann? *Gesetz* kann in diesem Fall sowohl Mobilisierung aller Kräfte als auch Verzweiflung vor der geschehenden Zerstörung heißen, *Evangelium* kann heißen: Gelassenheit und Mut, das berühmte Apfelbäumchen zu pflanzen; ein falscher Gebrauch des Evangeliums wiederum könnte heißen: den Kopf in den Sand stecken.

3.4. Ein Beispiel, wie Luther unterscheidet

Nun will ich aber ein Beispiel bringen, wie Luther selber die Unterscheidung von Gesetz und Evangelium durchgeführt hat. In einer Predigt über Gal. 3, 23–29 vom 1.1.1532 geht er ins Detail; freilich die Bezugnahme auf die *damals* konkrete Situation der Auseinandersetzung mit den „Schwärmern", die das Evangelium in revolutionärer Absicht *durchsetzen* (also zum Gesetz machen) wollten, und Luthers patriarchalisch verstandenes Verhältnis der Geschlechter müssen wir mit in Kauf nehmen, wenn wir seine Unterscheidungsarbeit beobachten wollen:

„Darumb ists ein grosse torheit, das man furgeben wil: Es ist Gottes wort, Gottes wort. Gottes wort ist nicht einerley, sondern unterschieden, Denn dis wort Gottes: ‚schütze die Frommen, straffe die Bösen' betrifft mich nicht, Oder dis wort: ‚Du solt Kinder geberen, Kinder seugen', das trifft die Weiber allein, Widerumb gehet die Weiber nicht an: ‚Du solt predigen,

die Sacrament reichen' etc."[27] – Dass die Frauen kein kirchliches Amt ausüben sollen, diese Meinung müssen wir Luther nachsehen (aber es gab und
gibt ja auch in der Gegenwart noch nicht in allen Kirchen die Frauenordi-
nation!). Abgesehen davon jedoch ist bemerkenswert, wie der Reformator
in seinem „Unterscheiden" zuerst innerhalb des Bereiches des *Gesetzes*
bleibt. Nicht alle biblischen Gebote oder Regeln des Naturrechts betreffen
alle Menschen zu jeder Zeit! Schon die Anwendung des Gesetzes veranlasst
uns zu einer unterscheidenden ethischen Denk- und Reflexionsbemühung.
– Weshalb aber fühlt sich Luther durch das Gebot „Schütze die Frommen,
strafe die Bösen" nicht betroffen?[28] – Die in diesem Doppelsatz genannten
Aufgaben betreffen nach Luthers Ethik das Amt der „Obrigkeit", wie wir
weiter unten in der Zwei-Reiche-Lehre und später noch in der Drei-Stände-
Lehre hören werden. Luther fühlt sich, so können wir ihn verstehen, hauptsächlich als Prediger durch ein (wieder in eigener Verantwortung formulier-
tes) Gebot angesprochen, das den geistlichen Stand angeht.
    Aber genauer noch! Bei allem Unterscheiden innerhalb des Gesetzes
muss gesagt werden, und sagt auch Luther kurz danach, dass man zwischen
jenen Gesetzen, die für einzelne und bestimmte Personengruppen gelten,
und jenen, die sehr wohl für *alle* gelten, unterscheiden muss: „Aber das gemeine Gesetze, das uns Menschen alle betrifft, ist: ‚Du solt deinen Nehesten lieben als dich selbs', im in seiner not, wie sie nu furfelt, raten und helffen. Hungert in, so speise in, Ist er nacket, so bekleide in, und was desgleichen mehr ist."[29]
    Schon vorher hieß es über die Wichtigkeit des Unterscheidens: „Von die-
ser unterscheid wissen unsere Schwermer gar nichts ..., wie man ein Gesetz
gegen das ander helt, da eins gleich so wol ein gesetz als das ander ist. Ist es
nu da von nöten, das man sie unterscheide und die Person ansehe, darauffs
gericht ist, Wie viel mehr ist hie ein unterscheid zu machen zwischen dem
Gesetz und Evangelio."[30] – Luther gibt uns vorerst nur ein praktisches Kriterium der Unterscheidung innerhalb der Gesetze an: Es ist die Person des
Menschen, der betroffen ist. Wie unterscheidet man jedoch Gesetz und
Evangelium?
    „Darumb, welcher die Kunst wol kan, den setze oben an und heisse in ei-
nen Doctor der heiligen Schrifft, denn on den heiligen Geist ists unmüglich,
diese unterscheid zu verstehen. Ich erfare es in mir selbs und sehe auch teglich in andern, wie schwer es ist. Der heilige Geist mus hie Meister und Le-
rer sein, on welchen sie kein Mensch auff Erden lernen kan, Darumb vermag kein Papist, kein falscher Christ, kein Schwermer diese zwey von-

---

[27] WA 36, 26, 1ff.
[28] Beachten wir, wie der Reformator mit diesen Worten ein Gebot Gottes (dessen Bedeutung uns sofort einleuchtet) in eigener Verantwortung formuliert!
[29] WA 36, 30, 12ff.
[30] WA 36, 29, 7ff.

einander zu scheiden, sonderlich in causa materiali et in obiecto."[31] – Wir haben hier allererst die Einleitung zur Unterscheidung vor uns. Luther spricht von den sich auftürmenden Schwierigkeiten der Unterscheidung und stellt sich auf dieselbe Stufe mit allen Christen und Christinnen, denn er läßt erkennen, dass diese „Kunst" der Unterscheidung nicht an ein Theologiestudium gebunden ist, sondern dass alle Menschen, vom heiligen Geist geleitet, „Doktoren der heiligen Schrift" werden können. Luther hat sich – trotz der auch und gerade hier vorgenommenen Einschränkung – in dieser Kunst, so können wir annehmen, als kompetent betrachtet. Denn wie soll man sein Predigen anders verstehen, als dass er die Zuhörer/innen zu dieser theologischen Kunst anleitet? Und wird nicht das Meditieren nach der schon zitierten Vorrede zu den deutschen Schriften („lesen und widerlesen, mit vleissigem auffmercken und nachdencken, was der heilige Geist damit meinet"[32]) die erforderliche Hilfe leisten? Meditieren ist eine Angelegenheit des Glaubens, und so auch die Unterscheidung von Gesetz und Evangelium. – Zu beachten ist auch Luthers Verständnis vom heiligen Geist: Dieser inspiriert nicht zu Kenntnissen, die über die Bibel hinausführen (wie die „Schwärmer" erwarten), sondern zum Verständnis der biblischen Inhalte.

Nun die Unterscheidung in Luthers Worten: „Das Gesetz sol das heissen, das Gottes wort und gebot ist, da Gott uns gebeut, was wir thun sollen, und foddert werck von uns. Solches ist leichtlich in causa formali, Aber in causa finali ists seer schwer."[33] Und: „Das Evangelium oder der Glaube ist, welcher nicht unser werck foddert, heißt uns nicht thun, sondern heisst uns nemen, Da thun wir nichts, sondern empfahen und lassen uns geben, so uns geschenckt und dargeboten wird, das Gott verheisset und dir sagen lesst: Dis und das schencke ich dir."[34]

Glauben als Reaktion auf das Evangelium ist nicht das Einschwenken auf ein Dogma oder vorgegebenes Bekenntnis, sondern ein *Annehmen*, kein Leisten eines Glaubensgehorsams, sondern ein *Beschenktwerden*. Fragen wir: Was sollen wir annehmen? Dann ist die korrekte Antwort: die Gerechtigkeit Gottes durch die Rechtfertigung. Und denken wir weiters an die Begriffe, die Luther nach dem „großen Selbstzeugnis" in seinem Rechtfertigungserlebnis neben „iustitia Dei" eingefallen sind: opus Dei, virtus Dei, sapientia Dei, fortitudo Dei, salus Dei, gloria Dei. Dies alles: das Werk

---

[31] WA 36, 29, 13ff.

[32] WA 50, 659.

[33] WA 36, 30, 3ff – In diesem und im übernächsten Zitat kommen drei der vier *Ursachen* (*causae*) vor, die zum üblichen Begriffsinventar der Scholastik gehören und Luther geläufig waren. Die vier Ursachen sind: 1.) causa materialis – die Materie, aus dem etwas entsteht (Beispiel: das Erz für ein Statue), 2.) causa formalis – das Wesen einer Sache (Beispiel: die Gestalt der Statue), 3.) causa efficiens – die wirkende Ursache (Beispiel: der Bildhauer), 4. causa finalis – das Ziel der wirkenden Ursache (Beispiel: Gesundheit als „Ursache" des Wanderns). Siehe: Vries (1983), 97ff.

[34] WA 36, 31, 1ff.

Gottes, seine Kraft, Weisheit, sein Heil, sein Ruhm sind uns im Evangelium geschenkt!

In ethischer Hinsicht aber müssen wir von Luthers Erkenntnis des „evangelischen" Gottes ausgehen: von dem Gott, der bei den Menschen ist, die aus Glauben handeln, vom menschgewordenen Gott, der in uns wirkt, uns täglich erneuert und beschenkt. – Das Evangelium veranlasst uns, diese wahrhaft überschwänglichen Gaben anzunehmen. Innerhalb der Ethik kann das nur heißen: diese Gaben in unserem Leben aufzusuchen und weiterhin zu erwarten, mit Luther: „den Sack herhalten"[35]. Unsere Werke, Kräfte, Leistungen, Weisheiten (auch wenn sie gegenwärtig vielleicht gering sind) sollen wir als von Gott gegeben sehen und nur noch mehr solcher Gaben erwarten.

Zusammengefasst: Das Gesetz fordert *Werke* von uns, und das Gesetz gilt nach Luthers fester Meinung auch weiterhin neben dem Evangelium, aber die *Gesetzesforderungen* drücken uns nieder, sie bringen uns auch nicht dazu, gut und gerecht zu werden. Der Unterschied zwischen dem Ungläubigen (dem Menschen, *bevor* ihn die Rechtfertigung erreicht und außerhalb der Rechtfertigung) und dem Gläubigen ist folgender: Vor und außerhalb der Rechtfertigung durch Gott versucht er, sich durch eigenes Tun zu rechtfertigen, erreicht aber nichts, ist niedergedrückt, ja verzweifelt; ergriffen von der Rechtfertigung ist er fröhlich und frei, tut das Richtige (nämlich das, was die Gebote schon seit jeher als gute Werke aufzeigen), jedoch nicht zu seiner Rechtfertigung und nicht, weil er unter einem Zwang steht. Letztlich handelt der/ die Gläubige gar nicht aus eigenem Interesse und eigener Kraft, sondern er/ sie ist mit der Kraft und den Werken Gottes ausgestattet, anders gesagt: Der heilige Geist leitet und inspiriert ihn/ sie.

---

[35] WA 36, 31, 14.

4. Der zweifache Gebrauch des Gesetzes

Das Gesetz besteht nach Luther neben dem Evangelium. Es wird weiterhin gebraucht. Dass damit kein banales Nebeneinander gemeint ist, muss nach dem letzten Kapitel klar sein. Aber wer gebraucht das Gesetz *und wie und wann* wird es gebraucht? – Geltung, Gewicht und Bedeutung des Gesetzes werden von Luther nicht an der Frage, ob das Gesetz gilt, entschieden – das Ob steht außer Zweifel –, sondern am Wie seiner Geltung: Es wird nach Luther in zwei Weisen gebraucht.

In diesem Kapitel geht es daher um die Luther eigentümliche Lehre von den zwei *usus* („Gebräuchen" = Gebrauchsweisen) des Gesetzes. Wir treffen hier auf eine weitere jener folgenreichen Unterscheidungen des Reformators, ähnlich der zwischen Gesetz und Evangelium. Gesetz und Evangelium spiegeln sich übrigens, wie wir gleich sehen werden, in den beiden unterschiedlichen Gebrauchsweisen des Gesetzes wider. Das Gesetz schlägt in den beiden *usus* vom einen Gegenteil ins andere. Deshalb ist es nicht etwa eine Frage der Zahl, ob man etwa die *usus* des Gesetzes auf drei vermehrt, wie Calvin und Melanchthon,[1] oder gar auf vier, wie David Hollaz,[2] sondern es ist die Frage, ob und wie die Gespaltenheit (der „Zwiespalt") des Gesetzes zur Geltung gebracht wird.

Luthers Denken schreitet oft in Unterscheidungen voran; dies ist überhaupt ein Charakteristikum seiner Gedankenarbeit, die ich als eine Form des dialektischen Denkens verstehe, in dem Luther einmal unterscheidet, dann wieder verbindet.[3] Der Reformator war von seinem Studium her gut mit den verästelten *Distinktionen* der Scholastiker vertraut. Die Unterscheidung zwischen den beiden *usus* des Gesetzes scheint aber nicht auf die Scholastik, sondern auf Luthers Interpretation von 1. Tim. 1, 8 zurückzugehen:[4] „Scimus autem quia bona est lex, si quis ea legitime utatur." („Wir

---

[1] Melanchthon und Calvin lehrten (neben den beiden gleich zu behandelnden) einen *tertius usus legis* (einen dritten Gebrauch des Gesetzes); dieser sei der *usus in renatis* (der Gebrauch unter den Wiedergeborenen) und bestehe in der Anwendung des Gesetzes als Regelwerk zur Anwendung in der Lebensführung.

[2] Nach H. Schmid (1979), 324 u. 328 (Anm. 14).

[3] Das dialektische Denken definiert Platon als Unterscheiden und Verbinden: Sophistes, 253c-254b.

[4] Siehe: Honecker (1990), 64 – Honecker gibt dort keine Lutherstelle an. In Luthers Vorlesungen über den 1. Timotheusbrief aus 1528 finden sich in der Auslegung des Verses 1, 8 keine eingehenden Ausführungen zum zweifachen Gebrauch des Gesetzes, wir lesen jedoch den einschlägigen Satz: „Usus eius (scil. legis) duplex: Civiliter arcere vim, et spiritualiter revelare peccata." („Sein ⟨des Gesetzes⟩ Gebrauch ist zweifach: Bürgerlich [politisch] der Gewalt zu wehren und geistlich die Sünden aufzudecken.") [WA 26, 15, 30f].

wissen aber, dass das Gesetz gut ist, wenn es jemand recht gebraucht.") Schon der Aufeinander-Verweis von *lex* und *legitime* (wie im griechischen Text *nomos* und *nomimos*) mag Luthers Reflexion provoziert haben, mehr noch aber die ihn lebenslang beschäftigende Frage, wie wir dem Gesetz Gottes Genüge tun könnten.

4.1. Der erste Gebrauch des Gesetzes (usus civilis)

Wenden wir uns jetzt dem wahrscheinlich wichtigsten Text Luthers über die Unterscheidung der beiden *usus legis* zu, jenem aus dem Großen Galater-Kommentar von 1531/ 1535.[5] Zu Gal. 3, 19 („Quid igitur lex? Propter transgressionem posita est, donec veniret semen, cui promiserat, ordinata in manu mediatoris.")[6] heißt es: „Hic sciendum est duplicem esse legis usum. Alter civilis est. Deus ordinavit civiles, imo omnes leges ad cohercendas transgressiones. Ergo omnis lex lata est ad cohercendas transgressiones."[7]

Beachten wir vorerst die Ausrichtung des *ganzen* Gesetzes auf diesen seinen bürgerlichen (politischen) Gebrauch. Keinesfalls schränken dieser und der gleich zu referierende zweite Gebrauch des Gesetzes einander ein. – Warum heißt der bürgerliche Gebrauch der „erste", obwohl – wie wir sehen werden – der zweite Gebrauch für Luther theologisch viel wichtiger ist (und dieser von Paulus in Gal. 3, 19 diskutiert wird)? Antwort: Der erste Gebrauch ist eine allen Menschen nahezubringende Verwendung des Gesetzes: ein Gebrauch, der unabdingbar ist zur Verhinderung von Übeltaten, zum Einschreiten gegen Übergriffe, damit das Zusammenleben der Bürgerschaft (civitas) ungestört bleibt – und so können wir auch heute noch das Gesetz sinnvoll definieren. Ja wir denken bei *Gesetz* sicher zuerst an die mit dem ersten Gebrauch des Gesetzes angesprochenen politisch-öffentlichen Dinge und viel weniger an die von Luther stets abgelehnten „Gesetzeswerke" zur

---

[5] Der „Kleine" Galater-Kommentar hingegen ist Luthers Vorlesung von 1516/ 1517 (gedruckt 1519).

[6] In der Deutschen Bibel lautet Luthers Übersetzung: „Was sol denn das Gesetz? Es ist dazu komen umb der Sünde willen/ Bis der Same keme/ dem die Verheissunge geschehen ist/ Und ist gestellet von den Engeln/ durch die Hand des Mitlers." Zum Anfang des Verses lesen wir folgende Randbemerkung Luthers: „Gott hat Abraham das Erbe/ das ist/ Gerechtigkeit und ewiges Leben aus gnade zugesagt/ was hillfft denn das Gesetz? Antwort. Das Gesetz offenbaret und mehret die sunde/ so es viel foddert/ das wir nicht vermögen. Und offenbaret sie darumb/ das wir erkennen/ das Gott aus gnaden gerecht mache/ wenn das Gesetz allein gnug were/ frum zu machen/ was dürften wir der verheissen gnade?" (Biblia [1545/1983], CCCLIX^r = WA Bibel 7, 181, 19ff) – Ganz zu Recht geht Luther in seiner Randbemerkung nur auf den von ihm so genannten „zweiten Gebrauch" des Gesetzes ein. Von ihm – und nur von ihm – ist an der Galaterbriefstelle die Rede. Im großen Galaterkommentar holt er jedoch weiter aus.

[7] WA 40/I, 479b, 17ff („Hier muss man wissen, dass der Gebrauch des Gesetzes zweifach ist. Der eine ist der bürgerliche [politische]. Gott hat bürgerliche [politische], vielmehr alle, Gesetze zu Zügelung von Überschreitungen angeordnet. Daher ist das ganze Gesetz zur Verhinderung von Sünden erlassen worden.")

Selbstrechtfertigung des Menschen. Auf die Selbstrechtfertigung und deren vergebliches Bemühen kommt Luther aber gleich anschließend zu sprechen: „Ergo lex, cum coheret peccata, iustificat? nihil minus. Quod enim non occido, non committo adulterium, furtum non facio, quod ab aliis peccatis abstineo, non volens aut virtutis amore facio, sed gladium et carnificem metuo.“[8] Die Todesstrafe wurde im 16.Jahrhundert (was Luther nicht kritisierte) viel häufiger angewandt als heute. – Der springende Punkt an der letzten Stelle ist freilich, dass das Gesetz zur Abschreckung von Untaten Furcht erregt und erregen soll: Sei es die Furcht vor der Todesstrafe, sei es vor anderen Strafen, sei es die Furcht vor der gesellschaftlichen Ächtung („Das ist gegen unsere Sitte!“), sei es auch die Furcht vor dem eigenen schlechten Gewissen.

Wie bei so vielen anderen Gelegenheiten will Luther auch hier den Versuch der Selbstrechtfertigung durch Befolgung des Gesetzes als vergeblich entlarven. Denn das Gesetz in seinem bürgerlichen Gebrauch verhindert ja nur die Übel, bewirkt aber nicht das Gute: „Ille ⟨scil. usus legis⟩ prohibet, Ut leonem aut ursum vinculae et catenae prohibent, ne quaeque obvia laniet. Ergo coherrio a peccatis non est iustitia, sed potius significatio iniustitiae.“[9] Luthers Argumentation erreicht hier ihre Spitze: Das Gesetz ist nicht nur kein Zeichen von Gerechtigkeit, sondern sogar das Anzeichen von Ungerechtigkeit! Dieser Gedanke ist keine Marotte der reformatorischen Theologie, sondern kann als allgemeine Einsicht gelten: Zu allen Zeiten können wir beobachten, dass Gutes und Rechtes am besten von selbst, ohne viel Aufhebens, und vor allem ohne staatliche und moralische Vorschriften getan wird. Das Auftreten von Gesetzeshütern und Moralpredigern zeigt hingegen an, dass das Rechte *nicht* getan wird. So argumentiert Paulus in Röm. 7,7: „Aber die Sünde erkannte ich nicht außer durchs Gesetz. Denn ich wusste nichts von der Begierde, wenn das Gesetz nicht gesagt hätte: ‚Du sollst nicht begehren.‘“ Außerhalb der christlich-theologischen Gesetzeslehre hat dies in ähnlicher Weise auch Laotse ausgesprochen.[10]

---

[8] WA 40/I, 479b, 19ff („Also rechtfertigt das Gesetz, wenn es die Sünden bändigt? Nichts weniger. Dass ich nämlich nicht töte, keinen Ehebruch begehe, nicht stehle, dass ich mich anderer Sünden enthalte, mache ich nicht willig oder aus Liebe zur Tugend, sondern ich fürchte das Schwert und den Henker.“)

[9] WA 40/I, 479b, 22ff („Jener ⟨Gebrauch des Gesetzes⟩ hindert, wie Fesseln und Ketten einen Löwen oder einen Bären hindern, dass er nicht das zerreißt, was sich ihm in den Weg stellt. Daher ist die Zügelung der Sünden nicht Gerechtigkeit, sondern eher die Bezeichnung der Ungerechtigkeit.“)

[10] Vgl. folgende Sprüche Laotses: „Wenn die Sechs Blutsverwandten nicht in Einklang leben, gibt es die ‚Kindes-Ehrerbietigkeit‘.“ (Laotse [1961], 43 [Kap. 18]) Laotse will sagen: Die Ehrfurcht der Kinder vor den Eltern wird erst verlangt und gelehrt, wenn der Einklang in der Familie nicht mehr vorhanden ist. Und: „Höchste Tugend weiß von der Tugend nicht; daher gibt es die Tugend.“ (67 [Kap. 38]) Also: Das Protzen mit Tugend, ja sogar schon das Augenmerk, das der Tugendhafte seiner eigenen Tugend zuwendet, zeigt den Verlust der Tugend an. Und es gilt: Gerade dort ist Tugend zu finden, wo sie sich von selbst versteht. Laotse kommt vom Hintergrund der chinesischen Kultur zu einer ähnlichen Gesetzeskritik wie Paulus!

Luther führt dann seine Bestimmung des primus usus legis noch weiter aus und fasst schließlich zusammen: „Primus ergo intellectus et usus legum est cohercere impios. Diabolus namque regnat in toto orbe terrarum et impellit homines ad omnia flagitia. Ideo Deus ordinavit Magistratus, Parentes, praeceptores, leges, vincula et omnes ordinationes civiles, ut si possint amplius, revinciant saltem diabolo manus, ne pro libidine sua saeviat etc."[11] – Durch die Erwähnung des Teufels bringt Luther eine Dimension des Gesetzes ins Spiel, die letztlich über jede menschliche Fassungskraft hinausgeht, gleichwohl sollen Eltern und Obrigkeit mit Hilfe des Gesetzes die Macht des Teufels eindämmen. Luther verbreitet sich über die Teufelsherrschaft in der Welt und folgert daraus die Wichtigkeit ihrer Bekämpfung durch den politischen Gebrauch des Gesetzes. Dabei räumt er ausdrücklich ein, dass Paulus im Galaterbrief diesen Gebrauch des Gesetzes nicht behandelt.[12] Luthers Meinung wird jedoch gewesen sein, dass dieser usus legis mit Paulus' Gesetzesverständnis im allgemeinen und seinem Verständnis der Obrigkeit in Röm. 13, 1–7 übereinstimme; außerdem ist dieser Gebrauch ja nun wirklich der gewöhnliche und daher „erste" Gebrauch des Gesetzes, den Luther auch sonst anhand des biblischen, natürlichen und weltlichen Gesetzes zu demonstrieren pflegt.

Dreimal betont Luther an unserer Stelle die *Besessenheit* der sündigen Menschen durch den Teufel.[13] Luthers Vorstellung vom Teufel ist nun, wie im 7. Kapitel zu besprechen sein wird, eine seiner dunklen Seiten! Weit über das Maß seiner biblischen Erwähnung kommt der Teufel auf so mancher Seite von Luthers Schriften vor. – Bedenken wir die Gefährlichkeit einer solchen Vorstellung: Sie erlaubt das Vorgehen gegen Menschen allein aus theologischen, genauer: satanologischen, nicht bloß strafrechtlichen Gründen, denn wegen eines (angeblichen) Kontaktes mit dem Teufel wurden Menschen getötet, um damit den Teufel zu bekämpfen, nicht auf Grund ihrer wirklichen oder vermeintlichen Untaten!

Was sollen wir an dieser und an manchen anderen Stellen mit Luthers Hinweisen auf den *Teufel* anfangen? Ich werde in Kapitel 7 versuchen, ein wenig auf diese schwierige Frage einzugehen ...

Luthers irrationale Absicht, mit dem ersten Gebrauch des Gesetzes den Teufel zu bekämpfen, ist jedenfalls von seiner rationalen Absicht zu unterscheiden, das Gesetz einfach und direkt zur Ordnung des Zusammenlebens einzusetzen. Damals wie heute sind geschriebene und ungeschriebene Regeln notwendig, wenn eine Gemeinschaft bestehen will. Daraus ergibt sich

---

[11] WA 40/I, 479b, 30ff („Der erste Verstand und Gebrauch der Gesetze besteht also in der Zügelung der Gottlosen. Der Teufel nämlich herrscht auf dem ganzen Erdkreis und treibt die Menschen zu allen möglichen Schandtaten an. Deshalb hat Gott Obrigkeiten, Eltern, Lehrer, Gesetze, Fesseln und alle öffentlichen Einrichtungen angeordnet, damit sie, soweit sie es vermögen, dem Teufel immerhin die Hände binden damit er nicht nach Lust und Laune wüte.")

[12] „Illum civilem usum Paulus hic non tractat ..." (WA, 40/I, 480b, 25f) [„Diesen bürgerlichen Gebrauch behandelt Paulus hier nicht ..."].

[13] WA 40/I, 480b, 18, und 30.

aber auch die Notwendigkeit, Maßnahmen zur Einhaltung der Gesetze, d.h.zur Eindämmung und Verhinderung von Straftaten abzuwenden, die mit einer legitimierten Gewaltausübung von Obrigkeit, Staat oder Polizei verbunden sein müssen. – Dies ist der „erste Gebrauch des Gesetzes".

4.2. *Der zweite Gebrauch des Gesetzes (usus theologicus)*

Sodann kommt Luther auf den *zweiten Gebrauch des Gesetzes* zu sprechen: „Alter legis usus est Theologicus seu Spiritualis, qui valet ad augendas transgressiones. Et is maxime quaeritur in lege Mosi, ut per eam crescat et multiplicetur peccatum, praesertim in conscientia. De hoc Paulus magnifice disputat ad Roma. 7. Itaque verum officium et principalis ac proprius usus legis est, quod revelat homini suum peccatum, caecitatem, miseriam, impietatem, ignorantiam, odium, contemptum Dei, mortem, infernum, iudicium et commeritam iram apud Deum."[14] – Luther kann sich im 7. Kapitel des Römerbriefes etwa auf die Sätze in Vers 7 berufen: „Aber die Sünde erkannte ich nicht außer durchs Gesetz. Denn ich wusste nichts von der Begierde, wenn das Gesetz nicht gesagt hätte: ‚Du sollst nicht begehren!'".

Wieder – wie beim ersten Gebrauch: Das *ganze* Gesetz wird so gebraucht! Ein Weiteres verbindet die beiden usus: Beide zeigen Sünde, Übertretung und Ungerechtigkeit auf. Im Unterschied zum ersten Gebrauch führt der zweite Gebrauch jedoch energisch von der Sünde weg: Er dient nicht zum Abstrafen, wodurch die Übeltäter bei ihrer Übeltat behaftet werden, sondern er will Einsicht in das verfehlte Handeln bringen und damit von der Übeltat befreien. Das tut er, indem er das Evangelium vorbereitet, ja der zweite Gebrauch des Gesetzes ist sogar bereits auf das Evangelium bezogen: Niemand kann eine Sündeneinsicht durch das Gesetz gewinnen, ohne nach der Gnade zu verlangen.

„Theologisch" ist dieser usus legis, weil er in die Überlegungen und in die Verkündigung der Theologen hineingehört. Dieser usus legis geschieht *non vi, sed verbo* (nicht mit Gewalt, sondern mit dem Wort). Während nämlich der erste Gebrauch *machtvollen* Institutionen anvertraut ist: Obrigkeiten, Richtern, Polizeiorganen (auch das Elternamt ist machtvoll – allein schon die Hilflosigkeit kleiner Kinder erfordert einen machtvollen Schutz – für Luther gibt es sogar weit mehr patriarchalische Befugnisse der Eltern als heute), ist der zweite Gebrauch der *Überzeugungsarbeit, Demonstration,*

---

[14] WA 40/I, 480b, 32–481b, 16 („Der andere Gebrauch des Gesetzes ist der theologische bzw. geistliche, der zur Vermehrung der Übertretungen dient. Dieser wird vor allem am Gesetz des Moses erhoben, damit durch es die Sünde wachse und vermehrt werde, zumal im Gewissen. Darüber disputiert großartig Paulus im 7. Kapitel des Römerbriefes. Und so ist die wahre Aufgabe und der erste und eigentliche Gebrauch des Gesetzes, dass es dem Menschen seine Sünde, Blindheit, Elend, Gottlosigkeit, Unwissen, Hass, Gottesverachtung, Tod, Hölle, Gericht und den verdienten Zorn bei Gott enthüllt.")

kurz: dem Wort anvertraut. Mit Machtentfaltung, auch wenn sie noch so gerecht ist, kann kaum jemand zur Einsicht gebracht werden; er wird vielmehr versuchen, sich gegen sie zu wehren. Besinnung, Abstandnehmen vom Bösen geschieht nur aus Einsicht, die im Gespräch bewirkt wird, durch Vorhaltungen, Zureden, durch gedankliche Auseinandersetzung.

Im Sinne einer Vergegenwärtigung der *ethischen Reflexion* Luthers ist zu sagen: Nicht nur Theologen/innen, denen die Unterscheidung der beiden usus legis in öffentlicher Rede zukommt, sondern alle Christen/innen müssen sich nach den ethischen Dimensionen der Gesetzlichkeit fragen. Gegenüber meinen Mitmenschen muss ich unterscheiden: Fordere ich meine Rechte ein (eventuell mit den zur Verfügung stehenden Druckmitteln, z. B. unter Anrufung von Gerichten – das erlaubt der *primus usus legis*), oder setze ich auf Besinnung, indem ich den betreffenden Mitmenschen meine Rechte und Ansprüche erkläre, nahe bringe, und auf ihre Einsicht hoffe: Dies wäre eine Variante des usus theologicus legis, insofern ich „non vi, sed verbo" vorgehe, meine Mitmenschen entweder auf ihr Christsein anspreche oder aber ihnen ihr falsches Verhalten aufzeige und sie dadurch auf Einsicht, Besinnung und Besserung hinlenke.[15]

Im öffentlichen Leben kann der zweifache Gebrauch des Gesetzes in der Weise wirksam werden, dass ich entweder auf Information, Aufklärung, Diskussionsprozesse setze (und den usus theologicus legis ähnlich dem, was eben gesagt wurde, verwende), oder als Verantwortlicher (und sei es bloß als einzelnes Mitglied einer demokratischen Gesellschaft) ein hartes Durchgreifen, Strafen – bis hin zu kriegerischen Maßnahmen – fordere (usus politicus legis). – Und wie ist es mir selbst gegenüber? Auch hier kann ich Gesetze bloß als äußerliche Maßnahmen bzw. Einschränkungen meiner Willkür auffassen, oder ich kann sie – vor allem die moralischen Gesetze – als mich mahnende und zu Recht tadelnde Worte sehen. In der Selbstbeurteilung ist aber der Übergang vom ersten zum zweiten usus legis fließend: Sehe ich die mich verurteilenden Gesetze als gerecht an, so zeige ich bereits Einsicht im Sinne des Überführt-worden-Seins durch den zweiten (theologischen) Gebrauch des Gesetzes. Lehne ich solche Gesetze aber ab, werde ich ihre Anwendung auf mich auch nicht im ersten Gebrauch des Gesetzes bejahen, sondern als Unrecht anprangern. Hier kann dann nur die Glaubenseinsicht etwas bewirken: Ich werde darüber nachdenken müssen, dass ich einzig und allein in Übereinstimmung mit Gott im Glauben, recht sein und recht handeln kann, und das heißt, dass ich Sündenvergebung nötig habe. Daher gilt: Der theologische Gebrauch des Gesetzes führt auf das Evangelium.

Kehren wir noch einmal in den Kontext der zuletzt zitierten Stelle aus Luthers Galater-Kommentar zurück: Am letzten Zitat sehen wir, dass es sich bei Luthers Ethik sowohl um eine Moraltheorie als auch um eine *Le-*

---

[15] Der usus theologicus legis heißt unter den Reformatoren bei Gelegenheit ja auch häufig usus elenchthicus (von griechisch „elenchein" überführen, widerlegen), da er den Menschen seiner Sünde überführt.

*bens*theorie handelt. Der theologische Gebrauch des Gesetzes „enthüllt" nicht bloß unsere Sünde, sondern auch unsere „Blindheit, Elend, ..., Unwissen". Ohne Evangelium sind wir nicht nur der Sünde ausgeliefert, sondern unser *Leben verläuft falsch.* Luther geht sogar noch einen Schritt weiter und sagt: Ohne Evangelium sind wir gar nicht mehr im Leben, sondern bereits im Tod, in der Unterwelt, im Gericht (und das bedeutet hier wohl Verurteilung) und unter dem Zorn Gottes. Das falsche Leben besteht in der Gottesferne – was Luther sogar noch viel kräftiger als ich „Gotteshass" und „Gottesverachtung" nennt.[16] – Umgekehrt können wir ermessen, was das Evangelium als Befreiung von der Sünde bewirkt: Einsicht, Freude, Glück, Gottverbundenheit und insgesamt überhaupt Leben, oder, wie sich aus dem „reformatorischen Erlebnis" Luthers ergibt: Wirken, Kraft, Weisheit, Macht, Heil und Ruhm.[17]

Zusammenfassend: Primär (und damit ist der *zweite* Gebrauch des Gesetzes gemeint) weist das Gesetz für die Einsichtigen immer auf unsere Ungesetzlichkeit und Gottesferne hin: auf Ungerechtigkeit, Sünde, Elend, Gottlosigkeit, Tod. Dies sollte alle Menschen zum *richtigen Leben*, das aus dem Glauben entspringt, führen. Doch nicht alle tun Buße. Das private und gesellschaftliche Leben ist immer noch von sündigen Absichten durchherrscht (die sich Luther letztlich nur mithilfe des Teufels erklären kann), ohne dass man ein Ende absieht. Daher ist stets und immer noch der erste Gebrauch des Gesetzes von Nöten und kommt das *negativ erfahrene Gesetz* im *negativen Leben* zu einem *positiven Gebrauch*: es dämmt die Bosheit ein, setzt den unheilvollen Aktionen Grenzen, schreckt vor Untaten ab und straft die Übeltäter.

Luthers Weltsicht mutet uns manchmal recht düster an. „Welt" verstand Luther oft im johanneischen und paulinischen Sinn als den gottfernen, ja gottfeindlichen Bereich. Von der Politik erwartete er keine Verwirklichung von „Zukunftsvisionen", sondern die Verhinderung von Übeln und Bosheit. Dies ist vielleicht aber nicht so sehr als „Pessimismus", sondern als politischer Realismus zu verstehen. Visionen und Utopien in der Politik sind schon oft in grausame Ideologien umgeschlagen. An Folgendem merken wir etwas von Luthers Realismus: Das Gesetz will er zuerst politisch, bürgerlich, kurz: ganz im Alltagsverständnis des Wortes angewendet wissen. Aber dies ist nicht bloß weltlich, sondern auch theologisch von Bedeutung: Der usus civilis legis ist aus Luthers Erkenntnis ja von Gott angeordnet, Gott hat sogar bestimmte Personengruppen: Obrigkeiten, Richter, Eltern, Lehrer mit diesem Gebrauch beauftragt. Dies weist auf das „Weltreich" in Luthers Lehre von den beiden Reichen, aber auch auf den Beruf im „status politicus" gemäß Luthers Stände- bzw. Berufslehre voraus, die in den Kapiteln 9–12 abzuhandeln sind.

---

[16] Für Luther sind freilich „impietas" (Gottlosigkeit) und „ignorantia Dei" (Unkenntnis Gottes) genau so ungeheuerlich wie „odium" (Hass) und „contemptus" (Verachtung) Gottes.
[17] WA 54, 186, 9ff.

5. Ethik aus dem Glauben[1]

In der Einleitung habe ich von mehreren Grundüberzeugungen der Ethik Luthers gesprochen. Die Bibel als Grundlage der Ethik Luthers war bereits im 1. Kapitel präsent. Wir dürfen von Luther erwarten, dass sich seine Ethik durchgehend an der Bibel orientiert, und zwar in der Weise des Zitierens, Meditierens und Exegesierens. Da ich auf die Bibel und auf Luther als Bibelausleger ständig zurückkommen werde, brauche ich kein eigenes Kapitel „Ethik aus der Bibel" vorzulegen. In der Einleitung habe ich weiters die Grundüberzeugung von Luthers Ethik, die durch Gott geschehende Rechtfertigung müsse Ausgangspunkt der Ethik sein und sie werde in der Rechtfertigungslehre entfaltet, genannt. Davon war im 2. Kapitel die Rede, von Gesetz und Evangelium im 3. und 4. Kapitel.

Im jetzigen Kapitel möchte ich diskutieren, wie der Mensch der Offenbarung Gottes in Gesetz und Evangelium glaubt, vor allem aber durch den Glauben an die Rechtfertigung in der Botschaft des Evangeliums an der Gerechtigkeit, Kraft, Tugend, Weisheit und Macht Gottes Anteil gewinnt wird. Dadurch wird sein Wille zum Tun des Rechten motiviert. Die daraus sich ableitende Ethik des Reformators werde ich beispielhaft anhand von Zitaten aus seiner Schrift „Von den guten Werken", 1520, als *Ethik des Glaubens"* darstellen. Wir werden sehen, dass hier auch die anderen Grundüberzeugungen des Reformators eingreifen und einander stützen. Auch die Methode der Meditation greift ein, weil der Glaube aus der Meditation hervorgeht bzw. selber Inhalt der Meditation ist.

5.1. Glaube und neuzeitliche Subjektivität

Der objektiv geschehenden Rechtfertigung durch Gott gebührt der Vorrang vor einem bloß subjektiv im Willen des Menschen vorhandenen Glauben, aber indem sie objektiv geschieht, ist sie sogleich in vollem Ausmaß auch subjektiv im Glauben präsent. Hat der Neuprotestantismus Recht, wenn er sich auf die Seite der Subjektivität stellte und Luther als modernen Men-

---

[1] Allgemeine Literatur zu diesem Thema: K. Barth (1953); Bayer (1980); Beintker (1986); Bläser (1953); Bring (1955); Buuck (1950); Dettmar (1987); Ebeling (1984); Göbel (1993); Hacker (1966 u. 2002); Holl (1918/1948); Huovinen (1997); Joest (1968); Jüngel (1981); Krumwiede (1952 u. 1983); Lage (1990); Loewenich (1928); B. Lohse (1958); Mannermaa (1989); Marsch (1974); Merk (1968); Olivier (1982); Pesch (1982 u. 1983); Reinhuber (200); Scharffenorth (1982); Seils (1962); Ulrich (Hg.) (1990); Wald (1993); Weber/Mieth (Hg.) (1980); Wertelius (1970); Wiebering (1981)

schen interpretierte, einen Heros der religiösen (und politischen) Freiheit,
der die Religion auf den Fähigkeiten des menschlichen Subjekts neu gegründet habe? – Der neuprotestantischen Ansicht möchte ich nicht beipflichten, gleichwohl aber davon ausgehen, dass die Subjektivität des Glaubens bei Luther eine große – obzwar nicht die erste und einzige – Rolle
spielt. Dazu müssen wir seinen Glaubensbegriff genauer ins Auge fassen.

In der Bezugnahme auf den Glaubensbegriff sind zwei Fehler zu vermeiden, die selbstverständlich nicht im Bereich des Luthertums, aber unter
dem Einfluss des Säkularismus und sogar in Randbereichen des Christentums öfters gemacht werden: a) Glauben als das Festhalten an Dogmen zu
verstehen, b) nur überhaupt irgendeinen Inhalt als Gegenstand des Glaubens zu setzen. Die erste Form des Glaubens macht den Willen des einzelnen menschlichen Subjekts zum bloßen Befehlsempfänger, die zweite macht
ihn zur Willkür. Die erste trägt nicht dem allmählich sich entwickelten kritischen Bewusstsein Rechnung, wie es zur Zeit der Reformation als Renais-
sance-Humanismus Gestalt annahm und sich später in der Aufklärung wei-
terentwickelte, die zweite stürzt das Bewusstsein in eine grundlegende Unsicherheit, ja Verzweiflung (Was soll ich überhaupt glauben?), sodass es
wie der Ertrinkende nach jedem Strohhalm greift, und demjenigen anhängt,
der ihm nur irgendeinen Glauben anbietet. Nicht ohne Grund hatte der Fa-
schismus Erfolg darin, den Leuten „wieder einen Glauben" zu geben. In
diesem Sinne konnte Leni Riefenstahl ihre Verfilmung des Reichsspartei-
tages der NSDAP 1933 in Nürnberg „Sieg des Glaubens" benennen.

In der beginnenden Neuzeit, auch bei Luther, tritt zwar in der Tat die
Bedeutung des menschlichen Subjekts hervor, bei Luther jedoch nicht mit
der Intention, dass das Wollen des Menschen seine Religiosität oder Irreli-
giosität begründen können (dies blieb erst dem Anthropozentrismus der
Moderne vorbehalten), sondern, dass dieses Wollen im Glauben reformiert
werde und seinen wahren Inhalt bekomme.[2]

Gerhard Ebeling verweist – ganz in Übereinstimmung mit Luther – auf

---

[2] Paul Hacker (2002) setzt sich in großer Sachkenntnis und Leidenschaft mit Luther auseinander und von ihm ab. Bei Luther will er den „Ursprung der anthropozentrischen Religion"
geortet haben. Meines Erachtens unterscheidet er aber nicht genau genug zwischen dem modernen Menschen (=Anthropos), der alle Inhalte der Religion auf sich als das Zentrum beziehen, ja um sich her begründen will, und Luther, der die Notwendigkeit des Glaubens für den
Menschen und des Glaubens des Menschen erkannt hat. Interessanter Weise wirft Luther ja
der mittelalterlichen Kirche ein menschlich-allzumenschliches Verhalten vor, weil sie ihre
„Menschenfündlein" dem Glauben auferlegt, nämlich Dogmen, Riten und Gesetze, die nicht in
der Bibel begründet sind. Deshalb wurde Luther Reformator des Glaubens und der Kirche.
Hackers zeigt denn auch bezeichnender Weise kein Interesse an der Kirchenreform und -er-
neuerung in seiner Gegenwart, sodass er tendenziell vor das 2. Vatikanische Konzil zurück-
kehrt. – Dazu O. H. Pesch: „Der Glaube als unbedingt vertrauende Hingabe an Gott ist unver-
tretbar. Damit hat Luther in der Tat, wie Paul Hacker meint auf dem Gebiet der Theologie das
philosophische Gewißheitsproblem des Descartes vorweggenommen, und insofern ist Luther
der ‚Theologe der Neuzeit', der die Frage des einzelnen Menschen nach sich selbst zum
Schicksal geworden ist." (Pesch [1982], 102).

den Einzelnen als „Subjekt des Glaubens" und schreibt: „Das Gewicht, das dem Glauben zukommt, hebt in außerordentlicher Weise den einzelnen Glaubenden heraus. Er selbst hat zu glauben und kann sich darin nicht vertreten lassen. Er selbst hat auch zu sagen: credo."[3] Würde man einen solchen Glauben anthropozentrisch auffassen, erhielte man den Glauben des Menschen an sich selbst, eine in der säkularisierten Gegenwart gepflegte Haltung, die jedoch Luther schlechthin ein Gräuel gewesen wäre. Wenn Luther den Schöpfungsglauben im Kleinen Katechismus, wie folgt, auslegt: „Ich gläube, daß mich Gott geschaffen hat sampt allen Kreaturen, mir Leib und Seel, Augen Ohren und alle Gelieder, Vernunft und alle Sinne gegeben hat und noch erhält . . ."[4], wird zwar das Interesse des Subjekts Mensch an seiner individuellen Existenz sichtbar, dasselbe Subjekt gibt damit aber gleichzeitig bekannt, dass es sich nicht „anthropozentrisch" auf sich selber bezieht, sondern auf Gott. Der Mensch kann nämlich gerade in seinem höchst geschärften Bewusstsein von sich selbst darauf aufmerksam werden, dass er weder als Einzelner sich selbst genügt, noch als Menschheit die ultima ratio ist, sondern über sich hinausweist, sich selber „transzendiert". Ebeling konstatiert bereits am Leben als solchen eine Selbsttranszendenz in der Weise, „daß der Mensch sich selber problematisch wird; vor allem aber auch darin, daß er genötigt ist, das Leben in seinem Gegeben- und Aufgegebensein auf das hin zu transzendieren, was ihm Grund, Sinn, Ziel, Identität, Freiheit, Wahrheit verleiht, oder wie immer sonst man diesen Überstieg des Lebens über sich hinaus inhaltlich bestimmen mag."[5] Dieser „Überstieg" tritt bei Luther als der subjektive Glaube an das individuelle Geschaffen- und Erhaltenwerden durch Gott auf.

Wollte man Luther als „Anthropozentrismus" ankreiden, dass er sagt „Ich glaube, dass *mich* Gott geschaffen hat", dann müsste man dasselbe am „Ich glaube" des Apostolischen Glaubensbekenntnisses kritisieren. Luther dehnt nur das Ich des Glaubens auf das Bekenntnis des Geschaffenseins aus, wie er ja überhaupt ganz absichtsvoll zum subjektiv-persönlichen Glauben anleiten wollte.

Den Subjektivismus Luthers wird man in der mittelalterlichen Kirche zwar nicht finden – jedoch einen anders gearteten: Diese Kirche gerierte sich zwar durch ihre Dogmen, ihr logisch durchstrukturiertes scholastisches System und ihre Sakramente als objektive religiöse Heilsanstalt. Damit hatte sie aber in Wahrheit Gott vereinnahmt, d. h. einem objektivistisch getarnten Subjektivismus unterworfen. Nirgends wurde dieser so handgreiflich wie an den höchst subjektiven finanziellen Interessen das Papstes und der Kirchenfürsten, die jenen Ablasshandel betrieben, der bekanntlich unmittelbar die reformatorische Kirchenkritik auslöste. Die humanistische

---

[3] Ebeling (1979) Bd. 1, 82f.
[4] Bekenntnisschriften ([10]1986) 510.
[5] Ebeling (1979) Bd. 1, 108.

und reformatorische Kirchenkritik hatte nämlich längst hinter die objektivistische Fassade geschaut.

Der in der mittelalterlichen Kirche (wenn auch schlecht) verborgene Subjektivismus, der der Religion abträglich war, wurde durch die Reformation gleichsam ans Licht gezerrt, in positiver Weise benutzt und für die Erneuerung des Christentums fruchtbar gemacht. Individuelle und kollektive Subjekte (Reformatoren, Prediger, Gemeinden, Fürsten, Stadtregierungen) ergriffen die Initiative – nicht um die Religion neu zu begründen, sondern um sie neu zu verstehen, vor allem aber um auf das Wort Gottes zu hören, dieses Wort zu predigen und Kirche und Religion ihm entsprechend zu reformieren. Das Hören und das dazugehörige Reformieren geschahen aus dem *Glauben*. Glauben ist daher die passendste Bezeichnung für die religiöse Motivation der handelnden Subjekte. Der Glaube bildet ihren Willen, und in der Reflexion auf den Glauben ergibt sich, was getan werden muss.

Im Glauben kommt es nun zu einer Aufwertung und größeren Bewusstheit der Subjekte (genauer: zum Selbstbewusstsein dieser Subjekte), und zu einer Neuformierung ihres Willens, aber es kommt nicht zum Anthropozentrismus der späteren Neuzeit (Moderne). Der Glaubende weiß sich von Gott gerufen, vor Gott verantwortlich und in Beziehung zu Gott gesetzt. Der wesentlichste Unterschied zwischen dem frühneuzeitlichen und dem modernen Selbstbewusstsein ist wohl, dass sich das frühneuzeitliche Selbstbewusstsein von *Sünde* gekennzeichnet, und daher der Vergebung bedürftig und auf Gott angewiesen weiß, während das moderne Selbstbewusstsein den Sündenbegriff nahezu abgeschafft hat – jedenfalls aber nicht mehr mit reformatorischer Selbstkritik auf sich bezieht.

5.2. Das Werk des Glaubens

Es ist erstaunlich, dass Luther gerade in einer Schrift über die guten Werke den Glauben würdigt, bilden Glauben und Werke doch für gewöhnlich *den* großen Gegensatz in der Theologie Luthers. Aber am besten gewöhnen wir uns bei der Lektüre Luthers jedoch ab, hören zu wollen, was wir erwarten, hören zu müssen. Hören wir lieber den Reformator selber mit einigen Sätzen aus dem Beginn seines „Büchleins" „Von den guten Werken":

„Czum ersten ist zuwissen, das kein gutte werck sein, dan allein die got gebotenn hat, gleich wie kein sund ist, dann allein die got verboten hat. Darumb, wer gute werck wissen und thun wil, der darff nichts anders dan gottis gebot wissen. Also spricht Christus Mt. XIX. ⟨17⟩ ‚wiltu selig werden, szo halt die gebot'."[6] Und: „Das erste und hochste, aller edlist gut werck ist der glaube in Christum, wie er saget Johan. VI. da die Juden yn fragten ‚was

---

[6] WA 6, 204, 13–18.

sollen wir thun, das wir gut gotlich werck thun?' antwortet er ‚das ist das gotlich gut werck, das yr in den glaubt, den er gesandt hat'.“[7]

Die Frage Christi „Willst du selig werden?“ fragt nach dem Willen des Menschen; die Antwort gibt ihm die Erfüllung der Gebote als Ziel an. Luther nennt sodann den Glauben an Gott und Christus in ihrer Einheit als Inhalt dessen, was wir wollen sollen, und das sollte nach seinem Verständnis unseren eigenen Zielen entsprechen, da ja unser Wollen ganz von selber auf unser Wohl (unsere Seligkeit) gerichtet ist.

In Luthers Worten ist Kritik an den von der mittelalterlichen Kirche neu erdachten religiös-verdienstlichen Werken enthalten. Freilich hat Gott Werke geboten. Luther aber findet, dass sich solche Werke ausschließlich an den zehn Geboten Gottes zu orientieren haben. So sehr der Reformator stets als Kritiker der (religiös-kirchlichen) „guten Werke“ auftritt, die im Sinn mittelalterlicher Theologie dazu bestimmt gewesen sind, dass der Mensch „gut“ werde (nämlich im absoluten Sinn, d. h. vor Gott), so wenig will er sich den Begriff der „guten Werke“ entwinden lassen. In unserem Zitat geht es um das „Werk“ des 1. Gebotes: Dies ist der Glaube – wobei Luther den Glauben an Christus, wie wir sehen, als Präzisierung des 1. Gebotes innerhalb des Christentums auffasst.

Das Werk des 1. Gebots bedeutet an dieser Stelle Annahme des Wirkens Christi in uns. Wie? Ist also der Glaube ein verdienstvolles Werk und eine Leistung, durch die wir uns ganz oder teilweise selbst gut machen können (dem Sola-gratia-Prinzip widersprechend)?[8] Ist Luther auf der Höhe seiner reformatorischen Aktivität und am Beginn einer prominenten Schrift ein derartig peinlicher Lapsus unterlaufen? Aber auch in der Schrift „Von der Freiheit eines Christenmenschen“ aus demselben Jahr 1520 nennt Luther den Glauben ausdrücklich ein Werk: „Darumb solt das billich aller Christen eynigs werck und uebung seyn, das sie das wort und Christum wol ynn sich bildeten, solchen glauben stetig ubeten und sterckten. Denn keyn ander werck mag eynen Christen machen.“[9] (Kurz darauf kontrastiert aber Luther auch wieder Glauben und Werke: „Wie gaht es aber zu, das der glaub allein mag frum machen, und on alle werck ⟨Plural!⟩ ßo ueberschwencklich reychtumb geben ...?“[10])

Glaube als Werk muss an beiden zitierten Stellen etwas anderes bedeu-

---

[7] WA 6, 204, 25–28

[8] Glaube als Werk – dies widerspricht der Hauptlinie lutherischer Theologie, jedoch nicht der Theologie Luthers selber! Paul Althaus in seiner „Theologie Martin Luthers“ ([2]1963, 203) zitiert Luther mit den Worten: „So ist der Glaube ‚das Werk des Ersten Gebotes'“, setzt jedoch hinzu: „In dem ‚Sermon von den guten Werken', wo Luther die rechte Erfüllung aller Zehn Gebote darlegt, gebraucht er diese Formel. Aber er hat sie doch später in der Theologie nicht gern gehört.“ In seiner „Ethik Martin Luthers“, (Althaus [1965], 24) sagt Althaus jedoch weniger einschränkend und meines Erachtens zutreffender: „Das Üben des Glaubens in der Praxis des Lebens hat bei Luther den Doppelsinn von Ausübung und Einübung.“

[9] WA 7, 23, 7–9.

[10] WA 7, 23, 24f.

ten, als das Bewirken des Gutseins (oder die Grundlegung des Gutseins) seiner selbst. Sowohl im Mittelalter als auch heute wieder bedeutet „Glauben" eine Anstrengung, die man kaum erbringen kann: im Mittelalter und beim Luther der Klosterjahre die Anstrengung, Gott, den strengen Richter, zu lieben, in der späten Neuzeit, trotz aller Zweifel und Einwände der Wissenschaft und Religionskritik am vorgegebenen Glaubensbekenntnis festzuhalten; durch die ganze Kirchengeschichte hindurch wird Glauben immer wieder entgegen der Lehre Jesu, Paulus' und auch Luthers mit der falschen Bedeutung „Dogmen anzunehmen" verwendet.

Lesen wir in Luthers „Von den guten Werken" weiter, dann finden wir folgende Definition des „Glaubenswerkes": „Sich ⟨siehe⟩, das ist das werck des ersten gebots, da geboten ist ‚Du solt nit andere gotter haben', das ist szo vil gesagt ‚dieweil ich allein got bin, soltu zu mir allein dein gantze zuvorsicht ⟨zuversicht⟩, traw ⟨vertrauen⟩ unnd glauben setzen, und auff niemandt anders'."[11] Das „Werk" des 1. Gebots ist also: a) ein Nicht-Haben (nicht andere Götter haben), b) Zuversicht, Trauen und Glauben. Das Nicht-Haben ist zugleich ein Nicht-Tun, ein Nicht-Werk: Wenn wir keine anderen Götter haben, brauchen wir sie nicht verehren, keinen Kult für sie veranstalten. Zuversicht, Trauen und Glauben sind keine rituellen oder sonstigen „Werke"; man könnte sie höchstens als psychische Tätigkeiten und unter Anführungsstrichen als „Werke" bezeichnen, nämlich als derartige Werke, bei denen man sich nicht anstrengen muss, ganz im Gegensatz zur „Glaubensanstrengung", die Dogmen zu akzeptieren – eine Anstrengung, die Luther unterlaufen will.

Luthers Gedanken können so erschlossen werden: Wenn wir zuversichtlich sind, darauf vertrauen und glauben, dass morgen wieder die Sonne aufgehen wird, die gewohnte Umgebung und die gewohnten Menschen um uns sein werden, dann um so mehr, dass Gott weiterhin Schöpfer und Erlöser sein und alles zum Besten kehren wird. Glauben ist also nicht Dogmenbejahung, sondern Zuversicht („zuvorsicht") und Vertrauen („traw") auf Gott, wenn aber Zuversicht, dann auch theoretische Tätigkeit: Zusehen, Hinsehen, Einsicht, Beachten – also dasjenige, was wir sowohl in dogmatischen als auch in ethischen Belangen brauchen: Überlegen und Reflektieren. Worauf reflektieren wir im Glauben? Auf Gott und sein uns vorgängiges Wirken, das sich sodann in unserem Glauben reflektiert.

Weil aber der Glaube gar nichts anderes wirkt, als dass er das Wirken Gottes reflektiert, nämlich in Tätigkeit, konnte Luther zwei Jahre nach „Von den guten Werken", also 1522, in der Vorrede zur Übersetzung der Römerbriefs den Glauben „ein göttliches Werk in uns" nennen:

„GLaube ist nicht der menschliche wahn und trawm/ den etliche fur glauben halten. Und wenn sie sehen/ das keine besserung des Lebens noch gute werck folgen/ und doch vom glauben viel hören und reden können/

---

[11] WA 6, 209, 24–27.

fallen sie in den irthum/ und sprechen/ Der glaube sey nicht gnug/ Man müsse werck thun/ sol man frum und selig werden. Das macht wenn sie das Evangelium hören/ so fallen sie daher/ und machen inen aus eigen krefften einen gedancken/ im hertzen/ der spricht/ Ich gleube/ das halten sie denn fur einen rechten glauben. Aber wie es ein menschlich geticht und gedancken ist/ den des hertzen grund nimer erferet/ Also thut er auch nichts/ und folget keine besserung hernach. ABer Glaube ist ein Göttlich werck in uns/ das uns wandelt und new gebirt aus Gott/ Joha. I. ⟨Joh. 1, 13⟩ Und tödtet den alten Adam/ machet uns gantz ander Menschen von hertzen/ mut/ sinn/ und allen krefften/ und bringet den heiligen Geist mit sich. O es ist ein lebendig/ schefftig ⟨geschäftig⟩/ thettig/ mechtig ding umb den glauben/ Das ummüglich ist/ das er nicht on unterlas solte guts wircken. Er fraget auch nicht/ ob gute werck zu tun sind/ sondern ehe man fraget/ hat er sie gethan/ und ist imer im thun.“[12]

Wenn Luther den Glauben ein „göttlich Werk in uns“ nennt, könnten wir ihn als ein Wirken Gottes in uns begreifen, und wir hätten Recht damit: ohne das Sein und Wirken Gottes kein Glaube! Luther redet aber nicht vom „Werk Gottes in uns“, sondern vom „göttlichen Werk in uns“. Was bedeutet dieser feine Unterschied? Ist das Göttliche in einem Adjektiv dem „Werk“ zugeordnet, dann bilden beide die Einheit genannt „Glaube“, in der der Glaubende „neu aus Gott geboren“ ist und daher völlig mit Gott übereinstimmt.[13] Glaube als „Werk Gottes in uns“ geht von Gott aus – das Augenmerk ist auf den Bewirker des Glaubens gerichtet; Glaube als „göttliches Werk in uns“ ist aber bereits bei uns angekommen – das Augenmerk liegt auf der Aktivität des Glaubens des Glaubenden. Luther nimmt somit seine oben zitierte Formulierung aus dem Jahre 1520, der Glaube sei das Werk des ersten Gebotes, nicht zurück, ja in den zuletzt zitierten Sätzen aus 1522 betont er sein Aktiv-Sein sogar ganz besonders.

Die Aktivität des Glaubens darf uns freilich nicht dazu verleiten, den Glauben einseitiger Weise als aktiv zu betrachten; seine Passivität ist ebenso wichtig: dass er nämlich von Gott mittels der Berührung durch das Evangelium empfangen wird. Kurz: Der Glaube ist passive Aktivität und aktive Passivität.

Den Unterschied von Glauben als Werk Gottes und göttlichem Werk unseres Glaubens kann man sich auch als das dialektische Verhältnis von

---

[12] Luther, in: Biblia (1545/1983), CCCXXXII^r (= WA Bibel 7, 8, 30ff) – Die Vorrede zum Römerbrief schrieb Luther bereits bei der Übersetzung des Neuen Testaments von 1522. (Siehe: Bornkamm [1967], 143).

[13] Hierbei ist nun allerdings Luthers Prinzip „simul iustus et peccator“ („gerecht und Sünder zugleich“) zu berücksichtigen (siehe z.B.: Gogarten [1967], 20ff; Hermann [1960]; Papapetrou [1972]; Pesch: Hinführung [1982], 189ff; Schneider/Wenz [2001]): Das Geschöpf kann im irdischen Leben nicht endgültig zum gottförmigen Menschen, also Christus gleich, werden, sondern seine Gerechtigkeit bleibt außerhalb seiner in Christus: Nicht der glaubende Mensch, sonder der in ihm lebende Christus ist der Gottförmige, gemäß der Erkenntnis von Paulus: „Ich lebe, doch nun nicht ich, sondern Christus lebt in mir.“ (Gal. 2, 20).

Grund und *Folge* klar machen: Zwar sind Grund und Folge, sei es zeitlich, sei es dem Rang nach, auseinander zu halten. Sie müssen aber ebenso zusammengehalten werden: Ein bestimmter Grund muss in der Folge präsent sein, sonst wäre die Folge ja nicht Folge *dieses*, sondern eines anderen Grundes. Der Glaube kann also Folge (der Gnade, der Rechtfertigung) sein, aber auch Grund (der guten Werke). Als Folge und Grund ist er aber ein und derselbe, und nicht zwei Glauben: Die Gerechtmachung durch die Gnade wirkt sich im Menschen aus; und dies ist nicht eine Bejahung des Dogmas von der Rechtfertigung noch sonst welcher Dogmen, sondern ein lebendig-tätiges, ein wirkendes Glauben. Dies bedeutet, dass nicht erst etwas zum Glauben dazukommen muss, damit er lebendig und wirkend sei. Denn sonst entstünde ja die Frage: Woher kommt dieses Muss? Wäre das (in paulinischer und lutherischer Sprache) wieder das Gesetz, das unser Leben im Glauben gestaltet? Dann müsste man fragen: Genügt das Evangelium nicht?

Das Problem der Zusammengehörigkeit von Grund und Folge im Glauben kann daher ebenso als Identifizierung von Gesetz und Evangelium[14] betrachtet werden, die bei Luther gerade in der Auslegung des 1. Gebots immer wieder auftaucht: So streng das 1. Gebot gebietet (bzw. das Haben anderer Götter *verbietet*), so heilbringend und „evangelisch" ist es, dass Gott sich in diesem Gebot als der einzige und *unser* Gott darbietet. Diese Identifikation fängt an der obigen Stelle aus der Schrift „Von den guten Werken" damit an, dass der Reformator überraschend vornherein vom „Glauben in Christum" redet, obwohl mit dem „ersten Werk" doch „das werck des ersten gebots, da geboten ist ‚Du solt nit andere gotter haben'" im Sinne des Alten Testaments gemeint sein muss. Wenn Christus, unser Erlöser, Fürsprecher und Bruder der Gott ist, an den wir nach dem 1. Gebot glauben sollen, dann ist dieses Gebot selbst schon Evangelium.

Man kann es freilich auch anderes sehen: Nicht, dass der Glaube an Christus genannt wird, ist überraschend, sondern dass Luther diesen „evangelischen" Glauben in der Folge mit der Erfüllung des ersten Gebotes aus dem Alten Testament, damit des Gesetzes, und mit dem Glauben an den Gott des alten Bundes identifiziert. Aber nach der jahrhundertelangen Geltung der Trinitätslehre im Christentum, die auch Luther vorbehaltlos vertritt, dürfte uns die Identifizierung des Glaubens an Gott mit dem Glauben an Christus letztlich nicht fremd sein ...

Grund und Folge des Glaubens nimmt Luther übrigens in einer Formulierung am Ende der „Freiheitsschrift" von 1520 als Glaube und Liebe auseinander, wenn er schreibt: „Aus dem allenn folget der beschluß, das eyn Christen mensch lebt nit ynn yhm selb, sondern ynn Christo und seynem nehesten, ynn Christo durch den glauben, ym nehesten durch die liebe: durch den glauben feret ⟨fährt⟩ er uber sich yn gott, auß gott feret er widder

---

[14] Siehe oben Kapitel 3 und 4.

unter sich durch die liebe, und bleybt doch ymmer ynn gott und gottlicher liebe …"[15] – Aber ebensowenig wie Glaube und Werk des Glaubens auseinanderfallen, genauso wenig Glaube und Liebe: Luther sieht sie hier in der Einheit der „göttlichen Liebe". Damit sagt er implizit, dass der Glaube an Gott in Erfüllung des Doppelgebotes der Liebe[16] mit der Liebe infiziert ist, die Liebe aber mit dem Glauben und seinem Werk. Der Streit, der längere Zeit zwischen Katholiken und Protestanten geführt wurde, was denn Vorrang hätte, der Glaube oder die Liebe, ist wohl „die überflüssigste aller Streitfragen".[17]

Luthers vielleicht beste, aber auch schwierigste Aussage über den Glauben finden wir erstaunlicher Weise in seiner Auslegung des 3. Glaubensartikels im Kleinen Katechismus von 1529: „Ich gläube, daß ich nicht aus eigener Vernunft noch Kraft an Jesum Christ, meinen Herrn, gläuben oder zu ihm kommen kann, sondern der heilige Geist hat mich durchs Evangelion berufen, mit seinen Gaben erleuchtet, im rechten Glauben geheiliget und erhalten, gleichwie er die ganze Christenheit auf Erden berüft, sammlet, erleucht, heiliget und bei Jesu Christo erhält im rechten einigen Glauben, in welcher Christenheit er mir und allen Gläubigen täglich alle Sunde reichlich vergibt …"[18] Verkürzt: „Ich glaube, dass ich nicht (und auch sonst niemand) glauben kann, sondern der heilige Geist hat mich im rechten Glauben erhalten." Beides ist gleich wichtig: Ich glaube, und: Ich kann nicht glauben. Daraus geht Luthers Einsicht hervor, das der Glaube in der Tat keine Leistung, kein „Werk" des Menschen ist, sondern sich dem Wirken des heiligen Geistes verdankt, aber genau diese Einsicht ist Werk des Glaubens. Die Gläubigen sind also in ihrer Nicht-Aktivität aktiv, sie verwerfen die Götter und ihre eigenen Werke, vollbringen aber auch nicht das Werk, an Stelle ihrer eigenen Werke den einen Gott einzusetzen, sondern lassen Gott in sich wirken, leiden seine schöpferische, heilende und heiligende Wirksamkeit. Die aktiven Verben „lassen" und „leiden" sind gut zur Beschreibung eines solchen Glaubens geeignet, da sie eine Tätigkeit bezeichnen, die zugleich Passivität ist.

Luthers Wiederentdeckung des Evangeliums ist damit zugleich eine Wiederentdeckung Gottes, nämlich des „evangelischen" Gottes, nicht des herrscherlich thronenden, sondern des als heiliger Geist meinem Geist nahen, nicht des fordernden, sondern des täglich erneuernden. Luthers Lehre von der Inspiration des heiligen Geistes zum Glauben ist also eine Form seiner Rechtfertigungslehre! Bezogen auf das erste Gebot kann diese Inspiration nur bedeuten: Gott vergibt mir täglich, dass ich nicht glaube, nicht alles von

---

[15] WA 7, 38, 6-10.
[16] Mt. 22, 37f: „Du sollst den Herrn, deinen Gott, lieben von ganzem Herzen, von ganzer Seele und von ganzem Gemüt. Dies ist das höchste und größte Gebot. Das andere aber ist ihm gleich: Du sollst deinen Nächsten lieben wie dich selbst."
[17] Pesch: Hinführung (1982), 165.
[18] Bekenntnisschriften ([10]1986), 511f.

ihm erwarte und erhoffe, und erfüllt gleichwohl meine Erwartungen und Hoffnungen in meinem Glauben – insofern entsteht für Luther im Glauben – und nur im Glauben – die „Freiheit eines Christenmenschen" zum „Werk" des Ruhens im Glauben, das aber bei gegebenem Anlass zur Tätigkeit der Nächstenliebe umschlagen kann. Insofern verstehe ich den Glauben im Rahmen der Ethik Luthers als den Willen motivierend – das eigene und das Wohl der Nächsten wollend.

Zu beachten ist auch der Satz im letzten Zitat „... der heilige Geist hat mich durchs Evangelium berufen", da er das Gläubig- mit dem Berufenwerden identifiziert. Diese Identifikation ermöglicht es, Luthers Ethik als Berufsethik aufzufassen, was weiter unten ab Kapitel 9 darzustellen ist.

Ebenfalls zu beachten ist die Formulierung, dass uns der heilige Geist „im *rechten* Glauben geheiligt und erhalten" hat. Luther wusste auch einiges über den falschen Glauben zu sagen. Einen solchen nennt er im Großen Katechismus (1529) das Vertrauen auf den „Mammon" ⟨Geld und Gut⟩ sowie auf eigene „Kunst, Klugheit, Gewalt, Gunst, Freundschaft ⟨Verwandtschaft⟩ und Ehre"[19]. Dass die Menschen auf einen falschen Glauben verfallen oder zu ihm verführt wurden und werden, geschieht vor und nach Luther immer wieder. Ein besonders krasses Beispiel ist die nationalsozialistischer Ideologie, die sich bemühte, den Menschen in Deutschland einen „neuen" bzw. überhaupt einen „Glauben" zu geben. Es war dies der Glaube an die Überlegenheit des eigenen Volkes, der eigenen Rasse und an den Führer Adolf Hitler.[20]

Dass Luther den Glauben an Gott in „Von den guten Werken" im Sinne des 1. Gebots mit dem Christusglauben und daher mit der Wirkung von Erlösung und Versöhnung gleichsetzt, erlaubt ihm nun, von dem „Werk" dieses Gebotes in unerhörter Heiterkeit zu sprechen, und neben „arbeyten" auch „ghan ⟨gehen⟩, stahn, essen, trincken, schlaffen, und allerley werck thun zu des leybs narung odder gemeinen nutz"[21] aufzuzählen. Ja mit Kohelet (dem Prediger) sei auch das Folgende Inhalte des 1. Gebots: „Gang hin frolich, ysz und trinck, und wisse das deyne werck gefallen got wol, alt-

---

[19] Bekenntnisschriften ([10]1986), 561.

[20] Ein Exponent des nationalsozialistischen Glaubens, aber auch dessen Einpeitscher war der deutsche Propagandaminister Joseph Goebbels. Elke Fröhlich, Erforscherin der Tagebücher Goebbels' berichtet: „Goebbels hat zu Hitler eine ganz besondere Beziehung. Von der ersten Begegnung an fragt sich Goebbels: ‚Wer ist dieser Mann? Halb Plebejer, halb Gott! Tatsächlich der Christus, oder nur der Johannes?!'" (http://kriegsende.ard.de/pages_std_lib/0,3275,OID1147392,00.html).

[21] Im Zusammenhang: „Czum drittenn, fragistu sie weytter, ob sie das auch gut werck achten, wann sie arbeyten yhr handtwerg, ghan ⟨gehen⟩, sthan, essen, trincken, schlaffen, und allerley werck thun zu des leybs narung odder gemeinen nutz, und ob sie glauben, das got ein wolgefallen darynnen uber sie habe, szo wirstu finden, das sie nayn sagen, und die gute werck szo enge spannen, das sie nur in der kirchen beten, fasten unnd almozen bleybenn, die andere achten sie als vorgebenn, daran got nichts gelegen sey, und alszo durch den vordampten unglauben gotte seine dienst, dem alles dienet, was ym glauben geschehen, geredt, gedacht werden mag, vorkurtzen und geringern." (WA 6, 205, 14–22).

zeit las dein kleyt weysz sein, und das ole ⟨Öl⟩ las deinem heubt nymmer gebrechen, gebrauch deines lebens mit deinem weib, das du lieb hast alle tage
dieszer unstetigen zeit, die dir geben sein."²² Diese teils alltäglichen, teils
lustig-lustvollen „Werke" sind dann Werke des 1. Gebots, wenn sie im
Glauben an den Gott geschehen, der uns wohl will, und d. h. für Luther: der
in Christus bei uns ist. Im Glauben stimmen Gott und Mensch überein, sind
sie eins. Ich tue, was Gott will, weil mein Wille mit seinem einer und derselbe ist.

In der Glaubenseinheit mit Gott sind Werke weder notwendig noch un-
notwendig, sondern frei, oder wie Gerhard Ebeling formuliert: „Die Freiheit, die der Glaube zu den Werken gibt, besteht darin, daß er Freiheit von
den Werken ermöglicht."²³

In und durch den Glauben geschehen die „Werke" des 1. Gebots: Eine
breite Palette von Werken ist möglich, da das Gebot an sich ja keinerlei positive Handlungen verlangt, sondern das Haben anderer Götter verbietet,
also eigentlich kein Gebot, sondern ein *Verbot* ist. Die Werke, die dieses
Verbot verbietet, sind die Götzenkulte. Wir dürfen nach Luther, wie wir gesehen haben, keinen Unterschied zwischen einem alttestamentlich und einem christlich bestimmten Glauben machen. Das Verbot impliziert wiederum ein Gebot, nicht nur (neutestamentlich und mit Luther) den Glauben an
Christus, sondern alt- *und* neutestamentlich den Glauben an Gott schlechthin.

In diesem Glauben und aus diesem Glauben sind alle unsere Werke zu
betrachten, zu reflektieren und zu beurteilen. So kann eine *Ethik des Glaubens* entstehen.

Es ist nun aber durchaus sinnvoll, einzuhalten, und sich der Frage zu
stellen, was denn eine derartige Ethik bedeutet, wenn offensichtlich jede
Art von Werk in diesem Glauben betrachtet und getan werden mag. Die
Formulierung „*allerley* werck"²⁴ lässt, was auch immer wir tun oder lassen,
als nahezu *einerlei* erscheinen. Der Reformator nennt ja sogar „einen strohalmen auffheben" ein „gutes" Werk²⁵. Macht sich die „Ethik des Glaubens" damit nicht lächerlich? – Luther behauptet, dass alle Werke durch die
Betrachtung im Glauben ein anderes Gesicht bekommen, dass also ganz un-
bedeutende, ja lächerlich kleine Werke, Werke des Glaubens und damit positiv sein können, während große und bedeutende Leistungen außerhalb des
Glaubens in sich zusammenfallen, ja eine negatives Vorzeichen bekommen.

Und so entsteht nicht nur die Frage, ob die Werke des Glaubens etwa lä-

---

²² WA 6, 205, 23–26 (mit Bezug auf Koh. 9, 7ff).
²³ Ebeling (1979), Bd. 3, 245.
²⁴ WA 6, 205, 16.
²⁵ WA 6, 206, 11 – Im Zusammenhang: „Hie kan nu ein iglicher selb mercken und fulen,
wen er guttes und nit guttis thut: dan findet er sein hertz in der zuvorsicht, das es gote gefalle,
szo ist das werck gut, wan es auch szo gering were als ein strohalmen auffheben, ist die zuvorsicht nit da odder tzweifelt dran, szo ist das werck nit gut, ob es schon alle todten auffweckt
unnd sich der mensch vorbrennen liesz."

cherlich klein, sondern auch, ob sie nicht zu billig sind. Es ist ja einigermaßen billig, vor jedes Tun den Gedanken „Ich glaube, dass dies ein gutes
Werk ist" davorzusetzen. So einfach sollen wir uns auf die Seite Gottes stellen und damit alle unsere Werke gut machen können?

5.3. Die Grade des Glaubens

Luther war in der Tat der Ansicht, dass Glauben eine minimale, ja letztlich
überhaupt keine Leistung ist, sondern die Freude am Evangelium, an Christus, an Gott. Der Glaube ist soz. eine Null-Leistung, durch die wir den
rechtfertigenden Gott in uns wirken lassen.

Aber diese Null-Leistung ist keineswegs selbstverständlich. Ja es ist unendlich schwer, keine „anderen Götter zu haben", denn, wie Luther selber
im Großen Katechismus zur Erklärung des 1. Gebots sagt: „Worauf Du nu
(sage ich) Dein Herz hängest und verlässest, das ist eigentlich Dein
Gott."[26] Denken wir darüber nach, wie wenig wir in unserem bisherigen Leben an Gott „unser Herz gehängt" haben, und wie oft jemand anderer oder
etwas anderes „unser Gott" geworden und gewesen ist! Aber man darf doch
auch konstatieren, dass wir im Glauben nicht leicht Zugang zu Christus,
zum heiligen Geist und/ oder zu Gott dem Vater finden. Von Christus können wir uns wenigstens *vorstellen*, wie er mit seinen Jüngern in Palästina gelebt hat, von Gott dem Vater und dem heiligen Geist können wir uns hingegen nicht einmal konkrete Vorstellungen machen, abgesehen davon, dass
solche Vorstellungen schnell in die Irre führen könnten. Glaube ist also
überhaupt nichts Leichtes. Bedeutet Glaube bei Luther daher möglicherweise etwas völlig anderes als im gewöhnlichen Sprachgebrauch?

Der ganze Begriffsraum von Glauben mit all seinen Schwierigkeiten
kommt bei Luther dann zum Vorschein, wenn er die „Grade" des Glaubens
beschreibt. Die „allerley werck", von denen Luther bisher gesprochen hat,
sind nur der erste Grad des Glaubens ... „Lasz uns weitter fragenn, wan es
yhn ubel gaht an leyp, gut, ehr, freund odder was sie habenn, ob sie dan
auch glaubenn, das sie got noch wohlgefallen und ehr yhr leiden und wid-
derwertickeit, sie sei klein odder grosz/ gnediglich uber sie ordene."[27]

Was hier aufgezählt ist, führt tiefer und tiefer in die ethische Reflexion
hinein, denn gerade in den genannten *Widerwärtigkeiten* suchen wir ja nach
Lebens-Orientierung, fragen uns, was wir oder andere falsch gemacht haben, dass es so weit mit uns gekommen ist. Zu bemerken ist allerdings, dass
es sich auf dieser zweiten Stufe des Glaubens zwar um unser *Verhalten* handelt, das in Frage steht, also durchaus um eine ethische Frage, jedoch im
gewöhnlichen Sinn des Wortes nicht um „Werke", sondern um Leiden.

---

[26] Bekenntnisschriften ([10]1986), 560.
[27] WA 6, 208, 6ff.

Es tritt jetzt der Fall ein, dass unser Glaubenswerk und das „Werk Gottes in uns", unser Wille und der Wille Gottes nicht von vornherein übereinstimmen. Luther beschreibt diesen Zwist: Zuerst sagt er: „Es geht ihnen übel". Das reflektiert auf den Eigenwillen, der unser Unglück einem neutralen Es bzw. dem Zufall zuschreibt, der unseren Unwillen erregt und den anscheinend problemlosen Glauben (in seinem ersten Grad) ins Wanken bringt. Der Wille des Glaubens in seinem zweiten Grad jedoch stimmt in den Satz ein, dass „er", Gott, „ihr Leiden und Widerwärtigkeit ... gnädiglich über sie ordne".

In diesem Grad des Glaubens ist Luthers Ethik nicht eine „Ethik der Tat", wie das moderne protestantische Verständnis gerne wollte, sondern eine Ethik des Leidens. Es war von Anfang an Luthers Absicht, zugleich mit der Vorstellung des Glaubens als „Werk" alle Gedanken der Verdienstlichkeit von Werken im religiösen Sinne den Boden zu entziehen – auch der Verdienstlichkeit des Glaubens! Und dies geschieht an unserer Stelle dadurch, dass der Glaube in noch auffälligerer Weise, als oben beschrieben, nichts tut, sondern leidet.

Es scheint zwar so, dass es im Leiden etwas zu tun gibt: „Aber welche got in solchem leiden trawen unnd eine feste, gut zuuorsicht gegen yhm behalten, das er uber sie ein wolgefallenn habe, den selbenn seind die leiden unnd widerwertickeit eyttel kostlich vordinst und die edlisten gutter, die niemant schetzen mag, dan der glaub unnd die zuuorsicht machensz alles kostlich fur got."[28] – Zwei Verben, die nicht nur formal, sondern auch inhaltlich Aktivitäten zu bezeichnen scheinen, kommen hier vor: trauen und machen. Trauen muss man mit Glauben gleichsetzen (wie in der schon angeführten Definition), und es ist schwer zu entscheiden, ob Luther damit etwas Aktives (Hoffen auf Gott), oder etwas Passives (Hinnehmen des Handelns Gottes) meint. Aber, wie gesagt, auch das Verb *leiden* ist – zwar nicht dem Inhalt, aber – der Form nach aktiv ... Mit *machen* (alles köstlich vor Gott machen) hingegen könnte etwas Aktives bezeichnet sein. Auf den Ansatz einer Güter- und/ oder Wertethik bezogen, wäre der Glaube eine Quelle von Gütern bzw. Werten. Jedoch schließt Luther in der Fortsetzung jede Bedeutung von Aktivität aus und sagt: „Und szoviel die zuuorsicht und glaub in dissem grad besser, hoher und stercker ist gegen dem ersten grad, szo vil ubertreffenn die leyden in dem selben glauben alle werck yhm glauben, unnd ist alszo tzwischen solchenn wercken unnd leyden unmeszliche unterscheidt der besserung."[29]

Es ist schon erstaunlich, dass das Leiden innerhalb eines Buches von den „guten Werken" über das Tun und die Werke gestellt wird. Wir müssen aber einräumen, dass die Reflexion über das Leiden eine wesentliche Dimension nicht nur des Lebens, sondern auch der Ethik betrifft. Meistens beschäfti-

---

[28] WA 6, 208, 23ff.
[29] WA 6, 208, 30ff.

gen wir uns ja – und beschäftigen sich die Wissenschaften (die Medizin, die Technik) bis hin zur wissenschaftlichen Ethik – mit der Beseitigung von Leiden. Aber kann alles Leiden beseitigt werden? – Luther findet in seinem theologischen Ansatz die Möglichkeit, das Aushalten des Leidens sogar über das Tun zu stellen.

Nicht genug mit der beschriebenen Form des Leidens, kennt Luther noch einen dritten Grad des Glaubens (und zweiten Grad des Leidens): „Uber das alles ist des glaubens der hochste grad, wan got nit mit tzeitlichem leiden, sondern mit dem todt, hell und sund das gewissenn strafft unnd gleich gnad unnd barmhertzickeit absaget, als wolt er ewiglich vordamnen unnd tzurnenn ... Hie zuglaubenn, das got gnedigen wolgefallen ubir unsz habe, ist das hochste werck, das geschehn mag von und in der Creatur ...“[30] Wir treffen hier auf eine entsetzliche Situation. Der Glaube wird in ihr nicht nur schwer, sondern unmöglich. Der Eigenwille des Menschen und der Wille Gottes treten völlig auseinander. Spätestens in diesem „dritten Grad des Glaubens" wird klar, dass es keinen Menschen gibt, der dem Gebot zu glauben von sich selber aus völlig entspricht, und dass es daher einer „evangelischen" Inspiration bedarf, damit unser Wille mit dem göttlichen Willen übereinstimmt. Es wird aber auch klar, dass Glaube auf dieser Stufe (wie auch auf den beiden anderen Stufen) nur in seiner Einheit bestehen kann: in Einheit zwischen Glauben und Werk des Glaubens, Glaube und Liebe, Gott und Mensch.

Hinter der Beschreibung des Erleidens von Tod, Hölle und Verdammnis muss man persönliche Erfahrungen Luthers im Kloster vermuten: Er wollte alle biblischen und kirchlichen Gebote und alle Mönchsregeln erfüllen und ein gottgefälliges Leben führen, aber es gelang ihm nicht, er war verzweifelt und fühlte sich von Gott verlassen und verworfen. Höchstwahrscheinlich berichtet Luther von sich selber, wenn er in den „Resolutiones disputationum de indulgentiarum virtute" von 1518 schreibt: „Sed et ego novi hominem, qui has poenas saepius passum sese asseruit, brevissimo quidem temporis intervallo, sed tantas ac tam infernales, quantas nec lingua dicere nec calamus scribere nec inexpertus credere potest, ita ut, si perficerentur aut ad mediam horam durarent, immo ad horae decimam partem, funditus periret et ossa omnia in cinerem redigerentur."[31] Wer in eine solche Situation kommt, muss es wie Luther machen: nicht an den fordernden Gott glauben,

---

[30] WA 6, 208, 34ff.

[31] WA 1, 557, 33ff (= Clemen, 1, 57) [„Aber auch ich kenne einen Menschen, der behauptet hat, diese Strafen öfters erlitten zu haben, zwar in einem sehr kurzen Zeitabschnitt, sie seien aber so schwer und so höllisch gewesen, dass sie keine Zunge aussprechen, kein Schreibwerkzeug beschreiben und kein Unerfahrener glauben könne, sodass, wenn sie bis zum Ende, oder eine halbe Stunde lang, oder sogar nur den zehnten Teil einer Stunde dauern würden, er gänzlich zugrunde gehen und alle seine Gebeine zu Asche zerfallen müssten."] – Siehe dazu: B. Lohse (1995), 102ff: „Luther sagt hier nicht, wann er diese Anfechtungen erlitten hat ... Soviel dürfte freilich klar sein, daß die hier beschriebene Anfechtung vor dem reformatorischen Durchbruch erlitten worden sein muß." (ebd. 104).

sondern an den fördernden, nicht an den Gott des Gesetzes, sondern an
den Gott des Evangeliums. Freilich sind beide „Götter" ein und derselbe:
Der fordernde Gott will, dass wir gemäß dem Gesetz leben, hält uns unsere
Sünde vor und verurteilt uns, wenn wir es nicht tun, und bringt uns zur Verzweiflung. Daraus sollen wir, so Luther, die Konsequenz ziehen, sowohl
von unserer Sünde als auch von unserer Selbstgerechtigkeit als auch vom
verurteilenden Gott zu fliehen und uns an den rettenden Gott, der derselbe
ist, halten. In der Verzweiflung über Gott sollen wir an Gott glauben. Einen
höheren Grad des Glaubens kann man sich wirklich nicht vorstellen!

Auf dieser dritten Stufe tritt das Leiden noch weit stärker hervor als auf
der zweiten (hier sind Anklänge an die „resignatio ad infernum" der Mystik
und überhaupt an mystische Gedankengänge zu vermerken!)[32] – trotzdem
verwendet Luther das Wort „Werk" für eine solche Glaubensbetätigung.
Glaube als Werk des ersten Gebots und Glaube als *göttliches Werk in uns!* –
Im Glauben lassen wir von allen unseren Werken ab und verlassen uns auf
Gott. Wir tun also *nichts.* Aber dieses Ablassen von den Werken und
Nichtstun ist unendlich schwer: sich keine eigenen Götter zu fabrizieren,
sich kein Bild von Gott zu machen, am Feiertag (= Sabbat) nichts zu tun.
Wir sollen zwar nichts tun, von unseren verfehlten Werken ablassen, aber
das *sollen wir tun* und das ist Glaube; und auf dieser Stufe kommt der durch
den Glauben motivierte Wille zum Ende, aber auch zur Vollendung: Wir
geben unseren *Willen* auf, *wählen* in der verzweifeltsten aller Situationen
den Glauben und *wollen*, „das got gnedigen *wol*gefallen ubir unß habe".

Vielleicht sehen wir jetzt klarer, wie sich Luthers Glaubensprinzip in seiner Ethik auswirkt. – Der Reformator bezieht seine Ethik nicht bloß auf
das Tun, sondern auch auf das Leiden, beim Leiden sogar auf die Verzweiflung an Gott und Leiden im *Gewissen*, d.h. auf psychisches Leiden. Es ist
eine *Ethik für das ganze Leben* (denn das Leben teilt sich Aktivität und Passivität). Dieses Leben sollen wir im Glauben an den rettenden Gott bedenken und führen und in diesem Glauben bestehen. Ich habe im 2. Kapitel
dargelegt, dass Voraussetzung für diesen Glauben die Rechtfertigung ist.
Die Rechtfertigungsthematik ist zwar mit dem Einsatz der Schrift „Von
den guten Werken" beim Glauben an Christus (als Inhalt des 1. Gebotes)
impliziert, aber eben nur impliziert.

5.4. Die Übung des Glaubens im Gebet

Folgendes sollten wir im Zusammenhang mit der Fundierung von Luthers
Ethik *im Glauben* noch beachten und betrachten, bevor wir die Schrift
„Von den guten Werken" von 1520 verlassen, nämlich *das Gebet* als Betäti-

---

[32] Siehe wieder: Benrath (1982); B. Lohse: (1995), 38f u. 230f; Schwarz (1984); zum Einfluss Bernhards von Clairvaux im Besonderen: Köpf (1999).

gung und Artikulation des Glaubens. Unter der Besprechung des 3. Gebots (in Luthers Fassung: „Du solt den feyrtag heiligen."[33]) heißt es: „... sol man beten, nit, wie gewonheit ist, vil bletter odder kornle ⟨Paternosterkörnchen bzw. Perlen des Rosenkranzes⟩ tzehlen, sondern etliche anligende not furnehmen, die selben mit gantzem ernst begeren, und darinnen den glauben und zuvorsicht zu got alszo uben, das wir nit dran tzweiffeln, wir werden erhoret."[34] – Wieder treffen wir auf eine „Werk" des Glaubens (siehe die Wendung: „den glauben und zuvorsicht zu got ... uben")! Im Gebet tun wir nun in der Tat etwas: Wir reden hörbar oder formulieren Worte in unseren Gedanken, während wir im „Werk" des 1. Gebotes unser Tun oder Leiden bloß unter dem Blickpunkt Gottes *betrachten*. Das Gebet ist eine sprachliche Reflexion unseres Lebens und unseres Tuns ähnlich dem Tagebuchschreiben oder einer literarischen bzw. philosophischen Reflexion. Nun leben wir zwar auch als Tagebuchschreiber, Literaten oder Philosophen immer vor Gott. Aber nur im Gebet sind wir uns dessen bewusst und breiten in der Anrede an Gott unsere Wünsche und Sorgen vor Gott aus. Luther sagt am Beginn seines „Betbüchleins", dass Beten bereits mit dem „Seufzen zu Gott" beginne und empfiehlt, dies ohne Unterlass zu tun: „Denn es ligt nit an viel wortten eyn gutt gepet, wie Christus sagt Matt. 6, ßonnernn an viel unnd offt hertzlich sufftzen tzu got, wilchs solt wol on unterlassz seyn."[35] Der Unterschied des Gebets zur Meditation ist die Anrede an Gott mit „du" und auch, dass wir im Gebet selbst erdachte Worte an Gott richten oder vorgeformte Gebetsworte sprechen, die wir uns zu eigen machen.

Die Reflexivität des Gebetes kommt am Dankgebet zwar deutlicher zum Ausdruck als am Bittgebet, da „danken" und „denken" etymologisch zusammenhängen und das *Nach*denken im Dankgebet im Anschluss an die konkreten Lebenserfahrungen evident ist. Luther ist freilich bei seinen Überlegungen zum Gebet stets vom Bittgebet ausgegangen. Aber auch im Bittgebet zeigt sich deutlich das Reflexive von Luthers Ethik: Ich bedenke meine gegenwärtigen Bedürfnisse, die sich als Not bemerkbar machen, breite sie sprachlich vor Gott aus und erhoffe die Beseitigung meiner Not und die Erfüllung meiner Wünsche in der Zukunft. Da wir alles von Gott erhoffen, findet unter dem 3. Gebot – wie unter dem ersten – auch wieder ein Tun des Nichtstuns statt.

Im Verlaufe seiner Ausführungen sagt Luther dann, zur Erfüllung des 3. Gebotes genüge bereits ein „schwaches Funkeln des Glaubens": „Und wo du findest, das du nit kanst also glauben und thun, das du demutig dich desselben fur got beclagist und also mit einem schwachen funckeln des glaubens anhebst, den selben teglich mehr und mehr durch seine ubung in allem leben und wircken zusterken."[36] Aus diesen Worten geht wiederum

[33] WA 6, 229, 20.
[34] WA 6, 232, 13ff.
[35] WA 10/II, 376, 3ff – Siehe auch: Wertelius (1970).
[36] WA 6, 234, 7ff.

hervor, dass der scheinbar problemlose Einsatz der Schrift „Von den guten Werken" beim Glauben keineswegs ohne Probleme war: Luther hat sie anfangs übersprungen, um sie später umso eindringlicher aufzugreifen, und: Luther hat auch nicht in Unkenntnis der von allen Menschen erfahrenen Probleme mit dem Glauben geschrieben! Wohl: Aus dem Glauben heraus fließt Heiterkeit in jedes x-beliebige Werk, und sei es noch so unbedeutend wie „einen Strohhalm aufheben"; aber dass kein Mensch unbeschränkt im Besitz der Glaubensheiterkeit sein kann, wird uns – mit und ohne Luther – bereits am zweiten und dritten *Grad* des Glaubens (d. h. am Leiden) deutlich.

Fazit: Luther wusste sehr wohl um die Schwierigkeiten des Glaubens und um das Nicht-glauben-Können, und für diese Situation lautet sein Ratschlag: Wir sollen uns deswegen bei Gott beklagen. Damit wendet Luther einen seelsorgerlichen „Trick" an: Er „verleitet" oder „verlockt" uns, unseren rudimentär vorhandenen Glauben (sein „schwaches Funkeln") zu betätigen. Ein solcher Glaube ist, wohlgemerkt, im Nicht-Glauben-Können vorhanden und, obwohl er den Anschein des Unglaubens hat, ist er genau das Gegenteil davon. Nebenbei lernen wir hier einen anderen Aspekt des „Glaubenswerkes" kennen: unseren Glauben im Gebet zu üben. Zwar wird er in der Übung kein anderer, aber ein und derselbe Glaube wird stärker; um in Luthers Bild zu bleiben: das Funkeln des Glaubens wird zum Leuchten.

Wie aus Luthers Rechtfertigungslehre klar wird, hängt unser Glaube von der Gnade Gottes ab. Im Vorgang der Rechtfertigung beseitigt Gott alles *Ungerechtfertigte* an uns. Wir können uns nicht selber – durch „Werke" – wie die gängige Formel des Reformators lautet – rechtfertigen. Das hindert aber Luther keineswegs, davon zu sprechen, dass der Glaube ein von der Rechtfertigung geschriebenes und in die Rechtfertigung eingeschriebenes *Werk* sei, in dem wir uns *üben* können und sollen, freilich in ganz anderer Weise, als es sich das moderne „Tatchristentum" vorstellt. Vielleicht kann man – wenn auch schematisch – folgende Einteilung treffen: Vor und außerhalb der Rechtfertigung ist der Glaube vom Gesetz aufs dringlichste geboten: Wir sollen ihn „tun" und insofern ist er „Werk": Hierunter sind vor allem die Werke der zehn Gebote sowie der Gottes- und Nächstenliebe zu verstehen; aber lange vorher schon, während der Vollführung dieser Werke und anschließend sollen wir das grundlegende Tun des Nichtstuns üben, d. h. das Vertrauen auf Gott in allen unseren Werken und Leiden. Glauben ist Nichtstun, Erfahrung des Mitgeteiltwerdens der Rechtfertigung und der anderen Gaben Gottes, Befähigung zur Aktivität, er ist aber eines nicht: Habitus oder Besitz, denn er ist ge- und zerbrechlich. Glauben heißt auch, mit der Gebrechlichkeit unseres Glaubens leben. Luther: „Dan gebrechen des glaubens (das ist des ersten und hochsten gebottis) ist niemandt auff erden, der sein nit ein grosz stuck habe."[37]

---

[37] WA 6, 234, 10f.

6. Sünde[1]

Kaum ein Thema, das für Luther von so großer Bedeutung war, für uns aber so problematisch zu behandeln ist, wie die Sünde. Wir können uns diesem Thema aber in sinnvoller Weise nähern, indem wir an die zuletzt von Luther erwähnten „Gebrechen des Glaubens" anknüpfen.

Freilich: Dann erst treten wir in Luthers Gedankenwelt ein, wenn wir diese Gebrechen nicht als kleine Fehler auffassen, die auch zu vernachlässigen wären, sondern als Mängel, die wir uns gravierender nicht vorstellen können. Aber ich sollte nicht von Mängeln im Plural sprechen, sondern von dem *einen* grundlegenden *Mangel*. Die Entwicklung von einer Pluralität von Sündenbegriffen im Alten Testament (Fehler, Fehlverhalten, Übertretung, Bosheit, Auflehnung) zum Begriff der einen Sünde (griech. *hamartia*) ist bereits im Neuen Testament festzustellen. So schreibt Eduard Lohse in seinem Römerbriefkommentar: „Indem Paulus den Begriff der Sünde dahin verschärft, daß er unter der *hamartia* nicht nur wie Judentum und Urchristentum die einzelne Tatsünde begreift, sondern sie als kosmische Macht versteht, die die ganze Menschheit versklavt hält, geht er über alle vergleichbaren Aussagen – auch derjenigen der Apokalyptik und Qumrantexte – hinaus."[2]

Analog zu dieser Begriffsentwicklung im Neuen Testament, die bereits eine Vertiefung und Verschärfung des Sundenbewusstseins mit sich brachte, beobachten wir in der Theologiegeschichte eine neuerliche Verschärfung des neutestamentlichen Sündenbegriff zum Begriff der Erb- bzw. Ursprungssünde (lat. *peccatum haereditarium* sive *originale*), der vor allem von Augustinus theoretisiert wurde.

Dieser Begriff ist eine Dogmenbildung der lateinischsprachigen Kirche des *Westens*. Das Dogma entstand unter dem Eindruck mehrerer Schriften Augustins gegen Pelagius und dessen Anhänger Julian von Eclanum. Die Verurteilung des Pelagianismus erfolgte auf der Generalsynode von Karthago, 418, und wurde durch Papst Zosimus in der „epistula tractoria" bestätigt.

Luther verwendet den Begriff der Erbsünde, darum muss ich ihn aufgreifen; Luther steht in der Tradition Augustins, er übernimmt jedoch nicht die

---

[1] Allgemeine Literatur dazu: Baur (1968); Beisser/Peters (1983); Brush (1997); Causse (1999); Ebeling (1985), 74–107 („Der Mensch als Sünder"); Hermann (1952, 1958/1960 u. [2]1960); Herms (1978/1982), Kleffmann (1994); Kinder (1957); Löfgren (1960), 96–116; B. Lohse (1995), 264–273; Mann (2003); Merk (1968); G. Müller (1977); Pesch (1983); Peters (1984); Sauter (1989), Schoonenberg (1966); Sievernich (1982); Stolle (2002); Subilia (1981).

[2] E. Lohse (2003), 122.

exegetischen Feinheiten, biologischen Absurditäten und sexualtheoretischen Perversionen der Augustinischen Erbsündentheorie.[3]

Folgendes fällt an Augustinus auf: Er stützt seine Erbsündentheorie immer wieder auf eine falsche Übersetzung von Röm. 5, 12: An dieser Bibelstelle gibt er (wie auch die altlateinische Übersetzung und die Vulgata) die griechische Wendung *eph' ho pantes hemarton* mit lat. *in quo omnes peccaverunt* wieder und versteht das „in quo" als „in Adam", woraus dann folgt, dass alle Menschen in Adam (in illo) waren und mit ihm gesündigt haben.[4] Luther übersetzt zwar richtig „dieweil sie alle gesündigt haben"; gleichwohl verwendet er den Begriff „Erbsünde", interpretiert ihn aber zugleich durch „Hauptsünde", so in dem folgenden gewichtigen Abschnitt seiner „Schmalkaldischen Artikel" (ein Text, der als Beitrag für das allgemeine Konzil von Mantua, 1537, gedacht war – das Konzil kam nicht zustande. Das geplante Konzil fand ab 1545 in Trient statt.):

„Hie mussen wir bekennen, wie S. Paulus Ro. 5. sagt, daß die Sunde sei von Adam, dem einigen Menschen,˙herkommen, durch welchs Ungehorsam alle Menschen sind Sunder worden und dem Tod und dem Teufel unterworfen. Dies heißt die Erbsunde oder Häuptsunde. Solcher Sunden Fruchte sind darnach die bosen Werk, so in den zehen Geboten verboten sind als Unglaube, falscher Glaube, Abgotterei, ohn Gottesfurcht sein, Vermessenheit, verzweifeln, Blindheit und Summa: Gott nicht kennen oder achten, darnach liegen, bei Gotts Namen schweren, nicht beten, nicht anrufen, Gottes Wort nicht achten, Eltern ungehorsam sein, morden, Unkeuschheit, stehlen, triegen etc. Solche Erbsunde ist so gar ein tief bose Verderbung der Natur, daß sie kein Vernunft nicht kennet, sondern muß aus der Schrift Offenbarung gegläubt werden, Ps. 50. und Ro. 5., Exo. 33., Gen. 3."[5]

Daraus ist zu entnehmen: Das Eigentümliche der Lutherschen Sündenlehre liegt in der Auffassung, dass der natürliche Mensch nicht einmal erkennen könne, wie sehr er in die Sünde verstrickt ist; und aus dem Grund übernimmt Luther den Begriff „Erbsünde", weil er ausdrückt, dass uns die Sünde vor allem individuellen Sein und Bewusstsein mit Beschlag belegt. Daher – so die Konsequenz – müssten wir unsere Sündhaftigkeit „aus der Schrift Offenbarung" *glauben*. – Luther war sich wohl kaum darüber im klaren, welch gefährlichen Gedanken er damit aussprach: Er, der große Bibelkenner, -übersetzer und -interpret, errichtete so ein Hindernis für das Bibelverständnis und legte den Menschen indirekt nahe, sich die eigene Sünd-

---

[3] Eine Diskussion mit der Augustinischen Erbsündenlehre führt Pannenberg (1991), 266–303.

[4] „Deus enim creavit hominem rectum, naturarum auctor, non utique vitiorum; sed sponte depravatus iusteque damnatus depravatos damnatosque generavit. Omnes enim fuimus in illo, quando omnes fuimus ille unus …" (Augustinus: De civitate Dei XIII, 14) [„Gott nämlich schuf den Menschen recht, da er ein Urheber der Naturen ist, nicht aber der Laster ist; der Mensch aber ist freiwillig schlecht geworden, mit Recht verdammt worden und hat schlechte und verdammte Menschen erzeugt. Denn wir waren alle in ihm, als wir alle jener eine waren …"]

[5] Bekenntnisschriften ([10]1986), 433f.

haftigkeit eben von der Bibel nicht mehr „offenbaren" zu lassen. Dies führte über einige Umwege zur modernen Lebenshaltung! Seit der Aufklärung wird von Philosophien, Anthropologien und Psychologien behauptet, Bibel und Kirchen würden in den Christen Sündenbewusstsein und Schuldgefühle allererst erzeugen.

Eine andere Möglichkeit, als dass uns die vorindividuelle Verstrickung in Sündhaftigkeit „offenbart" werden müsse, wäre die eigene Erfahrung. Eine solche müsste das individuelle Erleben einer vor-, über- oder außerindividuellen Betroffenheit durch Sünde beinhalten. Diesbezüglich hat Luther allerdings den gravierenden und peinlichen Fehler Augustins vermieden, Sündenerfahrung an das Erleben des Sexualtriebes zu koppeln. Augustinus hing nämlich der lächerlichen Vorstellung an, es sei eine Folge des Sündenfalles, dass die Sexualorgane nicht dem menschlichen Willen gehorchen.[6]

Wären nicht Gewalttaten und Kriege, die Begeisterung für Kriege, wenn die eigene Armee siegt und man sich über die Folgen für die Besiegten klar ist, mehr Anlass, Sündenerfahrungen zu machen? Ist nicht unsere aufgeklärte und fortgeschrittene Neuzeit in zwei Weltkriege geschlittert, und versagen dafür nicht alle politologischen, ökonomischen, soziologischen und psychologischen Erklärungsversuche? – In der Theologie des späten 20. Jahrhunderts gab es angesichts der Unterdrückung der Armen und der Frauen einige zaghafte Versuche, Sündenerfahrung in einer Theorie von der „sozialen" bzw. „strukturellen Sünde" zu beschreiben.[7] Niemand könnte aber behaupten, die Ursachen von schwerster Ungerechtigkeit und Bosheit unter den Menschen bereits erforscht zu haben: Daher ist es nicht sinnlos, Luthers Ansichten über Sünde und Erbsünde ernsthaft unter die Lupe zu nehmen.

Auch Luther greift bisweilen auf die menschliche Erfahrung der Sünde zurück. Paul Althaus findet darin keinen Widerspruch zum Offenbart-werden-Müssen der Sünde. Er zitiert aus einer Predigt Luthers: „Nun gehet in die Erfahrung und sehet an andere Leut und euch selbst, da werdet ihr befinden, daß ihm niemand daraus helfen kann".[8] Luther ist in seiner Predigt

---

[6] „Pudet igitur huius libidinis humanam sine ulla dubitatione naturam, et merito pudet. In eius quippe inoboedientia, quae genitalia corporis membra solis suis motibus subdidit et potestati voluntatis eripuit, satis ostenditur, quid sit hominis illi primae inoboedientiae retributum; quod in ea parte maxime oportuit apparere, qua generatur ipsa natura, quae illo primo et magno in deterius est mutata peccato." (Augustinus: De civitate Dei XIV, 20) [„Es schämt sich also die menschliche Natur zweifellos jener Lust, und mit Recht. Im Ungehorsam nämlich, der die Genitalien ihren eigenen Regungen unterstellte und der Herrschaft des Willens entriss, zeigt sich deutlich genug, was die Vergeltung für jenen ersten Ungehorsam des Menschen ist; und das musste sich am meisten an jenem Körperteil zeigen, durch den jene Natur gezeugt wird, die in jener ersten und großen Sünde ins Schlechtere verwandelt wurde."] – Augustinus kommt im XIV Buch der „Civitas Dei" zu wiederholten Malen auf diesen „Ungehorsam" der Genitalien zu sprechen (siehe bes. Kap. 16 und 24).
[7] Hinkelammert (1985); Schaumberger/Schottroff (1988); Scheel (1991); Schoonenberg (1966); Sievernich (1982).
[8] Bei Althaus: Theologie Luthers (²1963), 129, Anm. 8) – Luther wörtlich: „Nun geet in die

auf die Worte Jesu, Mt. 5, 21-22,[9] zu sprechen gekommen, in denen Jesus bereits eine Ablehnung des Mitmenschen als Hinführung auf das Töten brandmarkt. Aber bedarf es einer Offenbarung durch den Gottessohn, um böse Absichten zu erkennen? Luther kommentiert, dass wir aus Selbstbeobachtung die Erfahrung unserer Bosheit machen können: „... wann ich ainen soll fraindtlich ansehen dem ich feynd bin, das merckt man doch an dem zaichen und geberden, das das hertz nitt da sey. Dann das hertz lasst sich nit fahen ⟨fangen⟩, Sonder brycht herauß und beweyset sich durch geberden oder wort.“[10] Althaus schreibt: „Unter dem Wort der Schrift lernt der Mensch sich selber erst ganz kennen. Und umgekehrt: die Worte der Schrift, jedenfalls die Bekenntnisse der Psalmen und des Apostels Paulus, auf die Luther immer wieder hinweist und sich beruft, drücken die Erfahrung aus, welche Menschen in der Begegnung Gottes mit ihnen an sich selbst gemacht haben. So ist die Berufung auf die Schrift hier zugleich eine solche auf die menschliche Erfahrung vor Gott.“[11]

Die Dinge werden klarer, wenn wir Luthers Sündenverständnis nachgehen. In dem obigen Zitat aus den Schmalkaldischen Artikel haben wir als Sünden „die bösen Werke, so in den zehn Geboten verboten sind“ bezeichnet gefunden. Davon hebt Luther gleich zu Anfang „Unglauben, falschen Glauben, Abgötterei, ohn Gottesfurcht sein, Vermessenheit, verzweifeln, Blindheit und Summa: Gott nicht kennen oder achten“ hervor. Bei alledem handelt es sich um die Beschreibung der Verletzung des ersten Gebotes „Du sollst nicht andere Götter haben“. Soweit ich Luthers Theologie kennenlernen konnte, fand ich, dass ihm das erste Gebot von allen stets das wichtigste war, daher ist ihm auch die Übertretung dieses Gebotes die Hauptsünde und Ursprung aller anderen Sünden.

Einer der bewegendsten Texte Luthers überhaupt ist die Auslegung des ersten Gebotes im Großen Katechismus.[12] Dort kommt er in seiner Erklärung mit den Worten „Das ist, du sollt mich alleine fur Deinen Gott halten“[13] sofort auf den einen Gott zu sprechen und redet von ihm letztlich „evangelisch“ (nämlich nicht nur „gesetzlich“), indem er Gott als eine Quelle aller Güter, ja die Güte selbst, definiert, in Luthers unnachahmlicher Sprache: Gott ist „ein ewiger Quellbrunn, der sich mit eitel Güte übergeußet

---

Erfarung und sehet an ander leüt und auch eüch selbs, Da werdt ir befynden das im nyemandt darauß helffen kann Auß dyßem boeßwilligen hertzen, das in die natur des menschen so tyeff ist eingepflantzt.“ (WA 10/III, 245a, 11ff).

[9] „Ihr habt gehört, dass zu den Alten gesagt ist: ‚Du sollst nicht töten, wer aber tötet, der soll des Gerichts schuldig sein. Ich aber sage euch: Wer mit seinem Bruder zürnt, der ist des Gerichts schuldig, wer aber zu seinem Bruder sagt: Raka ⟨Du Nichtsnutz⟩!, der ist des Hohen Rats schuldig ...“.

[10] WA 10/III, 245a, 5ff.

[11] Althaus: Theologie (²1963), 129.

[12] Bekenntnisschriften (¹⁰1986), 560-572.

[13] Bekenntnisschriften (¹⁰1986), 560.

und von dem alles, was gut ist und heißet, ausfleußt"[14]. – Darin tritt nun die Sünde in massivster Weise hervor, dass wir uns von diesem „ewigen Quellbrunn" abwenden! Haben wir uns aber einmal gewöhnt, anderswoher abgestandenes Wasser zu schöpfen und zu trinken, dann ist uns der Geschmack des Quellwassers fremd geworden. Somit können wir ohne die Offenbarung Gottes gar nicht wissen, von wem wir uns abgewendet haben. – Nun aber ist folgende dialektische Umwendung in Luthers Sündentheorie zu konstatieren:

Luther will nicht die Sünde um ihrer selbst willen aufzeigen! Häufig redet er überraschender Weise gerade im Zusammenhang mit Gottes Güte, Gnade und Rechtfertigung von der Sünde. Vielmehr will Luther aufzeigen, wie sich uns Gott zuwendet, mit dem Evangelium zu uns spricht, uns begnadet und uns zu guten Werken in Gemeinschaft mit ihm befähigt. Begreifen wir das und nehmen wir das an, dann geht uns ein Licht auf, es „geht" uns aber auch Dunkelheit „auf", nämlich die Einsicht, dass wir vorher im Dunkeln, in der Sünde waren.

Ich wiederhole ein schon gebrachtes Zitat von Gerhard Ebeling: „Wie man die Sünde als ein Nichtwollen, daß Gott Gott sei, charakterisieren kann, so will auch der Sünder nicht, daß er Sünder sei, wie er gleichfalls nicht will, daß er Geschöpf sei. Der Sünder will also die Sünde nicht wahrhaben. Würde er sie wahrnehmen und wahrhaben, wäre er schon nicht mehr im eigentlichen Sinne Sünder."[15] – So gesehen, sind wir durch die Erkenntnis der Gnade allererst Sünder, durch die Erkenntnis der Sünde aber nicht mehr Sünder!

Wir waren aber in Sünde, weil wir in „Unglauben, falschem Glauben, Abgötterei, ohne Gottesfurcht, Vermessenheit, Verzweiflung und Blindheit" waren und „Gott nicht gekannt oder geachtet" haben. Ich darf auch die Formel Melanchthons aus der Confessio Augustana/ Artikel II (De peccato originis/ Von der Erbsünde) über den Menschen wiederholen, er werde „sine metu Dei, sine fiducia erga Deum"[16] geboren. Mit Luther und Melanchthon müssen wir somit Sünde als Unglauben definieren. Darin zeigt sich etwas wesentlich Reformatorisches: Nicht die „Sieben Todsünden" oder die verschiedenen einzelnen Sünden gefährden gemäß den Reformatoren den Menschen so sehr wie die eine Haupt-Sünde, genannt Unglaube; mit Unglauben aber wird der Mensch geboren, wie ich jetzt aus dem Artikel II der Augustana vollständig zitieren darf: „Item docent, quod post lapsum Adae omnes homines, secundum naturam propagati, nascantur cum peccato, hoc est, sine metu Dei, sine fiducia erga Deum et cum concupiscentia…"[17] – Eine der Bibelstellen, die Luther gerne zur Definition der Sünde

[14] Bekenntnisschriften ([10]1986), 565f.
[15] Ebeling (1979), Bd. 1, 365.
[16] Bekenntnisschriften ([10]1986), 53 („ohne Gottesfurcht, ohne Glauben an Gott").
[17] Bekenntnisschriften ([10]1986), 53 (Dort lautet er deutsche Text des Bekenntnisses: „Weiters wird bei uns gelehrt, dass nach Adams Fall alle Menschen, so naturlich geborn werden, in

heranzieht, ist Röm 14, 22: „Was aber nicht aus dem Glauben kommt, das ist Sünde." Umgekehrt führt der Glaube aus der Sünde heraus.

Ist Sünde aber Unglaube, dann ist sie *Gottlosigkeit* und Entfernung von Gott. Eine solche Gottferne wird nach Luther – und dabei ist er mit der gesamten Christenheit einig – durch Jesus Christus überwunden, denn so legt Luther im zweiten Glaubensartikel („Ich glaube ... an Jesum Christum, seinen eingeborenen Sohn, unsern Herrn ...") das Wort „Herr" aus: „Das sei nu die Summa dieses Artikels, daß das Wortlin ‚HERR' aufs einfältigste soviel heiße als ein Erloser, das ist, der uns vom Teufel zu Gotte, vom Tod zum Leben, von Sund zur Gerechtigkeit bracht hat und dabei erhält."[18]

Der Widerpart von Luthers Sündenlehre ist also seine Gerechtigkeitslehre, terminologisch genauer: die *Rechtfertigungslehre*, die im 2. Kapitel behandelt wurde. Aber die Rechtfertigungslehre ist nicht nur der Widerpart der Sündenlehre bzw. die Sündenlehre der Widerpart der Rechtfertigungslehre, sondern beide sind eine Einheit, sind die *eine* Lehre über den Weg „von der Sünde zur Gerechtigkeit". Das zeigt sich daran, dass Luther zwar indirekt immer implizit über den anderen Begriff spricht, wenn er über den einen spricht, dass er aber an so manchen Stellen den anderen Begriff gar nicht erwähnt, wenn er über den einen spricht. So mussten wir bisher schon immer die Gerechtigkeit mitdenken, wenn von Sünde die Rede war, die Nähe Gottes, wenn von Gottferne die Rede war; aber auch umgekehrt: Die Rede von der Rechtfertigung hat gar keinen Sinn, wenn sie sich nicht an die Ungerechtfertigten, d.h. an die Sünder, richtet. Denn wer sollte sonst gerechtfertigt werden als die Sünder? Damit ergibt sich aber auch, dass Luther uns *nicht* ständig unser Sündersein vorhalten, uns schlecht machen muss, wenn er uns die Rechtfertigung erklärt. Die Rechtfertigungslehre kann, wie wir schon sahen, in gewisser Heiterkeit für sich entfaltet werden, denn: Rechtfertigung heißt Evangelium und Befreiung von der Sünde, und die Rechtfertigung als Inbegriff der Gaben Gottes bewirkt Einsicht, Glück, Gottverbundenheit, Gottesliebe und insgesamt überhaupt Leben.

Sunden empfangen und geborn werden, das ist, dass sie alle von Mutterleib an voll boser Lust und Neigung seind und kein wahre Gottesfurcht, keinen wahren Glauben an Gott von Natur haben können ...")

[18] Bekenntnisschriften ([10]1986), 652.

7. Unglaube, der Teufel und die dunklen Seiten Luthers

Im Großen und Ganzen bemühe ich mich in dieser meiner Darstellung, das Hilfreiche und Brauchbare an Luthers ethischen Reflexionen und Anweisungen herauszuarbeiten.

Daneben darf ich jedoch Luthers dunkle Seiten nicht verschweigen. Ich meine damit nicht die persönlichen Schwächen des Reformators (eine solche Schwäche scheint der Jähzorn gewesen zu sein, unter dem, so wird berichtet, manchmal sein Mitarbeiter Melanchthon zu leiden hatte) – wer hat die nicht? –, sondern solche, die sich auf sein ethisches Urteil auswirkten.

Eine solche dunkle Seite scheint zu sein, dass Luther oft und oft vom Vorhandensein von Sünde und Unglauben stracks auf das Wirken des Teufels schließt. Im Großen Katechismus lasen wir gerade vorhin: „Das sei nu die Summa dieses Artikels, daß das Wortlin ‚HERR‘ aufs einfältigste soviel heiße als ein Erlöser, das ist, der uns vom Teufel zu Gotte, vom Tod zum Leben, von Sund zur Gerechtigkeit bracht hat und dabei erhält.“[1] In den Schmalkaldischen Artikeln hat es geheißen: „Hie mussen wir bekennen, wie S. Paulus Ro. 5. sagt, daß die Sunde sei von Adam, dem einigen Menschen, herkommen, durch welchs Ungehorsam alle Menschen sind Sunder worden und dem Tod und dem Teufel unterworfen.“[2] – Der Teufel ist in diesen und vielen anderen Sätzen zweifellos nicht metaphorisch gemeint, Luther geht auch weit über die biblischen Erwähnungen des Teufels hinaus. So bezieht er sich anlässlich der „Antinomerdisputation“ von 1539 zwar auf 2. Kor. 4, 3–4,[3] geht aber weit darüber hinaus, wenn er den Teufel bzw. sein Herr-sein „einen Artikel des Glaubens“ nennt: „Aber der Teuffel ist herr inn der welt, und ich habe es selbs nie koennen gleuben, das der Teuffel solt Herr und Gott der welt sein, bis ichs nu mals zimlich erfaren, das es auch ein artickel des glaubens sey: Princeps mundi, Deus huius seculi, Es bleibet aber (Gott lob) wol ungegleubt bey den menschen kindern, und ich selbs auch schwechlich ⟨nicht recht⟩ gleube, Denn einem iglichem gefellet seine weise wol, Und hoffen alle, das der Teuffel sey jenseid dem Meer, Und Gott sey inn unser tasschen.“[4] – Sicher, nicht die Spekulationen über den Teufel als solche bewegen Luther, sondern die Sorge um die Reformation, und dass der Teufel das „Windlicht“ des Wortes Gottes auslöschen könnte: „Erhaltet

---

[1] Bekenntnisschriften ([10]1986), 652.
[2] Bekenntnisschriften ([10]1986), 433.
[3] „Ist nun aber unser Evangelium verdeckt, so ist's denen verdeckt, die verloren werden, den Ungläubigen, denen der Gott dieser Welt den Sinn verblendet hat, dass sie nicht sehen das helle Licht des Evangeliums von der Herrlichkeit Christi, welcher ist das Ebenbild Gottes.“
[4] WA 50, 473, 34ff.

das arme Wind liecht Gottes, seid gewarnet und gerustet, als die alle stunde gewarten mussen, wo euch der Teuffel ettwa eine scheiben oder fenster ausstosse, thur oder dach auff reisse, das liecht aus zu lesschen, Denn er stirbt nicht fur dem Juengsten tage."[5]

Das Mittelalter mit seinen Vorstellungen, bildlichen Darstellungen und Ängsten vor dem Teufel war sicherlich keine aufgeklärte Epoche. Ich vermute aber, dass es dabei von der frühen Neuzeit übertroffen wurde. So nahmen die Ketzer- und Hexenverfolgungen offensichtlich zu. (Auch die Protestanten beteiligten sich leider hieran.) Und Luthers Erwähnungen des Teufels in seinen Schriften sind schier unzählbar. In keinem Schriftenkorpus habe ich so viel vom Teufel gelesen als im Werk Martin Luthers; vergleichbar scheint mir nur die Faust-Tradition, beginnend mit dem Volksbuch „Historia von Doktor Johann Fausten" bis Goethes „Faust". – Der historische Doktor Faust war übrigens ein Zeitgenosse des Reformators, der bei Luthers Tischreden erwähnt wurde![6] – Mit fortschreitendem Alter scheint Luther sich, die evangelische Bewegung, ja die gesamte Welt mehr und mehr vom Teufel bedroht gesehen zu haben.

Vielleicht darf ich soviel festhalten: Sowohl die Beibehaltung von Luthers Teufelsvorstellung als auch ihre Ablehnung bringt uns in Schwierigkeiten:

a) Ihre bedenkenlose Beibehaltung würde uns dem spätmittelalterlich-frühneuzeitlichen Weltbild ausliefern, das zwar veranlasst durch biblisch-antike Berichte über Dämonen, aber in monströser Steigerung der Dämonenfurcht, zur Verfolgung von Ketzern, Hexen und Zauberern (weil sie angeblich mit dem Teufel im Bunde waren) geschritten ist.

b) Die bedenkenlose Ablehnung von Luthers Teufelsvorstellung wiederum würde nicht nur den ungewöhnlichen Ernst Luthers, wenn er von der Bedrohung durch den Satan spricht, übersehen, sondern auch unser aufgeklärtes Weltbild absolut setzen. Wenn wir die noch nie dagewesenen Ausbrüche von Gewalt, Hass, Krieg, Massen- und Völkermord im 20. Jahrhundert bedenken, müssen wir zugeben, dass Aufklärung und Vernunft nur wenig für ein friedliches Zusammenleben bewirkt und die letztlich unfassbaren Gräuel des 20. Jahrhundert nicht verhindert haben. Wir können und dürfen selber nicht in einen Dämonenglauben zurückfallen – es erklärt nichts, wenn wir Hitler, Stalin oder andere Massenmörder als „Teufel" bezeichnen oder von „satanischen" Foltermethoden unter älteren und neueren Terrorregimen reden. Kurz: Luther hat mit seiner Teufelsvorstellung eine Bedrohung bezeichnet, die uns heute wegen der Problematik des Dämonenglaubens fast noch unerklärlicher ist als zu Luthers Zeiten …

---

[5] WA 50, 47, 13ff.

[6] WA Tischreden 1, 534, 20ff (Nr. 1059): „Cum forte in coena facta fuisset mentio magi cuiusdam nomine Fausti, dixit Coctor serio: Diabolus non utitur opera magorum contra me, sed si potuisset me laedere, iam diu fecisset. (Als beim Essen zufällig der Name eines gewissen Zauberers ,Faustus' gefallen war, sagte der Doktor ernstlich: Der Teufel bedient sich gegen mich keiner Zauberkünste, wenn er mir aber hätte schaden wollen, hätte er das schon längst getan.) Er hat mich wol beim Kopff schon gehabt und hat mich dennoch mussen gehen lassen."

7.1. Luther sieht den Teufel im Papsttum[7]

Neben dem für uns vielleicht noch einigermaßen verständlichen Bemühen, die Bedrohungen durch das Böse zu benennen, scheint es Luthers menschlich-allzumenschliche Richtlinie gewesen zu sein, wenn er irgendwo den Teufel ausmachte: Wer gegen mich und meine Reformation ist, hinter dem kann nur der Teufel stecken; und so findet sich der Vorwurf „vom Teufel" zu sein, sowohl gegen das Papsttum, als auch gegen die „Schwärmer", die Juden und die Türken gerichtet.

Freilich: Das Papsttum wusste sich wohl gegen Luther zu wehren. Es war zwar der erste und am meisten angefeindete Gegner Luthers, hatte aber den Kaiser, Könige und Fürsten, sowie prominente Gelehrte auf seiner Seite. Die Türken kümmerten sich, soviel bekannt ist, keinen Deut um die Anwürfe Luthers ... Der Teufelsvorwurf gegen „Schwärmer" (Täufer, politische Reformatoren, Mystiker) und Juden zeitigte freilich heftige Verfolgungen durch die „Obrigkeit", die Luther geradewegs zu solchen Verfolgungen aufrief. Zwar bildete Luthers Gegnerschaft nicht den alleinigen Auslöser für die Verfolgungen, aber in den reformatorisch gewordenen Territorien hatte seine Meinung großen Einfluss. Seine Judenfeindschaft sollte nicht nur im 16. Jahrhundert den Bekämpften das Leben schwer machen, sondern eine Langzeitwirkung im 20. Jahrhundert haben, als die Nationalsozialisten Luthers Judenfeindschaft nebst einigen seiner Aussprüche zur Untermauerung ihrer Vernichtungspolitik gegen das jüdische Volk benutzten.

Zuerst möchte ich Luthers Teufelsvorstellung am Beispiel seiner Gegnerschaft zum Papsttum studieren. Der traurigen und grauenhaften Judenfeindschaft Luthers und ihrer Fernwirkung soll der darauf folgende Abschnitt gewidmet sein.

Neben massenhaft im Gesamtwerk Luthers verstreuten Bemerkungen, existieren eine Reihe von Schriften, die „Papst" oder „Papsttum" im Titel haben,[8] aus denen ich zuerst die Schrift „Warum des Papsts und seiner Jünger Bücher verbrannt sind" aus 1520 herausgreife.

Die Situation, der diese Schrift ihre Entstehung verdankt, ist ziemlich brisant: 1520 erhielt Luther die gegen ihn gerichtete Bannandrohungsbulle.

---

[7] Allgemeine Literatur: Bäumer ([5]1987); H.-M. Barth (1967); Baumann (1977); Bizer (1958); Bühler (1942); Ebeling (1989), 246–271 (§44 „Luthers Reden vom Teufel"); Grisar (1923); Hendrix (1981); Obendieck (1931); Pfürtner (1984); Russel (1994).

[8] Besonders wichtig sind: Resolutio Lutheriana super propositione sua decima tertia de potestate papae, 1519 (WA 2, 183–240); Von dem Papsttum zu Rom, wider den hochberühmten Romanisten zu Leipzig, 1520 (WA 6, 281–324); Warum des Papsts und seiner Jünger Bücher verbrannt sind, 1520 (WA 7, 161–182); Wider den falsch genannten geistlichen Stand des Papsts und der Bischöfe, 1522 (WA 10/ II, 105–158); Deutung der zwei gräulichen Figuren, Papstesels zu Rom und Mönchkalbs zu Freiberg in Meißen gefunden, 1523 (WA 11, 369–385) Das Papsttum mit seinen Gliedern, gemalt und beschrieben, 1526 (WA 19, 7–43); Wider das Papsttum zu Rom, vom Teufel gestiftet, 1545 (WA 54, 206–299).

Er verbrannte sie und die Bücher des kanonischen (päpstlichen) Rechts am 10. Dezember öffentlich. Dies ist zweifellos eine sehr problematische Aktion, wenn Luther sich auch auf ein Vorbild seiner Bücherverbrennung, von dem wir in der Apostelgeschichte erfahren,[9] berufen konnte.[10]

In seiner Schrift nun verteidigt sich Luther weniger, als dass er vielmehr das Papsttum angreift. Schon ziemlich am Anfang lesen wir von den wichtigsten Motiven Luthers zu der Bücherverbrennung in Wittenberg und zu seiner grundsätzlichen Gegnerschaft gegen das Papsttum, dass nämlich der Papst und die päpstlichen Verführer („der Pabst und die Bepstischen vorfurer") „die Evangelische lere vordamnen und vorprennen, yhr Endchristische, teufflische lere zu bestetigen und erhalten"[11]. Aus diesen Worten können wir mehreres entnehmen:

Punkt eins: Luther betrachtet seine Gegenwart als die Endzeit. In ihr findet die apokalyptische Entscheidung darüber statt, ob der Teufel das Evangelium zu vernichten vermag, oder nicht. Sein endzeitliches Bewusstsein gewinnt Luther aus der Erschütterung darüber, dass die (römische) Kirche, die doch das Evangelium hätte fördern müssen, die Reformation (Luthers Reformation!), die das Evangelium wiederentdeckt hatte, ablehnte. In diesem Bewusstsein liegt ein Zirkel: Weil das Evangelium unterdrückt wird, ist Endzeit – weil Endzeit ist, wird das Evangelium unterdrückt. Heute wissen wir, dass mit Luther nicht die Endzeit angebrochen war, sondern die Geschichte weiterging, und dass das Evangelium zu allen Zeiten, sei es umstritten, sei es vergessen, sei es auch verschieden verstanden wird.

Punkt zwei: Luther fühlt die gesamte Verantwortung, das Evangelium zu vertreten und zu verteidigen, auf sich ruhen, ja er identifiziert seine Lehre geradezu mit dem Evangelium. An diesem Punkt wird des öfteren die Schwäche von Luthers Argumentationsweise sichtbar: Er kann nicht präzise genug zwischen sich als Vertreter des Evangeliums und dem Evangelium selber differenzieren.

Punkt drei: Weil die Gegeninstanz, seine „päpstlichen" Feinde, die Evangeliumsverkündigung hindern, das Evangelium aber von Christus ausgeht, kann die Gegeninstanz nur der Antichrist (Luther: „Endchrist") sein und die Lehre der päpstlichen Partei eine teuflische Lehre.

Interessant ist, dass Luther sehr wohl einen Unterschied zwischen dem regierenden Papst, Leo X., und dem Papst*tum* macht und meint, dass Leo X. gar nicht gegen ihn wäre: „Ich glaub auch nit, das sie des befelh haben von dem Bapst Leo dem tzehendenn, ßo viel es an seyner person ligt …"[12]

---

[9] Dort wird in Kapitel 19 von der Missionstätigkeit des Apostels Paulus in Ephesus berichtet. Von einigen Bekehrten heißt es, dass sie *selber* die Bücher ihres abgelegten Aberglaubens verbrannten: „Viele aber, die Zauberei getrieben hatten, brachten die Bücher zusammen und verbrannten sie öffentlich …" (Act. 19,19).

[10] WA 7,161a,6.

[11] WA 7,163a,1–7 (= Clemen, 2,29).

[12] WA 7,163a,9f (= Clemen 2,29).

Freilich wird die Auseinandersetzung dadurch für Luther nur noch umso dramatischer, denn die erwähnte Unterscheidung befestigt ihn in seiner Ansicht, nicht gegen eine menschliche Person, nicht gegen „Fleisch und Blut", sondern gegen den Satan selbst zu kämpfen.

Woraus gewinnt nun Luther diese Ansicht? – Schon im ersten der „Irrtümer des geistlichen Rechts und der päpstlichen Bücher" formuliert er seine zentrale Kritik: „Der Bapst und die seynen seynd nit schuldig, gottis gepotten unterthan und gehorsam zu seyn."[13] Die darauf folgende Aufzählung der Irrtümer schließt er mit dem Vorwurf: „Der Bapst ist eyn gott auff erdenn ubir alle hymlische, erdisch, geystlich unnd weltlich und ist alles seynn eygenn, dem niemandt darff sagenn ‚Was thustu?‘"[14] Freilich, die Stellen aus dem kanonischen Recht, die Luther zwischen diesen beiden Vorwürfen zitiert, geben die Grundlage für seinen Angriff nicht her. Weder findet sich im kanonischen Recht die Bestimmung, dass der Papst dem Gebot Gottes nicht gehorsam zu sein brauche, und umso weniger, er sei ein „Gott auf Erden". Hätte Luther auch aus der besonders extreme Ansprüche formulierenden Bulle „Unam sanctam" Bonifaz' VIII. von 1302 zitiert, wo es heißt: „Porro subesse Romano Pontifici omni humanae creaturae declaramus, dicimus, diffinimus omnino esse de necessitate salutis"[15], wären nicht einmal dort die erwähnten anmaßenden Behauptungen zu finden gewesen; Luther hat sie bloß erschlossen!

Luthers Auslassungen gegen das Papsttum im Allgemeinen und gegen das päpstliche Recht im Besonderen sind nur im Zusammenhang mit Luthers Wiederentdeckung der Bibel und des Evangeliums zu interpretieren. Das Evangelium streicht nach Luther jedes gesetzliche Denken über Gott und den Glauben durch: Was rechtens wäre, nämlich den Menschen für seine Gottferne und Sünde zu bestrafen, erklärt Gott für ungültig und überwindet damit seinerseits die Distanz zu uns. Die Bibel als ganze ist dabei das Mittel, uns unserer Situation und des Nahekommens Gottes bewusst zu werden. Da kann das Dazwischentreten einer päpstlichen Instanz, noch dazu, da sie massenhaft neue Gesetze erlässt, nur hinderlich sein. Aber warum ist das Papsttum vom Teufel?

Gegen die Hoheit des Papsttums argumentiert Luther mit biblischen Sätzen: „S. Peter gepeutt 1. Pet. 6. ⟨1. Petr. 5, 5?⟩ ‚Ihr sollet alle gegenander demutig seyn‘, Und S. Pauel Ro. 12 ⟨Röm. 12, 10⟩. ‚Ein yglicher halt den andernn hoeher dann sich‘, Und Christus viel mal sagt ⟨Mt. 20, 26f; 23, 11 u. ö.⟩ ‚Wer der groeßsist seyn will, der sey der geringst‘ ... Darumb ists und mag nit war seyn, das der Bapst niemant unterworffen noch zu richten sey,

---

[13] WA 7, 165a, 5f (= Clemen, 2, 29).

[14] WA 7, 177a, 8f (= Clemen, 2, 35).

[15] Denzinger/ Hünermann (1991), 387 (Nr. 875) („Wie erklären, sagen und definieren nun aber, daß es für jedes menschliche Geschöpf unbedingt notwendig zum Heil ist, dem Römischen Bischof unterworfen zu sein.)

sondern er soll yderman unterhan und zu richten seyn, die weyl er der ubirst seyn will."[16] Besonders erbost Luther als Bibelexegeten und -übersetzer, der jedermann die Kompetenz zum Bibelverständnis vermitteln will, die Anmaßung „das der Bapst macht habe, die heyligen schrifft noch seynem eygen willen zu deuttenn und furen und niemant lassen die selben anders den er will deuten, Damit er sich ubir gottis wort setzt und dasselb zureysset und vortilget."[17] Dieses Sich-Stellen über die heilige Schrift bringt Luther nun zur Überzeugung, der Papst müsse der Antichrist sein: „Das nit der Bapst von der schrifft, sondern die schrifft von yhm habe glaubwirdigen bestandt, crafft und ehre, wilchs der heubtartickel eyner ist, darumb er als eyn rechter Endchrist vordient, das yhn Christus vom hymel selbst mit seynem regiment zurstore ..."[18]

Dass ein solcher „Endchrist" (= Antichrist) kommen müsse, entnimmt Luther der einigermaßen dunklen Bibelstelle 2. Thess. 2, 3–10, die er abgekürzt zitiert.[19] Wahrscheinlich ist dort das heidnische Rom, seine antichristliche Religionspolitik und/ oder der Kaiser, der sich als Gott verehren ließ, gemeint. Die späteren Christen haben sie vielleicht auf so mancherlei „Antichristen" bezogen; Luther bezieht sie auf das kirchliche Rom.

In seiner Spätzeit verschärft Luther seine Angriffe gegen das Papsttum nur noch. In der „Zirkulardisputation über das Recht des Widerstands gegen den Kaiser (Matthäus 19, 21)"[20] vom 9. Mai 1539, von der weiter unten anlässlich des Problems des Widerstandsrechtes die Rede sein wird (Abschnitt 11.2.), argumentiert Luther, wie folgt: Alle Menschen müssten sich in einen der drei Stände (der „göttlichen Hierarchien") einordnen, nämlich den status oeconomicus (Hausstand), status politicus (Obrigkeit) oder status ecclesiasticus (kirchlicher Stand). Bezogen auf diese Sozialordnung will Luther zeigen, „das der Bapst unter keinem dieser von Gott geordneten Stenden, gefunden, Sonder sölchen Göttlichen Ordnungen ein offentcher(!) Feind und Verfolger sey"[21]. Luthers Argumentation ist also im Zusammenhang mit seiner Soziallehre zu sehen, die freilich nichts Neues, sondern gängige Doktrin war.[22]

In der „Zirkulardisputation" formuliert Luther sodann „Schlußreden"

---

[16] WA 7, 168a, 8–16 (= Clemen 2, 31).
[17] WA 7, 175a, 9f (= Clemen 2, 34).
[18] WA 7, 175a, 15ff (= Clemen 2, 34f).
[19] WA 7, 176a, 9ff (= Clemen 2, 35) 2. Thess. 2, 3f in modernem Deutsch: „Lasst euch von niemandem verführen, in keinerlei Weise; denn zuvor muss der Abfall kommen und der Mensch der Bosheit offenbart werden, der Sohn des Verderbens. Er ist der Widersacher, der sich erhebt über alles, was Gott oder Gottesdienst heißt, so dass er sich in den Tempel Gottes setzt und vorgibt, er sei Gott."
[20] WA 39/II, 34ff (Mt. 19, 21: „Jesus sprach zu ihm: Willst du vollkommen sein, so gehe hin, verkaufe, was du hast, und gib's den Armen, so wirst du einen Schatz im Himmel haben; und komm und folge mir nach!" – Die Disputation bezieht sich aber nur im ersten Teil auf Fragen des Besitzes.)
[21] WA 39/II, 44, 11ff.
[22] Über die drei „Stände" siehe unten in Abschnitt 9.3.

(schlussfolgernde Thesen), in denen er behauptet, der Papst stelle sich außerhalb des status ecclesiasticus, weil er das Evangelium mit Füßen tritt (53. Schlussrede), er gehöre aber auch nicht in den status politicus, weil er selber angibt, über jeder weltlichen Obrigkeit zu stehen (54. Schlussrede), und weiters sei er außerhalb des status oeconomicus, ja sogar dessen Feind, weil er den Pfarrern Heirat und Ehestand verbietet (55. Schlussrede). – Der Papst befindet sich also außer jeder Sozialordnung, daher folgert Luther: „Er ist aber die mißgeschoepffe und grewel, von welcher Daniel sagt, der alles so Gott genennet wird und fürnemlich den Gott aller götter sich widersetzet."[23] Luther nennt den Papst deshalb „Beerwolf" (58. Schlussrede), und erklärt dieses Wort in der 59. Schlussrede: „Diß ist ein Thier dz wol ein Wolf ist, aber mit dem Teufel besessen, zerreisset alles, unnd entlaufft allen spiessen und waffen."[24]

Bernhard Lohse: „Der angestrebte Nachweis, dass für das Papsttum in keiner der drei Hierarchien Platz ist, dürfte das zentrale Anliegen Luthers gewesen sein. Deshalb sei der Widerstand gegen das Papsttum geboten."[25] Für den Luther der Spätzeit und insbesondere der „Zirkulardisputation" ist charakteristisch, dass er das Papsttum nicht bloß wegen seiner Gegnerschaft zum Evangelium bekämpft, sondern auch, weil das Papsttum aus der (von Luther vertretenen) Sozialordnung herausfällt.

Die Schrift „Wider das Papsttum zu Rom, vom Teufel gestiftet" aus dem Jahre 1545 ist weniger apokalyptisch oder „satanologisch" als der Titel vermuten lässt: Luther polemisiert dort nämlich gegen das von Papst Paul III. nach vielen Verschiebungen endlich nach Trient einberufene allgemeine Konzil; er diskutiert die Bedingungen der Einberufung des Konzils anhand historischer Beispiele und publiziert seine Meinung, dass das Konzil überhaupt nicht beabsichtige, redlich auf die Anliegen der Reformation einzugehen. Luther stützt seine Ansicht, das Papsttum sei die Quelle des Unglaubens, mit den Erfahrungen seiner eigenen Romreise von 1510/11: „Denn auch fast alle, die von Rom wider komen, bringen mit sich ein Bepstlich gewissen, das ist, einen Epicureischen glauben. Denn das ist gewis, das der Bapst und Cardinal, sampt seiner Bubenschulen gar nichts gleuben, lachens dazu, wenn sie vom glauben hoeren sagen. Und ich selbs zu Rom hoeret auff den gassen frey reden: Ist eine Helle, so stehet Rom drauff. Das ist: nach den Teufeln selbs ist kein erger Volck denn der Bapst mit den seinen. Darumb ists nicht wunder, das sie sich fuer dem freien Concilio und das Liecht schewen."[26] Der Papst ist nach Luther nicht das „Haupt der Christenheit" und sollte das auch gar nicht sein, sondern der Bischof von

---

[23] WA 39/II, 49a, 6f.
[24] WA 39/II, 49a, 21f.
[25] Lohse (1995), 344.
[26] WA 54, 219, 31; 220, 4.

Rom.[27] Als einen solchen und sogar „letzte⟨n⟩ Bischoff zu Rom"[28] aner-
kennt Luther Gregor (I).

Warum aber sollte das auf Gregor folgende Papsttum „vom Teufel gestiftet" sein? Ähnlich wie oben mit den drei Ständen/ Hierarchien/ Ordnungen
argumentiert Luther hier mit sozialen bzw. politischen Kategorien. Er sagt,
es gebe nur zwei Ordnungen bzw. Regierungsweisen: die geistliche und die
weltliche.[29] In die geistliche lasse sich das Papsttum nicht einordnen, weil
es sich nicht den Konzilien unter-, sondern über sie stelle; die Konzilien
seien aber vom heiligen Geist regiert. Der weltlichen Regierung wolle das
Papsttum seine Macht gleichfalls nicht verdanken. „Wo kompt das Bapstum
her? Ich sage noch ⟨nach⟩ wie vor: Es kompt vom Teufel, weil es nicht von
der Kirchen, die Christus durch seinen heiligen Geist regiert, noch weltlicher oeberkeit kompt."[30]

Was können wir aus Luthers Spekulationen über den Teufel in seinen an-
tipäpstlichen Äußerungen entnehmen? – Primär geht der Reformator von
seiner eigenen Aufgabe und Berufung aus, den Menschen die Bibel nahe zu
bringen und insbesondere das Evangelium groß zu machen. Dabei greift er
keineswegs Inhalte auf, die der Papstkirche fremd gewesen wären. Die Bibel war ihm selbst von der mittelalterlichen (Papst-)Kirche in die Hand gegeben und er zu ihrem Ausleger berufen worden; die Bibel war und blieb
die selbstverständliche Grundlage jeder kirchlichen Lehre, und die spezi-
fisch *evangelische* Botschaft, sprich: die Lehre von Gottes Gnade und
Rechtfertigung war von den bedeutendsten christlichen Autoritäten wie
Paulus, Augustinus und Thomas von Aquin vertreten worden. Genau deshalb natürlich ist sich Luther seiner Sache und Berufung gewiss und umso
mehr fühlt er sich von seinen kirchlichen Vorgesetzen, dem Bischof von
Mainz und Magdeburg und dem Papst, missverstanden und verlassen. Hie-
rauf reagiert er in mehrfacher Weise: Einmal mit vielfältiger Reflexion auf
die Gestalt der vorhandenen Kirche in seinen Schriften und öffentlichen
Disputationen, sodann mit der Reformation von Gemeinden, in denen er
predigt und die er mit Hilfe seiner Mitarbeiter und der Anordnung der politischen Obrigkeiten umgestaltet.

Da sich nun aber die Gesamtkirche, vertreten durch Papst und Bischöfe,
von Luther nicht reformieren ließ, und er dafür keine rationalen Gründe
fand, blieb ihm ein irrationaler Rest; sosehr er sich anstrengte, er konnte
den Widerstand gegen die Reformation durch theologisches Nachdenken
nicht aufklären. Diesen irrationalen Widerstand „bewältigte", besser: de-
nunzierte er, indem er ihn mit den Namen „Antichrist", „Beerwolf", Satan
und Teufel benannte. Hinter seinen Feinden stellte sich Luther also eine
Macht vor, die wegen ihrer irrationalen und teuflischen Überlegenheit nicht

---

[27] WA 54, 238, 31ff.
[28] WA 54, 228, 28.
[29] Über Luthers Lehre von den beiden Reichen oder Regimenten siehe unten im Kapitel 8.
[30] WA 54, 236, 37; 237, 2.

mehr mit Reflexion und Disputation, sondern nur mehr mit Benennen, Schmähen und Schimpfen angegangen werden konnte. Solches Benennen („... vom Teufel gestiftet"), Schmähen und Schimpfen wird nicht nur dem Papsttum, sondern auch allen anderen irdischen Gegnern Luthers reichlich zu teil.

Luther wäre freilich trotz allem eine ganz andere Methode zur Bewältigung des irrationalen Widerstandes zur Verfügung gestanden, die der Dialektiker Luther sogar hie und da anwendete: ein Verstehen über das Gegenteil, „more dialectico" (in dialektischer Manier) oder „sub contraria specie" (unter der Gestalt des Gegenteils) sozusagen. Ich habe oben schon ein Beispiel dafür zitiert, den Satz Luthers in seinen Meditationsanweisungen von 1539 nämlich: „Denn ich selber ... habe seer viel meinen Papisten zu dancken, das sie mich durch des Teufels toben so zuschlagen, zudrenget und zuengstet, das ist, einen zimlich guten Theologen gemacht haben, dahin ich sonst nicht komen were."[31]

Dieser Satz ist wahrscheinlich aber auch unter dem Vorzeichen der Ironie (einer Figur der Dialektik bzw. Rhetorik!) zu lesen – möglicherweise sogar unter dem Vorzeichen der Selbstironie. Ansonsten ist mir ein „Dank" an die „Papisten" nicht untergekommen, leider auch kein Dank an die Juden, deren Sprache, das Hebräische, Luther kannte und deren heiligsten Text, die hebräische Bibel er als Exeget in Wittenberg regelmäßig auslegte.

7.2. Luther und die Juden[32]

Luthers Antijudaismus – so müssen wir heute urteilen – ist seine dunkelste Seite. Bis zum Völkermord („Schoa", „Holocaust") an den Juden im „Dritten Reich" hat man das nicht so gesehen. Wüssten wir nicht um diesen entsetzlichen Abschnitt unserer Geschichte, würden wir vielleicht Luthers Antijudaismus herunterspielen. Da sich aber die nationalsozialistischen Judenhasser u. a. auf Luthers antijüdische Schriften beriefen, wurde endgültig klar, welchen Zündstoff Luthers Antijudaismus in sich barg. Bewusst spreche ich von „Antijudaismus". Der Ausdruck „Antisemitismus" sollte für jene Ideologie des 19., 20. (und leider auch) 21.Jahrhunderts reserviert bleiben, die die theologischen und wirtschaftlichen Gründe der Judenverfolgung

---

[31] WA 50, 660, 10–14.
[32] Die wichtigsten einschlägigen Schriften Luthers zu dieser Thematik sind: Daß Jesus Christus ein geborener Jude sei, 1523 (WA 11, 314–336); Ein Sermon von des jüdischen Reichs und der Welt Ende, 1525 (WA 15, 741–758); An den Juden Josel (Brief vom 11. 6. 1537) (WA, Briefe, Nr. 3157); Wider die Sabbather an einen guten Freund, 1538 (WA 50, 312–337); Von den Juden und ihren Lügen, 1543 (WA 53, 417–552); Vom Schem Hamphoras und vom Geschlecht Christi, 1543 (WA 53, 579–648); Vermahnung wider die Juden, 1546 (WA 51, 195 f). Sekundärliteratur: Bienert 1982; Brosseder (1986); Kremers (1987); Meier (1968); Oberman (1981 u. 1983); Osten-Sacken (2002); Rogge (1969); Rupp (1972); Spät (2001); Wallmann (1986).

durch rassistische Gründe verschärft. Unter der Rubrik „theologische Gründe der Judenverfolgung" finden wir nun leider auch Luther mit einigen Schriften und als „Argumenten" daherkommenden Ausbrüchen von Judenfeindschaft.

Dabei hatte das Verhältnis Luthers zu den Juden in seiner Frühzeit beinahe hoffnungsvoll begonnen. (Freilich warnt Bernhard Lohse davor, dieses frühe Verhältnis allzu rosig zu sehen; auch damals schon warf Luther von seiner Rechtfertigungslehre her den Juden das Pochen auf die eigene Gerechtigkeit vor.)[33] Luther schrieb 1523 seine vergleichsweise judenfreundliche Schrift „Daß Jesus Christus ein geborener Jude sei". Die Juden bezieht Luther dabei in seine eigene kritische Perspektive auf das Christentum und die Kirche ein: „Denn unsere Narren die Bepste, Bischoff, Sophisten und Munche, die groben esels koppfe, haben bis her also mit den Juden gefaren, das, wer eyn gutter Christ were geweßen, hette wol mocht eyn Jude werden. Und wenn ich eyn Jude gewesen were und hette solche tolpell und knebel gesehen den Christen glauben regirn und leren, so were ich ehe eyn saw worden denn eyn Christen."[34] Luther übersieht ganz, dass seine und der Juden Beschwerden gegen die Kirche völlig verschieden waren: Luther klagte die innerkirchlichen Missstände an, die Juden aber litten darunter, dass sie wegen der Ausübung ihrer Religion zurückgesetzt und verfolgt wurden.

Zurücksetzung und Verfolgung der Juden kümmerten Luther nicht, vielmehr betrachtet er sie im Rahmen seiner Reformationsbemühung und wiegt sich in der Hoffnung „ob ich villeicht auch der Juden ettliche mocht tzum Christen glauben reytzen"[35].

Nun sind Übertritte vom Juden- zum Christentum immer wieder vorgekommen. Und Übertritte vom Christen- zum Judentum? In unseren westlichen Staaten betrachten wir Übertritte von einer Religion in die andere als Menschenrecht der Religionsfreiheit. In der Reformationszeit scheint es Übertritte vom Christen- zum Judentum gegeben zu haben. Mindestens hat Luther einen dementsprechenden Bericht (ein Gerücht?) gehört: „Nam in Morauia multos circumciderunt christianos et appellant eos novo nomine die Sabbather."[36] Dies nun aber erboste Luther gewaltig!

Zwar darf man im 16. Jahrhundert nicht dieselbe religiöse Toleranz erwarten wie in den Staaten des Westens in der Gegenwart; Luther jedoch ragt durch Intoleranz unter seinen Zeitgenossen hervor! Von Luthers Mitreformator und Freund, Philipp Melanchthon, z. B. sind mir keine antijüdischen Äußerungen bekannt, und ein anderer Reformator, der Straßbur-

---

[33] Lohse (1995) 360.
[34] WA 11, 314, 28; 315, 2.
[35] WA 11, 314, 27f.
[36] WA Tischreden, 3, 442, 5ff (Nr. 3597) [„Denn in Mähren haben sie viele Christen beschnitten und nennen sie mit dem neuen Namen, die Sabbather".]

ger Wolfgang Capito, setzte sich in folgender Situation ausdrücklich für die Anliegen der Juden ein:

Als im Jahre 1536 der Kurfürst von Sachsen, Johann Friedrich (ob unter Mitwirkung oder mit Billigung Luthers, ist nicht bekannt), den Juden den Aufenthalt in seinem Kurfürstentum, ja sogar die Durchreise, verbietet, bemüht sich der jüdische Advokat Josel von Rosheim[37] um die Aufhebung dieses Verbots. Luther nun, von Capito brieflich um Unterstützung Josels und Intervention beim Kurfürsten gebeten, schreibt an Josel, dass er sich keineswegs für die Anliegen der Juden verwenden wolle: „Mein lieber Jesel ⟨sic!⟩! Ich wollt wohl gerne gegen meinem gnädigsten Herren für Euch handeln, beide mit Worten und Schriften, wie denn auch mein Schrift ⟨‚Daß Jesus Christus ein geborener Jude sei‘⟩ der ganzen Jüdischheit gar viel gedienet hat; aber dieweil die Euren solchs meines Diensts so schändlich mißbrauchen und solche Ding fürnehmen, die uns Christen von ihnen nicht zu leiden sind, haben sie selbs damit mir genommen alle Forderung, die ich sonst hätte bei Fürsten und Herrn können tun."[38] – Peter von der Osten-Sacken kommentiert: „Hier kündigt sich ein Motiv an, das in späteren Äußerungen Luthers eine schwerwiegende Ausprägung findet. Vorerst praktiziert er die Nichtduldung, indem er Josel von Rosheim die erbetene Unterstützung verweigert. Nicht zuletzt belegt dieses Schreiben zweifelsfrei, dass Luther von der Erfolglosigkeit seiner Schrift von 1523 erheblich enttäuscht worden ist."[39]

Luther betont mehrmals die Feindschaft zwischen Christen und Juden, und stellt das so dar, als ob die Feindschaft von den Juden ausginge: „Denn ihr sehet, daß Eur Gefängnis zu lang will währen, und findet doch uns Heiden, welche Ihr für Eure höchste Feinde haltet, günstig und willig zu raten und helfen, ohn daß wir's nicht leiden können, daß Ihr Euer Blut und Fleisch, der Euch kein Leid getan hat, Jesum von Nazareth, verflucht und lästert, und (wenn Ihr könntet) all die Seinen umb alles brächtet, was sie sind und was sie haben."[40]

Von diesen Verdächtigungen und Anwürfen ist es nur mehr ein Schritt zur schlimmsten antijüdischen Schrift Luthers „Von den Juden und ihren Lügen" aus dem Jahre 1543. Auf sie trifft in vollem Ausmaß zu, was von der Osten-Sacken so formuliert: „Martin Luther hat der Nachwelt neben un-

---

[37] „The great advocate („shtadlan") of the German Jews during the reigns of the emperors Maximilian I. and Charles V.; born about 1480; died March, 1554, at Rosheim, Alsace ... Josel tried to help the Saxon Jews, who were threatened with expulsion by the elector John Frederick. He went to Saxony with letters of high recommendation to that prince from the magistrate of Strasburg and to Luther from Capito, the Alsatian reformer. But Luther had become embittered against the Jews on account of their faithfulness to their creed, and he refused every intercession, so that Josel did not obtain even an audience with the elector." (http://www.jewishencyclopedia.com/view.jsp?artid=440&letter=J).

[38] WA Briefe 8, 89, 1ff (Nr. 3157) [=Clemen 6, 409].

[39] Osten-Sacken (2002), 118.

[40] WA Briefe 8, 90, 44ff (Nr. 3157) [= Clemen 6, 410f)].

endlich viel Kostbarem auch die schwere Last einiger antijüdischer Schriften hinterlassen, deren Aggressivität, ja Gehässigkeit, in beträchtlichen Teilen jegliches Maß übersteigen."[41]

Luther zeigt sich voller Wut und Bitterkeit darüber, dass die Juden sein Liebeswerben ausschlagen. Er schiebt es auf die „verdammten Rabbinen", dass die Juden nicht Jesus als Messias anerkennen: „Aber ire verdampte Rabinen, so es wol anders wissen, ir arme Jugent und gemeinen Man so mutwilliglich vergifften, und von der warheit abwenden."[42] Sofort vermutet Luther, dahinter stecke der Teufel: „Denn ich solchen verstockten mut in keines Menschen Hertz, Sondern allein in des Teufels hertz, mich hette versehen."[43] – Luther geht auf die Geschichte Israels ein, vornehmlich mit Beispielen aus dem Alten Testament. Für die Gegenwart tischt er die Schauermärchen auf, Juden hätten Brunnen vergiftet und Kinder gestohlen und ermordet, die er freilich nicht ganz ernst nimmt,[44] was ihn aber nicht daran hindert, einen Generalverdacht auszusprechen: „Thun sie aber etwas gutes, So wisse, das es nicht aus liebe, noch dir zu gute geschicht, Sondern, weil sie raum haben muessen, bey uns zu wonen, muessen sie aus not etwas thun."[45] Gerade das aber will Luther nicht: „Dazu wissen wir noch heutiges tages nicht, welcher Teufel sie her in unser Land bracht hat, Wir haben sie zu Jerusalem nicht geholet."[46] Daher taucht die Frage auf: „Was wollen wir Christen nu thun mit diesem verworffen, verdampten Volck der Juden?"[47]

Luther gelangt zu einem entsetzlichen Programm in 7 Punkten, das die Obrigkeit ausführen möge:[48] 1.) „Erstlich, das man ire Synagoga oder Schule mit feur anstecke."[49] 2.) „Zum andern, das man auch ire Heuser des gleichen ze⟨r⟩breche und zerstoere."[50] 3.) „Zum dritten, das man inen neme alle ire Betbuechlin und Thalmudisten, darin solche Abgoetterey, luegen, fluch und lesterung geleret wird."[51] 4.) „Zum vierden, das man iren Rabinen bey leib und leben verbiete, hinfurt zu leren."[52] 5.) „Zum fuenfften, das

---

[41] Osten-Sacken (2002), 15.

[42] WA 53, 449, 16ff; Über die Nichtanerkennung Jesu als des Messias siehe auch WA 53, 480, 1ff.

[43] WA 53, 449, 24ff; Weiter unten heißt es: „... du leidiger Vater solcher lesterlichen Jueden, Du hellischer Teufel." (WA 53, 535, 21).

[44] WA 53, 482, 12ff; An der Stelle WA 53, 522, 3ff, gibt Luther aber Brunnenvergiftung und Kindermord für Tatsachen aus.

[45] WA 53, 482, 19ff.

[46] WA 53, 520, 31f.

[47] WA 53, 522, 29f.

[48] Dass Luther von der Obrigkeit Maßnahmen erwartet, geht aus dem Satz hervor: „Unsern Ober Herrn, so Jueden unter sich haben, wuendsche ich und bitte, da sie eine scharffe barmhertzigkeit wollten gegen diese elende Leute uben." (WA 53, 541, 25f).

[49] WA 53, 523, 1; Noch verschärfend heißt es später: „Das man ire Synagoga mit feur verbrenne, Und werfe hie zu, wer da kann, schwefel und pech, Wer auch hellisch feur kuendte zu werfen, were auch gut." (WA 53, 536, 23ff).

[50] WA 53, 523, 24.

[51] WA 53, 523, 30f.

[52] WA 53, 523, 32f.

man den Jueden das Geleid und Strasse gantz und gar auffhebe."[53] 6.) „Zum sechsten, das man inen den Wucher verbiete und neme inen alle bar-schafft und Kleinot an silber und Gold, und lege es beseit zu verwaren."[54] 7.) „Zum siebenden, das man den jungen starcken Jueden und Juedin in die hand gebe flegel, axt, karst, spaten, rocken, spindel, und lasse sie ir brot verdienen."[55]

Die schrecklichsten dieser Punkte könnten einem Programm der NSDAP entnommen sein, schlimmer noch: sie wurden im nationalsozialistischen Deutschland tatsächlich ausgeführt. Julius Streicher, eine Nazigröße, der im Kriegsverbrecherprozess in Nürnberg angeklagt war, sagte vor Gericht am 29. April 1946: „Wenn Martin Luther heute lebte, dann säße er hier an meiner Stelle als Angeklagter."[56]

Gott sei Dank, schrieb Martin Luther anderes und viel Gutes. Aber, Gott sei es geklagt, seine judenfeindlichen Darlegungen in „Von den Juden und ihren Lügen" sind der absolute Tiefpunkt seines Schreibens und Denkens.

7.3. Die Folgerungen

Welche Folgerungen kann die Erkenntnis von Luthers dunklen Seiten, sprich: von seinen Teufelsvorstellungen und aus seinen Angriffen auf das Papsttum und die Juden ziehen? Dass Luthers dunkle Seiten sich irgendwie auf seine Ethik auswirken müssen, liegt nahe. Aber wie?

Einmal ist zu beobachten, wie Luthers ethische Reflexion aussetzt, so-bald er – beispielsweise im Papsttum – den Antichristen bzw. das Wirken des Teufels auszumachen glaubt. Er flüchtet sich dann nur mehr in wüste Vorwürfe und Schmähungen. Dies bedingt eine Suspension der Ethik, näm-lich gerade in jener Gestalt, als die ich versuche, die Ethik Luthers heraus-zumodellieren: als Ethik aus der Rechtfertigung, aus dem Glauben, Berufs-ethik.

Ich habe oben angeführt, dass Luther bei Gelegenheit – vielleicht iro-nisch – ausspricht, er habe seinen „Papisten" sehr viel zu danken, weil sie ihn „durch des Teufels Toben" so zerschlagen und bedrängt hätten, dass er ein „ziemlich guter Theologe" geworden wäre.[57] Dadurch ordnet er das Wirken der päpstlichen Partei in die Berufungstätigkeit Gottes ein – wenn natürlich unter Kampfeslärm und Bedrängnis schwer erkennbar! Aber Lu-ther selber war ja von vornherein klar, dass Gottes Tun nicht immer offen-bar, sondern bisweilen schwer oder gar nicht erkennbar ist. Dies diskutierte

---

[53] WA 53, 524, 6.
[54] WA 53, 524, 18f.
[55] WA 53, 525, 31f.
[56] http://ursulahomann.de/MartinLutherUndDieJuden/kap001.html,
[57] Vgl. WA 50, 660, 10–14.

er in seiner Schrift „De servo arbitrio" unter der theologischen Chiffre „verborgener Gott".[58]

Im Rahmen einer theologischen Berufsethik wie derjenigen Luthers ist also damit zu rechnen, dass uns der Beruf/ die Berufung Gottes in verborgener Weise erreicht. Das bedeutete für Luther, dass ihn seine Gegner durch ihre Gegnerschaft herausgefordert haben „ein ziemlich guter Theologe zu werden". Luther sah das freilich in Bezug auf die besprochenen Auseinandersetzungen so, dass es sein Beruf gewesen sei, den Teufel in Gestalt des Papsttums, der Juden, Türken und Schwärmer zu bekämpfen.

An dieser Stelle ist nun aber das Prinzip der Toleranz einzuführen. Zwar wird man Luther zubilligen müssen, dass es sein historischer Beruf gewesen ist, die Missstände der mittelalterlichen Kirche und des Papsttums anzuprangern und auch eine Reformation einzuleiten, und dass das Tolerieren von Missständen kein ethisches Prinzip sein kann, aber es ist die Frage, ob Luther mit Toleranz anstatt Intoleranz nicht als Reformator mehr hätte erreichen können, als er erreicht hat. Wiederum ist zwar kaum zu sehen, dass sich die katholischen Fürsten im Deutschen Reich, allen voran der Kaiser, oder der Papst von Luther hätten überzeugen lassen, aber dass Toleranz nicht nur ein schöner Begriff, sondern eine geschichtliche Notwendigkeit war, zeigt die Reformationsgeschichte vom Augsburger Reichstag, 1530, über den Augsburger Religionsfrieden, 1555, bis zum Westfälischen Frieden, 1648.

Ein Mehr an Toleranz Luthers gegenüber anderen Reformatoren wie Zwingli oder Calvin wären der Einheit der Reformation dienlich gewesen. Der Kritik, Luthers Intoleranz habe die Reformation geschwächt, widerspricht freilich die geschichtsphilosophische Einsicht Hegels: „Wenn eine Bewegung stark ist, dann spaltet sie sich."[59]

Dass Luther Toleranz fremd gewesen wäre, kann man andererseits nicht behaupten. Z. B. erduldete er über lange Jahre hinweg die abweichenden Ansichten und Aktionen zweier seiner Mitstreiter, Andreas Bodensteins (genannt Karlstadt) und Johannes Agricolas, mit denen er viele Gespräche, mehrere persönliche Zerwürfnisse und Neuanfänge erlebte, bis er sie schließlich als „Schwärmer" abtat.

Die päpstliche, später „römisch-katholische" Partei war damals und durch die Jahrhunderte so mächtig, dass sie unter Luthers und der Lutheraner Intoleranz nicht viel zu leiden hatte. Eine tolerante Haltung Luthers wäre jedoch vor allem gegenüber den Juden notwendig gewesen. Das Judentum hatte immer wieder unter den Christen zu leiden gehabt, und die bereits erwähnte aktuelle Ausweisung der Juden aus dem Kurfürstentum Sach-

---

[58] Vgl. z. B. Luthers Formulierung in „De servo arbitrio": „Multa facit Deus, quae verbo suo non ostendit nobis. Multa quoque vult, quae verbo suo non ostendit sese velle." (WA 18, 685, 27f = Clemen 3, 178) [„Gott tut vieles, das er uns in seinem Wort nicht zeigt, er will vieles, von dem er uns in seinem Wort nicht zeigt, dass er es will.]

[59] Diesen Satz Hegels kann ich leider nicht nachweisen.

sen im Jahre 1536 hätte höchstwahrscheinlich durch Luther verhindert werden können, wenn er sie nicht ohnehin mitverschuldet hat, und Luthers entsetzliche „Vorschläge" von 1543 sind der extremste Ausdruck von Intoleranz.

Nun darf man die Forderung nach Religionsfreiheit, die in das Zeitalter der Aufklärung und der Menschenrechte gehören, nicht in das 16. Jahrhundert zurückprojizieren. Diesem Jahrhundert, also auch Luther, war es fremd, Religionen oder Konfessionen als gleichwertig oder gar gleichgültig nebeneinander zu stellen. Was man aber von einem Christen wie Luther hätte verlangen können, wäre das Befolgen des Gebotes der Feindesliebe von Jesus gewesen und das Bedenken der Tatsache, dass Jesus für seine Feinde gebetet hat. – Warum hat sich Luther nicht daran gehalten? Die Antwort liegt in der gleich anschließend zu behandelnden Zwei-Reiche-Lehre Luthers, nach der die Bergpredigt und daher auch das Gebot der Feindesliebe in das Christusreich gehören, nicht aber in das Weltreich. Das Papsttum und auch die Juden behandelte Luther wie feindliche politische Mächte, denen man mit der Härte des Weltreichs Paroli bieten muss. Nach seinen eigenen Kategorien hätte er sie freilich in das Christusreich einordnen müssen. Zwar traten nun in der Tat der Papst und die Bischöfe in Deutschland teilweise als politische Herren auf und gehörten deshalb teilweise ins Weltreich. Unbestritten aber war sogar in der Reformationszeit, dass Bibel und Evangelium, wenn auch unter so manchen Übelständen, in der Kirche des Papstes und der Bischöfe überliefert und bewahrt worden waren, und so gehören Papst und Bischöfe teilweise ins Christusreich.

Im Blick auf das Judentum hätte Luther nicht einmal von einer solchen Teilpolitisierung sprechen können, denn die Juden organisierten sich nicht als politische Macht, sondern als Religionsgemeinschaft. Aber gehören die Juden ins Christusreich? Luther sagt es selber: In dem schon einmal zitierten Brief an Josel von Rosheim nennt er Jesus den „natürlichen Herr(n) und König" der Juden.[60] Wenn Luther schon die Juden nicht gewinnen konnte, und wenn wir heute das Judentum als eigene Religion neben dem Christentum begreifen, was Luther offensichtlich nicht möglich war – die Auseinandersetzung mit den Juden hätte er als Religionsdiskussion (nach seiner Diktion eine Angelegenheit des „Christusreiches") führen müssen, nicht aber als Sache der politischen Obrigkeit (als Angelegenheit des „Weltreiches").

---

[60] Das Zitat im Zusammenhang: „Davon ich, so mir Gott Raum und Zeit gibt, will ein Büchlin schreiben, ob ich etliche künnte aus Eurem väterlichen Stammen der heiligen Patriarchen und Propheten gewinnen, und zu Eurem verheißenen Messia bringen. Wiewohl es ganz frembde ist, daß wir Euch sollen reizen und locken zu Eurem natürlichen Herrn und Könige, wie denn vorhin Euer Vorfahren, da Jerusalem noch stunde, die Heiden gereizt und gelockt haben zu dem rechten Gott." (WA Briefe 8, 90, 14ff [Nr. 3157] = Clemen 6, 410)

8. Luthers Zwei-Reiche-Lehre[1]

Luthers Zwei-Reiche-Lehre, die zugleich in der Gestalt einer Zwei-Regimenten-Lehre auftritt, ist eine Ausformung seiner Unterscheidungsbemü-
hungen innerhalb der Ethik.

8.1. Luthers vielfältige Unterscheidungen

Ich habe schon unter 3.1. von den drei Ebenen der Unterscheidungen Luthers und die dort jeweils verschiedene Bedeutung der Rechtfertigung(slehre) geschrieben.

Die grundlegende Unterscheidung ist die zwischen Gesetz und Evangelium, sodann folgte die zwischen erstem und zweitem Gebrauch des Gesetzes. Die Zwei-Reiche-Lehre führt diese Unterscheidungen weiter und ist
darauf bezogen, sie ist aber keineswegs dasselbe. Während die Unterscheidung von Gesetz und Evangelium zwei verschiedene Worte Gottes namhaft
macht, durch sprachliche Darlegungen auf das Evangelium hinführt und
die Gaben Gottes, insbesondere seine Rechtfertigung predigt, kommt die
Zwei-Reiche-Lehre zwar auch in Luthers Predigt vor, sie macht aber nicht
zwei verschiedene Worte, sondern zwei verschiedene Regierungsweisen
(„Regimente") Gottes und der Menschen namhaft. Den Gerechtfertigten
wird nach der Zwei-Reiche-Lehre das Evangelium zum Ruf, sich in die Regierungsformen Gottes berufen zu lassen.

Bevor wir noch die Aussagen Luthers zur Zwei-Reiche-Lehre genauer
studieren, können wir daher schon wichtige Motive für diese Lehre aus den
bisherigen ethischen Begriffen entnehmen: Wenn Gesetz und Evangelium
zwei verschiedene Worte Gottes sind, und wenn eine Gruppe von Menschen
aus dem Glauben an das erneuernde Wort der Rechtfertigung lebt, die andere aber nicht, dann scheidet eine Linie die ganze Menschenwelt, sie in
zwei Be*reiche* teilend. Freilich, ich darf Luthers Ethik nicht verkürzen: Stets
und immer gilt das Gesetz für alle Menschen! Aber auch unter dieser Bedin-
gung stellt sich anhand der beiden *usus legis* jene Trennungslinie wieder ein:
Sie scheidet zwischen denen, die das Gesetz täglich neu zur Buße und zum

---

[1] Allgemeine Literatur: Harald Diem (1938); Hermann Diem (1947); Duchrow (1983);
Ebeling (1967), 407–428; Forck (1988); Frostin (1994); Gänßler (1983); Hasselmann (1980);
Haun (1973); Heckel (1957); Honecker (1981); Laarhoven (1966); Lau (1953); Manns (1984);
N. Müller (1983); Obermann (1984); Ohlig (1974); Pannenberg (1977); Schrey (1969); Rieske-
Braun (1993); G. Wolf (1972); Sauter (1973).

Glauben ruft – denn „gebrechen des glaubens (das ist des ersten und hochsten gebottis) ist niemandt auff erden, der sein nit ein grosz stuck habe"[2] – und jenen anderen, bei welchen weder die Verkündigung des Evangeliums noch des Gesetzes irgend eine Wirkung hat (Leute, die sich Luther daher als vom Teufel besessen vorstellt), und die deshalb die Macht des Gesetzes äußerlich spüren müssen, damit sie, so gut wie irgend möglich, am Tun des Bösen gehindert werden.

Luthers große Unterscheidungen sind zumeist dialektische Gegensätze oder Widersprüche: Die beiden (gegensätzlichen) Reiche oder Regimente bilden die Dialektik der *einen* Regierungsweise Gottes. – Vergegenwärtigen wir uns die Dialektik von Gesetz und Evangelium anhand der schon untersuchten Rechtfertigungslehre: Wer sich für gerecht hält und nicht auf die Rechtfertigung durch Gott hofft, dem wird Unrecht gegeben; der Ungerechte aber, der seine Sünde bekennt, wird gerechtfertigt. Auch wer nach der Annahme der Rechtfertigung im Glauben auf seine Gerechtigkeit pochte, würde gerade dadurch seine Ungerechtigkeit demonstrieren. Unsere Gerechtigkeit ist nach Luther unsere und zugleich nicht unsere Gerechtigkeit, denn sie kommt uns von außen zu, sie ist die Gerechtigkeit des gottförmigen Menschen, zu allererst diejenige Christi, sodann derjenigen, die durch, von und mit ihm berufen sind. – Weiters: Gesetz und Evangelium widersprechen einander, jedoch wollen sie letzten Endes auf dasselbe hinaus: die Liebe, und zeigen so ihre Identität. Manchmal bewirken sie sogar dasselbe: Buße, allerdings nur bei den für das Wort Gottes offenen Hörern und Hörerinnen: In der Buße wird sie das Gesetz über ihre Sünde und/ oder Gottferne erschrecken lassen, das Evangelium aber auch, sofern sie an ihren Zustand in der Sünde außerhalb der Rechtfertigung denken. – Auch der erste und der zweite Gebrauch des Gesetzes stehen einander dialektisch entgegen. Es ist ja ein und dasselbe Gesetz, das da – ganz verschieden – gebraucht wird. Das eine Mal wird es verkündigt und führt von der Verkündigung aus zur Besinnung, das andere Mal aber wird es mit Macht durchgesetzt, damit die Uneinsichtigen erfahren, dass das Gesetz kein leeres Wort ist. Andere Anlässe zu dialektischen Untersuchungen könnte man bei Luther in den Verhältnissen Deus absconditus/ Deus revelatus, simul iustus/ et peccator finden. In diesen dialektischen *Verhältnisbestimmungen* zwischen zwei Größen ist man versucht, die Hegelschen Kategorien „Identität, Unterschied, Verschiedenheit, Widerspruch"[3] anzuwenden.

Ein Autor, bei dem man die Deutung der Zusammengehörigkeit der beiden Reiche als dialektische Beziehung vermuten könnte, Wolfhart Pannenberg, sieht dies freilich nicht so, sondern urteilt: „Die Lehre Luthers von den beiden Reichen und von den beiden Regimenten Gottes stellt sich bei genauerer Betrachtung als eine sehr zeitbedingte Ausprägung politischen

---

[2] WA 6, 234, 10ff (= Clemen 1, 258).
[3] Hegel (1969), Bd. 6, 38ff – Siehe dazu: Heiss (1959); Negri (1973); Sauter (1968), Schultz (1964); Thaidigsmann (1983)

Denkens im Überlieferungszusammenhang christlicher Theologie dar."[4]
Deshalb ist es notwendig, jetzt die historische und zeitbedingte Einordnung
der Zwei-Reiche-Lehre kurz zu betrachten.

8.2. Die historische Einordnung der Zwei-Reiche-Lehre

Mit ihren geläufigsten Namen heißen die beiden Reiche bei Luther *Reich
Gottes* bzw. *Christusreich* und *Weltreich*.

Neben den oben genannten Motiven zur Entstehung der Zwei-Reiche-
Lehre, die aus Luthers Theologie und Ethik selber hervorgehen, sind jene
Motive aus der Geschichte zu erwähnen, die zwar weder im einzelnen noch
insgesamt Luthers Aussagen vorwegnehmen, gleichwohl jedoch der Theorie
des Reformators vorausgehen und ihn zu seiner Lehre motiviert haben
dürften. Diese Luther vorausgehenden Theorien können hier natürlich
nicht ausführlich diskutiert werden; ich weise bloß auf sie hin: Dies sind a)
Das apokalyptische und gleicherweise neutestamentliche Thema von den
beiden Äonen, d. h. dem gegenwärtigen und dem kommenden,[5] b) Die Lehre Augustins von den beiden civitates,[6] c) die mittelalterliche Doktrin von
den beiden „Schwertern" bzw. „potestates", der geistlichen und weltlichen
Macht, die gemäß der Bulle „Unam Sanctam" von 1302 beide in der Hand
des Papstes liegen sollen.[7]

Vor allem die jahrhundertelange Auseinandersetzung zwischen geistlicher und weltlicher Gewalt (verkürzt gesagt: zwischen Papst und Kaiser)
muss die Theoriebildung Luthers beeinflusst haben, aber nicht nur Luthers!

---

[4] Pannenberg (1977), 110.

[5] Siehe: Dahl (1969).

[6] Siehe: Kinder (1969).

[7] Siehe: Gänßler (1983), 11ff – „Die Lehre von den beiden Gewalten (*Zweigewaltenlehre*)
geht auf Papst Gelasius I. (492 bis 496) zurück." (Conrad [1962], 285, Anm. 25) „Die *kurialistische Theorie* (hierokratisches System) wollte der geistlichen Gewalt den Vorrang vor der weltlichen verleihen. Diese Lehre berief sich auf die konstantinische Schenkung, die dem Papste
die Herrschaft über die Länder des Reiches übertrug, und auf die Krönung des römischen Kai-
sers durch den Papst in Rom, seit dem 11./ 12.Jahrhundert auch auf die Übertragung der
Reichsgewalt von den griechischen Kaisern auf die Franken und später die Deutschen durch
den Papst (translatio imperii)." (Conrad [1962], 285) „Die sog. *imperiale Theorie* hat demgegenüber die grundsätzliche Gleichordnung der beiden Gewalten verfochten. Geistliche und
weltliche Gewalt kommen unmittelbar von Gott, der das geistliche Schwert dem Papst, das
weltliche dem Kaiser anvertraut hat. Daraus ergibt sich, daß keine Gewalt der anderen unterworfen ist, vielmehr beide gleichberechtigt nebeneinander stehen. Um die Mitte des 12.Jahr-
hunderts ist die Zweischwerterlehre in ihrer imperialen Fassung von Otto von Freising in seiner
,Chronik' und von Gerhoh von Reichersberg (gest. 1169) in der Schrift ,De investigatione Anti-
christi' (1162) vertreten worden ... Als zu Beginn des 14.Jahrhunderts von Bonifatius VIII. und
seinen Nachfolgern die Lehre des Vorrangs der geistlichen Gewalt vor der weltlichen erneut
verkündet wurde, hat auch Dante Alighieri (gest. 1321) in seinem Traktat ,De Monarchia' gegen die kurialistische Theorie Stellung genommen, indem er für eine Gleich- und Nebenord-
nung der beiden Gewalten eintrat." (Conrad [1962], 286).

Auch Calvin vertritt die Zwei-Reiche-Lehre.[8] Sie ist damit Gemeingut der Reformation und hat *weitreichende soziale und politische Auswirkungen*, die hier nicht untersucht werden können: Man kann z.B. geteilter Meinung darüber sein, ob die Trennung zwischen Kirche und Staat bzw. Religion und Politik, die unsere westliche Gesellschaft weitgehend bestimmt, in den islamischen Ländern jedoch nicht akzeptiert wird, mehr auf die Reformation, die Aufklärung oder die französische Revolution zurückgeht...

8.3. Der Streit um die Zwei-Reiche-Lehre

Von einer Zwei-Reiche-„Lehre" Luthers spricht man allerdings erst im 20. Jahrhundert. Es gab zwei Diskussionswellen, die diese Lehre betrafen. Eine erste rund um den Zweiten Weltkrieg. Schon in den 1920er Jahren hatten einige Lutheraner (als erster Paul Althaus)[9] dem Religiösen Sozialismus die Vermischung von Evangelium und Recht, Staat und Politik, kurz: Christusreich und Weltreich, vorgeworfen. Die Gegner der Zwei-Reiche-Lehre gruppierten sich um Karl Barth, hielten der Zwei-Reiche-Lehre den Begriff der Königsherrschaft Christi entgegen. Barth formulierte: „Es darf und muß das *regnum Christi* nicht als *ein* Reich neben anderen, das dann wohl auch das Reich einer bloßen Idee sein könnte – sondern als das Reich aller Reiche anerkannt werden."[10] Die damaligen Gegner kritisierten an den Lutheranern, dass sie mit Hilfe der Zwei-Reiche-Lehre zu sehr die „Eigengesetzlichkeit" bestimmter Bereiche des modernen Lebens bejahten, besonders aber prangerten sie an, dass man zur Zeit des Kirchenkampfes im nationalsozialistischen Deutschland unter dem Deckmantel dieser Lehre den totalitären Staat habe gewähren lassen.[11]

Eine zweite Diskussionsphase wurde durch die Arbeit der Vollversammlung des Lutherischen Weltbundes in Evian, 1970, über die Problematik der Zwei-Reiche-Lehre und durch die Untersuchungen von Ulrich Duchrow ausgelöst.[12] Hierbei ging es um die mögliche sozialkritische Anwendbarkeit von Luthers Zwei-Reiche-Theorie in der Spannung von Geschichtswirksamkeit Gottes und menschlicher Verantwortung. Dazu hat u.a. ausführlich Heinz E. Tödt Stellung genommen.[13]

---

[8] Siehe: Calvin (1559), III, 19, 15. 16; IV, 20, 1.

[9] Siehe: Nicolaisen (1980), 15.

[10] Barth: KD II/2, 97.

[11] Diese erste Diskussionsphase ist zusammenfassend in dem Band von Schrey (1969) dokumentiert.

[12] Duchrow (1983) – Die zweite Diskussionsphase ist dokumentiert in den beiden Bänden von Hasselmann (1980).

[13] Tödt (1980).

8.4. Luthers Aussagen über die zwei Reiche

Nun aber endlich zu Texten Luthers selber. Und hier zuerst zu seiner Schrift „Von weltlicher Oberkeit, wie weit man ihr Gehorsam schuldig sei" von 1523 (im Folgenden kurz die „Obrigkeitsschrift" genannt).[14] An dieser Schrift ist ihr Anlass besonders wichtig: Georg, der Herzog von Sachsen, verbot im Jahre 1522 Verkauf und Kauf der Lutherschen Übersetzung des Neuen Testaments.[15] Wenn Luther in der Obrigkeitsschrift auf die Trennung der beiden Reiche und/ oder Regimente zu sprechen kommt, dann hat dies einen polemischen Hintergrund, der auf dieses Verbot bezogen ist: Luther will verhindern, dass sich die weltliche Obrigkeit in die Frage einmischt, ob (s)eine Bibelübersetzung verbreitet werden soll. Der Reformator reagiert aber auch auf die Zeitsituation, die nach einer grundlegenden Neubestimmung der Grenzen zwischen geistlicher und weltlicher Macht rief.[16]

Luther: „Hie muessen wyr Adams kinder und alle menschen teylen ynn zwey teyll: die ersten zum reych Gottis, die andern zum reych der welt. Die zum reych Gottis gehoeren, das sind alle recht glewbigen ynn Christo unnd unter Christo. Denn Christus ist der koenig unnd herr ym reych Gottis, wie der ander psalm ⟨Ps. 2,6⟩ sagt unnd die gantze schrifft, Und er auch darumb komen ist, das er das reych Gottis anfienge und ynn der wellt auffrichtet. Darumb spricht er auch fur Pilato ⟨Joh. 18,36f⟩: ‚meyn reych ist nit von der welt, sondern wer auß der warheyt ist, der hoeret meyne stym', und ymer ym Euangelio das reych Gottis antzeucht und spricht ⟨Mt. 3,2⟩: ‚Bessert euch, das reych Gottis ist erbey komen'. Item ⟨Mt. 6,33⟩: ‚sucht am ersten das reych Gottis und desselben gerechtickeit'. Und nennet auch das Euangelion eyn Euangelion des reych Gottis, darumb das es das reych Gottis leret, regirt und enthellt."[17]

Aus diesen und parallelen Ausführungen Luthers geht hervor, dass er das Reich Gottes (unter Christus) als eine reale Größe *in* der Welt (obzwar nicht *von* der Welt im Sinn einer widergöttlichen Größe) aufgefasst hat. Es ist aber keine geographisch definierbare Entität, sondern definiert sich durch das Hören auf Christus („Wer aus der Warheit ist, der höret meine Stimme"), es ist also ein „Hör-Reich"!

---

[14] WA 11,245ff.

[15] Das Herzogtum Sachsen grenzte an das Kurfürstentum Sachsen. Aber Herzog Georg war im Gegensatz zu Luthers Landesherrrn, dem Kurfürsten Friedrich, ein Gegner der Reformation.

[16] Gänßler (1983), 127: „Die Verwerfung des kanonischen Rechts durch Luther, die von vielen Juristen und Humanisten der Zeit kritisiert wurde, hatte ein Vakuum bei den ‚evangelischen' Theologen *und* Juristen und Regenten gelassen: Das weltliche Recht mußte neu begründet und gestützt werden." Ebd. 128: „... so dürfte man in der Obrigkeitsschrift weniger einen politisch-ethischen, sondern vielmehr einen rechtstheologischen Kommentar Luthers zu den Vorgängen in den deutschen Territorien am Anfang des 16.Jh.s sehen."

[17] WA 11,249,24-34.

Kurz vor den zitierten Sätzen hat Luther die mittelalterliche Theorie zu-
rückgewiesen, in der Bergpredigt verkünde Jesus „Räte/ Ratschläge", nach
denen, weil sie so schwer einzuhalten seien, nur „Vollkommene" aus besonderer Berufung (nämlich die Mönche und Nonnen) leben könnten.[18] Nein,
die Bergpredigt gilt für alle Gläubigen: „Darumb muessen wyr anders datzu
reden, das Christus wortt yederman gemeyn bleyben, er sey volkomen oder
unvolkomen."[19] Die Bergpredigt konstituiert das Christusreich. Es ist interessant, wie in dem zitierten Text Evangelium und Gesetz (beachten wir die
Imperative in den Worten Jesu, die nur als Gesetz verstanden werden können!) – „durcheinandergehen", ist man versucht zu sagen, genauer gesagt –
„ineinander gehen". In der Zwei-Reiche-Lehre greifen sowohl das Evangelium als auch das Gesetz auf beide Reiche über, wie ich noch ausführen
werde. Die intellektuelle Unterscheidung von Gesetz und Evangelium in Bibelauslegung, Predigt und ethischer Reflexion ist etwas anderes als ihre Anwendung in den beiden Reichen. Hier geht es um Ordnung und Regierungsweisen („Regimente"). Keines der beiden Regimente kann ohne Gesetz,
aber auch nicht ohne Evangelium auskommen. An der zuletzt zitierten Stelle können wir vorerst nur den Übergriff des Gesetzes auf das Christusreich
bemerken: Christus ist sein „König", er gibt die Gebote „Bessert euch" und
„Das Reich Gottes ist herbei gekommen". Die Menschen im Christusreich
leben nach der Bergpredigt, die gesetzliche Anweisungen Jesu enthält, evi-
denter Weise aber auch Evangelium wie die Seligpreisungen, wie in der Botschaft Jesu überhaupt sowohl Evangelium als auch Gesetz vorkommen.

Ebenso wie Luther vielfältig differenzieren kann, nicht nur zwischen Gesetz und Evangelium, sondern auch zwischen den verschiedenen Gesetzen,
so kann er auch identifizieren: Gott widerspricht sich nicht in seinem Reden. Ich habe schon auf die Einheit von Gesetz und Evangelium in der Liebe hingewiesen. *Liebe* ist die göttliche Botschaft in einem Wort. Sie wird
mit Christus Wirklichkeit.

Aber so harmonisch das Leben im Reich Christi auch ist, rebus sic stanti-
bus (i.e. angesichts der Welt als widergöttlicher Macht), müssen sich die
ChristInnen gerade wegen ihres Glaubens auf Leiden und Tod gefasst machen. In Einheit mit Christus sind sie dazu bereit: „Nu sihe, diße leutt duerfen keyns welltlichen schwerdts noch rechts. Und wenn alle welt rechte
Christen, das ist recht glewbigen weren, so were keyn furst, koenig, herr,
schwerd noch recht nott odder nuetze. Denn wo zuo sollts yhn? die weyl sie

---

[18] WA 11, 248f. Das war ja die Reaktion des Mittelalters auf die Forderungen Jesu in der
Bergpredigt gewesen: Im gewöhnlichen Leben könne man diese Forderungen nicht befolgen;
daher müsse ein besonderer Stand (nämlich der Mönche und Nonnen) eingerichtet werden, die
sich an die Bergpredigt halten würden. Die Forderungen Jesu wurden somit nicht als Gebote
verstanden, sondern als consilia evangelica (evangelische Ratschläge), an die man sich nur halten müsse, wenn man dem Asketenstand angehöre. Die „evangelischen Ratschläge" wurden als
erfüllt betrachtet, wenn die Asketen die drei Gelübde von Armut, Keuschheit und Gehorsam
einhielten.
[19] WA 11, 248, 17f.

den heyligen geyst ym hertzen haben, der sie leret unnd macht, das sie niemant unrecht thun, yderman lieben, von yderman gerne und froelich unrecht leyden, auch den todt."[20] Das Christusreich beginnt mit und in Christus. Sein Leben und seine Jüngergemeinschaft sind ein lebbares Gesellschaftsmodell, das mehrfach missbraucht wurde, dessen Vorbildfunktion aber bis heute weiter wirkt. Die Bereitschaft zum Tod ist der extreme Fall im Christusreich. Dies sollte jedoch nicht Anlass zur Meinung geben, dass die Christen in diesem Reich stracks auf den Tod zueilten. Vielmehr leben und wirken sie in der Welt im Sinne der Nachfolge Christi. Denn, so Heinz E. Tödt: „Luther sieht das *Reich Gottes* als einen Herrschaftsverband von Personen, in welchen Gottes Geist selber durch den Glauben Menschen zu Gliedern der neuen Christusmenschheit macht und so inmitten der Geschichte seinen eschatologischen Kampf gegen die vernichtende Macht des Bösen führt."[21]

Das Reich Gottes bzw. Christi ist zwar wirklich und wirksam, aber es ist *nicht überall* in der Welt wirklich. Diese Tatsache hat manche Christen betrübt, und durch die Kirchengeschichte hindurch beobachten wir zwei mögliche Reaktionsweisen darauf, die jedoch im Lichte von Luthers Zwei-Reiche-Lehre unmöglich werden: Entweder das Christusreich mit Gewalt einzuführen, was daran scheiterte, dass Gewaltanwendung von vornherein dem Christusreich zutiefst widerspricht, oder auf gesetzliche Maßnahmen zur Eindämmung und Verhinderung von Übeltaten zu verzichten. Auf beide Unmöglichkeiten bezieht sich Luthers Satz, *dass man mit dem Evangelium die Welt nicht regieren könne*: „Wenn nu yemand wollt die wellt nach dem Euangelio regirn und alle welltliche recht und schwerd auffheben und fur geben, sie weren alle getaufft und Christen, unter wilchen das Euangelion will keyn recht noch schwerd haben, auch nicht nott ist – lieber, radt, was wuerde der selb machen? Er wuerde den wilden boeßen thieren die band und keten auffloeßen, das sie yderman zuo ryssen und zuo byssen, und daneben furgeben, es weren feyne zame korre ⟨kirre, sanftmütige⟩ thierlin."[22]

„Die Welt" muss man mit dem Gesetz regieren. Dies ist diejenige „Regierungsform", die Luther im folgenden Zitat als die zweite anführen wird. Entsprechend den zwei Reichen gibt es nämlich zwei verschiedene Regierungsformen. Luther verwendet den Ausdruck „Regiment(e)": „Darumb hatt Gott die zwey regiment verordnet, das geystliche, wilchs Christen unnd frum leutt macht durch den heyligen geyst unter Christo, unnd das welltliche, wilchs den unchristen und boeßen weret, daß sie eußerlich muessen frid hallten und still seyn on yren danck."[23]

Das zweite *Regiment* konstituiert das „Weltreich", und Luther gibt von ihm zu Anfang des folgenden Zitats eine lapidare Definition. Beachten wir

---

[20] WA 11, 249, 3; 250, 4.
[21] Tödt (1980), 100.
[22] WA 11, 251, 22ff.
[23] WA 11, 251, 15ff.

aber, bitte, wie in den weiteren Ausführungen auch ein erster Zusammenhang der beiden Reiche greifbar wird: „Zum reych der wellt oder unter das
gesetz gehoeren alle, die nicht Christen sind. Denn syntemal ⟨weil⟩ wenig
glewben und das weniger teyl sich hellt nach Christlicher art, das es nicht
widderstrebe dem ubel, Ya das es nicht selb ubel thue, hat Gott den selben
ausser dem Christlichen stand unnd Gottis reych eyn ander regiment verschafft unnd sie unter das schwerd geworffen, das, ob sie gleych gerne wollten, doch nicht thun kunden yhr boßheyt…"[24]
Luther geht von einer gesellschaftlichen Situation aus, in der alle Menschen getaufte Christen und (jedenfalls äußerlich) gläubig sind. Aber das ist
bereits eine contradictio in adiecto: Man kann nicht *äußerlich gläubig* sein.[25]
Andererseits kann auch niemand äußerlich über jemanden anderen urteilen
und ihm/ihr den Glauben zu- oder absprechen. Das wäre Anmaßung. Ja,
legen wir jenen von Luther vorgegebenen Maßstab an, ob jemand „dem
Übel nicht widerstrebt" (und wir müssten im Grunde die gesamte Bergpredigt als Maßstab anlegen), dann dämmert uns, dass es den endgültig im
Glauben gefestigten Christen nicht gibt. Auch der Christ bedarf der Vergebung, er wird, wenn er den heiligen Geist „im Herzen" hat, wie Luther
sagt, nach der Bergpredigt leben, aber weder wird die *tentatio* (Anfechtung)
ausbleiben noch wird er sündlos bleiben. Der Christ lebt als *simul iustus et
peccator*. Somit gilt das Gesetz in allen seinen Formen auch für die Christen,
auch sie leben *im Weltreich*. Wahrscheinlich würde es Luther eine geradezu
teuflische Versuchung nennen, wenn jemand meinte, das Gesetz gälte für
ihn nicht. Davon ist der tiefste, durch die Rechtfertigung gegebene Grund:
Wir vertrauen ja deshalb im Glauben auf die Rechtfertigung durch Gott,
weil Gott uns dabei *gemäß dem Gesetz* gerecht macht – was wir aus eigenen
Kräften nicht werden können.

8.5. Das Zusammenspiel der beiden Reiche

Ich möchte nun das Zusammenspiel der beiden Reiche und Regimente, wie
Luther es verstanden hat, aufzeigen.
Der Christ/ die Christin leben mit der Einsicht, dass beide Regimente –
nicht in einem äußerlichen Nebeneinander, sondern in einem sachlich notwendigen Miteinander – existieren und so das Zusammenleben regeln. Die
Gläubigen wissen ebenso um die Zusammengehörigkeit und um das unverzichtbare Nebeneinander-Bestehen der beiden Reiche und Regimente, wie
sie um die Zusammengehörigkeit und um das unverzichtbare Nebeneinan-

---

[24] WA 11, 251, 1ff.
[25] Luther sieht denn auch die Ungläubigen bei weitem in der Überzahl. Zwischen Christen
und Nichtchristen herrscht nach Luther in etwa das Verhältnis 1 : 1000. („Sintemal alle Welt böse und unter tausend kaum ein rechter Christ ist." [WA 6, 251, 12f]).

der-Bestehen von Gesetz und Evangelium wissen. Freilich, zur Einsicht sowohl in die Trennung als auch Zusammengehörigkeit von Gesetz und Evangelium, muss man vom Evangelium wissen. Wer nichts vom Evangelium
weiß, nicht an das Geschenk der Rechtfertigung glaubt, kennt nur das Gesetz und lebt unter dem Gesetz. Er/sie wendet gegen andere und sich ausschließlich das Gesetz an. Erst vom Evangelium aus wird der Unterschied
sichtbar, damit aber auch ein Zusammenspiel und eine Einheit. Das Evangelium ist die Einheit seiner selbst und des Gesetzes. Ebenso bei den zwei
Reichen: Wer nur in politischem Denken befangen ist, wird nichts anderes
überlegen, befürworten und planen können als die exakte Verwirklichung
von Gesetzen. Aus religiösem Blickwinkel wird er/sie auch nur eine streng
gesetzliche Regierungsweise Gottes erwarten und sich vorstellen können.
Erst vom Christusreich her, seinem Verzeihen und darauf gegründeten Zusammenleben, wird der Unterschied zum Weltreich sichtbar. Das ist das
Neue des lutherischen Glaubensstandpunkts und der dazugehörigen Ethik,
dass der Glaubensstandpunkt um beides weiß, beides bejaht und auch in
beiden Be-Reichen tätig werden kann, jedoch aus dem Gesichtspunkt des
Christusreiches. Das Christusreich, in dem Gott für alle offenbar regiert,
ist die Einheit seiner selbst und des Weltreiches. Das Weltreich muss aber
bestehen bleiben, da nicht alle Menschen aus dem Glauben an die Rechtfertigung leben. Das heißt sodann: Die ChristInnen wissen sowohl um Trennung als auch Einheit der beiden Reiche und üben in beiden Reichen und
unter beiden Regimenten ihren Beruf aus.

Vorausblickend auf den Berufsbegriff gesagt: Im Glauben bildet sich der
Wille, den Be-Ruf von Gott in einem der beiden Reiche anzunehmen und
auszuüben, ja der Glaube ist selbst schon dieser Beruf. Die Fähigkeit zum
Berufen-Werden und zur Annahme des Berufs entsteht in der Rechtfertigung. Die Ungläubigen hingegen nehmen das wohltuende Handeln Gottes
durch die Rechtfertigung nicht an, glauben nicht und verstehen daher ihren
Beruf nicht. Gleichwohl haben sie einen Beruf im Weltreich, werden darin
„on yren danck" (nämlich: ohne zu *danken* und ohne dass sie daran *denken*)
von Gott regiert und geleitet, ja regieren „on yren danck" sogar mit ihm.
Da sie aber das Evangelium und die Regierungsform des Christusreiches,
die auf dem Evangelium beruht, ablehnen, können sie keine andere Meinung fassen als die, bloß im Weltreich und unter dem Gesetz zu stehen.

Der letzte Sinn des Glaubens an die Rechtfertigung ist also, um den eigenen Beruf in einem der beiden Reiche zu wissen.[26]

Wir könnten jetzt darüber reflektieren (was aber nicht in Ausführlichkeit
geschehen soll), ob und wie die Nichtchristen unter der Regierung Gottes
stehen, wenngleich man wird einräumen müssen, dass sie kein Bewusstsein
davon haben. Aber auch an sie geht vorbehaltlos das Wort des Evangeliums, das sowohl schriftlich in der Bibel, mündlich in der gepredigten Aus-

---

[26] Über „Beruf" handeln ausführlich die Kapitel 9–12.

legung, sowie in Dokumenten unserer Kultur (Literatur, Musik, bildende Kunst) gegenwärtig ist ... Und wer wollte leugnen, dass die Nichtchristen jederzeit, vom heiligen Geist berührt, zu Christen werden können?

Ich habe im Abschnitt 3.3. die Einheit von Gesetz und Evangelium in ihrer beider Absicht aufgezeigt, die Liebe zu verwirklichen; diese Absicht und damit die Konsistenz von Luthers Ethik erkennen wir auch in Luthers Lehre von den beiden Reichen und Regimenten, wenngleich die Liebe im Weltreich nicht oft, und dann nur auf einem steinigen Weg erreicht wird. Wer aber verfolgt denn nun Absichten innerhalb der beiden Reiche? – Hier muss von verschiedenen menschlichen Personen die Rede sein, zuerst und zu oberst spricht Luther aber von einer Person: von Gott, der beide Reiche regiert.

Dies führt Luther in seiner Schrift „Ob Kriegsleute auch in seligem Stande sein können" von 1526 aus, wenn er analog der Obrigkeitsschrift auf die beiden Regierungsweisen zu sprechen kommt und sagt: Gott „hat zweyerley regiment unter den menschen auff gericht."[27] Die eine Regierungsweise („Regiment") geschieht „durchs wort und on schwerd"[28], die andere „durchs schwerd"[29]. Die Mittel der Regierung („Wort", „Schwert") sind verschieden, ja es ergeben sich sogar zwei Arten von Gerechtigkeit, aber, so sagt Luther, beide gehen auf Gott zurück: „Also ist Gott selber aller beyder gerechtickeit, beyde geistlicher und leiblicher, stiffter, herr, meister, foedderer und belohner. Und ist keine menschliche ordnung odder gewalt drynnen, sondern eytel Goettlich ding."[30] – Beide Regimente sind in Gott vereint, er regiert sie mit zwei Gerechtigkeiten, aber wie die beiden Worte „Gesetz" und „Evangelium" letztlich auf die Einheit des Wortes Gottes hinauslaufen, so auch die beiden Gerechtigkeiten. Zwar, so können wir Luther verstehen, gibt es entsprechend den Anforderungen der beiden Regierungsformen jeweils eine geistliche und eine leibliche Gerechtigkeit (ein Wirken der Gerechtigkeit im Innern des Menschen und ein Wirken von außen), aber Gott will letztlich eine und dieselbe Gerechtigkeit – und das ist die iustificatio impii (Rechtfertigung des Gottlosen) – gegenüber Christen und Unchristen zum Zug bringen.

Freilich ist es schwieriger, die Identität der Gerechtigkeit Gottes in den beiden Regierungsweisen zu erkennen als im Wortgeschehen der Predigt von Gesetz und Evangelium: In der Predigt wird die Gerechtigkeit durch das Gesetz von den Hörern gefordert, dieselbe Gerechtigkeit aber durch das Evangelium als Schenkung übermittelt. Bei den zwei Regierungsweisen handelt es sich jedoch um gesellschaftlich-politische Aktivitäten. Wenn Gesetz und Evangelium letztlich Liebe bewirken, das Gesetz durch das Gebieten der Nächstenliebe, das Evangelium durch die Befähigung dazu, fällt eine analoge Aussage über die beiden Reiche und Regimente schwer. Aus die-

---

[27] WA 19, 629, 17f (= Clemen 3, 323).
[28] WA 19, 629, 18f (= Clemen ebd.).
[29] WA 19, 629, 22 (= Clemen ebd.).
[30] WA 19, 629, 30; 630, 2 (= Clemen ebd.).

sem Grunde kann ich Werner Elert verstehen, wenn er die Zwei-Reiche-Lehre als „Aporie" beurteilt, ich kann ihm aber nicht beipflichten.[31]

Die Einheit von Gerechtigkeit und Liebe in de beiden Reichen und Regimenten können wir uns anhand des theologischen Terminus' *providentia Dei* (Voraussicht/Vorsehung/Fürsorge Gottes) zu vergegenwärtigen versuchen.[32] Wenn Gott seine Schöpfung in beiden Regimenten mit Fürsorge für die Welt und uns regiert, dann müsste sich auch in den harten Maßnahmen, die im Weltreich notwendig werden, analog der Bezogenheit von Gesetz und Evangelium auf den Fluchtpunkt Liebe eine gleiche Bezogenheit der beiden Reiche und Regimente finden. – Aber ist das überhaupt denkbar? – Luther hat diesen Gedanken gedacht, und zwar nicht von einem „Fluchtpunkt Liebe", aber von „Barmherzigkeit" gesprochen und sich nicht gescheut, die Gegenwart der *Barmherzigkeit* Gottes auch im weltlichen Regiment, ja sogar in Gewaltmaßnahmen, zu behaupten.

Ein Beispiel dafür haben wir in der Bauernkriegsschrift „Ein Sendbrief von dem harten Büchlein wider die Bauern", 1525, das wir einerseits in seiner historischen Wirkung kritisch beurteilen (und nicht entschuldigen), andererseits aber auch ethisch ausleuchten müssen. Historisch ist zu berichten, dass Luther im Bauernkrieg 1524/25 zuerst vor allem zum Frieden ermahnt hat.[33] Er lehnt dabei die Begründung eines sozialpolitischen Programms durch das Evangelium ab. Die Aussagen, die wir in der Zwei-Reiche- bzw. Zwei-Regimente-Lehre von Luther hören, und der Satz, dass man mit dem Evangelium die Welt nicht regieren könne, spiegeln genau diese Haltung wider. Luther war als Reformator in gewisser Weise ein Revolutionär (vor allem in Bezug auf die kirchlichen Zustände), aber wenn wir auf die geschichtlichen Folgen der Reformation blicken, war er jedenfalls kein sozialer oder politischer Revolutionär.

---

[31] Elert ([1961], 383ff) nennt drei Auswege und Versuche, die „innere Divergenz" der beiden Herrschaftsbereiche Gottes „überhaupt zu vergleichgültigen, oder den einen im anderen aufgehen zu lassen" (383). Der eine wäre der pietistische, der darin besteht, dass „wir uns aus der ‚Welt' überhaupt heraushalten" (ebd.), der zweite der „,kirchliche', wie ihn die *römische* Kirche vertritt", der aber „eine wahre via triumphalis ist" (ebd.), der dritte Weg wäre der des Kulturprotestantismus. Gegen den letzten führt Elert an: „Die ‚Welt' ist nicht nur Gegenstand unseres sittlichen Gestaltungswillens, auch nicht nur Raum der menschlichen Sünde, sondern auch Geltungsbereich der göttlichen Vergeltungsgesetzes." (384) Allen drei Auswegen gegenüber beharrt Elert auf der „Aporie" der Zwei-Reiche-Lehre, die wir „aushalten" müssten. (385) – Durch die Charakterisierung „Aporie" (wörtlich: „Ausweglosigkeit") gibt Elert der Zwei-Reiche-Lehre einen irrationalen Anstrich, den sie nicht verdient. – Ich vertrete die Brauchbarkeit der Zwei-Reiche-Lehre als Unterscheidungsmittel innerhalb der ethischen Reflexion, nicht aber ihre „Aporie".

[32] Ich kann Luthers Providentia-Dei-Begriff hier natürlich nicht untersuchen, sondern gebe nur einige wenige Stellen im Werk Luthers an: WA 7, 145, 5ff (in: Assertio omnium articulorum), WA 14, 151c, 31ff (in einer Predigt über das 1. Buch Mose, zur Stelle Gen. 3, 21), WA 42, 20b, 3ff (Genesisvorlesung – Hier verweist Luther auf die „Philosophen". Ihm war klar dass die Vorsehungslehre aus der stoischen Philosophie stammt.)

[33] „Ermahnung zum Frieden auf die zwölf Artikel der Bauernschaft in Schwaben", 1525 (WA 18, 291ff).

Im Bauernkrieg sieht Luther vorwiegend „Aufruhr" und – insofern sich
die Bauern religiös motivieren – Verführung zu einem falschen Verständnis
des Evangeliums durch „Mordpropheten" wie Thomas Müntzer (dies
kommt weitgehend überein mit seiner Ablehnung der „Schwarmgeister"
bzw. „Schwärmer"). Er schreibt deshalb 1525 leidenschaftlich „Wider die
räuberischen und mörderischen Rotten der Bauern". Er klagt sie an, „das
sie auffrur anrichten, rauben und plundern mit frevel kloster und schlosser,
die nicht yhr sind, da mit sie, als die offentlichen strassen reuber und mor-
der alleyne wol zwyffeltig den tod an leib und seele verschulden",[34] sowie,
„das sie solche schreckliche, grewliche sund mit dem Evangelio decken,
nennen sich Christliche bruder, nehmen eyd und hulde ⟨Dienstbarkeit⟩ und
zwingen die leutte, zu solchen greweln mit yhnen zu halten, da mit sie die
aller grosten Gotteslesterer und schender seynes heyligen namen werden
und ehren und dienen also dem teuffel unter dem scheyn des
Evangelii . . ."[35]
    Im „Sendbrief von dem harten Büchlein wider die Bauern" aus demselben
Jahr 1525 will er seine Haltung noch einmal erklären. Es soll uns dabei nur
der ethische Horizont der Beurteilung des *Weltreichs* beschäftigen.
    Gerade noch hat Luther die Härte und Strenge des Weltreichs heraus-
gestrichen[36] und ausdrücklich seine Unbarmherzigkeit betont,[37] als er beginnt, den schrecklichen Vorgängen der Bestrafung „durch das Schwert" eine positive, ja barmherzige Seite abzugewinnen: „Wie wol aber solcher
ernst und zorn des weltlichen reichs eyn unbarmhertzig ding scheynet, wo
mans doch recht ansihet, ists nicht das geringste stueck Gottlicher barmhertzickeyt, denn neme eyn iglicher sich selbs fuer und sage myr hierauff
eyn urteyl· Wenn ich weyb und kind, haus und gesind, habe und gueter hette, und eyn dieb odder moerder uber fiele mich, erwuerget mich ynn mey-
nem hause, schendet myr weyb und kind, neme dazu, was ich hette, und er
soellte ungestrafft bleyben, das ers mehr thett, wo er woellte, sage myr,
Wilcher were hie der barmhertzickeyt am wirdigsten und noettigsten? Ich
odder der dieb und moerder?"[38] Die Frage stellen, heißt sie beantworten. –
Schlägt Luther hier vielleicht eine rhetorische Kapriole? Sucht er einen
Fluchtweg aus der Ecke, in die er sich durch seine Stellungnahme gegen die

---

[34] WA 18, 358, 3ff.

[35] WA 18, 358, 19ff.

[36] „Aber das weltliche reich, wilchs ist nichts denn Goettlichs zorns diener uber die boesen
und eyn rechter vorlaufft der hellen und ewiges todtes, soll nicht barmhertzig, sondern strenge,
ernst und zornig seyn ynn seynem ampt und werck. Denn seyn handzeueg ⟨Handwerkszeug⟩ ist
nicht eyn rosenkrantz oder eyn bluemlin von der liebe, sondern eyn blos schwerd." (WA
18, 389, 31ff = Clemen 3, 81).

[37] „Wer nu diese zwey reich ynn eynander woellt mengen, wie unser falschen rotten geyster
thun, der wurde zorn ynn Gottes reich setzen und barmhertzigkeyt ynn die wellt reich, das
wer eben, den teuffel ynn den hymel und Gott ynn die helle setzen." (WA 18, 389, 6ff = Clemen 3, 81).

[38] WA 18, 390, 20ff (= Clemen 3, 82).

Bauern manövriert hat? – Aber: Wie will man diese Dinge anders beurteilen? Der Schutz gegen Angriffe auf Leib und Leben (und wenn es sein muss mit Gewaltmaßnahmen) ist ein hilfreicher Akt, mit Luther ein Akt von „Barmherzigkeit". In solchen Fällen greift das Evangelium auf das Gesetz über bzw. das Christusreich auf das Weltreich, ohne es zu überformen oder aufzulösen: Es werden nur die Bedrohten barmherzig behandelt, was nicht bedeutet, dass nicht auch Diebe oder Mörder die Barmherzigkeit des Christusreiches erhoffen dürften, selbstverständlich nicht, solange sie rauben und morden; und um den Untaten des Raubens und Mordens Einhalt zu gebieten und sie zu strafen, ist und bleibt Macht und Strenge des weltlichen Regiments notwendig. Viel bequemer, aber unbarmherziger ist es, wenn jemand den genannten Untaten tatenlos zusieht.

Außerdem: Luther stellt nicht etwa nur einleuchtende Überlegungen an, sondern seine Stellungnahme erwächst ihm, wie so oft, aus der Bibelauslegung: „Drumb hat die schrift feyne, reyne augen und sihet das welltlich schwerd recht an, als das aus grosser barmhertzickeyt mus unbarmhertzig seyn und fur eytel gute ⟨anstelle von lauter Güte⟩ zorn und ernst uben."[39] „Aus Barmherzigkeit unbarmherzig sein" – dies ist nicht etwa ein Lapsus, sondern eine *dialektische* Aussage. Beides gilt: Barmherzigsein und Unbarmherzigsein. Weil das Weltreich die Hilfsbedürftigen schützen muss, ist es gegen Diebe und Mörder unbarmherzig; seine Barmherzigkeit gegen die Hilfsbedürftigen schließt die Umbarmherzigkeit gegen die Diebe und Mörder ein, und seine Unbarmherzigkeit gegen Diebe und Mörder die Barmherzigkeit gegen Hilfsbedürftige, obwohl Barmherzigkeit und Unbarmherzigkeit miteinander im Widerspruch stehen und einander daher ausschließen. Man könnte den Widerspruch freilich zielgruppenorientiert oder auch zeitlich auflösen: gegen Diebe und Mörder unbarmherzig, gegen Hilfsbedürftige barmherzig, einmal barmherzig, einmal unbarmherzig, was freilich nicht hindert, dass das Weltreich ebenso über Barmherzigkeit wie über Unbarmherzigkeit verfügen, ja sie im von Luther besprochenen Fall sogar zugleich anwenden muss.

Weil im Weltreich letztlich durch die politische Autorität (Luther: „Oberkeit"), wenn auch indirekt, Gott regiert, ist hierzu der Lutherische Gedanke der Unterscheidung zwischen *opus proprium* und *opus alienum Dei* (dem eigenen und dem fremden Werk Gottes) beizuziehen, der Luther unter Berufung auf Jes. 28, 21[40] seit seinen „Heidelberger Thesen" von 1518 geläufig war. Im opus proprium ist Gott erkennbar als der Wohlwollende,

---

[39] WA 18, 391, 30ff (= Clemen 3, 83).
[40] Vulgata: „Sicut in monte Divisionum stabit Dominus sicut in valle quae est in Gabao irascetur ut faciat opus suum alienum opus eius ut operetur opus suum peregrinum est opus ab eo." Luthers Zusammendenken von opus alienum und opus proprium Dei dürfte stark von der Wortzusammenstellung „ut faciat opus suum alienum opus eius" begünstigt worden sein. – Luthers eigene Übersetzung ins Deutsche (1545) lautet: „Denn der HERR wird sich aufmachen/ wie auff dem berge Prazim/ und zürnen/ wie im tal Gibeon/ Das er sein Werck tue/ auf ein ander weise/ und das er seine Erbeit thue/ auff ein ander weise."

im opus alienum ist er unerkennbar, obwohl er in Barmherzigkeit (!) auf unser Heil, ja unsere Erhöhung, hin wirkt: „... hoc est, quod Esaias ca. 28 vocat, opus alienum Dei, ut operetur, opus suum (id est, nos humiliat in nobis, desperantes faciens, ut exaltet in sua misericordia, sperantes faciens.)"[41] Damit sagt Luther als dialektisch denkender (Kreuzes-) Theologe jedoch, dass Gott in seinem fremden Werk letztlich wieder *erkennbar* ist, vielleicht am besten so ausgedrückt: als Unerkennbarer erkennbar.

Von einer Erkennbarkeit Gottes in seinem fremden Werk ist Luther im selben Jahr, in dem der „Sendbrief von dem harten Büchlein wider die Bauern" entstand, also 1525, ein Stück weit abgerückt, als er „De servo arbitrio" („Vom versklavten Willen") schrieb. In dieser Schrift stellt Luther den *Deus revelatus* (den offenbaren Gott) dem *Deus absconditus* (den verborgenen Gott) gegenüber. Der offenbare Gott ist in seinem Wort präsent und fassbar, der verborgene Gott ist unfassbar, er tut für uns unbegreifliche Dinge – siehe Naturkatastrophen und grauenvolle Ereignissen der Geschichte, die wir uns auf Gott zurückzuführen scheuen: „Multa facit Deus, quae verbo suo non ostendit nobis. Multa quoque vult, quae verbo suo non ostendit sese velle. Sic non vult mortem peccatoris, verbo scilicet, Vult autem illam voluntate illa imperscrutabili. Nunc autem nobis spectandum est verbum relinquendaque illa voluntas imperscrutabilis. Verbo enim nos dirigi, non voluntate illa inscrutabili oportet."[42]

Exkurs: Der verborgene und der offenbare Gott[43]

In diesem Exkurs versuche ich, das Verhältnis von verborgenem und offenbarem Gott bei Luther, das in der langen Entwicklung seiner Theologie verschiedene Gestalten annimmt, überblicklich darzustellen. Die Eigenart von Luthers Offenbarungsbegriff besteht ja darin, daß er die Offenbarung Gottes mit der Verborgenheit Gottes zusammendenkt. Luther geht so weit, nebeneinander von einem offenbaren und einem verborgenen Gott zu sprechen (Deus revelatus/ Deus absconditus), wobei aber die Einheit von Luthers Gottesbegriff unbezweifelt ist. (Noch keiner der Lutherinterpreten hat dem Reformator Ditheismus vorgeworfen.)

Luther kennt verschiedene Stellungen des offenbaren und des verborge-

[41] WA 1, 357, 6ff („... das ist es, was Jesaia in Kapitel 28 das ,fremde Werk Gottes' nennt, damit er ,sein Werk' wirke [d. h. er demütigt uns in uns selber, bringt uns zur Verzweiflung, damit er uns in seiner Barmherzigkeit erhöhe, erfüllt uns mit Hoffnung].")
[42] WA 18, 685, 27ff = Clemen 3, 178 („Gott tut vieles, das er uns in seinem Wort nicht zeigt, er will vieles, von dem er uns in seinem Wort nicht zeigt, dass er es will. So will er den Tod des Sünders nicht, nämlich im Wort, er will ihn jedoch in seinem unerforschlichen Willen. Nun aber müssen wir auf das Wort sehen! Jener unerforschliche Wille ist hintanzustellen. Wir sollen uns von dem Wort leiten lassen, und nicht von jenem unerforschlichen Willen."); Vgl. Suda (1999).
[43] In diesem Exkurs zitiere ich weitgehend aus meinem Aufsatz: Suda (2002), 255f.

nen Gottes zueinander. Wenn der Reformator Denker war, systematischer Denker war er keiner, sodass wir die verschiedenen Stellungen des offenbaren und des verborgenen Gottes zueinander auch in verschiedenen Schriften Luther aufsuchen müssen.

a) Die einfachste Stellung findet sich am deutlichsten in der späten Genesis-Vorlesung Luthers: Dort führt der Reformator am Beispiel der Josefsgeschichte aus, dass uns Gott in verschiedenen Phasen unseres Lebens *hintereinander* bald verborgen, bald offenbar ist. Als Josef von den Brüdern nach Ägypten verkauft wurde, hat Gott ihm den Rücken (posteriora) zugewandt – Gott war ihm verborgen. Aber am Ende der Josefsgeschichte, bei der Rettung des Vaters und der Brüder durch Josef in Ägypten, tritt der offenbare Gott ans Licht.[44]

b) In seiner mittleren Phase, repräsentiert durch die Schrift vom „versklavten Willen" („De servo arbitrio"), stellt Luther den offenbaren und den verborgenen Gott einander entgegen: „Aliter de Deo vel voluntate Dei nobis praedicata, revelata, oblata, culta, Et aliter de Deo non praedicato, non revelato, non oblato, non culto disputandum est. Quatenus igitur Deus sese abscondit et ignorari a nobis vult, nihil ad nos. Hic enim vere valet illud: Quae supra nos, nihil ad nos."[45] – Aber wie kann man überhaupt über den verborgenen Gott sprechen, da er ja „nicht gepredigt, nicht offenbart, uns nicht nahegebracht, nicht verehrt" wird? Wir wissen ja *nichts* über ihn, und Luther selber mahnt uns, dass wir uns nicht mit ihm beschäftigen sollen, weil der verborgene Gott *supra nos* ist. Dennoch beschäftigen wir uns mit ihm, beschäftigt sich Luther mit ihm, der dadurch zum Übertreter seines eigenen Verbotes wird. – Wir begegnen hier bei Luther Darstellungs- und Redeweisen, die der aristotelischen Logik des zu vermeidenden Widerspruchs widersprechen und eine dialektische Logik erahnen lassen; Luther freilich beruft sich nicht auf philosophische, sondern rhetorische Darstellungsmittel. Ausdrücklich erwähnt und benützt er in *„De servo arbitrio"* die rhetorische Figur des *Paradoxons* für die Darlegung des Widersprüchlichen.[46] Ein *Paradox* erlaubt ähnlich wie das *Oxymoron* Widersprüchliches

---

[44] „Sicut hic Ioseph, et Iacob et filii eius non faciem, sed posteriora vident. Cum enim venderetur et pater in luctu esset, facies Dei erat abscondita, neque ullus Deus apparebat, sed videbatur totus mundus plenus esse Diabolis. Nunc impleto eoque manifestato clare perspiciunt et agnoscunt voluntatem Dei bonam et beneplacentem, et perfectam." (WA 44,601,20ff) [„Ebenso sehen hier Josef und Jakob und seine Söhne nicht das Antlitz, sondern die Kehrseite. Als er nämlich verkauft worden war und der Vater trauerte, war das Antlitz Gottes verborgen, und keinerlei Gott zeigte sich, sondern die ganze Welt schien voll von Teufeln zu sein. Nun aber, nach Erfüllung und Eröffnung seines Ratschlusses, sehen sie klar und erkennen den guten und wohlgefälligen Willen Gottes."]

[45] WA 18,685,3ff („Anders muss man über Gott oder den Willen Gottes disputieren, der uns gepredigt, offenbart, nahegebracht, verehrt wird, und anders über Gott, der nicht gepredigt, nicht offenbart, uns nicht nahegebracht, nicht verehrt wird. Wieweit sich also Gott verborgen hat und von uns nicht erkannt werden will, geht er uns nichts an. Hier gilt tatsächlich das Wort: Was über uns ist, geht uns nichts an.")

[46] Z.B. WA 18,634,1ff.

rhetorisch kunstgerecht auszusagen, um die Wahrheit zu treffen. Welche
Paradoxa meint Luther? Z. B.: „Sic Deus dum vivificat, facit illud occiden-
do; dum iustificat, facit illud reos faciendo; dum in coelum vehit, facit id ad
infernum ducendo, ut dicit scriptura: Dominus mortificat et vivificat, dedu-
cit ad inferos et reducit. ⟨1. Sam. 2, 6 (Vulg.)⟩"[47]

c) Hiermit bin ich über die mittlere zu der frühen Phase der Zusammen-
ordnung von offenbarem und verborgenem Gott bei Luther gelangt. Diese
frühe Phase ist gekennzeichnet durch die Kreuzestheologie, nun aber nicht
in der Bedeutung der Verehrung des Kreuzes und des Gekreuzigten, sondern in jener lutherschen Bedeutung, dass sich Gott dort am meisten offenbart, wo er sich am meisten verbirgt, und sich am meisten verbirgt, wo er
sich am meisten offenbart: im Kreuzestod Jesu Christi. Diese Einsicht hat
Luther freilich auch in seinen späteren Phasen weiter vertreten.[48]

Die 19. und 20. der Heidelberger Thesen Luthers von 1518 lauten: „19.
Non ille digne Theologus dicitur, qui invisibilia Dei per ea, quae facta sunt,
intellecta conspicit, 20. Sed qui visibilia et posteriora Dei per passionem et
crucem conspecta intelligit."[49]

Wenn wir auch Gottes Willen oft nicht begreifen – dass Gott alles bewirkt
(facit), davon ist Luther niemals abgegangen. Wir können das Gottes „Allmacht", „Allwirksamkeit" oder „Alleinwirksamkeit" nennen.[50] Gott wirkt
mit seinen Geschöpfen und durch seine Geschöpfe: „Alle creaturen sind
Gottes larven und mumereyen ⟨Vermummungen⟩, die er will lassen mit yhm
wircken und helfen allerley schaffen, das er doch sonst on yhr mitwircken
thun kann und auch thut."[51] – Das Zusammenwirken der Geschöpfe mit
dem Schöpfer wird uns gleich weiter unten im Rahmen des Berufsgedankens Luthers beschäftigen!

Aber kurz noch einmal zurück zur Dialektik von opus proprium Dei/
opus alienum Dei bzw. Deus revelatus/ Deus absconditus, die schließlich
auch für die widersprüchliche Zusammengehörigkeit von Christusreich und

---

[47] WA 18, 633, 9ff („Wenn Gott lebendig macht, tut er das durch Töten, wenn er rechtfertigt, tut er das durch Schuldigmachen, wenn er in den Himmel erhebt, tut er das durch Höllen-
fahrt, wie die Schrift sagt: Der Herr tötet und macht lebendig, er führt in die Hölle und wieder
heraus, 1. Sam. 2, 6 ...").
[48] Bandt (1958); Blaumeiser (1995); Jüngel (1972/1980); Loewenich (1982); Moltmann
(1987); Negri (1973); Olivier (1982); Thaidigsmann (1983).
[49] WA 1, 354, 17ff („Nicht der heißt mit Recht ein Theologe, der Gottes unsichtbares Wesen durch seine Werke wahrnimmt und begreift, 20. sondern der heißt mit Recht ein Theologe,
der Gottes sichtbares Wesen und seine Kehrseite wahrnimmt und durch Leiden und Kreuz begreift.")
[50] „Allmacht hieß für Luther Alleinwirksamkeit. Würde Gott nicht jeden Augenblick mit
seinem Wirken und Willen in der Welt sein, in ihrem Ganzen wie in ihrem kleinsten Teil, die
Welt fiele ins Nichts ... Eine Freiheit im Sinne des Heraustretens aus Gottes Alleinwirksamkeit
gibt es für den Menschen so wenig wie für irgendeine andere Kreatur." (Hirsch, Bd. 3 [1999],
29).
[51] WA 17/II, 192, 28ff.

Weltreich ausschlaggebend ist: Gottes Wirken ist zwar in sich einheitlich, aber *wir* sind durch so manche der Wirkungen befremdet! Luther wollte zweifellos nie von „zwei Göttern" sprechen – das hat auch noch kein Leser der entsprechenden Passagen empfunden –, sondern nur von einem Gott. Das ist daran zu bemerken, dass immer wieder durchscheint: Der offenbare Gott ist der verborgene und der verborgene ist der offenbare: Wir sollen nämlich nicht vorschnell meinen, den offenbaren Gott durchschauen oder gar in die Tasche stecken zu können: Zwar wissen wir von Gott durch seine Offenbarung in seinem Wort, aber bei genauem Hinhören auf sein Wort wissen wir damit auch, dass wir über Gott von uns aus nichts wissen. Indem Luther sagt, dass wir die Offenbarung benötigen, um über Gott etwas zu wissen, sagt er zugleich, dass Gott sich die Bekanntgabe dieses Wissens über ihn vorbehalten hat, dass sich uns also Gott entzieht, indem er sich uns offenbart. Karl Barth spricht daher in Bezug auf die Offenbarung Gottes mit Bedacht von einer Dialekt von Enthüllung und Verhüllung.[52]

8.6. *Christliche Person und Weltperson*

Der Einheit und Unterschiedenheit der beiden Reiche und Regimente nachzudenken und damit einen ethischen Standpunkt zu gewinnen, ist für den Christen/ die Christin nun aber verschieden von der Aufgabe, die *eigene Funktion* innerhalb der Gesellschaft zu erkennen und danach zu handeln. Denn gerade der Christ/ die Christin, die bewusst im Reich Christi leben und darauf vertrauen, dass Gott alle Menschen in diesem Reich versammeln will, Gläubige, die gleichwohl das weltliche Reich nicht verlassen wollen, müssen sich fragen, ob und wie sie das weltliche Reich nicht nur passiv erdulden, sondern aktiv bejahen und in ihm fungieren sollen. Dies umso mehr, als sogar das weltliche Reich und Regiment gemäß Luthers starker Formulierung „göttliche Dinge" sind. Wie sollen sich Christen/innen im weltlichen Reich verhalten?

Die Antwort Luthers finden wir in einem weiteren Text: Bei einer Auslegung der Bergpredigt nimmt Luther bei der Auslegung der Verse Mt. 5, 38–42[53] ausdrücklich die Lehre von den zwei Reichen und Regimenten auf: „Dieser text hat auch uberaus viel fragen und irthum gemacht schir al-

---

[52] „Offenbarung ist in der Bibel Sache eines Zuteilwerdens, eines Offenbarseins Gottes, durch das die Existenz bestimmter Menschen in bestimmter Situation dahin ausgezeichnet wurde, daß ihre Erfahrungen sowohl wie ihre Begriffe, Gott in seiner Enthüllung und Gott in seiner Verhüllung und Gott in der Dialektik von Enthüllung und Verhüllung – nicht zu fassen, wohl aber ihm zu folgen, ihm zu antworten vermochten." (Barth: KD I/1, 349).

[53] In Luthers Übersetzung bei der Predigt: „Ir habt gehort das da gesagt ist ,Auge umb auge, Zan umb zan', Ich aber sage euch das ir nicht widderstreben sollt dem ubel, sondern so dir imand einen streich gibt auff deinen rechten backen, dem biete den andern auch dar, Und so jemand mit dir rechten wil und deinen rock nehmen, dem las auch den mantel, Und so dich imand notiget eine meile, so gehe mit im zwo, Gib dem der dich bittet und wende dich nicht von dem der dir abborgen will." (WA 32, 385, 35ff).

len Lerern so nicht recht gewust haben zuscheiden die zwey stuck, weltlichen und geistlichen stand odder Christus und der welt reich, Denn wo
die zwey unter einander gemenget und nicht rein und fein geteilet werden,
da kann nimer kein rechter verstand inn der Christenheit bleiben, wie ich
offt gesagt und beweiset habe."[54]

Luther bejaht zuerst, dass alle Christen – und nicht nur die Asketen –
nach der Bergpredigt leben sollen. Das schließt aber bekanntlich den Verzicht auf jede Gewaltanwendung ein und den Verzicht, sich zu wehren:
„Wenn man nu fraget, ob ein Christ auch rechten odder sich wehren sol etc.
so antwort schlecht und sage Nein, Denn ein Christ ist ein solche person
odder mensch, so mit solchem welt wesen und recht nichts zuschaffen hat,
Und ist in solchem reich odder regiment, da nichts anders gehen sol denn
wie wir bitten ,Vergib uns unser schuld, wie wir auch vergeben unsern
schuldigern', Da sol eitel lieb und dienst unternander sein auch gegen die,
die uns nicht lieben sondern feind sein, gewalt und unrecht thun etc."[55] –
Luther war der festen Meinung, dass wir ChristInnen im Christusreich nach
der Bergpredigt leben sollen und können, „unternander" die extremen Gebote Jesu bis hin zur Feindesliebe befolgen können. Die BürgerInnen des
Christusreiches wissen allerdings, wenn sie gegen jemanden feindselig gehandelt haben, ob das Gegenüber daraufhin Feindesliebe geübt hat, und
werden das nicht ausnützen. Aber im Weltreich ist das nicht so. Und wie
können wir ChristInnen uns dem Wesen der Welt entziehen, da wir doch in
der Welt leben? Dass uns als ChristInnen (weil wir zwar gerechtfertigt,
aber zugleich immer noch Sünder sind) das Gesetz weiterhin betreffen wird
und muss, wissen wir schon. In der weiteren Folge der Bergpredigt-Aus-
legung wird Luther aber sogar zusätzlich behaupten, dass wir auch *aktiv*
am Weltreich teilnehmen sollen. Das ergibt sich andererseits aber auch ganz
von selber: Wenn wir nämlich bei aller Schwierigkeit, unser Leben entsprechend der Bergpredigt zu führen, darin sogar Erfolg haben sollten, und wir
mit anderen ChristInnen als christliche Gemeinde in der Nachfolge Jesu leben, wird trotzdem die Frage der *Abwehr des Bösen* an uns herantreten. Wir
werden als Vater, Mutter, Angehörige(r) für jemanden verantwortlich sein
und sie/ ihn schützen wollen, ja müssen.

Die Bergpredigt, gemäß der ich auf Verteidigung verzichten kann, betrifft hingegen immer nur mich selber in meiner höchst freiwilligen Nachfolge Jesu (bzw. die Gemeinde aller anderen ChristInnen, die sich ebenfalls
für diese Nachfolge entschieden haben). Im Falle der Bedrohung darf ich
aber die mir anvertrauten Menschen nicht schutzlos lassen. Das wäre verantwortungslos! Und obwohl nicht alle Menschen ein obrigkeitliches Amt
ausfüllen, das nach Luther zur Verteidigung der Schutzlosen berufen ist,
sind wir z.B. alle in irgendeiner Weise auf die Familie bezogen, haben An-

---

[54] WA 32, 387, 6ff.
[55] WA 32, 389, 36; 390, 4.

gehörige, Freunde/ Freundinnen, die in bedrohlichen Momenten Hilfe von uns erwarten dürfen. Was bedeutet das nun? Soll sich der Christ/die Christin etwa spalten und einerseits das Böse abwehren, andererseits wieder nicht? Seltsamerweise sieht Luther genau dies vor:

„Darnach ist ein ander frage, ob ein Christen denn auch muge ein weltlich man sein und des regiments odder rechts ampt und werck furen, also das die zwo personen odder zweyerley ampt auff einen menschen geraten und zugleich ein Christ und ein furst, richter, herr, knecht, magd sey, welchs heissen eitel welt personen, denn sie gehoren zum weltlichen regiment. Da sagen wir ja, Denn Gott hat solch weltlich regiment und unterscheid selbs geordnet und eingesetzt ...“[56] Einige Zeilen weiter heißt es zusammenfassend und lapidar: „Ein Christ bistu fur deine person, aber gegen deinem knecht bistu ein ander person und schuldig in zu schutzen.“[57]

Luther hat also tatsächlich gelehrt, dass wir je zwei Personen sind, eine *christliche Person* und eine *Weltperson*. Das bedeutet keine Persönlichkeitsspaltung – eher eine Persönlichkeitsverdoppelung. Luther: „Darumb lerne nur die unterscheid wol unter den zwo person die ein Christ zugleich tragen mus auff erden, weil er unter andern leuten lebt und der welt und des Keisers guter brauchen mus so wol als die heiden.“[58] Die „zwei Personen" weisen darauf hin, dass die Unterscheidung der beiden Reiche und Regimente mitten durch uns hindurch geht. Wir sind also sowohl eine als auch zwei Personen. Dies ist sogar in der Moderne noch wichtiger als zu Zeiten Luthers, da – zumindest in demokratischen Staaten – von allen Christen und Christinnen eine verantwortliche Beteiligung am politischen Geschehen (wenn auch in abgestufter Weise) erwartet wird. Wir haben hier Anlass zum Nachdenken darüber, wie wir uns jeweils als christliche Person und/ oder als Weltperson dem Leben stellen und damit unseren Beruf (= unsere Berufung durch Gott) ausüben sollen.

Luther hat das Zusammenbestehen der zwei Personen in einer Person in der erwähnten Predigt so dargestellt: „Also wenn ein Christ inn einen krieg zeucht odder sitzet und recht spricht und straffet odder verklagt sein nehesten, das thut er nicht als ein Christ sondern als ein krieger, Richter, Jurist etc. behelt aber gleichwol ein Christlich hertz, der niemand begeret boeses zuthun, und were im leid das dem nehesten solt ein leid geschehen, Und lebt also zugleich als ein Christ gegen iderman gleich, der allerley fur sich leidet inn der welt, und doch daneben auch als eine welt person allerley helt, brauchet und thut, was land odder stad recht, burger recht, haus recht foddert.“[59]

Ich muss hier aber neben der politischen besonders die religiös-kirchliche Dimension von Luthers Überlegungen zur Zwei-Reiche-Lehre betonen. Die

---

[56] WA 32, 390, 8ff.
[57] WA 32, 390, 30ff.
[58] WA 32, 391, 23ff.
[59] WA 32, 393, 23ff.

Christen/ innen der Gegenwart als zumeist säkularisierte Menschen sind viel eher gewohnt ihrer Verantwortung als Weltpersonen nachzukommen als ihrer Verantwortung als christliche Personen in Kirche und Gemeinde. Ihre wichtige Aufgabe im Christusreich bzw. -regiment konkretisiert sich aber im „kirchlichen Stand". Dazu etwas mehr weiter unten bei der Besprechung des kirchlichen Standes und Berufes (Kapitel 12).

Zwar war zu Luthers Zeiten die Beteiligung von „Laien" an den kirchlichen Angelegenheit noch nicht so entwickelt wie heute, wir kennen aber Luthers Lehre vom *allgemeinen Priestertum* der Gläubigen, das er in seiner Schrift „An den christlichen Adel deutscher Nation von des christlichen Standes Besserung", 1520, vorgetragen hat. Unter Berufung auf 1. Petr. 2, 9[60] vertritt Luther die Kompetenz von „uns allen" in den Fragen des Glaubens: „Ubir das ⟨außerdem⟩, szo sein wir yhe ⟨ja⟩ alle priester, wie droben gesagt ist, alle einen glauben, ein Evangely, einerley sacrament haben, wie solten wir den nit auch haben macht, zuschmecken und urteylen, was do recht odder unrecht ym glauben were?"[61] Daraus ergibt sich, dass Evangeliums- (und Gesetzes) -verkündigung, die Beurteilung dieser Verkündigung und alle die anderen geistlichen Aufgaben ausnahmslos alle ChristInnen betreffen (um den Unterschied zu den geistlichen Ämtern nach der Confessio Augustana XIV anzugeben: nur die *öffentliche* Verkündigung ist an eine Ordination geknüpft!). Kurz: Die Nachfolge Jesu und das Leben nach der Bergpredigt sowie das Vertreten, Verteidigen und Weiterentwickeln christlichen Denkens betreffen alle Christen/ innen.

In der Reformationszeit selber entfaltete Luthers Zusammenschau von christlicher Person und Weltperson in einem Ich eine unvorhergesehene Dialektik - nicht sosehr bei den einfachen Christenmenschen, sondern bei den „Oberpersonen": Einerseits kritisierte Luther vehement das Zusammentreffen von weltlicher und geistlicher Kompetenz bei den Kirchenfürsten (Bischöfen, Erzbischöfen und Päpsten), andererseits bejahte er die Durchführung der Reformation durch weltliche Fürsten und Stadtregierungen. Für die reformatorische Aufgabe eines Fürsten, da er soz. anstatt des legitimen Bischofs agierte, erfanden die protestantischen Theologen und Juristen die Bezeichnung „Notbischof".

Dass Luther den Bischöfen ihre zweifache Kompetenz (als christliche und weltliche Person) abstritt, widersprach seiner eigenen oben gerade dargestellten, Theorie. Dazu schreibt Eike Wolgast: „Für Luther war das geistliche Fürstentum seiner Zeit ein Sonderfall in der Konzeption der zwei Reiche Gottes. Bei sorgfältiger Trennung beider Funktionen bestand für die Bischöfe wie für alle anderen Amtsträger die Möglichkeit der ‚persona duplex in eodem homine' ⟨Zitat nach WA Briefe 5, 493, 47⟩, nur trat hier statt der

---

[60] „Dem nach szo werden wir allesampt durch die tauff zu priestern geweyhet, wie sanct Peter I. Pet. II sagt ‚yr seit ein kuniglich priesterthum und ein priesterlich kunigreich'." (WA 6, 407, 22ff = Clemen 1, 367).
[61] WA 6, 412, 20ff (= Clemen 1, 371).

üblichen Trennung in ‚persona publica' und ‚persona privata' eine andere ein: ‚episcopus' und ‚princeps'. Trotz der prinzipiellen Vereinbarkeit hat Luther aber die weltliche Herrschaft stets als Gefährdung der geistlichen Aufgabe bewertet; die Ausübung weltlicher Funktionen band Kräfte, die von den pastoralen Aufgaben abzogen."[62] – Der eben erwähnte Brief Luthers datiert aus der Zeit des Augsburger Reichstages von 1530. Luther schreibt dort an Melanchthon: „Primum cum sit certum, duas istas administrationes esse distinctas et diversas, nempe ecclesiasticam et politicam, quas mire confudit et miscuit Satan per papatum, nobis hic acriter vigilandum est, nec committendum, ut denuo confundantur, nec ulli cedendum aut consentiendum, ut confundat."[63] Die Trennung der beiden „administrationes" ist für Luther also ein Erfordernis der aktuellen Kirchenreform. Dies hindert ihn jedoch nicht, im selben Brief zuzugeben, dass grundsätzlich christliche Person und Weltperson in einer Person zusammenfallen können.[64]

---

[62] Wolgast (1984), 52.

[63] „Erstens: Da es gewiss ist, dass diese beiden Regierungsweisen getrennt und unterschieden sind, nämlich die kirchliche und die staatliche, die der Satan durch das Papsttum schrecklich verwirrt und vermischt hat, müssen wir scharf darauf achtgeben und nicht verschulden, dass die von Neuem verwirrt werden, und wir dürfen niemandem nachgeben oder zustimmen sie zu verwirren." (WA Briefe 5, 492, 10ff).

[64] „... etiamsi idem homo utramque personam gerere possit" (ebd., Zeile 20) [„wenngleich derselbe Mensch beide Personen repräsentieren kann"].

9. Beruf und Berufe bei Luther[1]

In Luthers Lehre vom Beruf kommen alle seine ethischen Gedanken zusammen: Unter diesem Titel muss daher sowohl von der Glaubens- und Selbstreflexion als auch von den praktischen Aufgaben der Menschen im Leben die Rede sein (und diese Aufgaben hat Luther in seiner Ständetheorie dargelegt), aber auch von den Unterscheidungen zwischen Gesetz und Evangelium und zwischen den beiden Reichen und Regimenten. Zugleich erweist Luthers Fundierung der Ethik mit der Rechtfertigung in der Berufslehre ihre Bedeutung für die persönliche Lebensführung.

Rechtfertigung und Glaube als Themen der Ethik Luthers muss ich deshalb auch innerhalb des Berufsgedankens ausdrücklich betonen, weil der Neuprotestantismus dazu geneigt hat, im Berufsgedanken die Weltzuwendung des evangelischen Christen hervorzukehren, indem er etwa, wie folgt, argumentierte: Nachdem sich der Christ die „dogmatischen" Lehrstücke Rechtfertigungslehre, Unterscheidung von Gesetz und Evangelium etc. angeeignet und sie soz. hinter sich gelassen habe, wende er sich in einem ethischen Entschluss der Welt zu. Aber hier hätte man die Rechnung ohne den Reformator gemacht! Wir waren nämlich nach Luther schon bei allen bisher besprochenen Begriffen der Ethik der Welt zugewandt, zugleich aber auf Gott bezogen.

Glauben ist eine gleicherweise geistlg-geistliche wie weltliche Angelegenheit. Glauben steht entsprechend dem biblischen Sprachgebrauch bei Luther gern im Gegensatz zum „Schauen" (Gottes), und nicht zum Wissen. Glauben ist „berufsethisch" gedacht das Wissen um die Berufung durch Gott. Wir sind als Menschen dieser Welt im Glauben auf Gott bezogen: In dieser Beziehung werden wir gerechtfertigt und dabei zugleich in die Beziehung zu den Mitmenschen eingewiesen.

Möglicherweise kommt die Auseinanderreißung „hie Glaube/ Dogmatik – dort Liebe/ Ethik" auch durch eine missverstehende Lektüre der Schlusspartien der Schrift Luthers „Von der Freiheit eines Christenmenschen" zustande, wo es heißt: „Aus dem allenn folgt der beschluß, das eyn Christen mensch lebt nit ynn yhm selb, sondern ynn Christo und seynem nehstenn, ynn Christo durch den glauben, ym nehsten durch die liebe: durch den glauben feret er uber sich yn gott, auß gott feret er widder unter sich durch die liebe ..."[2] – Glauben und Liebe können – wie in diesem Zitat Luthers –

---

[1] Allgemeine Literatur: Herms (1982); Kibe (1996); Maurer; G. Müller (1989); Pawlas (2000); Ratschow (1986); Scharffenort (1982); Schirrmacher (2001); R. Schwarz (1978 u. 1984); Seils (1962); Weber (1984 u. 1978); Wingren (1952).
[2] WA 7, 38, 6ff (= Clemen 2, 7).

zwar unterschiedlich betrachtet, sollen aber nicht gegeneinander ausgespielt werden. Aus den zitierten Sätzen Luthers geht hervor, dass Liebe
nicht als ein (verdienstliches) „gutes Werk" aufgefasst werden darf, vielmehr garantiert die Bewegung „über sich in Gott – aus Gott unter sich",
dass der Christenmensch von Gott in seine Aufgaben eingewiesen, sprich:
dazu berufen wird.

Eine große Frage an Luthers Berufsethik ist freilich, ob im Beruf nicht
doch wieder das Gesetz gegenüber dem Evangelium in den Vordergrund
tritt. Es liegt ja nahe, den Beruf als enges Korsett, in das man gesteckt wird,
zu begreifen, oder, wenn er in einem „Stand" ausgeübt wird, als gebunden
an die Regeln des jeweiligen Standes. Wir werden auch lesen, dass Luther
vom „Befehl" (Luther schreibt „befelh") spricht, den wir im Beruf haben,
oder der der Beruf selber ist. Zwar bedeutet „Befehl" bei Luther „Auftrag"
(mandatum), aber: Befehl ist Befehl! Und überhaupt: Sobald Luther sich
mit seiner Ethik in das ständische Sozialsystem seiner Zeit einklinkt, ist er
doch wohl in der damals herrschenden „Gesetzlichkeit" gefangen.

Muss möglicherweise für Luther gelten, was Karl Barth an der Schaltstel-
le von Dogmatik und Ethik sagt, dass nämlich das Evangelium in der Ethik
die *Gestalt* des Gesetzes annimmt? – Barth: „Die Ethik als Lehre von Gottes
Gebot erklärt das Gesetz als die Gestalt des Evangeliums, d.h. als die Norm
des dem Menschen durch den ihn erwählenden Gott widerfahrende Heiligung."[3] Barths Wendung und Formulierung ist genial. Er gibt das Evangelium als „Inhalt" nicht auf. Es ist „Heiligung". Gleichwohl nimmt es die „Gestalt" des Gesetzes an und wird „Norm". Das ermöglicht Barth, innerhalb
der „Kirchlichen Dogmatik" in den §§ 36–39 und 52–56 eine Ethik zu
schreiben. Wäre Luthers Ethik vielleicht auch „gesetzlich" ausgefallen,
wenn er eine geschrieben hätte? – Luther ist es in seinen ethischen Überlegungen stets um Rechtfertigung, Evangelium und Freiheit gegangen. Aber
auch hierin steht ihm Karl Barth nicht nach: In den ethischen Partien seiner
„Kirchlichen Dogmatik" behandelt er in § 53 die „Freiheit vor Gott", in §
54 die „Freiheit in der Gemeinschaft", in § 55 die „Freiheit zum Leben" und
in § 56 die „Freiheit in der Beschränkung".

Gleichwohl, so meine ich, hätte Luther nicht wie Barth gesagt, die Ethik
sei die „Lehre von Gottes Gebot", sondern vielmehr die „Lehre von Gottes
Beruf". Luther und Barth unterscheiden sich also durch das gemeinsame
Bemühen, stets und überall das Evangelium zur Geltung zu bringen. Dass
Luther das in seiner „Berufslehre" gelungen wäre, kann man nicht behaupten, denn er hat bekanntlich genauso wenig eine „Berufslehre" geschrieben
wie eine „Dogmatik" oder „Ethik". „Berufslehre" ist der Versuch der Späteren, Luthers Ethik auf einen Begriff zu bringen. Vom „Beruf" (genauer:
„beruff") freilich handelt Luther des öfteren.

---

[3] KD II/2, 564 (§ 38, Leitsatz).

9.1. Berufung und Beruf

Beruf (= Berufung) heißt, mit einer Aufgabe betraut zu werden. Dies kann Luther am biblischen Beispiel des Moses demonstrieren: „Dieses ist der Beruff Mosi, da Gott in in der wuesten und hinder den Schafen in Midian holet und zum Herrn oder Hertzog uber sein Volck setzet, gleich wie er den Saul von den Eseln nimet und zum Koenig uber Israel ordenet. Ja, wie er den David hinder den Lemmern findet und an Sauls stat zum Koenige salben und bestetigen lesst. Denn Gott weis die seinen wol zu finden, die er zu grossen Emptern brauchen wil. Sie duerfen nicht darnach rennen und lauffen oder viel Practiken und anschlege gebrauchen, Gott sihet sie selbs und stoesset sie aus in seinen Goettlichen Beruff."[4]

Berufung als Beruf (im heutigen Sprachgebrauch verstanden) konkretisiert Luther zumeist in seinem Sozialmodell der drei Stände: status oeconomicus (Nährstand), status politicus (Wehrstand) und status ecclesiasticus (Lehrstand). Der Reformator erfand dieses dreigliedrige Modell nicht selber, es lag ihm in seiner Lebenswelt vor, dieses Modell gliederte die Sozialordnung in Europa seit Jahrhunderten und ist laut Georges Dumézil sogar die Grundlage der Sozialordnung aller indo-europäischen Völker.[5] Bezeichnender Weise kann Luther für sein dreigliedriges Sozialmodell auch gar keine Bibelstellen anführen. Das ist ihm aber nicht bewusst geworden. Selbstverständlich ist in der Bibel von Familien, Obrigkeiten und Priestern die Rede; aber ein dreigliedriges Sozialmodell finden wir dort nicht.

Bei genauerem Zusehen bemerken wir denn auch, dass Luthers Sozialmodell im Grunde nicht drei-, sondern zweigliedrig ist, vergleichbar den Unterscheidungen Gesetz/Evangelium und Weltreich/Christusreich. Der status oeconomicus (sprich: Ehe, Familie, Hausstand) ist nämlich der Ursprung der beiden anderen und begründet sie auch weiterhin: Denn jede(r) Angehörige des status politicus kommt aus einer Familie, ebenso jede(r) Angehörige des status ecclesiasticus!

In einer Predigt über Joh. 21, 12–18 aus 1522 kommt Luther mehrmals auf den Beruf zu sprechen und identifiziert ihn mit dem Befehl (Auftrag, mandatum) des „Standes", in dem jemand lebt und arbeitet. Das bedeutet dann freilich bald, in diesem Stand *stehen* zu bleiben und bekommt einen gesetzlichen Anstrich: „Sihe, wie nu niemand on befelh und beruff ist, ßo ist auch niemand on werck, ßo er recht thun will. Ist nu eynem iglichen drauff tzu mercken, das er ynn seynem stand bleybe, auff sich selb sehe, seynis befelhs warnhem unnd darynnen gott diene und seyn gepott hallte."[6]

Sehr viel allgemeiner und „theologischer" sowie „evangelischer" erläutert

---

[4] WA 16, 46c, 21ff.
[5] Dumézil (1958); Eliade (1979), Bd. 1, 204ff.
[6] WA 10/I, 309, 14ff.

Luther das Berufensein im 3. Glaubensartikel des Kleinen Katechismus
(1529). Dort ist ihm Berufung die erste Tätigkeit des heiligen Geistes: „Der
heilige Geist hat mich durchs Evangelion berufen, mit seinen Gaben erleuchtet, im rechten Glauben geheiliget und erhalten, gleichwie er die ganze
Christenheit auf Erden berüft …"[7] Aus dem dritten Glaubensartikel haben
wir in erster Linie zu erkennen, dass wir berufen sind. Damit ist, was wir im
Leben im einzelnen berufsmäßig ausüben, uns von Gott aufgetragen und
wird uns ständig aufs Neue aufgetragen. Insofern ist alles, was wir in unseren „Ständen" und Berufen tun, von geistlicher Dignität umgeben, auch
wenn wir keinen „geistlichen Beruf" (etwa im Rahmen von Kirche und Gemeinde) ausüben.

Luther kann aber auch den Ruf des Evangeliums mit dem Beruf, den wir
alle von Gott erhalten, gleichsetzen. In einer Predigt über 2. Petr. 1, 3 und
bezogen auf die Worte „… der uns beruffen hat/ durch seine Herrligkeit
und Tugent" sagt er: „Wie ist der beruff geschehen, dardurch wyr von Gott
beruffen sind? Also Gott hat das heylig Euangelion ynn die welt aus gehen
und verkundigen lassen, darumb hat keyn mensch zuvor gearbeytet noch
yhn ersucht und gebetten, Sonder ehe es yrgent eyn mensch gedacht, hat er
uns solche gnade angebotten, geschenckt und uber alle mas reychlich auss-
gossen."[8]

Die Luthersche Berufsauffassung wurde ethisch und soziologisch besonders im 19. und 20. Jahrhundert aufgegriffen und ethisch wirksam, und
zwar unter den Bedingungen einer entwickelten bürgerlichen Lebensauffas-
sung. Diese Wirkung zeigt aber eine nicht unbeträchtliche Distanz zu Luthers Gedanken über den Beruf:

Der evangelische Theologe Albrecht Ritschl (1822–1889), der mit seiner
Theologie Luther besonders nahe steht (siehe allein den Titel seines gleich
zu zitierenden Hauptwerkes „Die christliche Lehre von der Rechtfertigung
und Versöhnung", 1870–74) und gegen Ende des 19. Jahrhunderts den ethischen Berufsgedanken vertritt, greift die Rechtfertigungslehre und den Berufsgedanken Luthers auf, unterscheidet dabei aber nicht so konsequent
wie Luther zwischen Gesetz und Evangelium sowie zwischen den beiden
Reichen und Regimenten (Regierungsweisen) Gottes. Neben den ethischen
Gedanken Luthers bringt Ritschl nämlich die Ethik Kants mit ihrer Pflicht-
und Freiheitsthematik ein. Und so wird das Evangelium bei Ritschl zur
„Freiheit im (Sitten-) Gesetz", und die beiden Reiche und Regimente fallen
in eins zusammen und arbeiten im Zeichen dieser Freiheit an der Gestaltung
von Welt und menschlicher Gesellschaft. Freiheit im Sinne des Befreitseins
zum Tun des Guten und Rechten ist nun zwar ein mit Luthers Ethik verein-
barer Gedanke, nicht aber die Position des fortschrittsoptimistischen *Kulturprotestantismus* im 19. Jahrhundert, der von Theologie und Kirche große

---

[7] Bekenntnisschriften ([10]1986), 512.
[8] WA 14, 18b, 11ff.

Stücke bei der „Versittlichung" und Weiterentwicklung der Gesellschaft erwartete. Den Realismus (und Pessimismus) Luthers, was die „Verbesserung des Menschengeschlechts" betrifft, hat man hinter sich gelassen. Einen ähnlichen Fortschrittsoptimismus wie Albrecht Ritschl vertritt Richard Rothe in seiner Ethik.[9]

Soziologisch ist Luthers Berufskonzeption von Max Weber untersucht worden.[10] Über Luther heißt es: „Aber mit der klareren Durchführung des ‚sola-fide'-Gedankens in seinen Konsequenzen und mit dem dadurch gegebenen, mit steigender Schärfe betonten Gegensatz gegen die ‚vom Teufel diktierten' katholischen ‚evangelischen Ratschläge' des Mönchtums steigt die Bedeutung des Berufs. Die mönchische Lebensführung ist nun nicht nur zur Rechtfertigung vor Gott selbstverständlich gänzlich wertlos, sondern sie gilt ihm auch als Produkt egoistischer, den Weltpflichten sich entziehender Lieblosigkeit. Im Kontrast dazu erscheint die weltliche Berufsarbeit als äußerer Ausdruck der Nächstenliebe …"[11] Weber zeigt auf, dass erst mit Luthers und den ihm folgenden protestantischen Bibelübersetzungen das Wort *Beruf* im heutigen Sinn aufgekommen ist.[12] Er erläutert, dass Luther zunächst ganz verschiedene griechische Wörter mit *Beruf* übersetzt: Sowohl das Wort *klesis* in paulinischen, deuteropaulinischen und anderen Briefstellen: 1. Kor. 1, 26; Eph. 1, 18; 4, 1; 4, 4; 2. Thess. 1, 11; Hebr. 3, 1; 2. Petr. 1, 10 u. ö., ebenso aber *ergon* in Sir. 11, 20 und *ponos* in Sir. 11, 21. „Die Lutherische Übersetzung bei dieser Sirachstelle ist, soviel ich sehe, der *erste* Fall, in welchem das deutsche Wort ‚Beruf' ganz in seinem *rein* weltlichen Sinn gebraucht wird."[13]

Was Weber dann in kritischer Einschätzung formuliert, führt sowohl an die Grenze der soziologischen Betrachtungsweise, lässt aber durchaus auch Luthers eigentliche theologische Berufskonzeption durchscheinen: „So blieb also bei Luther der Berufsbegriff traditionalistisch gebunden. Der Beruf ist das, was der Mensch als göttliche Fügung *hinzunehmen*, worein er sich ‚zu schicken' hat: – diese Färbung übertönt den auch vorhandenen anderen Gedanken, daß die Berufsarbeit eine oder vielmehr *die* von Gott gestellte Aufgabe sei."[14] – Mit dem hier auftretenden Wortpaar Beruf/ Berufsarbeit kann man sehr gut die theologisch-ethische und die soziologische Sicht auseinanderhalten. Den Soziologen interessieren selbstverständlich vorwiegend die Berufsarbeit und das dahinter stehende Arbeitsethos. Luther predigt aber keineswegs jenes Arbeitsethos, das Max Weber in modernen protestantisch geprägten Gesellschaften vorfand, und das er als Wurzel

---

[9]   Rothe (1845/1871). Genaueres über Rothe und Ritschl unter 9.4.
[10] Weber (1984), Bd. 1, 66ff.
[11] Weber (1984), Bd. 1, 68f.
[12] Weber (1984), Bd. 1, 101ff (Anm. 55).
[13] Weber (1984), Bd. 1, 102.
[14] Weber (1984), Bd. 1, 72.

des Kapitalismus entdeckt haben will. Luther geht es um den Be*ruf* von Gott her.

Dass wir in unserem Beruf unter Umständen zugunsten unseres Nächsten schwer arbeiten werden, ist für Luther ebenso selbstverständlich, wie dass wir bei anderen Gelegenheiten das „gute Werk" tun werden, „einen Strohhalmen aufzuheben". Diese Freiheit des Glaubenden *zur* Arbeit, gleichzeitig aber auch *von* ihr, kann der Soziologe nicht würdigen. Mit den geistlichen Berufen hat er offensichtlich schon von vornherein gewisse Schwierigkeiten! Er sieht sie nicht als „Berufsarbeit" – wahrscheinlich, weil sie sich schwer ökonomisch einordnen lassen. – Wenn sich nach Weber der von Luther belehrte Mensch „in die göttliche Fügung schickt", so bekommt etwas einen negativen Beigeschmack, was nach Luther den höchst positiven Sinn hat, dass wir von Gott Inhalt und Ziel unseres Lebens vorgegeben bekommen. Dies heißt aber nichts weniger, als dass wir Gottes Mitarbeiter werden.

Was nun den „Traditionalismus" der Ethik Luthers betrifft, so hat Weber zweifellos etwas Richtiges getroffen. Luthers antirevolutionäre Haltung im Bauernkrieg von 1525 ist bekannt; ich habe sie S. 127 ff besprochen. Luther stemmte sich damals dagegen, dass die Reformation und die Neuentdeckung des Evangeliums von den revolutionären Bauern als Sozialprogramm benutzt würden. Das heißt aber nicht, dass seine *Ständelehre* in jedem Fall rückschrittlich ist – konservativ aber wohl. Luthers Ständelehre ruht auf dem Berufsgedanken. Dieser will sagen, dass wir überall, wo wir gerade *stehen*, von Gott gerufen sind, das Rechte zu tun. Luther selber hat offensichtlich in der Revolutionszeit (Bauernkrieg) seinen Beruf darin gesehen, leidenschaftlich gegen die Revolution, die ja zum Bürgerkrieg ausgeartet war, Stellung zu beziehen, und sich dabei – wie stets – als Prediger und „Doktor der heiligen Schrift" verstanden.

Karl Barth freilich meldet nicht nur gegen Luthers sozialen Konservativismus Bedenken an, sondern auch gegen seinen theologischen. Denn: Könnte die Berufung nicht auch die Grenzen von Ständen überwinden? Barth stellt die Fragen: „Sollte Gottes Berufung und sollte des Menschen Gehorsam ihr gegenüber nun nicht doch auch jene Wandlung und Neubestimmung auch der Gestalt seines Wirkungskreises notwendig nach sich ziehen? Und endlich: *Quo iure* sollte es ausgeschlossen sein, daß die göttliche Berufung und der ihr entsprechende Gehorsam des Menschen ihn nicht eines Tages aus seinem bisherigen Wirkungskreis heraus und eben doch in einen anderen versetzen sollte?"[15] – Luther hat diese Fragen zwar nicht positiv beantwortet; indem er das ständische Sozialmodell aufgriff und unterstützte, wollte er das Berufungsgeschehen aber auch nicht durch dieses Modell prädeterminieren.

---

[15] Barth: KD III/4, 742.

9.2. Mitarbeit mit Gott

Luthers Berufsgedanken finde ich am tiefsten in seinem Begriff der Mitarbeit mit Gott ausgedrückt, über den wir in der Schrift „De servo arbitrio" („Vom versklavten Willen") lesen können, die in der düsteren Zeit der Bauernkriege, 1525, verfasst wurde. Die dortige Begründung unseres Berufs in unserer Mitarbeit mit Gott, motiviert die ethisch reflektierenden ChristInnen wahrscheinlich mehr zum Handeln als die fortschrittsoptimistischen Überlegungen Albrecht Ritschls und die soziologisch-kritischen Analysen Max Webers.

Aus den dramatischen Umständen des Jahres 1525 heraus wird es nicht verwundern, dass der für die Berufenen lichte Gedanke der Mitarbeit mit Gott auch eine dunkle Folie hat: Es ist der Gedanke, dass alle Menschen, auch die Nicht-Berufenen, die Bösen, ja die gesamte Schöpfung, auch wider ihren Willen mit Gott „mitarbeiten" müssen, weil Gott sie in seiner Allmacht und Allwirksamkeit dazu treibt und mitreißt. Deshalb ist Gott nach Luther ein *Deus absconditus*: „ Hoc enim nos asserimus et contendimus, quod Deus, cum citra gratiam spiritus operatur omnia in omnibus, etiam in impiis operatur, Dum omnia, quae condidit solus, solus quoque movet, agit et rapit omnipotentiae suae motu, quem illa non possunt vitare nec mutare, sed necessario sequuntur et parent, quodlibet pro modo suae virtutis sibi a Deo datae, sic omnia etiam impia illi cooperantur."[16] – Wenn Gott jemanden „mitreißt durch die Bewegung seiner Allmacht", entsteht dadurch zwar keine mystische Berufung und kein bürgerlicher Beruf, gleichwohl aber „Mitarbeit", wenn auch unwissentliche und unfreiwillige – insofern man so etwas überhaupt Mitarbeit nennen kann. Warum spricht Luther dann aber überhaupt von Mitarbeit? – Anscheinend deshalb, damit wir erkennen, dass die Berufung durch Gott kein Scherz ist, der wir nach Lust oder Laune folgen können oder auch nicht. Gott, so will Luther sagen, nimmt uns auf jeden Fall in Anspruch – nolentes volentes (unwillig wollend). Wohl uns, wenn wir durch sein Wort belehrt sind und im Glauben auf unsere Berufung hören; jedoch unser Heraustreten aus dem Bereich der gottlosen Schöpfung können wir nicht selber bewirken: „Homo antequam renovetur in novam creaturam regni spiritus, nihil facit, nihil conatur, quo paretur ad eam renovationem et regnum; Deinde recreatus, nihil facit nihil conatur, quo perseveret in eo regno, Sed utrunque facit solus spiritus in nobis, nos sine nobis

---

[16] WA 18,753,28ff (= Clemen 3,252f) [„Dieses nämlich bekräftigen und behaupten wir, dass Gott, wenn er abgesehen von der Gnade des Geistes wirkt, alles in allen, auch in den Gottlosen wirkt; insofern er alles, was er allein geschaffen hat, auch alleine bewegt, treibt und mitreißt durch die Bewegung seiner Allmacht, die sie nicht vermeiden noch verändern können. Vielmehr folgen und gehorchen sie mit Notwendigkeit allem Vorgegebenen, entsprechend der ihnen von Gott verliehenen Eigenschaft; so arbeiten alle, auch die gottlosen Geschöpfe mit ihm zusammen."]

recreans ⟨Jak. 1, 18⟩ et conservans recreatos."[17] Dies klingt nun schon eher nach Berufung, bzw. es führt auf Berufung hin: Der heilige Geist berührt uns, und wir werden auf einen neuen „Boden", in das Reich des Geistes gestellt. Die zitierten und ähnliche Texte sind deshalb von großer Bedeutung, weil sie die Einheit der Ethik Luthers zeigen: Neuschöpfung, Rechtfertigung, Glaube und Beruf/ Berufung sind nicht nur zusammengehörige Stücke, sondern Artikulationen einer und derselben Sache, dass nämlich die Ethik insgesamt Reaktion, Antwort und Wissen um das Handeln Gottes an uns ist. Nur in Antwort auf das Handeln Gottes werden wir unser Leben recht gestalten können. Es wird Mitarbeit mit Gott sein: „Sed non operatur sine nobis, ut quos in hoc ipsum recreavit et conservat, ut operaretur in nobis et nos ei cooperaremur. Sic per nos praedicat, miseretur pauperibus, consolatur afflictos."[18]

Im zuletzt Zitierten finden wir nun interessanter Weise schon eine kurze Differenzierung in Berufe. (In vergleichbarer Weise hat Luther, wie erwähnt, das Wirken des heiligen Geistes an uns differenziert: der heilige Geist beruft, erleuchtet und heiligt.[19])

An unserer Stelle aus „De servo arbitrio" ergibt sich eine Differenzierung in theoretisches und praktisches Handeln: Einmal das *Praedicare*, das „Predigen", das aber auch Lehren umfasst – weiters das *Misereri*, die Zuwendung zu den Nächsten, die uns brauchen. Mit dem *Consolari* ist dann ein Drittes gesagt, das sowohl mit sprachlicher als auch mit unterstützender Zuwendung zu tun hat. Vielleicht darf ich gerade diesen dritten hier genannten „Beruf" gleichsam als Beschreibung des Berufes aller ChristInnen bezeichnen, gerade weil dies in den anschließend zu nennenden Berufen nicht ausdrücklich vorkommt. Dieses Trösten der Zerschlagenen, d. h. die persönliche mit Sprache verbundene Zuwendung, geht unserer Zeit am meisten ab, in der vieles auch im mitmenschlichen Bereich vorwiegend nüchtern, technisch-zielstrebig, professionell (z. B. medizinisch und psychologisch), oder mit Einsatz von Macht bewerkstelligt wird anstatt in persönlicher und sprechender Zuwendung.

---

[17] WA 18,754, 8ff (= Clemen 3, 253) [Bevor der Mensch zu einer neuen Kreatur des Reiches des Geistes erneuert wird, tut er nichts, versucht nichts, wodurch er sich auf jene Erneuerung und dieses Reich vorbereite. Dann als Neugeschaffener tut er nichts, versucht nichts, wodurch er in diesem Reich verharre, sondern beides tut allein in uns der Geist, der uns ohne uns neu schafft und uns als Neugeschaffene erhält.]

[18] WA 18,754, 14ff (= Clemen 3, 253) [Aber er wirkt nicht ohne uns, die er eben dazu neugeschaffen hat und erhält, damit er in uns wirke, und wir mit ihm zusammenwirken. So predigt er durch uns, erbarmt sich der Armen, tröstet die Zerschlagenen.]

[19] Bekenntnisschriften ([10]1986), 512.

9.3. Die drei Berufe oder „Stände"

Nun aber zu den klassischen drei Ständen und Berufen nach Luther. Ich gebe zuerst einen kurzen Überblick über Luthers Ständelehre. In den folgenden Kapiteln werde ich diese Stände sodann noch eingehender darstellten.

1528 schreibt Luther seine (Doppel-)Schrift „Vom Abendmahl Christi. Bekenntnis". Das „Bekenntnis" ist eigentlich eine gesonderte Schrift, obzwar viel kürzer als die Ausführungen zum Abendmahl. Es ist „für die evangelische Bekenntnisbildung bis hin zur Confessio Augustana von Einfluss gewesen"[20]. Aber nicht vom Bekenntnis als ganzem soll hier die Rede sein, sondern von einem Abschnitt daraus, in dem Luther seine (Sozial)-Ethik darlegt. Wir lesen: „Aber die heiligen orden und rechte stiffte von Gott eingesetzt sind diese drey: Das priester ampt, Der Ehestand, Die weltliche oeberkeit."[21]

Luther überrascht uns zuerst mit den Ausdrücken „heilige Orden, rechte Stifte". Hier liegt kein Missverständnis oder veralteter Wortgebrauch vor, sondern Luther will ganz bewusst den katholischen Wortgebrauch ersetzen und den katholischen Orden und Stiften ihre Heiligkeit entwinden. Kirche (über „Priesteramt" gleich weiter unten), Ehe und Obrigkeit – will Luther sagen – sind *von Gott* eingesetzt, daher die wahren „Orden" und „Stifte" (Stiftungen durch Gott), die römisch-katholischen Orden und Stifte hingegen sind das nicht, sie sind „Menschenfündlein", oder – wie sich Luther hier noch ungemein schärfer ausdrückt: Sie sind „teuffels stiffte und kloester …, so blos on Gottes wort auff komen sind und dazu widder den einigen weg des glaubens streben und toben"[22]. Die Direktiven der Ethik Luthers liegen auf der Hand: Wir sollen uns an das von Gott Eingesetzte halten. Für die Ehe bedeutet das ihre sofortige Erhöhung über den ehelosen Stand[23], für die weltliche Obrigkeit ebenfalls eine ethische Aufwertung: Während die mittelalterliche Kirche sich stets der weltlichen Herrschaft überlegen gefühlt hatte (ob sich das in der Praxis des Papsttums oder des Bischofsamtes auch wirklich hat durchhalten lassen, ist eine andere Frage), so stellt Luther absichtlich Priesteramt und weltliche Obrigkeit auf die gleiche Ebene. Für das Verhältnis von Kirche und weltlicher Obrigkeit wäre hier das oben von der Zwei-Reiche-Lehre Gesagte heranzuziehen.

Zum *Priesteramt*: Wie in den Ausdruck „heilige Orden" so legt Luther offensichtlich auch in Priesteramt eine gewisse Provokation hinein und überlässt die Würde des Priesteramts nicht der Papstkirche. Die größte Provokation war bereits Luthers Lehre vom allgemeinen Priestertum, die er

---

[20] B. Lohse (1982), 141.
[21] WA 26, 504b, 30f.
[22] WA 26, 505b, 26ff.
[23] Den Zölibat hat Luther nicht a limine abgelehnt, ihn aber nur als seltene Berufung angesehen und außerdem in ihm kein verdienstliches Werk erblickt.

1520 in der Schrift an den christlichen Adel im Anschluss an 1. Petr. 2,9[24] entwickelt hatte. – Sind aber jetzt, 1528, noch alle Christen und Christinnen am allgemeinen Priestertum beteiligt, wenn Luther für einen eigenen Stand, Orden, Beruf – eben das Priesteramt – plädiert? Diese Frage ist nicht ganz leicht zu beantworten, da es einerseits Luthers Überzeugung ist, dass die drei verschiedenen Berufe und Orden zusammenwirken, ja einander auch notwendig überschneiden, wie ich noch zu erläutern haben werde; andererseits ist aber eine deutliche Unterscheidung an der jetzt angeführten Stelle bewusste Absicht. Es wäre nicht unrichtig zu sagen, der erste reformatorische (beinahe revolutionäre Elan) sei einem traditionalistischen Ordnungsdenken gewichen. Jedoch muss man sich vor allzu billigen Verallgemeinerungen hüten: In der Regel erweist sich, dass die ethischen Konzeptionen Luthers zwar auf gegebene gesellschaftliche Sachlagen antworten, nicht aber einfach auf äußere Umstände zurückzuführen sind.

Wenn Luther das Priesteramt genauer beschreibt, finden wir darin eine unerwartete Weite und fast schon eine Antwort auf unsere Frage: „Alle die, so ym pfarampt odder dienst des worts funden werden, sind ynn einem heiligen, rechten, guten, Gott angenemen orden und stand, als die da predigen, sacrament reichen, dem gemeinen kasten furstehen, kuester und boten odder knechte, so solchen personen dienen etc. Solchs sind eitel heilige werck fur Gott."[25] Obwohl hier nicht vom allgemeinen Priestertum die Rede ist, kommt Luther dem doch nahe: Er verwendet einen solchen Begriff von der Kirche, gemäß dem alle aktiv in ihr Arbeitenden zu ihr gehören – ausdrücklich auch solche, die nicht im Gottesdienst wirken, sondern z. B. in der Armenpflege (das ist mit dem „gemeinen Kasten" gemeint), sowie Boten und Knechte. Ziehen wir die *Zwei-Reiche-und-Regimenten-Lehre* zum Vergleich heran, dann ist dort das Priesteramt in das geistliche Regiment einzuordnen. Das heißt aber nicht, dass Gott nicht auch durch andere als die „amtlich" Berufenen regiert. Er regiert nämlich im Christusreich durch alle, die sich zu Christus halten. In der Ständelehre haben wir es mit Kirche und Gemeinde als soziologischen Größen zu tun, mit Institutionen. Selbstverständlich ist Kirche auch eine theologische Größe: Sie ist aus dem Evangelium geboren, und wo Gott durch Menschen worthaft wirkt (und das Sakrament ist *verbum visibile*!) handelt es sich theologisch betrachtet um Kirche. Daraus folgt, dass die Kirche sozialethisch betrachtet Priesteramt und *heiliger Orden* ist.

Wenden wir uns nun mit Luther dem *Ehestand* zu: „Wer Vater und Mutter ist, haus wol regirt und kinder zeucht zu Gottes dienst, ist auch eitel heiligthum und heilig werck und heiliger orden, Des gleichen, wo kind odder gesind den eldern odder herrn gehorsam ist, ist auch eitel heiligkeit,

---

[24] „Ihr aber seid das auserwählte Geschlecht, das königliche Priestertum, das heilige Volk, das Volk des Eigentums, dass ihr verkündigen sollt die Wohltaten des, der euch berufen hat von der Finsternis zu seinem wunderbaren Licht."
[25] WA 26, 504b, 31ff.

und wer darynnen funden wird, der ist ein lebendiger heilige auff erden."[26]
– Mehrmals bemerken wir wieder das Provokatorische des Lutherschen
Entwurfes: Im Gegensatz zu mittelalterlichen Heiligkeitsvorstellungen
schreibt Luther der weltlichen Lebensform der Ehe „eitel" (lauter) Heiligkeit zu. Beachten wir, dass nicht das sexuelle Verhältnis zwischen Mann
und Frau zur Provokation benutzt wird (obwohl, wie wir wissen, sich Luther von der Askese zur Bejahung der Sexualität „bekehrt", 1525 geheiratet
und damit seine Zeit provoziert hat); auch spielt das persönliche Verhältnis
zwischen den Ehegatten keine Rolle in der Heiligkeit des Ehestandes![27]

Warum und wie kann die Ehe heilig sein? – Die Antwort muss lauten:
durch Berufung in den Ehestand. Hierbei ist gemäß der Zwei-Reiche-Lehre
(die Luther hier nicht erwähnt) anzunehmen, dass nur die Gläubigen die
Heiligkeit dieses Berufes erkennen. Nichtsdestoweniger sind auch die Ungläubigen („ohn ihren Dank") von Gott zur Ehe berufen. Luther bringt damit den soziologischen Gesichtspunkt seiner Zeit (die Ehe ist „Wirtschafts-
institut" [das Haus regieren], „Erziehungsanstalt" [Kinder heranziehen]
und Modell einer hierarchischen Gesellschaftsordnung [Herr – Gesinde]
konsequent unter seinen theologischen Gesichtspunkt. Er will sagen: Die
vorfindliche Lebensform der Ehe (mit allen Inhalten, Rechten und Ver-
pflichtungen) ist von Gott gewollt: Wer sich darin findet, soll sich als von
Gott berufen ansehen und demgemäß leben. Das ist nicht selbstverständlich, das ergibt sich nicht aus der historisch vorgefundenen Praxis, sondern
aus der biblisch und im Lichte der Rechtfertigungslehre verstandenen Praxis.

Luthers Ethik hat – entgegen einem traditionalistischen Luthertum behaupte ich das – den Vorteil, dass sie *nicht auf eine Gesellschaftsform festgelegt ist*. Wir können mit Luther in allen gesellschaftlichen Institutionen,
die das Leben fördern, den Auftrag, d. h. *Beruf* Gottes suchen und ihm
nachkommen. Luther hebt zur Belehrung seiner asketischen Zeitgenossen
den Beruf des Ehestandes hervor. Er meint etwas sehr Verschiedenes von
den heutigen Lebensformen der Kleinfamilie, die aus einem Ehepaar und
ein bis zwei Kindern besteht, oder der Patchwork-Familie mit wechselnden
Paarbeziehungen. Ehe ist am Anfang der Neuzeit noch Großfamilie, Pro-
duktions- und Konsumptionseinheit. Wo und wie die Grenzen des „heiligen
Ordens", genannt Ehe, gezogen werden, das scheint mir nach Luther weitgehend offen. In der Entwicklung zur bürgerlichen Ehe hat unsere Kultur
die Wandlungen weg von der Großfamilie in die Kleinfamilie und von der
Familie als Produktions- *und* Konsumptionseinheit zur bloßen Konsumptionseinheit mitgemacht. Man kann und darf Luthers Aussagen zur Ehe auf

---

[26] WA 26, 505b, 1ff.
[27] Etwas weiter unten werden erstaunlicher Weise auch Witwen und Jungfrauen dem Ehestand zugeordnet: „Was aber vom Ehestand gesagt ist, sol man auch vom widwen und Jungfraw
stand verstehen, Denn sie gehoeren doch zum hause und zum haushalten etc. (WA
26, 505b, 23ff).

spätere Ehe- und Familienbilder übertragen, muss sich dann aber klar darüber sein, dass die damalige Ehe viel mehr noch als heute zugleich Erziehungsinstitution und ökonomische Einheit (Bauernhof, Handwerksbetrieb) war. Beides gehört nach Luther in den „Beruf" des Ehestandes.

Nun zur *Obrigkeit*: „Also auch furst odder oberherr, richter amptleute, Cantzler, schreiber, knechte, megde und alle, die solchen dienen, dazu alle, die unthernig lich gehorsam sind: alles eitel heiligthum und heilig leben fur Gott."[28] – Neuerlich provoziert Luther, diesmal mit der *Heiligkeit* des Obrigkeitsstandes, aber nicht bloß die römische Kirche, sondern auch die Gegenwart: Ist „untertäniglicher Gehorsam" eine aus biblischer Meditation ethischer Reflexion entstandene Anweisung? Zeigt sich hier nicht Luther, der *Fürstenknecht*? – Den autoritätsbezogenen Charakter sowohl Luthers als auch seiner Zeit kann ich einräumen. Unter politischen Autoritäten muss man allerdings damals nicht nur die Fürsten, sondern auch die demokratisch legitimierten Stadt-Obrigkeiten rechnen – die Reformation war nicht zuletzt im Bürgertum der wachsenden Städte erfolgreich, und „Richter, Amtleute, Kantzler, Schreiber" bezeichnen auch bei Luther bürgerliche Berufe.

Da die Reformation gleicherweise in Fürstenstaaten als auch in Stadtstaaten akzeptiert werden konnte, haben wir damit einen Hinweis auf die Nicht-Festgelegtheit lutherischer politischer Ethik. Diese Ethik ist daher auch mit dem modernen demokratischen Staat (vorsichtig formuliert) nicht unvereinbar. Immer wird es politische Autoritäten (Ämter) geben, die für die Gesetzlichkeit des Zusammenlebens sorgen müssen, auch wenn sie im demokratischen Staat einen anderen Stellenwert haben als im feudalen und im absolutistischen Staat.

Wir müssen uns aber davor hüten, Luther die Bejahung jederlei autoritären Auftretens von „Oberpersonen" zuzuschreiben. Luther bejahte die Obrigkeit *weil, damit und insofern sie das Gesetz vertrat*. Die Obrigkeit ist ausnahmslos an das Gesetz gebunden. Dabei ist auf Luthers Gesetzesbegriff in der Spannung von biblischem Gesetz und Naturgesetz zurückzuverweisen. Im Grunde realisiert die Obrigkeit nach Luthers Konzeption das weltliche Regiment Gottes, darf also nie und nimmer in Willkür handeln! Das gibt Luther der Obrigkeit selber und auch allen Untertanen zu bedenken, und wer die Beziehung und Berufung der Obrigkeit durch Gott und ihre Verpflichtung aufs Gesetz ausfallen lässt, darf nicht die Obrigkeitslehre Luthers in Anspruch nehmen.

Eines ist freilich trotzdem besonders deutlich hervorzuheben: Aus Luther wird man keine moderne, vor allem keine optimistische Staatstheorie herausziehen können. Dass der Staat in eine bessere Zukunft führen solle, dass die Politiker Ideen, Utopien, Visionen für ihren Staat entwickeln müssten, und was wir uns alles sonst noch vom modernen Staat erhoffen –

---

[28] WA 26, 505b, 5ff.

dem wäre Luther mit äußersten Misstrauen gegenübergestanden. Vielleicht war seine politische Sicht pessimistisch – ich würde sie eher realistisch nennen: Wenn die Obrigkeit (d. h. der *status politicus*) zur Erhaltung und zum Schutz des Zusammenlebens in seinem Lande beiträgt, dann hat sie ihren Beruf durch Gott erfüllt – mehr ist nach Luther von ihr nicht zu erwarten, mehr soll sie sich auch nicht anmaßen.

Die drei Berufe, Stände oder Orden sind aber nicht alles: „Uber diese drey stifft und orden ist nu der gemeine orden der Christlichen liebe, darynn man nicht allein den dreyen orden, sondern auch ynn gemein einem iglichen duerfftigen mit allerley wolthat dienet, als speisen die hungerigen, trencken die duerstigen etc., vergeben den feynden, bitten fur alle menschen auff erden, leiden allerley boeses auff erden etc."[29]

Luther fasst mit den letzten Worten nicht etwa nur zusammen, sondern er relativiert seine eigene Drei-Stände-Lehre und führt sie auf das Wesentliche zurück. Nach oben hin verdichten sich die Drei-Stände-Lehre soz. in einen einzigen Stand und Beruf, den der Liebe, während nach unten hin, das muss man ergänzend sagen, innerhalb der großen Stände wieder die persönlichen Berufe aller einzelnen Platz haben. In seinem persönlichen Beruf und *Stand* soll man dort, wo man „steht", nun auch dieser Berufung zur Nächstenliebe nachkommen.

Luther wäre nicht Luther, würde er nicht auch in seiner Ständelehre auf den letzten Grund der Ethik verweisen, von dem man eben nicht nur einmal am Anfang der Ethik reden und sich damit begnügen darf, sondern der ständig gegenwärtig sein muss, weil aus ihm alle Reflexion und alles Handeln fließt, sei dieser Grund nun Rechtfertigung, Gnade, Evangelium, oder hier *Glaube* genannt: „Sihe, das heissen alles eitel gute heilige werck, Dennoch ist keiner solcher oerden ein weg zur seligkeit, Sondern bleibt der einige weg uber diese alle, nemlich der Glaube an Jesum Christum."[30]

9.4. Folgerungen aus Luthers Berufslehre im 19. und 20. Jhdt.

Im 19. Jahrhundert ist die Luthersche Berufsethik aufgegriffen und unter dem Eindruck des philosophischen und theologischen Idealismus sowie unter dem Einfluss der aufstrebenden bürgerlichen Gesellschaft von evangelischen Ethikern weiterentwickelt worden. Die Luthersche Lehre von den zwei Reichen und Regimenten Gottes spielt dabei nur eine geringe Rolle, eine weitaus größere jedoch die Auffassung von dem einen Reich Gottes, das die protestantischen Ethiker einerseits aus der Verkündigung Jesu aufgreifen, andererseits aber im Sinne jenes moralischen und geschichtlichen Fortschritts verstehen, der ihnen aus ihrer Zeit heraus gewiss ist. Später haben

---

[29] WA 26, 505b, 11ff.
[30] WA 26, 505b, 15ff.

die Kriege, Katastrophen und Gräuel des 20. Jahrhunderts diesen Optimismus sehr reduziert. Im Streit zwischen Moderne, Säkularismus, Postmoderne, Wiedererstarken der Religionen und Vordringen der Fundamentalismen stellt sich jedoch erneut die Frage nach der religiösen und/oder nicht-religiösen Bewertung menschlichen Arbeitens. Die Luthersche Berufskonzeption steht dabei, es ist zuzugeben, gegenwärtig nicht im Mittelpunkt der Diskussion.

Beim protestantischen Ethiker Richard Rothe (1799–1867) findet sich die Lutherische (und traditionelle) Ständelehre unter der Bezeichnung „besondere Kreise der moralischen Gemeinschaft"[31] wieder. Er benennt sechs solcher „Kreise": Ehe und Familie, Kunstleben, wissenschaftliches Leben, geselliges Leben, öffentliches Leben (unter diesem Titel kommen sowohl Ökonomie als Politik zur Sprache) und Kirche.[32] Die Lutherische Theorie von den zwei Reichen und Regimenten behandelt Rothe nicht. Die Eigentümlichkeit seiner Ethik besteht in der Erwartung, ja Gewissheit, einer Realisierung des Wollens und Handelns Gottes zuerst im Bewusstsein, dann im politischen Sein der Menschen. Dies läuft, wie wir sehen werden, auf das ethische Konzept einer Realisierung des Reiches Gottes hinaus. Vom Bewusstsein sagt Rothe: „Mit der vollendeten (normalen) Entwickelung des menschlichen Verstandesbewußtseins und der menschlichen Willensthätigkeit sind wesentlich zugleich auch das Gottesbewußtsein und die Gottesthätigkeit schlechthin realisiert in der Menschheit."[33] Obwohl Rothe hierbei nicht Luthers Programm der Mitarbeit des Menschen mit Gott erwähnt, könnte man seine Ethik als die letzte Konsequenz dieses Programms ansehen. Jedoch: Nicht mehr „Mitarbeit", sondern ein identisches Arbeiten von Gott und Mensch ist die Spitzenaussage seiner Ethik. Dies könnte leicht als Bejahung von Säkularismus oder Atheismus verstanden werden. Zwar stehen die theologische Tiefe und persönliche Frömmigkeit Richard Rothes außer Frage; ein Umschlagen der theologischen in eine bloß humanistische und atheistische Ethik, wie sie von Zeitgenossen wie Ludwig Feuerbach, Bruno Bauer und Karl Marx vertreten wurde,[34] hätte Rothe nicht unterstützt, es liegt aber nahe. Rothes Lebensarbeit ist nämlich ganz vorwiegend der Ethik gewidmet. Lässt man jedoch den theologischen „Überbau" (Marx) der Ethik weg und versucht, sie rein aus ihren eigenen Prinzipien zu begründen, wie das bereits Kant in Angriff genommen und durchgeführt hat, so ist der Schritt zum Atheismus möglich.

Das politische Sein der Menschheit führt nach Rothe auf einen „allgemeinen Staatenorganismus"[35] hin. Die Nationalstaatstheorie (wir sind mitten im 19. Jahrhundert!) tritt bei Rothe interessanter Weise zurück und

---

[31] Rothe ([2]1867), 2. Bd., III.
[32] Rothe ([2]1867), 2. Bd., 265–412.
[33] Rothe ([2]1867), 2. Bd., 476.
[34] Vgl.: Suda (1980).
[35] Rothe ([2]1867), 2. Bd., 470ff.

eine monistische Geschichtstheorie zeichnet sich ab. Ziehen wir Vergleiche zu den überstaatlichen und übernationalen Geschichtstheologien Augustins oder Luthers, dann finden wir bei Augustinus einen spannungserzeugenden Dualismus von zwei „Civitates" bzw. von zwei „Reichen" bei Luther. Dieser ist nicht Rothes Sache. Vielmehr vollendet sich bei ihm die Geschichte im Monismus des Gottesreiches: „Jener allgemeine Staatenorganismus muß gedacht werden als wesentlich zugleich das schlechthin vollendete Reich Gottes, als die absolute Theokratie (Gottesherrschaft). Eben damit koincidiren aber dann auch die religiös-sittliche Gemeinschaft und die ausschließend religiöse in ihrem Umfange schlechthin, und es fällt sonach die letzte, d. h. die Kirche schlechthin hinweg."[36] Ein Zusammenfallen des status ecclesiasticus mit dem status politicus oder der zwei Reiche und Regimente zugunsten des Monismus der „absoluten Theokratie" propagiert Luther nirgends; vielmehr denkt er eher in einer „Identität von Identität und Differenz" (Hegel) der zwei Reiche bzw. drei Stände.

Dass auch bei Luther die beiden Reiche und die drei Stände nicht auseinanderfallen, sondern in der Tätigkeit der Nächstenliebe ihre Einheit finden, haben wir gelesen. Die Liebe ist auch der Zentralbegriff der Ethik Rothes – wie wahrscheinlich jeder echten christlichen Ethik: „Aus dem Bisherigen folgt, daß jede moralische Funktion (alles Thun und Lassen) des menschlichen Einzelwesens (von allem anderen abgesehen) eine normale nur ist, sofern sie was sie auch außerdem sein möge, ein Akt der Liebe, ein Lieben ist (in der Liebe geschieht – und zwar in dem doppelten Sinne: einmal daß sie aus der Liebe hervorgeht, d. h. daß die Liebe in ihr als Bestimmungsgrund mitgesetzt ist, – und fürs Andere, dass sie die Liebe fördert, und zwar in dem möglicherweise größten Maße)."[37]

Wir werden aber bei Rothe nicht lesen, was Luther sagt, dass die Liebe ein „Orden" sei – und Luther versteht darunter bekanntlich eine(n) Beruf(ung), denn die Luthersche Berufslehre spielt bei Rothe ebensowenig eine Rolle wie die Luthersche Zwei-Reiche- oder Zwei-Regimenten-Lehre. Er verwendet zwar den Berufsbegriff, jedoch nicht im Sinne Luthers, sondern ganz im Sinne der bürgerlichen Gesellschaft: „Einen bestimmten Beruf muß Jeder haben, der der sittlichen Gemeinschaft angehören will, nämlich gemäß seiner eigenthümliche Tüchtigkeit als Mittel für den Zweck der Gemeinschaft, d. h. für den sittlichen Zweck selbst."[38]

Hans Lassen Martensen (1808–1884), jener lutherische Bischof von Seeland in Dänemark, mit dem Sören Kierkegaard in Streit lag, ist mit einer Ethik hervorgetreten, in der wir sowohl eine Lehre von zwei Reichen als auch eine Berufslehre finden. Über die zwei Reiche schreibt er: „Als den normalen Hauptgegensatz, welcher auch unabhängig von der Sünde seine Geltung und Bedeutung hat, nennen wir Gottes Reich und die Welt, sofern

---

[36] Rothe (²1867), 2. Bd., 476.
[37] Rothe (²1867), 1. Bd., 536.
[38] Rothe (1848), 3. Bd., 277.

die letztere, ihrem Begriffe nach, eine relative Selbständigkeit behält gegenüber Gott dem Herrn, oder bestimmter: das Gottesreich und das Mensch-
heitsreich, sofern erst im Menschen die hier gemeinte relative Selbständigkeit und Selbstherrlichkeit der Welt, Gott gegenüber, ihren vollkommenen
Ausdruck bekommt."[39] – Insofern Martensen die beiden Reiche einander
gegenüberstellt, erinnert seine Theorie weniger an Luther als an Augustinus, der einen ausschließenden Gegensatz zwischen civitas Dei (Gottes-
staat) und civitas terrenea (irdischem Staat) behauptet hat. An Luther allerdings erinnert Martensens „Hauptgegensatz" insofern, als das „Mensch-
heitsreich" nur „relativ selbständig" ist, also, so muss man wohl unterstel-
len, abgesehen von dieser relativen Selbständigkeit übergreifend von Gott
regiert wird. Augustinus und Luther (ohne deren Namen ausdrücklich zu
nennen) kombinierend, formuliert Martensen sodann: „Gegensatz und Einheit, die fortschreitende Wechselwirkung von Gottesreich und Mensch-
heitsreich können wir bezeichen als die Geschichte in der Geschichte, als
den innersten Kern der Weltgeschichte wie auch der unbeachteten Alltags-
geschichte des einzelnen Menschen."[40] Was „relative Selbständigkeit der
Welt" bedeutet, wird klarer, wenn Martensen, ähnlich wie Rothe seine
idealistische Auffassung von Liebe und Reich Gottes vorträgt. Das Reich
Gottes ist ihm ein „Ideal", das mittels des ethischen Sollens im „Menschen-
reich" Gestalt gewinnt: „Die praktische Liebe in der Nachfolge Christi bestimmt sich näher als die dienende Hingabe an das Ideal des Reiches Gottes, welches innerhalb des Menschheitsreiches verwirklicht werden soll."[41]
Diesen Satz könnte man freilich nicht so sehr als „relative Selbständigkeit"
des Menschheitsreiches, sondern des Gottesreiches lesen, da es ja ein Ideal
innerhalb des Menschheitsreiches darstellt, das dann eine bloße Vorstellung der nach ihm strebenden Menschen wäre.

Nun zur Auffassung des „Berufes" bei Martensen: „Die Arbeit für das
Reich Gottes und das der Menschheit (des Menschenlebens) kann in dem
einzelnen Christen keine bestimmte Gestalt gewinnen, als nur durch per-
sönliche Hingebung an einen, von Gott bestimmten Beruf."[42] Sowohl das
Arbeiten in beiden Reichen als auch die Bestimmung des Berufes durch
Gott kommt mit Luthers Berufsethik überein, im folgenden Satz ebenso das
„Können" der Arbeit, nicht jedoch das „Sollen": „Innerhalb der Christenheit aber, welche wir hier vor Augen haben, kann und soll für das Reich
Gottes gewirkt werden in jedem wahrhaft menschlichen Berufe."[43] – Dass
die Berufenen etwas verwirklichen *sollen*, ebenso das *Ideal*, das ihnen Martensen vorhält, sind Begriffe aus der Ethik von Kant und Fichte, nicht aber
aus der von Luther. Die beiden Reiche werden durch das Sollen auseinan-

[39] Martensen ([4]1883), Bd. 1, 245.
[40] Ebd.
[41] Martensen ([2]1879), Bd. II/1, 237.
[42] Ebd.
[43] Ebd.

dergehalten. Daher lässt Martensen die beiden Reiche, darin von Richard Rothe verschieden, nie zusammenfallen. Dass das Reich Gottes nur „innerhalb" des Menschheitsreiches Platz greift und nicht mit ihm identisch wird, verweist auf die bleibende Differenz, die Martensen anschließend damit zum Ausdruck bringt, dass er dem Christen einen „himmlischen" und einen „irdischen Beruf" zumisst. Hierin können wir einen Nachklang von Luthers Zwei-Reiche-Lehre hören: „Mit seinem irdischen (zeitlichen) Berufe muß jeder Christ seinen himmlischen Beruf zu vereinigen wissen, welcher die lebendige Theilnahme an der Ausbreitung des Reiches Gottes, an dem Fortgange desselben innerhalb aller Kreise der menschlichen Gesellschaft in sich schließt."[44]

Dass Martensen mit dem Berufsbegriff Sollen und (im letzten Zitat) Müssen verbindet, widerspricht der Konzeption Luthers vom Beruf. In den oben aus Luthers Bekenntnis von 1528 angeführten Passagen über die drei Stände lasen wir lauter Indikative: Wer in einem der drei Stände seinen Beruf hat, *ist* in einem heiligen Orden, seine Werke *gefallen* Gott, nicht: er *soll* sich dort heilig verhalten oder gottgefällige Dinge tun. Die Imperative Martensens sind auf die Ethik Kants und Fichtes zurückzuführen. Damit bringt Martensen wieder eine gesetzliche Note in den Begriff des Berufes. Nach Luther sind jedoch die Berufenen nicht zu ihren Aufgaben angehalten, sondern sie tun sie, ohne dazu angehalten zu sein. Freilich betrifft das nur die Glaubenden! Da auch Ungläubige in allen Ständen aktiv sind (nicht einmal aus dem status ecclesiasticus können Ungläubige a limine ausgeschlossen werden – nur Gott sieht ins Herz), bleibt allerdings das Gesetz unverzichtbar. Weiters gilt ja, wie schon oben dargelegt, das Gesetz auch weiterhin für die Gläubigen, da die ihnen durch die Rechtfertigung zukommende Gerechtigkeit nie ihr Besitz werden kann … Ist daher nicht auch Luthers Berufskonzeption gesetzlich zu denken? Dies ist wohl schon im Verlauf der Reformationsgeschichte von Melanchthon und Calvin und zwar mit dem Begriff des tertius usus legis (dritter Gebrauch des Gesetzes) versucht worden: Abgesehen vom politischen und (die Menschen der Sünde) überführenden Gebrauch bekomme das Gesetz die Funktion, die Gläubigen in ihrem Glaubensleben zu lenken und zu leiten. Auch wenn man die Luthersche Berufslehre als soziologische Konzeption versteht, bekommt sie einen gesetzlichen Anstrich, nicht sosehr im Sinne des Imperativischen, sondern im Sinne des deskriptiv Gültigen, innerhalb dessen sich die Berufe bewegen sollen und müssen.

Nach Berücksichtigung aller Einwände: Bei Aufnahme jeder Form von Gesetzlichkeit in den Berufsbegriff wäre die Luthersche Konzeption von Beruf verlassen, die da lautet: Von Gott aus ihrem früheren Fehlverhalten entnommen, sind die Berufenen befreit das Richtige zu tun. Das bedeutet nämlich – siehe Luthers Schrift „Von den guten Werken" –, dass alle ihre

---

[44] Ebd.

Werke gut sind: von der äussersten Anstrengung bis hin zu dem „guten Werk" einen „Strohhalmen aufzuheben". Wie aber wissen die gerechtfertigten Berufenen, was zu tun ist? Antwort: durch die Weisheit Gottes, die ihnen in der Rechfertigung geschenkt ist! – Selbstverständlich ist diese Lehre für jede Art von Mißbrauch anfällig. Darum kann man versuchen, sie durch die Kantische Moralphilosophie weniger mißbräuchlich machen zu wollen. Nur: Luthers Berufslehre ist das nicht mehr ...

Unter der Bezeichnung „Kreise der menschlichen Gesellschaft" (von „Kreisen" spricht ja auch Rothe) handelt Martensen dann im Band III seiner Ethik die traditionelle Ständelehre ab. Unter die vertrauten Lutherischen drei Stände (bei Martensen „Familie, Staat, Kirche") mischt Martensen einen Abschnitt „Die idealen Culturaufgaben", worunter er „Kunst und Wissenschaft", „Wissenschaft und Humanität" sowie „Die Schule" abhandelt.[45] Die darin tätigen Menschen scheint Martensen damit einem eigenen vierten „Kreis" bzw. „Stand" zuzuordnen.

Der schon erwähnte evangelische Theologe Albrecht Ritschl (1822–1889) leitet den von ihm vertretenen Berufsgedanken nicht aus der Ethik Luthers ab, sondern aus dem in eigener Kompetenz interpretierten „Beruf" Christi im Neuen Testament: „Der Begriff des Berufes dient auch für den erkennbaren Zusammenhang des öffentlichen Lebens Christi als Maßstab. Indem Christus sich als den Träger der sittlichen Herrschaft Gottes über die Menschen darstellt, durch dessen eigenthümliches Reden und Handeln die Menschen angeregt werden, in der von ihm gewiesenen Richtung sich der von ihm ausgehenden Kraft zu fügen, so versteht er den Namen Christus als den Ausdruck seines besonderen Berufes."[46]

In Ritschls berufsethische Überlegungen ist aber auch die Pflichtenethik Kants eingegangen. Kant hat die freiwillige Bindung an das Sittengesetz gelehrt und dies als „vernünftige Religion" verstanden. Alle drei Komponenten spiegeln sich in folgender Definition des Berufes nach Ritschl wider: „Das sittliche Handeln in dem Beruf ist also die Form, in welcher eine Totalität des Lebenswerkes als der Beitrag zu dem Reiche Gottes hervorgebracht und zugleich die Bestimmung der geistigen Persönlichkeit zu einem Ganzen in ihrer Art erreicht wird. Dadurch wird die Freiheit im Gesetze verwirklicht."[47] Wohlgemerkt: Ritschl vertritt weder den Dualismus der Reiche im Sinne Luthers noch im Sinne Augustins und Martensens, sondern kennt nur das *eine* Reich Gottes.

Bezüglich der Berufe schlägt Ritschl eine moderne Aufgliederung (die er genauso wenig wie Rothe oder Martensen „Stände" nennt) vor: „Die sittlichen Berufsarten, je nachdem sie natürlichen Ursprungs sind, gliedern sich sehr mannigfalt in die Berufe aus der Familie, in die der Production, Bearbeitung und Verbreitung der Mittel des sinnlichen Lebens, in die der

---

[45] Martensen ([2]1879), Bd. II/2, 293–369.
[46] Ritschl ([4]1895), 3. Bd., 421.
[47] Ritschl ([4]1895), 3. Bd., 632.

Staats- und Religionsgemeinschaft, in die der Wissenschaft und Kunst."[48]
Wir erkennen aber unschwer, wie die Luthersche Drei-Stände-Lehre auch
bei der Beschreibung von „Berufsarten" bei Ritschl Pate gestanden hat, wobei er den Beruf in der Wirtschaft aus dem Lutherschen Ehestand (= status
oeconomicus), sowie Wissenschaft und Kunst aus dem Lutherschen Lehrstand (= status ecclesiasticus) ausgliedert.

Was bei Luther „Mitarbeit mit Gott" heißt, bezieht Ritschl auf einen Beitrag der im bürgerlichen Beruf Tätigen zum Reich Gottes, das er mit der
von Jesus verkündigten und gelebten „sittlichen Herrschaft Gottes" gleichsetzt. An diesem Punkt läuft Ritschls Ethik auf denselben ethischen Monismus und Fortschrittsoptimismus hinaus, wie wir das bei Rothe gelesen haben.

Dietrich Bonhoeffer, evangelischer Theologe des 20. Jahrhunderts und
Widerstandskämpfer gegen das Nazi-Regime (1906–1945), hinterließ eine
unvollendete und in Einzelfragmenten überlieferte Ethik, an der er bis zu
seiner Verhaftung 1943 geschrieben hatte. Bonhoeffer vertrat analog zur
Ständelehre Luthers eine Lehre von vier Mandaten: Arbeit, Ehe, Obrigkeit,
Kirche.[49] Hierbei ergänzte Bonhoeffer eigentlich nur die zeitgemäß gedeu-
teten drei Stände Luthers durch das Mandat „Arbeit".

Den Ständebegriff erläutert Bonhoeffer in Übereinstimmung mit Luther
als Berufsbegriff. Eng auf Luthers Biographie bezogen versteht Bonhoeffer
Luthers persönlichen Beruf von seiner Entscheidung her, dem Kloster den
Rücken zu kehren: „Luther ging es in seiner Rückkehr in die Welt allein um
die ganze Verantwortung vor dem Ruf Christi."[50] Hieran wird aber schon
das Spezifikum der Ethik Bonhoeffers fassbar, die sich durchaus auf Luthers Spuren bewegt: Der Ruf Christi führt (Luther und alle Christen) in
die Welt hinein – nicht aus der Welt heraus, wie das alte Asketentum und
auch Luther bei seinem Eintritt in das Kloster das fälschlich gemeint hatten.

Bonhoeffer versteht den „Ruf Christi" nun aber auch nicht wie Rothe
und Ritschl als religiöse Motivation, die Gesellschaft und den Staat zu ver-
sittlichen und das Reich Gottes im Sinne des Kulturprotestantismus des
19. Jahrhunderts in der Welt zu realisieren. Dafür würde zwar seine Polemik gegen das „Denken in zwei Räumen"[51] und gegen die „Aufteilung des
Wirklichkeitsganzen in einen sakralen und einen profanen, einen christlichen und einen weltlichen Bezirk"[52] sprechen, aber Bonhoeffer denkt auch
nicht bloß in „einem Raum" bzw. in einem totalitären Wirklichkeitsganzen.
Das können wir aus folgendem Satz entnehmen: „Nicht in der treuen Leistung seiner irdischen Berufspflichten als Bürger, Arbeiter, Familienvater er-

---

[48] Ritschl ([4]1895), 3. Bd., 420.
[49] Ritschl ([4]1895), 3. Bd., 220–226, 304–309.
[50] Bonhoeffer: Ethik ([8]1975), 272.
[51] Bonhoeffer: Ethik ([8]1975), 208–220.
[52] Bonhoeffer: Ethik ([8]1975), 209.

füllt der Mensch die ihm auferlegte Verantwortung, sondern im Vernehmen des Rufes Jesu Christi, der ihn zwar auch in die irdischen Pflichten hineinruft, aber niemals in ihnen aufgeht, sondern immer über sie hinaus, vor ihnen und hinter ihnen steht."[53] – Damit ist ausdrücklich eine doppelte Wirklichkeit in der einen Wirklichkeit, vergleichbar der Zwei-Reiche-Lehre Luthers, ausgesagt. Kann sie Bonhoeffer vertreten?

Bonhoeffer referiert diese Lehre, wenngleich sehr kurz.[54] Er nimmt zu ihr aber auch Stellung und schreibt: „Wie aber Luther gegen das sich verselbständigende, sich von der Wirklichkeit in Christus lösende Christliche mit Hilfe des Weltlichen im Namen einer besseren Christlichkeit protestierte, so muß auch der heutige polemische Gebrauch des Christlichen gegen das Weltliche im Namen einer besseren Weltlichkeit geschehen und darf gerade nicht wieder in eine selbstzweckliche statische Sakralität führen. Allein in diesem Sinne einer polemischen Einheit darf Luthers Lehre von den zwei Reichen aufgenommen werden und ist sie wohl auch ursprünglich gemeint."[55] „Polemische Einheit" ist dabei zeitgeschichtlich in gleicher Weise als Absage an den totalitären Staat aufzufassen wie auch als Kritik an einem „unpolemischen" Auseinandertreten von Kirche und Staat; denn das musste Bonhoeffer erleben, dass die Kirchen den Unrechtsstaat weitgehend gewähren ließen und die Lutheraner sich mit Hilfe einer falsch verstandenen Zwei-Reiche-Lehre in ihren Winkel zurückzogen.

---

[53] Bonhoeffer: Ethik ([8]1975), 271.
[54] Bonhoeffer: Ethik ([8]1975), 101.
[55] Bonhoeffer: Ethik ([8]1975), 212.

10. Ehe, Sexualität, Elternamt[1]

Ich kann an das oben zu Beruf und Stand der Ehe bei Luther Gesagte anknüpfen und verweise auf die Ableitung des Berufsgedankens. Luthers Aussagen zur Ehe sind nämlich aus seinem ethischen Gesamtkonzept, und nicht aus isolierten Überlegungen zur Ehe zu verstehen. Aber es ist erlaubt, auch „isoliert" die Frage zu stellen: „Was sagte Luther über Ehe und Sexualität?" Allerdings würden wir leicht auf ein falsches Geleise kommen, wenn wir bloß aus unserem Gegenwartshorizont heraus fragten. Die Gegenwart in den industrialisierten Staaten des Westens fällt durch eine geradezu dramatische Umstellung in den persönlichen sexuellen Beziehungen auf: Die Menschen sind auf der Suche nach dem sexuellen „Glück". Dabei begegnet ihnen Positives und Negatives: die Emanzipation der Frauen (und Männer), ein starker Anstieg der Scheidungsraten, Lebensgemeinschaften ohne Trauschein, homosexuelle Lebensgemeinschaften, unstabile Partnerschaften, Freiheit, aber auch Unsicherheit in der Anknüpfung von Beziehungen, Leben als Single. „Indem die heutige Gesellschaft ‚Glück' als hohen und anzustrebenden Wert empfindet, indem auch personelle Begegnungen und Beziehungen von Glückserwartungen geprägt sind, entsteht das Risiko, dass man Illusionen unterliegt."[2]

Luthers Zeit war in ihrer Weise (besonders für die Territorien, die die Reformation durchführten) ebenfalls eine Umbruchszeit, aber in ganz anderer Weise, nämlich im Sinne eines Umbruchs von der Hochwertung der Askese zu deren Abwertung und von der Abwertung des Sexuallebens in der Ehe zu dessen Aufwertung.

10.1. Ehe contra Askese

Es ist nicht falsch zu sagen, dass Luther Sexualität als etwas Natürliches bejahte. Aber: Wenn Luther die Wörter „Natur" und „natürlich" verwendet, so meint er damit zumeist dasselbe wie *Schöpfung* und *schöpfungsgemäß*. Weiters ist zu beachten, dass Luther sexuelle Beziehungen nur innerhalb der Ehe bejaht. Sodann: Das Wort *Sexualität* werden wir bei Luther vergeblich suchen. *Sexus* (Geschlecht) kommt wahrscheinlich in den lateinischen Schriften Luthers vor, aber als nüchterner Ausdruck dafür, dass es zwei

---

[1] Allgemeine Literatur: Barton (1975); Grimm (1999); Lähteenmäki (1955); Lüthi (2001); Meinhold (1968); Scharffenorth (1977); Suppan (1971).
[2] Lüthi (2001) 25.

verschiedene Geschlechter gibt. Das Wort *sexus* hat bei Luther nicht jene Emotionalität und jene emotionalen, ethischen und sozialen Konnotationen wie das Wort *Sexualität*. Dafür werden wir uns in Luthers lateinischen Schriften an andere Wörter halten müssen wie z. B. amor (Liebe), caritas (Liebe), voluptas (Lust), cupido (Begierde), concupiscentia (Begierde), conubium (Ehe), matrimonium (Ehe); in Luthers deutschen Schriften an die Wörter Liebe, Begierde, Ehe etc. – Handelt es sich hier nur um das zufällige Noch-nicht-Vorhandensein eines Wortes oder Begriffes? Mir scheint, es handelt sich keineswegs um einen Zufall: *Sexualität* ist ein modernes und bezeichnender Weise *abstraktes* Wort (vergleichbar mit anderen Wörtern der Endung -tät)[3]. Es handelt sich um eine modern-abstrakte Wortbildung, die nachträglich mit emotionalen Vorstellungen und Erwartungen befrachtet worden ist.

Vielleicht können wir folgendes vermuten: Der früh-neuzeitliche Mensch lebte stärker in Einheit, Abhängigkeit – aber auch Abwehr – seiner Lüste, sexuellen Möglichkeiten und Wirklichkeiten. Dafür verwendet er kein so abstraktes Wort wie „Sexualität". Wir verwenden dieses abstrakte Wort, artikulieren aber gleichzeitig eine größere Spannung zu unserer „Sexualität", von der wir mit Spannung reden, Bücher lesen, Kino- und Fernsehfilme betrachten.

Zu Luthers eigenem Erleben von Sexualität: Bekanntlich ist der Reformator zuerst den Weg der Askese, also der Ablehnung von Ehe gegangen.

Warum er 1505 ins Augustiner-Eremiten-Kloster in Erfurt eintrat,[4] darüber schreibt der Reformator ein Weniges in „De votis monasticis iudicium", 1521 – vier Jahre vor seiner Heirat. Diese Schrift ist eine Kritik am Asketentum; wir erfahren in ihr aber auch etwas von Luthers persönlichen Motiven sowohl der Zuwendung zur als auch der Abwendung von der Askese, wobei interessanter Weise die Beziehung und Auseinandersetzung mit dem Vater eine wichtige Rolle spielt. Man kann hier psychohistorische Untersuchungsmethoden einzusetzen versuchen,[5] um die Persönlichkeitsstruktur von Luther zu beleuchten, und vielleicht auch einen Zusammenhang zwischen Sexualleben und Sexualethik herstellen ...

Im Widmungsschreiben wendet sich Luther folgendermaßen an den Vater: „Annus ferme agitur decimus sextus monachatus mei, quem te et invito et ignorante subivi."[6] Der Vater hatte Martin für ein Jusstudium vorgesehen. Ja auch eine Heirat war schon in Aussicht genommen: „Destinabas ve-

---

[3] „Sexualitas" fand ich weder im klassischen, noch im patristischen Latein, wohl aber im aktuellen römisch-katholischen Katechismus: „*Sexualitas* omnes personae humanae afficit rationes, in unitate corporis eius eiusque animae." (Catechismus Catholicae Ecclesiae, III. Pars, II. Sectio, II. Caput, Articulus 6, Nr. 2332) [www.vatican.va/archive/catechism_lt/p3s2c2a6_lt.htm – 45k].

[4] Benrath (1905); Emme (1991); Hirsch (1999), Bd. 3, 98–108; O. Scheel (1929).

[5] Causse (1999); Erikson (1989); Johnson (1977); Scharfenberg (1985).

[6] WA 8, 573, 19f (= Clemen 2, 188) [„Es ist jetzt fast das sechzehnte Jahr meines Mönchtums, in das ich gegen deinen Willen und ohne dein Wissen eintrat."]

ro me vincire honesto et opulento coniugio."[7] – Welche Gründe aber gab es
für Luthers Eintritt in das Kloster? Es war jedenfalls nicht der Wunsch nach
sexueller Askese. Der Reformator berichtet: „... neque enim libens et cu-
piens fiebam monachus, ... sed terrore et agone mortis subitae circumvalla-
tus vovi coactum et necessarium votum."[8] Zu diesem Erlebnis, das Luther
zum Mönchsgelübde gebracht hatte, erinnert er die skeptischen Worte des
Vaters, die er damals nicht beachtete, 1521 aber würdigt: „Utinam (aiebas)
non sit illusio et praestigium."[9]

In „De votis monasticis" schreibt Luther einen langen Abschnitt „Quid libertas Christiana" („Was die christliche Freiheit sei").[10] Diese Freiheit befreit von allen eigenen (guten und weniger guten) Werken, die zum Erwerb
des Heils dienen sollen, und eignet sich im Glauben die Werke Christi an.
Luther definiert und führt aus: „Est itaque libertas Christiana seu Euangeli-
ca libertas conscientiae, qua solvitur conscientia ab operibus, non ut nulla
fiant, sed ut in nulla confidat. Conscientia enim non est virtus operandi, sed
virtus iudicandi, quae iudicat de operibus ... Hanc igitur Christus liberavit
ab operibus, dum per Euangelium eam docet nullis operibus fidere, sed in
solius sua misericordia praesumere."[11]

Dieser Gedanke ist eine Formulierung der Rechtfertigungslehre, die hier
den Selbstrechtfertigungsversuchen durch Werke der Askese entgegen-
gesetzt wird. Luther will sagen: Die Askese kann niemanden zu einem guten
Menschen machen. Unser Gutsein entsteht vielmehr durch einen Akt Gottes
(die Rechtfertigung), der in der Barmherzigkeit Christi anschaulich wird.
Dahinter steht Luthers eigene Erfahrung, dass er sich trotz härtester Askese immer noch als Sünder fühlte, und ihn erst der Glaube an Christus vom
Zwang zur Askese befreit und in seinen Lebensentscheidungen sicher gemacht hat.

---

[7] WA 8, 573, 24 (= Clemen 2, 189) [„Du bestimmtest mich für eine ehrenhafte und reiche
eheliche Verbindung."]
[8] WA 8, 573, 31; 574, 1 (= Clemen 2, 189) [„... nicht freiwillig nämlich und aus eigenen
Wünschen wurde ich Mönch, ... sondern von Gefahr und Anfechtung eines plötzlichen Todes
umlagert, gelobte ich ein erzwungenes und notwendiges Gelübde."]
[9] WA 8, 574, 3 (= Clemen 2, 189) [„Möge das, sagtest du, nur nicht Täuschung und Blend-
werk sein!"]
[10] WA 8, 606ff (= Clemen 2, 225ff).
[11] WA 8, 606, 30ff (= Clemen 2, 226) [„Daher ist die christliche bzw. evangelische Freiheit
die Freiheit des Gewissens, durch die das Gewissen von den Werken losgelöst wird, nicht damit
sie nicht geschehen, sondern damit es nicht darauf vertraue. Das Gewissen ist nämlich nicht die
Fähigkeit zu arbeiten, sondern die Fähigkeit zu urteilen; es urteilt über die Werke ... Dieses also befreite Christus von den Werken, als er es durch das Evangelium lehrt, nicht auf Werke zu
vertrauen, sondern sich allein auf seine Barmherzigkeit zu verlassen."]

10.2. Luthers Schriften über die Ehe

1522 (also immer noch drei Jahre vor seiner eigenen Heirat) schreibt der Reformator „Welche Personen verboten sind zu ehelichen. Vom ehelichen Leben"[12], eine Doppelschrift, die von der Kritik am kanonischen Eherecht ausgeht; dort waren bestimmte Ehehindernisse, wie die zwischen Paten und Patenkindern und deren Familien, aufgerichtet worden, die Luther mit Verweisen auf die weniger rigorosen (aber immer noch rigorosen) Ehehindernisse des Alten Testaments (z. B. Lev. 18) bekämpft.

In dieser Schrift finden wir wesentliche Prinzipen der Sexualethik des Reformators. An ihrem Anfang beruft er sich auf die Erschaffung des Menschen zum Geschlechtswesen, Gen 1, 27: „,Gott schuff den menschen, das es eyn menlin und frewlin seyn sollt.' Auß dem spruch sind wyr gewiß, das gott die menschen ynn die tzwey teyll geteylet hatt ...“[13] Der Reformator bezeichnet das Geschlechtsverhältnis als *natürlich*: „ Denn es ist nitt eyn frey wilkoere odder radt, ßondern eyn noettig naturlich ding, das alles, was eyn man ist, muß eyn weyb haben, und was eyn weyb ist, muß eyn man haben."[14] – Dazu Kurt Lüthi: „Weil für Luther natürliche Phänomene immer auch ‚Maske Gottes' waren, sah er auch im Bereich der Geschlechterbegegnung Gottes Wirken – eben als ein Wirken durch eine Maske. Darum wertete er Glück als Segen Gottes; darum sollte man sich an glücklichen Beziehungen zwischen Mann und Frau freuen."[15] Im Weiteren der angeführten Eheschrift fällt aber auf, dass Luther ein *natürliches* Verhältnis der Geschlechter abgesehen von der Ehe nicht ausdrücklich bejaht. Luthers Sexualethik ist *Ethik der Ehe*.

Der Reformator weist alle Schmähungen der Ehe zurück: „Aber davon wollen wyr am meysten reden, das der ehliche stand ßo eyn iemerlich geschrey bey yderman hatt. Es sind vil heydnischer bucher, die nichts denn weyber laster und ehlichs stands unlust beschreyben ..."[16] (Aulus Gellius wird zitiert.) Urheber dieser Schmähungen kann nach Luthers Meinung in letzter Instanz nur der Teufel sein, dessen Absicht es ist, die Anordnungen Gottes schlecht zu machen. Solchen Schmähungen und Anfeindungen gegenüber sieht sich Luther gedrängt, die „Göttlichkeit" des Ehelebens herauszustreichen: „Darumb die iungen gesellen sich fur sehen muegen, wenn sie die heydnische buecher leßen und die gemeyne klage hoeren, das sie nicht gifft schepffen, denn dem teuffel ist nicht wol mit dem ehlichen leben, das macht, es ist gottis werck und gutter wille. Darumb hatt er ynn der wellt ßo viel da widder schreyen und schreyben lassen, das er die leutt von dem

---

[12] WA 10/II, 265ff (= Clemen 2, 335ff).
[13] WA 10/II, 275, 14ff (= Clemen 2, 336).
[14] WA 10/II, 276, 17ff (= Clemen 2, 337).
[15] Lüthi (2001), 215.
[16] WA 10/II, 292, 22ff (= Clemen 2, 350).

gottlichen leben abschreckt und ynn den stricken der hurerey und stummen sunde behielte."[17]

Wenn wir die Worte „göttliches Leben" lesen, ist Gelegenheit, Luthers theologische hohe Wertung der Ehe von der mittelalterlichen Auffassung der Ehe als Sakrament abzuheben. Die Sakramentalität der Ehe lehnt der Reformator in der Schrift „De captivitate Babylonica ecclesiae praeludium" (1520) ausdrücklich ab und begründet dies ausführlich.[18] Bei anderen Gelegenheiten betont er die *Weltlichkeit* des Ehestandes, so ausdrücklich im „Traubüchlin für die einfältigen Pfarrherrn", das Teil des *Kleinen Katechismus* von 1529 ist, und somit zu den lutherischen Bekenntnisschriften gehört. Dort heißt es: „... weil die Hochzeit und Ehestand ein weltlich Geschäft ist, gebührt uns Geistlichen oder Kirchendienern nichts, darin zu ordenen oder regieren, sondern lassen einer iglichen Stadt und Land hierin ihren Brauch und Gewohnheit, wie sie gehen."[19] Die frühere Aussage über die Ehe als „gottis werck" ließ der Reformator trotzdem nicht fallen: Die Ehe ist weltlich und geistlich zugleich, wie wir im selben *Traubüchlein* lesen: „Denn ob's wohl ein weltlicher Stand ist, so hat er dennoch Gottes Wort für sich und ist nicht von Menschen ertichtet oder gestiftet wie der Münche und Nonnen Stand, darumb er auch hundertmal billicher sollt' geistlich geachtet werden denn der klösterliche Stand, welcher billich der allerweltlichst und fleischlichst sollt' geachtet werden, weil er aus Fleisch und Blut und allerdinge aus weltlicher Witze und Vernunft erfunden und gestiftet ist."[20]

Im letzten Zitat klingt die Auseinandersetzung Luthers mit seinem Klosterleben nach: Was er als geistliches Leben zu führen beabsichtigt hatte, stellte sich als *fleischlich* heraus (im Sinne des paulinischen Gegensatzes: fleischlich ist alles vom Menschen Ausgedachte, geistlich das von Gott Geschaffene), was ihm fleischlich geschienen hatte (die Ehe), erkannte Luther als geistliche und göttliche Einrichtung.

Überhaupt aber ist der im „Traubüchlein" ausgesprochene Doppelcharakter der Ehe *geistlich/ weltlich, gottgewollt/ natürlich* für Luthers Ehelehre bezeichnend. Schon in der bereits zitierten Eheschrift von 1522 heißt es: „ Es ist gar viel eyn ander ding, Ehlich seyn und ehlich leben erkennen. Wer ehlich ist und ehlich leben nicht erkennet, der kan nymer mehr on unlust, muehe und iamer drynnen leben. Er muß klagen und lestern wie die heyden und unvernunfftige, blinden menschen. Wer es aber erkennet, der hatt lust, liebe und freude drynnen on unterlaß, wie Salomon sagt (Spr. 18, 22), das, ‚Wer eyn weyb find, der find was gutts' etc. "[21] Das Ehelich-Sein ist das Weltliche, das Erkennen der Ehe ist das Geistliche. Unter „Geistlichem"

---

[17] WA 10/II, 294, 8ff (= Clemen 2, 351).
[18] WA 6, 550ff (= Clemen 1, 486ff).
[19] Bekenntnisschriften ([10]1986), 528.
[20] Bekenntnisschriften ([10]1986), 529.
[21] WA 10/II, 294, 21ff (= Clemen 2, 351).

und „Erkennen" versteht Luther hier aber nicht nur vernünftige Überlegungen, sondern ein theoretisch-praktisches Verhalten in Liebe, wie es für die Ehe passt. Dies führt der Reformator sehr anschaulich aus: „Nu sihe tzu, Wenn die kluge hure, die naturliche vernunfft (wilcher die heyden gefolgt haben, da sie am kluegsten seyn wolten), das ehliche leben ansihet, ßo rumpfft sie die naßen und spricht: ‚Ach, solt ich das kind wiegen, die windell wasschen, bette machen, stanck riechen, die nacht wachen, seyns schreiens wartten, seyn grindt und blattern heylen, darnach des weybs pflegen, sie erneeren, erbeytten, hie sorgen, da sorgen, hie thun, da thun, das leyden und diß leyden, und was denn mehr unlust und muhe der ehestand lernet ... Ich wil eyn pfaff oder Nonne werden, meyne kinder auch datzu halten.' Was sagt aber der Christlich glawbe hietzu? Er thutt seyn augen auff und sihet alle diße geringe, unlustige, verachte werck ym geyst an und wirtt gewar, das sie alle mit gottlichem wolgefallen als mit dem kostlichsten gollt und edell steyne getzirt sind, und spricht: ‚Ach gott, weyll ich gewiß bynn, das du mich eyn man geschaffen und von meym leyb das kind tzeuget hast, so weyß ich auch gewiß, das dyrs auffs aller beste gefellet, und bekenne dyr, das ich nicht wirdig byn, das ich das kindlin wiegen solle, noch seyne windell wasschen, noch seyn odder seyner mutter wartten."[22]

Nur die Glaubenden können das „köstliche Gold" des Ehelebens sehen. Sie erkennen ihren Beruf in diesem Stand, sie erkennen aber auch den geistlich-weltliche Doppelcharakter der Ehe. Dieser Doppelcharakter wirkt sich nicht nur auf die individuelle Ethik aus, sondern auch auf die Stellung der Ehe in der Öffentlichkeit.[23] Luther sieht das öffentliche Leben, wie schon ausgeführt, in einem dialektischen Ineinander und gleichzeitigem Getrenntsein von *Christusreich* und *Weltreich*. Dies bedeutet für die Ehe: Als Christen unterstehen die Eheleute der Herrschaft Christi, deren Magna Charta die Bergpredigt ist; hier gilt gegenseitiges Zuvorkommen, Liebe und Verzeihen sowie die *Unauflöslichkeit der Ehe* (Mt. 5, 27ff, vgl. Mt. 19, 3–9). Unauflöslichkeit heißt unter den Bedingungen des Reiches Christi aber *nicht Zwang*, sondern Erfüllung des Wunsches, dass eine Beziehung nicht zerbrechen, sondern ein Leben lang halten möge. So wird das Liebesgebot erfüllt, aber im Grunde wird auch wieder kein „Gebot erfüllt", sondern die Liebe zwischen den Ehepartnern begründet und bewirkt die Fortdauer der Ehebeziehung. – Im Weltreich hingegen unterliegt die Ehe den geltenden staatlichen Gesetzen. Hier kann es *Scheidungen* geben.[24] Scheidungen sollen nach Luther öffentlich geschehen. Urteil und Rat der Obrigkeit und der Pfarrer sind dabei gefragt. Luther nennt verschiedene Scheidungsgründe: Impotenz, Verweigerung der sexuellen Gemeinschaft, vor allem aber *Ehebruch*.[25]

---

[22] WA 10/II, 295, 16–296, 6 (= Clemen 2, 352).
[23] Zum Folgenden siehe: Althaus (1965), 101ff.
[24] WA 10/II, 287ff (= Clemen 2, 345ff).
[25] Für die Anerkennung von Ehebruch als Scheidungsgrund wird der Reformator durch die

Hier und da kommt uns Luther bei seinen Überlegungen zur weltlichen
Ehegesetzgebung, insbesondere bezüglich Scheidung „modern" vor, dann
aber wieder nicht: etwa, wenn er bei Ehebruch die Todesstrafe verlangt.[26]
Freilich kann er auch empfehlen, dass der betrogene Ehepartner dem/der
Ehebrecher/in verzeihe. Dies ist eine Handlung von den Prinzipien des
Christusreiches her. Zum Verzeihen kann aber niemand gezwungen wer-
den.

10.3. Kritik

Kritik an Luther:

1.) Der Ort zum Erleben von Sexualität und Eros ist bei Luther ausschließlich die Ehe. Zwar kann er bei Gelegenheit die Geschlechtsliebe überhaupt
rühmen, ja sie sogar als ein „grobes fleischliches Beispiel" dafür heranzie-
hen, wie der Glaube an Gott ganz freiwillig und fröhlich in Aktion tritt,[27]
aber ansonsten war der Reformator für Liebe vor und außerhalb der Ehe
schnell mit Worten wie „Hurerei" und „Buberei" bei der Hand.

2.) Die Ehe ist bei Luther immer patriarchalisch gedacht. An diesem
Punkt war Luther nicht fortschrittlicher als das Mittelalter und seine Gegenwart. Das moderne Modell von Partnerschaft zwischen Mann und Frau
war ihm fremd. – In den Privatbriefen Luthers an seine Frau Katharina
spiegelt sich gleichwohl ein liebevolles, zu Scherzen aufgelegtes und fast
„partnerschaftliches" Verhältnis.[28] Manchmal verwendet er gegenüber seiner Ehefrau scherzhaft die Anrede „Herr", so z. B.: „Meinem freundlichen
lieben Herrn Katharina Lutherin, Doctorin, Predigerin zu Wittenberg"[29],
dann auch wieder „Meiner herzlieben haußfrauen Katherin Lutherin zu
Wittenberg zu handen"[30]. In den Briefen finden wir eine Menge Informationen zum Leben der Zeit und besonders in Wittenberg – aber keine Auf-
schlüsse über Luthers Sexualethik oder gar erotische Pikanterien.

3.) Wenn Luther von der Ehe redet, zitiert er meist in einem Atemzug das
Fruchtbarkeitsgebot, Gen 1, 28, oder redet wie selbstverständlich von den
Kindern, die zur Ehe gehören. Eine Ehe ohne Kinder scheint für Luther et-
was Ungewöhnliches, ja Negatives, gewesen zu sein.

Einschränkung des Ehescheidungsverbotes in den Worten „es sei denn wegen Ehebruchs", Mt.
5, 32, parallel Mt. 19, 9, bestärkt.

[26] WA 10/II, 289, 10ff (= Clemen 2, 347).

[27] „Das mugen wir bey einem groben fleischlichenn exempel sehen. Wen ein man odder
weib sich zum andern vorsicht lieb und wolgefallens, und das selb fest glewbt, wer lernet den
selben, wie er sich stellen sol, was er thun, lassen, sagen, schweigen, gedencken sol? die eynige
zuvorsicht leret yhn das alles und mehr dan not ist." (WA 6, 207, 15ff = Clemen 1, 232).

[28] Koch (2004); Winter (2000); Zeller (2003).

[29] WA Briefe 5, 154, Nr. 1476 (= Clemen 6, 241).

[30] WA Briefe 5, 608, Nr. 1713 (= Clemen 6, 383).

Vielleicht darf ich aber auch eine mögliche *Kritik Luthers an unserer Gegenwart* erschließen. In unserer Zeit, in der auf der einen Seite immer mehr Leute als *Singles* leben, auf der anderen Seite im Westen etwa die Hälfte aller Ehen geschieden werden, können wir aus Luthers kräftiger Bejahung der Ehe eine Ermutigung zu dieser Lebensform heraushören – vielleicht sogar zu Beziehungen ohne Trauschein, sofern die Beziehungspartner füreinander Verantwortung übernehmen. Der Reformator, so bin ich sicher, würde jedoch die Suche nach *Selbstverwirklichung* und das individuelle Glücksstreben in der Zweisamkeit tadeln. Er würde das eine oder andere kräftige Wort finden und dem Sinne nach sagen: Mache deinem Ehepartner bzw. deinem Freund / deiner Freundin das Leben leichter – das ist das A und O der Liebe. Weiters würde er sicher dringend empfehlen, die Situation in der wir stehen (unseren „Stand"), ob wir nun in einer Partnerschaft leben oder nicht, im Glauben an Gott als unseren *Beruf* vertrauensvoll anzunehmen.

10.4. Der Ehe- bzw. Hausstand als Einheit aller drei Stände

Jetzt muss ich aber auf jene zentralen Texte Luthers zu sprechen kommen, in denen er die Ehe überhaupt als denjenigen Beruf und Stand versteht, aus der die beiden anderen, Obrigkeit und kirchlicher Beruf, abgeleitet werden. Allerdings setzt Luther weder bei der Ehe als sexueller Gemeinschaft noch als Wirtschaftsgemeinschaft ein, sondern beim *Elternamt*. Gelegenheit zu solchen Gedanken findet er bei der Auslegung des 4. Gebots.[31]

Blicken wir zuerst in die Schrift „Von den guten Werken", 1520, die wir schon im 5. Kapitel („Ethik aus dem Glauben") konsultiert haben. Luther schreibt: „Du solt dein Vatter und Mutter ehrnn. Ausz dissem gebot leren wir, das nach den hohen wercken der ersten drey gebot kein besser werck seinn, dan gehorsam und dienst aller der, die uns tzur ubirkeit gesetzt sein."[32] – Ein solcher Beginn der Auslegung des 4. Gebots muss uns kurzschlüssig und voreilig vorkommen (Wieso kommt der Verfasser von Vater und Mutter sofort auf die Obrigkeit zu sprechen?), bis wir erkennen, dass es sich in diesen Worten um eine Art Überschrift handelt. Das „Werk" des 4. Gebotes wird nämlich in der Folge wieder in drei „Werke" (nämlich entsprechend den drei Ständen!) untergeteilt, und das Werk, die Eltern zu ehren, ist davon das erste.

Hierbei geht es um *Stand und Beruf der Ehe bzw. der Eltern*: „Das erste werck ist, Wir sollen leiplichen vater und mutter ehren, wilche ehre nit darinnen stet allein, das man sich mit geberden ertzeigt, sondern das man yhn gehorsam sey, yhre wort und werck fur augen habe, grosz achte und drauff gebe, lasz sie recht haben was sie fur geben, stille schweygen unnd leyden,

---

[31] Dazu: Hoffmann (1959); Kinder (1959/1969); Peters (1990), Bd. 1, 180–208.
[32] WA 6, 250, 21ff (= Clemen 1, 273).

wie sie mit uns handeln, wo es nit widder die erstenn drey gebot ist, dartzu, wo sie es bedurffen, mit speysz, kleyd unnd hausz vorsorgen."[33] – Gewiss: Hier spricht der „traditionalistische" und autoritäre Luther: Gehorsam, Stillschweigen, Leiden im Verhältnis zu den Eltern ist angesagt. Man muss aber auch die theologische Begründung dafür zur Kenntnis nehmen (was nicht heißt, dass wir uns keine kritischen Gedanken machen dürfen!): Die Gebote haben für Luther ein Gefälle: Das erste Gebot steht nicht zufällig obenan. Es ist in jeder Weise das wichtigste und fasst alle weiteren in sich. Sodann haben die ersten drei Gebote, die sich auf die Religion beziehen, als „erste Tafel" insgesamt einen Vorrang vor den anderen Geboten (der „zweiten Tafel"), die sich auf unser Verhältnis zu den Mitmenschen beziehen. Das 4. Gebot wiederum sieht der Reformator nun einerseits als Übergang von der ersten zur zweiten Tafel: In diesem Gebot geht soz. auch die Heiligkeit der ersten drei Gebote auf die zweite Tafel über; es ist andererseits aber das wichtigste Gebot der zweiten Tafel. Noch ein Argument spielt hierbei für Luther eine Rolle: Im Elternamt spiegelt sich die Elternschaft, besser *Vaterschaft*, Gottes wieder. Die Eltern partizipieren daher in abgeschatteter Weise an der Ehre Gottes.

Somit könnte man auch formulieren: Luthers Drei-Stände-Lehre ist eigentlich eine Zwei-Stände-Lehre, denn der Elternstand umfasst den Obrigkeits- und den kirchlichen Stand, und wird er in diese beiden Stände geteilt, ist er aufgelöst. Dafür spricht, dass die Eltern, insbesondere der Vater in einem Haushalt ordnen und regieren soll, aber auch durch Lehren und Anleitung zum Gebet für die geistliche Ausrichtung der Familienangehörigen und des Gesindes zu sorgen hat. Damit spiegeln sich auch die zwei Reiche und Regimente im Elternamt; und wie Gott in diesen zwei Weisen die Welt lenkt, so das Elternamt seinen Haushalt.

Diese hohe Meinung vom Elternamt hindert Luther freilich nicht, einen kritischen Widerstand in das Eltern-Gebot einzubauen, ja der kritische Widerstand ergibt sich sogar aus dem Gegenüber zu den Geboten der „ersten Tafel". Wir haben schon die Worte gelesen „Wo es nit widder die ersten drey gebot ist". Einige Absätze weiter unten wird er deutlicher: „Wo nu die eltern szo nerrisch seinn, das sie kinder weltlich tzihenn, sollen die kinder yhnen in keinen weg gehorsam sein, dan got ist in den ersten dreyen gebotten hoher zuachtenn den die eltern."[34] – Bei dieser Zumutung eines Widerstandes der Kinder gegen ihre Eltern werden wir skeptisch sein und Luther zurufen: „Zuviel des Widerstands!"; denn das hieße ja, dass sich die Kinder gegen den Willen der Eltern um ihre eigene religiöse Erziehung kümmern müssten, und das wird aus psychologischen Gründen für Kinder äußerst schwer sein.[35]

---

[33] WA 6, 250, 33; 251, 3 (= Clemen 1, 274).

[34] WA 6, 253, 1ff (= Clemen 1, 276).

[35] Immerhin sind Kinder bzw. Jugendliche in Österreich ab 14 Jahren „religionsmündig" und können daher selbständig über ihre Kirchen- bzw. Religionszugehörigkeit entscheiden.

Nun aber zum *zweiten Stand oder Beruf, dem geistlichen Amt, wie es sich nach Luther aus dem Elterngebot ergibt*: „Das ander werck disses gebottis ist Ehren unnd gehorsam sein der geistlichenn Mutter, der heyligen Christlichen kirchen, der geistlichen gewalt, was sie gebeut, vorpeut, setzt, ordent, bannet, loszet, das wir uns darnach richten, unnd wie wir leypliche eltern ehren, furchten unnd liebenn, szo auch geistliche ubirkeit, lassen sie recht habenn in allen dingen, die nit wider die ersten drey gebot sein."[36] – Bei diesem „Werk" des 4. Gebotes springt zuerst der weibliche Charakter der Autorität (Kirche als Mutter) in die Augen, während Luther sonst die Obrigkeit (auch die kirchliche!) patriarchalisch vorstellt. – Wir können weiters die Anspannung Luthers ermessen, die ihn in der Reformation an der Kirche begleitet haben muss: Einerseits spricht er der *geistlichen Gewalt* eine sehr hohe Autorität zu, andererseits ist ihm diese Gewalt nicht sakrosankt. Wie in den oben zitierten Formulierungen zum Gehorsam bzw. Ungehorsam gegenüber den Eltern ist auch hier das Korrektiv „nicht wider die ersten drei Gebote" eingebaut. Ja, in den weiteren Sätzen seiner Darlegung gewinnt die Kritik an der Kirche sogar die Oberhand, und zwar nicht mit dem Argument, man müsse dies und das an der geistlichen Gewalt kritisieren, sondern die geistliche Gewalt als solche. Sie habe so sehr versagt, dass sie praktisch nicht mehr existent sei: „... und ist doch gar kein geistlich regiment mehr in der Christenheit. Was kan ich dan von dissem werck sagen?"[37]

Freilich Papst und Bischöfe sind in ihren kirchlichen Ämtern, aber sie kümmern sich um die Sicherung und Erweiterung ihrer politischen Macht und scheren sich nicht um Predigt und Kirchenordnung etc. Luther konstatiert daher einen *Missbrauch der geistlichen Gewalt* durch die geistliche Gewalt, genauer: einen Missbrauch des geistlichen Auftrags durch die Beauftragten: „Die weil dan die ubirkeit yhr werck szo gar lessit fallen unnd vorkeret ist, szo musz gewiszlich folgen, das sie yhrer gewalt miszprauche, und frembd bosze werck furnheme, gleich wie die eltern, szo sie etwas gepieten ⟨1. Tim. 4, 1ff, 2. Tim. 3, 1ff⟩ das widder got ist."[38] Ist die Kritik einmal so weit getrieben, stellt sich die Frage, ob Luther und die anderen „untertänigen" Kirchenmitglieder den Missbrauch dulden sollen. Nein, sagt Luther, und: „ so sundigen wir auch dran, wo wir folgen und gehorsam sein odder dasselb leydenn."[39]

Beachten wir, *dass Luther hier das Gehorsamsgebot umkehrt*, und aus dem gebotenen Gehorsam die Aufkündigung dieses Gehorsams als notwendig erschließt: „szo dan solch untregliche unfuge alle geschehen unter dem namen gottis und sanct Peters, gerad als were gottis namen unnd die geistliche gewalt eingesetzt, gottis ehre zulestern, die Christenheit an leyb und seelen

---

[36] WA 6, 255, 18ff (= Clemen 1, 278).
[37] WA 6, 255, 30f (= Clemen 1, 278).
[38] WA 6, 256, 31ff (= Clemen 1, 279).
[39] WA 6, 257, 4ff (= Clemen 1, 280).

zuvorterben, sein wir furwar schuldig, szo vil wir mugen, fuglich widdert-zustehen."[40] – *Der Reformator hat also die Obrigkeit nicht kritiklos akzeptiert.* Dass der Aufruf zum Widerstand gerade gegen die kirchliche Autorität am deutlichsten ausfällt, ist wegen der theologischen und kirchlichen Interessen Luthers nicht verwunderlich. Aber auch die Elternautorität und die politische Autorität hat er ebenso wenig unbesehen hingenommen.

Gleichwohl ist Luthers widerspruchs-dialektische Aussage zu beachten, in der er trotz aller angeführten Pflicht zum Widerstand in seiner Argumentation weiterhin prinzipiell am Gehorsam (auch gegen seine ihm zutiefst verdächtige eigene Kirchenobrigkeit) festhält: „Also sollen wir Romischen gewalt in ehren haben als unsern obirsten vatter und doch, die weil sie dol und unsinnig worden sein, yhn yhrs furnemens nicht gestatten, das nit da durch die Christenheit vorterbet werde."[41] Bei aller noch so extremen Kritik am römischen Papsttum hat Luther stets daran festgehalten, dass der Papst der Bischof von Rom ist, und dass das zu Luthers Zeit so wenig gewürdigte Evangelium durch die lateinische Kirche in West- und Mitteleuropa verbreitet worden war.

Bald danach kommt Luther auf den *dritten Stand und Beruf, nämlich den der weltlichen Obrigkeit in Ableitung aus dem Elterngebot* zu sprechen: „ Das dritte werck disses gebotis ist der weltlichen obirkeit gehorsam sein, wie Paulus Roma. xiii. unnd Tit. iii. leret ⟨Röm. 13, 1ff, Tit. 3, 1.⟩, unnd sanct Petrus i. Pet. ii. Seyd untertenig dem kunig als dem ubirsten, und den fursten ⟨1. Petr. 2, 13f⟩ als seinen gesandten, unnd allen ordenungen weltlicher gewalt. Der weltlichen gewalt aber werck ist schutzen die unterthanen, dieberey, reuberey, ehebrecherey Röm. 13, 4. straffen ..."[42] – Wie in den anderen beiden Fällen der Auslegung des 4. Gebotes geht es Luther hier zuerst auch wieder um den Gehorsam der Untergebenen. Aber wie wir im letzten Satz des Zitates sehen, will der Reformator zugleich den Oberen sagen, was für „Werk" sie zu tun haben: Ganz ähnlich wie bei vergleichbaren Beschreibungen des weltlichen Regiments ist es das Werk des *Schützens.* Zum Schutz vor Verbrechen und zur Aufrechterhaltung des Zusammenlebens ist ja auch das *Gesetz* von Gott gegeben, und die politische Obrigkeit hat das Privileg, das Gesetz zu vertreten.

Luther geht sehr weit in der Gehorsamsforderung: Auch der *ungerechten* Obrigkeit sollen wir gehorsam sein: „Dann ob sie gleich unrecht thun, wie der kunig von ⟨Jer. 27, 6ff, Bar. 2, 21f⟩ Babylonien dem volck Israel, dennoch wil got yhn gehorsam gehalten haben, on alle list und gefahr."[43] Trotzdem scheut sich Luther nicht, den *Missbrauch* des obrigkeitlichen Amtes zu brandmarken. Ja, so meint er, es gäbe „mancherley miszprauch"[44],

---

[40] WA 6, 257, 23ff (= Clemen 1, 280).
[41] WA 6, 258, 11ff (= Clemen 1, 281).
[42] WA 6, 258, 32; 259, 2 (= Clemen 1, 281).
[43] WA 6, 259, 6ff (=Clemen 1, 281).
[44] WA 6, 260, 4 (= Clemen 1, 282).

und vier solcher Missbräuche werden namentlich genannt: 1. Wenn die Obrigkeit Schmeichlern folgt, 2. teure Zeit, die von der Obrigkeit provoziert ist, 3. ungerechter Krieg, 4. böse Regenten. Auf ungerechten Krieg als Beispiel für eine Kompetenzüberschreitung der Obrigkeit bezieht sich Luther ausdrücklich noch einmal gegen Ende des Kapitels. Im Fall eines ungerechten Krieges und in anderen Fällen tritt Luther *nicht für Gehorsam* ein: „Als wen ein furst wolt kriegenn, der ein offentliche unrechte sach het, dem sol man gar nit folgen noch helffen, die weil got geboten hat, wir sollen unsern nehsten nit todten, noch unrecht thun. Item szo er hiesse ein falsch getzeugnis geben, rauben, liegen odder betriegen, und des gleichen. Hie sol man ehe gut, ehr, leyp unnd leben faren lassen, auff das gottis gebot bleybe."[45] Das Prinzip des Ungehorsams in diesen Fällen entnimmt Luther aus Apg. 5, 29: „Man muss Gott mehr gehorsam sein als den Menschen."

In der Auslegung des 4. Gebotes im Großen Katechismus, 1529, finden sich ähnliche Gedanken zum Elternamt. Das Ähnliche, aber auch das Unterscheidende sollen jetzt noch mit einigen Zitaten belegt werden. Grundsätzlich heißt es: „Diesem Vater- und Mutterstand hat Gott sonderlich den Preis gegeben fur allen Ständen, die unter ihm sind ..."[46] Zwischen den Elternstand und den Stand der Obrigkeit schiebt Luther im Großen Katechismus das „Hausregiment" ein, das man eventuell als einen eigenen *Hausstand* verstehen könnte: „Was nu ein Kind Vater und Mutter schuldig ist, sind auch schuldig alle, die ins Hausregiment gefasset sind. Darümb sollen Knecht und Mägde zusehen, daß sie ihren Herrn und Frauen nicht allein gehorsam sein, sondern auch in Ehren halten als ihr eigene Väter und Mütter ..."[47]

Zur *politischen Obrigkeit*: „Desgleichen ist auch zu reden von Gehorsam weltlicher Oberkeit, welche ... alle in den Vaterstand gehöret und am allerweitesten ümb sich greifet. Denn hie ist nicht ein einzeler Vater, sondern sovielmal Vater, soviel er Landsessen, Bürger oder Untertane hat."[48] – Von Missbrauch, Grenzen der Gewalt und des Gehorsam ist im Großen Katechismus aber nichts zu lesen! Mehrere Gründe wirken hier zusammen: 1.) Der Bauernkrieg von 1525, der zwischen „Von den guten Werken" (1520) und dem Großen Katechismus (1529) stattfand und Luther zu einer stärkeren Unterstützung der Obrigkeit veranlasst hatte. 2.) Das Engagement der politischen Obrigkeit in mehreren Territorien des deutschen Reichs, die Reformation einzuführen,[49] wodurch eine Wende in der Reformationsgeschichte entstand. 3.) Der Zweck der Katechismen, der in Infor-

---

[45] WA 6, 265, 21ff (= Clemen 1, 287).
[46] Bekenntnisschriften ([10]1986), 587.
[47] Bekenntnisschriften ([10]1986), 597.
[48] Bekenntnisschriften ([10]1986), 598.
[49] Nürnberg: 1524, Kurfürstentum Sachsen: 1525, Hessen: 1526, Braunschweig-Lüneburg: 1527.

mation, Belehrung und allgemeingültigen Formulierungen bestand, nicht aber in Kritik.

Zum Abschluss noch ein Zitat, in dem Luther die Kirchenobrigkeit, entgegen seiner sonstigen Gewohnheit der Nebeneinanderordnung aller Stände und Berufe, über die anderen Stände ordnet: „Also haben wir dreierlei Väter in diesem Gepot furgestellet: des Gebluts, im Hause und im Lande. Darüber sind auch noch geistliche Väter, nicht wie im Bapsttumb, die sich wohl also haben lassen nennen, aber kein väterlich Ampt gefuret. Denn das heißen allein geistliche Väter, die uns durch Gottes Wort regieren und furstehen ...“[50] – Die Überordnung des geistlichen Standes über die anderen könnte Luther darin gesehen haben, dass dieser Stand die biblische Begründung der anderen Stände liefern kann, sowie, dass er den ChristInnen ihren Beruf in den weltlichen Ständen Ehe und Obrigkeit aufzeigen kann, was umgekehrt nicht der Fall ist.

10.5. Luthers Wirtschaftsethik[51]

Es ist eine Frage, ob man Luthers Wirtschaftsethik gesondert betrachten und behandeln soll. Dafür spricht, dass Luthers Elternstand entweder zugleich „Hausstand" – eben ein „status oeconomicus" – ist, also mit dem Haushalten und Wirtschaften zu tun hat, oder dass Luther mit dem „Hausregiment" möglicherweise einen eigenen „Hausstand" ins Auge fasst. Der Ehe- und/oder Elternstand ist sogar die Quelle aller Berufe, und alle Berufe haben direkt oder indirekt mit der Lebenserhaltung zu tun. Dafür spricht auch, dass Luther mit dem Aufkommen des neuen Wirtschaftens in der frühen Neuzeit (dem „Frühkapitalismus") konfrontiert war und er eine Reihe von Stellungnahmen, vor allem zu Handeln, Zinsnehmen und Wucher abgegeben hat.[52]

Dagegen spricht, dass wir die Anweisungen, die sich manche Leser von Luther angesichts der Probleme des modernen Wirtschaftens, gar in der Diskussion um die „Globalisierung" vielleicht erhoffen, nicht finden werden. Aber das gilt natürlich in ähnlicher Weise für alle ethischen Fragen: Wenn man Luther nicht zur Ethik der Wirtschaft befragen dürfte, dürfte

---

[50] Bekenntnisschriften ([10]1986) 601.
[51] Allgemeine Literatur zu Luthers Wirtschaftsethik: Barge (1951); Fabiunke (1963); Graves (1992); Jehle (1996); Knoll (1996); Pawlas (2000); Prien (1992); Rieth (1996); Treu (2000).
[52] Siehe vor allem: (Kleiner) Sermon von dem Wucher, 1519 (WA 6, 36–60); (Großer) Sermon von dem Wucher, 1520 (WA 6, 36–60); Ein Sermon von dem ungerechten Mammon (Luk. 16, 1ff), 1522 (WA 10/III, 273–282); Von Kaufshandlung und Wucher, 1524 (WA 15, 293–322) [In ihrem zweiten Teil gibt diese Schrift den bereits angeführten „Großen Sermon von dem Wucher" wieder]; An die Pfarrherrn, wider den Wucher zu predigen, 1540 (WA 51, 331–424).

man ihn auch nicht zu Gerechtigkeit, Sünde, Lebensgestaltung, Staat, Kirche, Ehe etc. etc. befragen …

Von Karl Marx stammt der Ausspruch, Luther sei der „erste deutsche Nationalökonom"[53] gewesen. War Luther etwa ein Kritiker des Frühkapitalismus, wie Marx später ein Kritiker des Hochkapitalismus?

Eher dürfte man aber doch einen anderen Zeitgenossen und Konkurrenten Luthers, der in der Tat ein Revolutionär war, als Vorläufer des Revolutionärs Karl Marx ansehen: Thomas Müntzer. Dies hat Ernst Bloch getan.[54] Während Luther nichts von der Revolution hielt und in seinen (Anti-) Bauernkriegsschriften[55] trotz seines Verständnisses für die bedrückende Situation der Bauern zu sozialem Frieden mahnte und in der Eskalation des Bauernkriegs die Unterwerfung der Aufständischen forderte, trat Müntzer an die Spitze der revolutionären Bewegung. Dabei wird man Müntzer nicht einmal vorwerfen dürfen, er habe die Rolle des Theologen mit der des Politikers vertauscht. In seinem eigenen Bewusstsein blieb er als Sozialrevolutionär weiterhin Interpret der Bibel und Ethiker, ja Mystiker und Visionär, der seine Visionen vom richtigen Leben nicht bloß in Predigten und Büchern darlegen, sondern in die gesellschaftliche Praxis umsetzen wollte. Bloch: „Münzer freilich predigte scheinbar noch weit Entlegeneres, Unwirklicheres; er ließ die Bauern das Ihre zusammenlegen, er sprengte die kurzen Träume von Demokratie und Kaisertum, selbst Nationalismus war ihm fremd, an Stelle des mystischen Volkskaisers trat völlig deutlich Christus, mystische Weltrepublik, Theokratie und Tieferes, er postulierte vollkommene Gütergemeinschaft, urchristliches Wesen, Beseitigung aller und jeder Obrigkeit, Zurückrückung des Gesetzes auf Moralität und Christbereitung."[56]

Das aber sind genau jene Gedanken, die Luther unter „Schwärmerei" abzuhaken pflegte (zu den Schwärmern zählte er neben Müntzer bekanntlich Karlstadt [Andreas Bodenstein], Sebastian Franck, Kaspar Schwenkfeld und alle [Wieder-] Täufer). Von den „Schwärmern" wollten freilich nur Müntzer und ein Teil der Täufer die Verhältnisse mit Gewalt ändern und griffen deshalb zu den Waffen. Nach dem Sieg der Fürsten über die revoltierenden Bauern in der Schlacht von Frankenhausen, 1525, und der Ergebung der (ebenfalls revoltierenden) Stadt Mühlhausen bald danach wurde Müntzer vor den Toren von Mühlhausen hingerichtet. Die revolutionären Ideen wurden aber von einem Teil der Täufer weitergetragen. Die radikalsten Täufer verwirklichten im sogenannten „Reich Christi" in Münster in

---

[53] Prien (1992), 13 – Zitat dort nicht nachgewiesen.
[54] Bloch (1963).
[55] Siehe: Ermahnung zum Frieden auf die zwölf Artikel der Bauernschaft in Schwaben, 1525 (WA 18, 291–334); Wider die räuberischen und mörderischen Rotten der Bauern, 1525 (WA 18, 357–361); Ein Sendbrief von dem harten Büchlein wider die Bauern, 1525 (WA 18, 384–401).
[56] Bloch (1963), 112f.

Westfalen die gesetzliche Wiedertaufe, Gütergemeinschaft und Polygamie, bis schließlich der Bischof von Münster 1535 seine Stadt wiedereroberte, ein Strafgericht veranstaltete und allen Neuerungen ein Ende setzte.

Das alles konnte und musste Luther miterleben. Wenn seine Haltung gegenüber der Bauernbewegung auch problematisch war – zu seiner Ehre muss gesagt werden, dass er nicht erst im dramatischen Jahr 1525 gegen die revoltierenden Bauern anschrieb. Seine Meinung hatte er schon deutlich genug im Jahre 1522 in der Schrift „Eine treue Vermahnung zu allen Christen, sich zu hüten vor Aufruhr und Empörung"[57] geäußert und, wie folgt, begründet: „Denn auffruhr hat keyn vornunfft und gehet gemeynicklich mehr ubir die unschuldigen denn ubir die schuldigen. Darumb ist auch keyn auffruhr recht, wie rechte sach er ymer haben mag. Und folget alletzeyt mehr schadens den besserung dar ausz."[58]

Ganz anders Karl Marx, der Revolution nicht als „Aufruhr", sondern als Grundgesetz der Geschichte begriff. Er sprach von „Klassenkämpfen", die in Revolutionen ihren Höhepunkt erreichen: „Die Geschichte aller bisherigen Gesellschaft ist die Geschichte von Klassenkämpfen. Freier und Sklave, Patrizier und Plebejer, Baron und Leibeigener, Zunftbürger und Gesell, kurz, Unterdrücker und Unterdrückte standen in stetigem Gegensatz zueinander, führten einen ununterbrochenen, bald versteckten, bald offenen Kampf, einen Kampf, der jedesmal mit einer revolutionären Umgestaltung der ganzen Gesellschaft endete oder mit dem gemeinsamen Untergang der kämpfenden Klassen."[59]

Die Klassenkämpfe drehen sich nach Marx um die Aneignung der Früchte der Arbeit, wobei die Arbeiter sich gegen die Ausbeutung ihrer Arbeit auflehnen. Die moderne Industriegesellschaft ist nur groß geworden, so Marx' Analyse, weil der materielle Mehrwert der Arbeit, den die Arbeitenden produzieren, nicht bei ihnen, sondern bei den Besitzern der Produktionsmittel (der Industrieanlagen und aller zur Produktion erforderlichen Voraussetzungen), sprich: den Kapitalisten, verbleibt.

Ethisch betrachtet ist das Gesamtwerk von Karl Marx ein gigantischer Kommentar zum Gebot „Du sollst nicht stehlen". Daher nennt er die Ausbeutung auch „Betrug": „Denn da die Arbeit nicht für sich selbst schafft, so hat der Arbeiter keinen Teil an dem Ertrag seiner Arbeit. ‚Kauft billig, verkauft teuer!' Kauft billig die Arbeit des Arbeiters und verkauft teuer an denselben Arbeiter das Produkt seiner eigenen Arbeit! Daß der Arbeiter dabei verlieren muß, liegt um Wesen dieses Geschäftes begründet. Der Unternehmer kauft die Arbeit billig ein. Er verkauft, und dabei muß er profitieren. Er verkauft an den Arbeiter selbst – und folglich ist jeder Handel zwischen

---

[57] WA 8, 676–687.
[58] WA 8, 680, 18ff (= Clemen 2, 303).
[59] Marx (1971), Bd. II, 817f (aus: Karl Marx/ Friedrich Engels: Manifest der Kommunistischen Partei).

Unternehmer und Angestelltem ein offener Betrug, den der Unternehmer begeht."[60]

Freilich, gar so „offen" kann dieser freilich Betrug nicht sein, denn Karl Marx musste sich in seinen vielen ökonomischen Schriften, vor allem im „Kapital", durch die Analyse von Ware, Geld und Kapital hindurchquälen, um seiner Gegenwart den Betrug innerhalb ihres Wirtschaftens begreiflich zu machen. Ist es ihm gelungen? Bei seinen Anhängern und der sozialistisch-kommunistischen Bewegung wohl. Aber in der kapitalistischen und neo-kapitalistischen Wirtschaft wurde und wird ein solcher ökonomischer „Betrug" bis heute als unvermeidliche Nebenerscheinung der kapitalistischen Ökonomie akzeptiert – wie wäre sonst die Bejahung dieses Wirtschaftssystems zu erklären, obgleich in allen Gesellschaften die Armen kontinuierlich ärmer und die Reichen kontinuierlich reicher werden?

Das Projekt eines sozialistischen oder kommunistischen Gesellschafts- und Wirtschaftssystems ist mindestens seit 1989 gescheitert. Während der frühe Marx zweifellos Anhänger eines solchen neuen Systems war (siehe das „Kommunistische Manifest" aus dem Revolutionsjahr 1848), ist der späte Marx viel vorsichtiger geworden. Im dritten Band des „Kapitals" (herausgegeben von Friedrich Engels) finden wir eine Passage, die eine zukünftige Gesellschaftsordnung entwirft, die aber nicht einmal „Kommunismus", sondern „Reich der Freiheit" heißt. Hier sagt Marx Substantielles, aber wenig: „Das Reich der Freiheit beginnt in der Tat erst da, wo das Arbeiten, das durch Not und äußere Zweckmäßigkeit bestimmt ist, aufhört; es liegt also in der Natur der Sache nach jenseits der Sphäre der eigentlichen materiellen Produktion ... Die Freiheit in diesem Gebiet kann nur darin bestehen, daß der vergesellschaftete Mensch, die assoziierten Produzenten, diesen ihren Stoffwechsel mit der Natur rationell regeln, unter ihre gemeinschaftliche Kontrolle bringen, statt von ihm als von einer blinden Macht beherrscht zu werden; ihn mit dem geringsten Kraftaufwand und unter den, ihrer menschlichen Natur würdigsten und adäquatesten Bedingungen vollziehen. Aber es bleibt dies immer ein Reich der Notwendigkeit. Jenseits desselben beginnt die menschliche Kraftentwicklung, die sich als Selbstzweck gilt, das wahre Reich der Freiheit, das aber nur auf jenem Reich der Notwendigkeit als seiner Basis aufblühen kann. Die Verkürzung des Arbeitstages ist die Grundbedingung."[61]

Reich der Notwendigkeit – Reich der Freiheit. Für diese Begriffe können wir eine Analogie zu Luthers Begriffen *Weltreich – Christusreich* vermuten. Jedoch abgesehen davon, dass zwar Luther, aber nicht Marx beide Reiche durch Gott regiert sieht, können wir noch folgende gravierende Unterschiede bemerken: Marx erwartet im Sinne des Fortschrittsdenkens der Moderne einen Übergang vom Reich der Notwendigkeit ins Reich der Freiheit, wäh-

[60] Marx ([2]1971), Bd. III/1, 402.
[61] Marx (1964), Bd. VI, 671f.

rend nach Luther die beiden Reiche gleichzeitig nebeneinander, ineinander, miteinander existieren.

Weiters: Luthers Weltreich ist zwar auch ein Reich der Notwendigkeit, aber nicht sosehr der *Natur*notwendigkeit, sondern der Notwendigkeit, die Strenge der (göttlichen, biblischen, vernünftigen und bürgerlichen) Gesetze anzuwenden. Die Herrschaft der Gesetze darf unter Menschen auch niemals auf- oder abgelöst werden, denn wir – auch die Christen – würden sonst unausweichlich der Versuchung erliegen, Unrecht zu tun. Diese Gefahr würde nach Luther sicherlich in einer „menschlichen Kraftentwicklung, die sich als Selbstzweck gilt", nur noch verstärkt werden, die Marx mit dem Reich der Freiheit gleichsetzt. Luthers Christusreich kann als Reich der Freiheit aufgefasst werden, vor allem im Sinne der Freiheit von Sünde, und Luther hat es weiterhin durch Gottes- und Nächstenliebe beschrieben gesehen, die sich jedoch eher in gegenseitigem Fördern und Dienen als in Kraftentwicklung auswirken sollte.

Die Eigentümlichkeit des Christusreiches gegenüber dem Evangelium (obwohl es bezogen auf die Unterscheidung Gesetz/ Evangelium auf der Seite des Evangeliums steht) und gegenüber dem kirchlichen Beruf (obwohl es unter den drei Berufen Hausstand/ Obrigkeit/ kirchlicher Stand zweifellos dem dritten am nächsten kommt) ist die folgende: Das Christusreich ist mehr als eine Predigt oder ein Auftrag zu einer Tätigkeit, sondern eine Regierungs-Form und Ordnung des Zusammenlebens. Ein solches Zusammenleben entspricht den Gesetzen Gottes (im Wesentlichen den Zehn Geboten und den Gesetzen der Gottes- und Nächstenliebe), aber aus Wunsch und Willen der darin Lebenden, nicht durch einen äußeren oder inneren Zwang; insofern ist es zweifellos ein „Reich der Freiheit". Auf das Christusreich ließe sich aber auch die schöne Definition der Civitas Dei durch Augustinus anwenden, es sei „fruitio Dei et invicem in Deo" („Genuss Gottes und wechselseitiges Genießen in Gott")[62].

Ich weise hier deshalb so ausdrücklich auf Luthers Lehre von den beiden Reichen hin, weil mir seine Wirtschaftsethik ohne sie nicht zugänglich zu sein scheint; ohne die Zwei-Reiche-Lehre würde man aus Luther einen zeigefinger-erhebenden Wirtschafts-Moralapostel machen oder aber vielleicht in der Tat einen sehr zeitgebundenen „ersten deutschen Nationalökonomen", der gegenüber der Dynamik von ökonomischen Entwicklungen genauso hilflos ist wie alle andern.

Für Luther ist aber völlig klar, dass für die Angehörigen des Christusreiches das Wirtschaften völlig andere Konturen erhalten muss als für die Angehörigen des Weltreiches. Für die Angehörigen des Christusreiches gilt ja: „Nu sihe, diße leutt dürfen keyns welltlichen schwerdts noch rechts. Und wenn alle welt rechte Christen, das ist recht glewbigen weren, so were keyn furst, könig, herr, schwerd noch recht nott odder nütze. Denn wo z sollts

---

[62] Augustinus: De civitate Dei 19, 13.

yhn? die weyl sie den heyligen geyst ym hertzen haben, der sie leret unnd macht, das sie niemant unrecht thun, yderman lieben, von yderman gerne und frölich unrecht leyden, auch den todt."[63]

Im Weltreich liegen die Dinge aber so: „Zum reych der wellt oder unter das gesetz gehören alle, die nicht Christen sind. Denn syntemal wenig glewben und das weniger teyl sich hellt nach Christlicher art, das es nicht widderstrebe dem ubel, Ya das es nicht selb ubel thue, hat Gott den selben ausser dem Christlichen stand unnd Gottis reych eyn ander regiment verschafft unnd sie unter das schwerd geworffen, das, ob sie gleych gerne wollten, doch nicht thun kunden yhr boßheyt..."[64]

Zwei Kennzeichen des Christusreiches, „nicht Unrecht tun" und „jedermann lieben", stechen hervor; besonders die Liebe muss selbstverständlich immer erwähnt werden, aber sie bietet sich auch den verschiedensten Interpretationen und Missinterpretationen dar. Daher ist für Luther ein Kennzeichen umso wichtiger, das sich kaum missinterpretieren lässt: „Unrecht leiden". Luther wird hierbei an den Lebenswandel von Jesus gedacht haben, aber auch an dessen Lehre in der Bergpredigt: „Ich aber sage euch, dass ihr nicht widerstreben sollt dem Übel, sondern: wenn dich jemand auf deine rechte Backe schlägt, dem biete die andere auch dar." (Mt. 5, 39)

Die Bergpredigt ist nach Luther als die Magna Charta des Christusreiches aufzufassen. Aber kann die Bergpredigt etwas zur Wirtschaftsethik beitragen? Wenn H.-J. Prien des öfteren ausdrücklich auf die „Goldene Regel"[65] verweist,[66] dann ist zu berücksichtigen, dass die Bergpredigt sehr viel mehr Aussprüchen und Lehren Jesu umfasst, und dass die Goldene Regel zwar in der Bergpredigt steht, aber dort gerade nicht den Gedanken des „Unrecht Leidens" repräsentiert, der für Luther für die Kennzeichnung des Zusammenlebens im Christusreich bedeutend wurde. Unrecht zu leiden ist aber, wie das von Luther Zitierte zur Genüge ausweist, nicht die alleinige Direktive des Christusreiches. Gerade an einem so einfachen, allgemein einsehbaren, jederzeit und überall gültigen Grundsatz wie der Goldenen Regel wird deutlich, dass das Christusreich über sich hinauswirken kann. Daher ist Hans-Jürgen Prien zuzustimmen, wenn er formuliert: „Luther erhebt die Bergpredigt also nicht zu einer politischen Norm im Sinne eines usus politicus legis, aber er reduziert sie auch nicht auf eine Individualethik. Vielmehr soll die gesellschaftliche Minderheit überzeugter Christen ihre ethischen Maßstäbe in die Gesellschaft einbringen, und die Kirche ist aufgerufen, mit den Mitteln des geistlichen Regiments, also Predigt, Katechese, Fürbitte, Seelsorge und auch Kirchenzucht, die ethischen Maßstäbe für den Umgang mit weltlichen Gütern den Menschen nahezubringen."[67]

---

[63] WA 11, 249, 36ff.
[64] WA 11, 251, 1ff.
[65] Mt. 7, 12: „Alles nun, was ihr wollt, dass euch die Leute tun sollen, das tut ihnen auch!"
[66] Prien (1992), 93ff, 209ff.
[67] Prien (1992), 204.

Das Christusreich ist dem Weltreich deshalb voraus, weil nur die Christ-
Innen das Nebeneinander der beiden Reiche und Regimente anerkennen
und verstehen. Sie wissen, dass sie aus der Rechtfertigung und der Inspiration Gottes leben, dass außerhalb dessen aber auch noch ein weltliches und
gesetzliches Modell des Zusammenlebens existiert. Die Nicht-Glaubenden
aber halten nichts von diesem Christusreich.

So sehr die beiden Reiche nämlich zusammengehören: in ihrem Begründer und Oberhaupt, Gott, der die Welt in diesen zwei Weisen regiert, und im
Christen, der, wie bereits dargestellt, als „christlich Person" und „Weltperson" doppelt existiert,[68] sosehr muss auch ihre Getrenntheit *rebus sic stanti-
bus* betont werden, nicht zuletzt aus dem Grund, dass die – noch so wohlmeinenden – Christen den anderen nicht ihre Prinzipien aufzwingen. Diese
Prinzipien – Luther nannte sie in Kürze „niemandem Unrecht tun, jedermann lieben, von jedermann gerne und fröhlich Unrecht leiden" – sind völlig freiwillig – schon im Christusreich, und würden sie mit Zwang im Weltreich eingeführt, wären sie die Perversion ihrer selbst. Um nur bei einem
der Prinzipien zu bleiben: Wir wissen alle, dass niemand zum Lieben gezwungen werden kann. „Erzwungene Liebe" ist das Gegenteil ihrer selbst.
Das Christusreich ist und bleibt stets ein Reich der Freiheit.

In den nun folgenden Passagen aus Luthers ökonomiekritischer Schrift
„Von Kaufshandlung und Wucher" aus dem Jahre 1524 können wir beobachten, wie ernst Luther das Verhalten der Christen beim Wirtschaften
nimmt, dass er davon jedoch stets das Verhalten im Weltreich, das den
Zwang der Gesetze einschließt, unterscheidet.

Für die Christen gibt Luther *vier Weisen* an, nach denen sie sich im Güteraustausch und Handel („eusserlich gutt Christlich mit andern zu handeln"[69]) richten mögen. Hierbei ist zu beachten, dass die *erste Weise* die an-
spruchvollste ist, indem sie das Unrechtleiden gemäß der Bergpredigt mit
einschließt, die *vierte Weise* jedoch als die sofort einsehbare sogar als Regel
des Weltreiches durchgehen kann. Luther sieht damit einen stufenweisen
Übergang zwischen den Regeln des Christusreiches und des Weltreiches
und zeigt damit an, dass die beiden Reiche sich nicht schroff voneinander
abheben. Nun:

„Die erste ist ⟨scil. Weise des Verhaltens im Güteraustausch und Handel⟩,
das man lasse nemen und rauben unser gutt, wie Christus leret Mt. 5. ⟨Mt.
5, 40 Luc. 6, 29f⟩: ‚Wer dyr den mantel nympt, dem las auch den rock und
fodder es nicht widder von yhm'."[70] Gegen diese Lehre Jesu kann man natürlich den Vorwurf der Weltfremdheit richten. Luthers Absicht bei der
Weitergabe der zitierten Worte war aber auf keinen Fall, uns Anweisungen
zur Askese zu übermitteln. Er hat auch sehr wohl verstanden und bejaht,
wie es in der Welt zugeht – dies werden wir weiter unten eindrücklich sehen.

---

[68] Siehe den Abschnitt 8.6. und bei Luther insbesondere WA 32, 389–390.
[69] WA 15, 300, 28f (= Clemen 3, 8).
[70] WA 15, 300, 29ff (= Clemen ebd.).

Die Christen haben jedoch gelernt, wenn sie es denn gelernt haben, oder
können es noch lernen – freilich allen Nichtchristen steht dieselbe Einsicht
zur Verfügung –, was H.-J. Prien Luther entsprechend folgendermaßen beschreibt: „Luther erkennt zu Recht, daß die Spirale der Gewalt unter den
Menschen nur durch die Bereitschaft zum Verzicht auf eigenes Recht unter-
brochen werden kann, auch wenn das Leiden mit sich bringt."[71]
   Die zweite Weise: „Die ander ist, Iderman geben umb sonst der es ⟨be-⟩
darff, wie Christus auch da selbst leret."[72] Hier sind wir bei schon einer
weniger extremen Forderung an die Christen, da sie nicht mehr Leiden ab-
verlangt, es sei denn Mit*leiden*. Aber damit nähern wir uns bereits *weltlichen* Gedanken und Gefühlen, denn man muss nicht Christ sein, um Mitleid zu empfinden. Nicht nur ist Mitleid von anderen Religionen gelehrt
worden; auch ein einigermaßen einfühlsamer „weltlicher" Umgang mit den
Nebenmenschen bringt uns dazu, etwas umsonst herzugeben, wenn wir sehen, dass jemand dringend dieser Sache bedarf. – Man sollte auch nicht sagen, dass umsonst Geben nichts mit Wirtschaften zu tun habe: mindestens
wenn wir an die Grundbedeutung von Wirtschaft denken: *Wirt* sein, be*wir-
ten*, dann fällt das Verköstigen von Gästen ohne Bezahlung bei manchen
Gelegenheiten darunter. Ebenso wird jemand, der eine gute Haus*wirtschaft*
führt, selbstverständlich die Kinder seines Hauses umsonst versorgen …
   Die dritte Weise von Güteraustausch und Handel: „Die dritte ist leyhen
odder borgen, das ich meyn gutt hyn gebe und widder neme, so myrs widder bracht wird, und emperen mus, wo mans nicht widder bringt."[73] Hinter
diesen Worten steckt einerseits wieder ein Stück Aufforderung zum Leiden
(„entbehren …, wo man's nicht widerbringt"), andererseits aber das Problem des Zinsnehmens bzw. des Zinsverbotes der mittelalterlichen Kirche.
Luther war hierin nicht viel moderner als die mittelalterliche Kirche. Den
aufkommenden Frühkapitalismus begrüßte er nicht. Zwar kann er sich bei
„Kauffswechseln" einen Zins von 4, 5, oder 6 Prozent vorstellen, setzt aber
hinzu: „… doch soll allzeyt die gottis forcht sorgfeltig seyn, das sie mehr
forchte, sie nehm zuvil dan zu wenig."[74] Der Zins dient nach Luther dazu,
Verluste abzudecken, nicht Gewinne zu machen. Das Zinsgeschäft oder das
Wirtschaftswachstum zu befördern, das kam nicht in Luthers Sinn, vielmehr sind seine ethischen Reflexionen über die Kaufgeschäfte ausschließlich an der Lebenserhaltung orientiert: „Darumb mustu dyr fursetzen,
nichts denn deyne zymliche narunge zusuchen ynn solchem handel, …"[75]
   Allerdings: Wenn ich meine „ziemliche Nahrung" suchen soll und darf,
als Christ aber bereit bin zu „entbehren", tut sich gerade in der „dritten
Weise" von Güteraustausch und Handel die Kluft zwischen Christusreich

---

[71] Prien (1992), 88.
[72] WA 15, 301, 5f (= Clemen 3, 9).
[73] WA 15, 301, 15f (= Clemen ebd.).
[74] WA. 6, 58, 13f (=Clemen, 3, 20) [„Der Große Sermon vom Wucher"].
[75] WA 15, 296, 33f (= Clemen 3, 5).

und Weltreich auf. Die Christen werden zwar im Einzelfall auf die Barmherzigkeit ihrer Glaubensgenossen zählen dürfen, wenn sie ihr Gut nicht wiederbekommen; für die gewöhnlichen Fälle von Leihen und Borgen kann das jedoch nicht gelten. Die gehören nämlich ins Weltreich, und dazu sagt Luther: „Darumb ist ynn der wellt nott eyn strenge hart weltlich regiment, das die boesen zwinge und dringe, nicht zu nemen noch zu rauben, und widder zu geben was sie borgen (obs gleich eyn christen nicht sol widder foddern noch hoffen), Auff das die wellt nicht wueste werde, fride untergehe, und der leute handel und gemeynschafft gar zu nicht werde."[76]

Mehrmals schärft Luther in der Schrift „Von Kaufshandlung und Wucher" seine Unterscheidung der beiden Reiche ein: „So habe ich nu offtmals geleret, das man die wellt nach dem Euangelio und Christlicher liebe nicht soll noch mag regieren, sondern nach strengen gesetzen mit schwerd und gewallt, darumb das die wellt boese ist und widder ⟨weder⟩ Euangelion noch liebe annympt, sondern nach yhrem mutwillen thut und lebt, wo sie nicht mit gewalt gezwungen wird. Sonst, wo man eyttel liebe sollt uben, da wurde yderman wollen essen, trincken, wol leben von der andern gut, und niemant erbeyten, Ja yderman wurde dem andern das seyne nemen, Und wurde eyn wesen werden, das niemand fur dem andern leben kunde."[77]

Nun aber zur vierten Weise von Güteraustausch und Handel. Sie ist die nächstliegende und einfachste: „Die vierde weyse ist keuffen und verkeuffen, und das mit bargelt odder wahr mit wahr betzalen."[78] Sie erscheint ganz „weltlich" und ist es auch, widerspricht dabei aber nicht dem Ethos des Christusreiches, nicht einmal der Bergpredigt, wenn wir etwa an die Goldene Regel denken ... Der Güteraustausch sollte und könnte auch nach Luthers Meinung durchaus in Harmonie vor sich gehen, wären da nicht jene Missstände, die Luther nun gerade unter der „vierten Weise" in einer langen Reihe aufzählt, nämlich „Tücken" und verschiedenen Formen von Eigennutz, die im Kaufen und Verkaufen statthaben.[79] Diese sind teils zeitgebunden, teils auch heute noch anzutreffen. Was aber hauptsächlich die Harmonie zwischen den wirtschaftenden Menschen verhindert, ist - Luther hat es schon am Anfang seiner Schrift ausgesprochen - der Geiz. Dieses Wort bedeutet in Luthers frühneuhochdeutscher Sprache „Habsucht", „Gier": Unter Verweis auf 1. Tim. 6, 10 sagt er: „Der geytz ist eyne wurtzel alles ubels."[80]

Geiz, Habsucht und Geldgier müssen wir aber auch im großen theologischen Rahmen der Ethik Luthers betrachten, und da finden wir, dass Luther Geld und Gut unter der Bezeichnung „Mammon" nicht als eine neutrale Sache, sondern als Götzen und Abgott aufgefasst hat. Wer an Erwerb

---

[76] WA 15, 302, 14ff (= Clemen 3, 10).
[77] WA 15, 306, 28ff (= Clemen 3, 14).
[78] WA 15, 303, 19f (= Clemen 3, 11).
[79] WA 15, 305-311 (= Clemen 3, 12-18).
[80] WA 15, 293, 12f (= Clemen 3, 1).

und Besitz sein Herz hängt, der verfällt einem Aberglauben und versucht, seine Ethik auf einen Abgrund zu bauen: „Es ist mancher, der meinet, er habe Gott und alles gnug, wenn er Geld und Gut hat, verläßt und brüstet sich drauf so steif und sicher, daß er auf niemand nichts gibt. Siehe, dieser hat auch einen Gott, der heißet Mammon, das ist Geld und Gut, darauf er alle sein Herz setzet, welchs auch der allergemeinest Abgott ist auf Erden."[81]

---

[81] Bekenntnisschriften ([10]1986), 561.

11. Beruf und Stand der Obrigkeit[1]

Während im Ehestand (status oeconomicus) die Einheit aller Berufe sichtbar wird – denn alle Menschen sind entweder Eltern oder Kinder oder beides – kommt in der widersprüchlichen Zusammengehörigkeit von Obrigkeitsstand (status politicus) und kirchlichem Stand (status ecclesiasticus) Luthers Unterscheidungsbemühung zum Tragen. Wie schon ausgeführt, unterscheidet Luther scharf sowohl zwischen Gesetz und Evangelium als auch zwischen Weltreich und Christusreich. Mutatis mutandis entspricht das Weltreich dem Stand der Obrigkeit und das Christusreich dem kirchlichen Stand. Wegen dieser Entsprechung kann, darf und muss die Obrigkeit Gewalt ausüben („das Schwert führen"), das kirchliche Amt aber nicht, es muss *non vi, sed verbo* (nicht mit Gewalt, sondern mit dem Wort) agieren. Wenn aber auch Weltreich und Obrigkeit bzw. Christusreich und kirchlicher Stand einander „entsprechen", sind sie deswegen nicht identisch mit ihren Entsprechungen.

Folgende Unterschiede verdienen festgehalten zu werden: Weltreich und Christusreich sind Regierungsformen, in denen Gott mittels der Menschen Gesellschaft und Geschichte lenkt. Die ChristInnen werden zwar um ihren Beruf in beiden Reichen wissen, im Weltreich aber regiert Gott auch durch ungläubige Personen „ohn ihren Dank". – Nach Luthers Ständelehre ist es aber ausgeschlossen, dass ChristInnen ihren Beruf im status oeconomicus oder im status politicus ohne Glauben und Bewusstsein davon, dass sie in ihren Stand berufen sind, ausüben. Die Zwei-Reiche-Lehre ist also eine Gesellschafts- und Geschichtstheorie, die Ständelehre aber eine Predigt an die ChristInnen. Allerdings kann es in der Theorie vom Weltreich und in der Predigt über den obrigkeitlichen Stand zu einer Überschneidung kommen, wenn Luther auf die heidnischen und nicht-evangelischen Obrigkeiten zu sprechen kommt...

Die beiden folgenden Kapitel dienen dazu, den obrigkeitlichen und den kirchlichen Stand in ihrer jeweiligen Eigenart zu beschreiben. Obwohl zuletzt schon von der Obrigkeit im Rahmen des Elternamtes gehandelt wurde, soll diesem Stande doch ein eigenes Kapitel gewidmet sein. Die Gefahr, mich wiederholen zu müssen, besteht nicht. Ich kann auf bisher noch nicht zitierte Schriften Luthers zurückgreifen.

---

[1] Allgemeine Literatur dazu: Althaus (1936 und 1937); Bard (1950/51); Binder (1924), H. Bornkamm (1966); Dörries (1942); Hillerdahl (1955), Honecker (1977); Laarhoven (1966), Lau (1933); G. Wolf (1972); Matthes (1937); Pauls (1927); Pfeiffer (1951); Postel (1979); Schmidt (1961); Törnvall (1947).

11.1. Eine Ermahnung der Obrigkeit

Aus den Jahren 1534/ 1535 stammt eine Auslegung des 101. Psalms,[2] der in einigen späteren Bibelausgaben die Überschrift „Davids Regentenspiegel" bekam.[3] Luther sagt in der Vorrede: „DIeser Psalm ist der einer, so Gott lobt und danckt fur den weltlichen stand …"[4]

Im Gegensatz zu den im letzten Kapitel vorgebrachten Zitaten ist die *Intention* dieser Schrift Luthers, die Obrigkeit anzusprechen und sie dahingehend zu ermahnen, in welcher Weise sie ihr Amt begreifen solle, nicht aber den Untertanen zu predigen, wie wichtig dieser Stand sei bzw. dass sie der Obrigkeit gehorsam sein sollen. So sagt Luther gleich bei der Auslegung des 1. Verses,[5] an den Fürsten gewendet: „Darumb heists also: Es ist nicht gnug, das du gleich das allerschoenest recht und die aller beste sache hast und dein ratschlag auffs gewissest. Ja, je schoener dein recht und besser deine sache ist, je weniger du dich vermessen und drauff pochen solt, sondern deste mehr dich fuerchten fur Gott, als der lust hat, das schönest recht zu schenden und die besten sachen zu stuertzen umb der vermessenheit willen, das du dich drauff lessest und pochest."[6] – Aus diesen und ähnlichen Äußerungen geht ganz eindeutig hervor, dass der Ausdruck „weltliches Regiment" nach Luther nie bedeuten kann, dass deren Inhaber sich an der Welt zu orientieren hätten und aus der Verantwortung vor Gott entlassen wären. Dabei ist zwar die wichtigste Frage, wie es die Regenten selber mit dieser Verantwortung halten, aber auch wenn sie verantwortungslos sind, will Luther sagen, werden sie *von Gott* zur Verantwortung gezogen.

Wenn Luther dann formuliert, Gott habe „Lust, … die besten Sachen zu stürzen", um die Vermessenheit eines Regierenden einzuschränken, so macht sich hier ein von unserer Zeit verschiedenes religiöses Bewusstsein und Lebensgefühl bemerkbar. Die Menschen am Beginn der Neuzeit fühlten sich stärker von Gott abhängig als heute und deuteten bereitwilliger als wir Natur- und Geschichtsereignisse als Eingriffe Gottes. Aber mehr noch: Das Weltbild der Zeit vor der Aufklärung, also auch der Reformationszeit, war noch nicht auf den Menschen und sein selbstbewusstes Handeln zentriert. Luther konnte somit viel unbefangener als wir von einem Handeln Gottes durch Naturereignisse, geschichtliche Katastrophen und durch Menschen ohne deren Willen reden.

Die Moderne seit der Aufklärung denkt vom Zentrum Mensch aus. Man nennt dies für gewöhnlich „Subjektivismus" oder „Anthropozentrismus". Es

---

[2] WA 51, 197–264 – Siehe auch: Berges (1938/1952).
[3] In der Einleitung von E. Thiele und O. Brenner wird „Regentenspiegel" unter Anführungszeichen verwendet. (WA 51, 198)
[4] WA 51, 200, 18f.
[5] „Von gnade und recht wil ich singen Und dir HERR lob sagen."
[6] WA 51, 204, 18ff.

entstand ein solches Weltbild, das geschichtliche Handlungen überhaupt nur in bewussten menschlichen Entscheidungen verankert sieht, Naturereignisse jedoch auf Naturgesetze oder Zufälle zurückführt. Theologisch-ethisch bedeutet das, dass man sich in der Moderne zwar wie bei Luther ein Handeln Gottes durch Menschen, aber *nur* durch Menschen und deren Entscheidungen vorstellen kann. Die Moderne versteht folglich ein *Zur-Verantwortung-Ziehen* von Politikern nicht mehr als Beurteilung der Politiker durch Gott, sondern durch andere Menschen.[7] Dies kann zwar unter Umständen auch theologisch, wird aber im Allgemeinen neutral oder atheistisch verstanden werden. Wenn jedoch menschliche Aktionen vollständig aus sich heraus erklärt werden sollen, ist der Standpunkt des Atheismus erreicht, für den Gott ein überflüssiger Zusatzmythos darstellt.

Nach Luther wirkt Gott in der Geschichte zwar häufig durch Menschen, hat aber zur Erreichung seiner Zwecke noch ganz andere „Mittel und Rohre" als die bewussten menschlichen Entscheidungen. Luther vertrat in diesem Zusammenhängen die Lehre von der *Allwirksamkeit* bzw. der *Allein-wirksamkeit* Gottes: Darunter verstand er, dass Gott in Geschichte und Politik selbstverständlich durch menschliche Subjekte handelt, aber so, dass er deren Denkhorizont von vornherein übersteigt. In der späten Neuzeit (Moderne) glauben die Christen entweder für Gott handeln zu müssen, oder sie verzweifeln wegen der mutmaßlichen Ferne Gottes; die Nichtchristen jedoch agieren entweder in Trauer oder in Erleichterung so, als ob Gott ohnmächtig wäre bzw. nicht existierte.

Dahinter steht die Frage, ob und wie Gott in der Geschichte offenbar ist. Diese Frage hat sich freilich auch Luther gestellt: Bei ihm tritt an dieser Stelle die Lehre vom offenbaren und verborgenen Gott ein (siehe den Exkurs unter 8.5., S. 130-133), die festhält, dass Gott in der Geschichte nur teilweise (nämlich in der Heilsgeschichte) offenbar ist, dass er in seiner Offenbarung sogar von den Menschen abgelehnt und vernichtet werden kann (Kreuzigung!), dadurch aber bloß unerreichbar wird. Es war und ist jedoch stets diese Unerreichbarkeit, aus der sich Gott offenbart. Vom unerreichbaren, d.h. verborgenen Gott, kann man nach Luther zwar nichts Rechtes wissen, Luther pocht jedoch darauf, dass man wenigstens von der Verborgenheit des verborgenen Gottes wissen müsse. Obwohl dies nun eine Grenze jeder Aussagemöglichkeiten darstellt, überschreitet Luther diese Grenze z.B. durch Andeutungen, was Gott mit der vermessenen Obrigkeit tun könnte (wie im angeführten Zitat) selbst immer wieder.

Nun dürfen wir aber Luther nicht die Auffassung unterschieben, er betrachte den status politicus nur aus theologischer Perspektive und lehne alles weltliche Überlegen in der Politik ab. Diese Dimension tritt bei ihm unter dem Stichwort *Naturrecht* auf. Luther bindet das Naturrecht allerdings

---

[7] Auf diesem Hintergrund kreierte Max Weber in seinem Text „Politik als Beruf" (1919 und mehrere Neuauflagen) die moderne Verantwortungsethik.

wiederum an das Gottesrecht und die Herrschaft Gottes zurück: „Man hebt itzt an zu rhuemen, das natuerliche recht und natuerliche vernunfft, als daraus komen und geflossen sey alles geschriebne recht. Und ist ja war und wol gerhuemet. Aber da ist der feil, das ein iglicher wil wehnen, Es sticke das natuerliche recht inn seinem kopffe."[8] Und: „Weisheit mag da sein, Hohe vernunfft mag da sein, Schoene gedancken und kluge anschlege muegen da sein, Aber es hilfft nichts, wenn Gott sie nicht gibt und treibt, Sondern gehet alles hinder sich."[9] – Das ist nach zwei Richtungen hin gesagt: Einmal auf die Regierenden hin: Seine Ideen, Vorsätze und noch so guten Rechtsgedanken genügen nicht, sie müssen innerhalb des Berufes (d. h. der Berufung durch Gott) ausgeübt werden. Und zweitens: Die naturrechtlichen Überlegungen haben ihren Wert dadurch, dass sie letztlich aus der Quelle des göttlichen Rechtes fließen. Davon getrennt – um im Bilde zu bleiben – sind sie schnell verflossen.

Positiv gewendet kommt derselbe Gedanke in der Auslegung zu Vers 2[10] vor: „,Ich handle fursichtig', das ist, Ich las mich Gottes wort leiten, darumb gehet mein regiment auch klueglich und gluecklich."[11] – Hier bemerken wir eine Übergangsmöglichkeit zum kirchlichen Amt oder mindestens die Nähe zu ihm: Es ist ja die besondere Aufgabe des kirchlichen Amtes, sich von Gottes Wort leiten zu lassen sowie selber (durch Worte) dieses Sich-leiten-Lassen bei allen Menschen zu bewirken. Auf die weltliche Obrigkeit bezogen bedeutet das, dass sie unter Umständen geistliche Aufgaben wahrnimmt. Dafür bietet sich in der Zeit Luthers das Beispiel der Reformation durch den weltlichen Obrigkeitsstand an, wozu Luther bekanntlich seit seiner Schrift „An den christlichen Adel" von 1520 aufforderte. Die Einheit des weltlichen und geistlichen Regierens ergibt sich

1.) aus dem christlichen Glauben der Regierenden. Hierbei bemerken wir aber auch den Unterschied zwischen Weltreich und Stand der Obrigkeit: Im Weltreich regiert Gott auch durch Unchristen. Einen „Beruf" in den Stand der Obrigkeit werden nur Christen hören, die damit die Konsequenzen aus ihrem Glauben ziehen und zu tun beginnen, „was ihnen vor die Hände kommt" (1. Sam. 10, 7).

2.) Weltliches und geistliches „Regieren" sind im Beruf und Amt der Eltern vereint, woraus sie Luther ableitet: Bezeichnender Weise verstand Luther ja den christlichen Familienvater als verantwortlich für das leibliche und seelische Heil seiner Familie. Noch deutlicher aber ergibt sich die Einheit weltlicher und geistlicher Obrigkeit

3.) aus der Vaterschaft Gottes. Das sehen wir aus den nun folgenden Ausführungen Luthers:

---

[8] WA 51, 211, 36ff.
[9] WA 51, 215, 31ff.
[10] „Ich handle fursichtig und redlich bey denen, die mir zugehören, Und wandel trewlich inn meinem Hause."
[11] WA 51, 216, 39f.

Bei der Auslegung des 5. Verses,[12] mit dem Luther den zweiten Teil des
Psalms beginnen sieht, und der sich insbesondere den weltlichen Aufgaben
des Regierenden zuwendet, setzt er zu einer Bejahung des weltlichen Regiments und der Obrigkeit an. Hierbei schärft er die *Oberherrschaft Gottes*
ein: „Nu werden wir muessen Gott unsern herrn lassen sein die einige Oberkeit uber alles, was geschaffen ist, Und wir alle gegen im sein (woellen wir
nicht mit lieb, so muessen wir mit leid) eitel unterkeit, da wird (Gott lob)
nichts anders aus.“[13] Und etwas später aber heißt es zum höchsten *Ruhme
der Obrigkeit*: „Denn Gott wil der welt Regiment lassen sein ein furbild der
rechten seligkeit und seines himelreichs gleich wie ein gauckel spiel oder
larven, Darin er auch seine grossen Heiligen lauffen lest, einen besser denn
den andern, aber David am aller besten.“[14] „Furbild“ (Vorbild) soll natürlich nicht besagen, dass das Himmelreich nach dem Weltregiment gestaltet
ist, sondern dass es *im Voraus* etwas vom Reich Gottes anschaulich macht.
Mit den Wörtern „Gauckelspiel“ und „Larven“ ist das weltliche Reich zwar
ein wenig, aber liebevoll, ironisiert. Trotzdem zeigt Luther damit seine
Wertschätzung für alles Politische. Der Hinweis auf David (wir sind ja in
der Auslegung eines „Psalms Davids“!) lässt erkennen, dass Luther das Gelingen eines harmonischen staatlichen Zusammenlebens nicht für utopisch
hält, sondern für erreichbar und sogar unter David schon einmal verwirklicht.

Obzwar nun durch die Erwähnung Davids und durch die Anspielung auf
dessen herausragende Stellung in der Heilsgeschichte das Gegründetseins
aller weltlichen Herrschaft im Glauben an Gott betont ist, geht Luther
gleich anschließend dazu über, das Regieren nach *weltlichen Prinzipien* herauszustreichen. Dabei würdigt er genau jene Vernunft, die er oben wegen
der Vermessenheit, die sie mit sich bringt, verworfen hat: „Zwar so hat Gott
das weltlich Regiment der vernunfft unter worffen und befolhen, weil es
nicht der seelen heil noch ewiges gut, sondern allein leiblich und zeitlich
gueter regiren sol, welche dem menschen Got unterwirfft.“[15] Die Vernunft
der weltlichen Regierung hat aber ihren bestimmten zeitlichen Ursprung.
Luther spielt hierbei auf das römische Rechts- und Staatsdenken an: „Und
was darffs viel wort. Das Keiserliche Recht, nach welchem das Roemisch
reich noch heutiges tages geregirt und bis an den Jungsten tag bleiben wird,
ist ja nicht anders denn Heidnische weisheit, welchs die Roemer, ehe denn
Roma von Christen oder Gottes selber ichts gehoeret hat, gesetzt und geor-
dent haben.“[16] Sosehr er vorher David gerühmt hat, sosehr empfiehlt er
jetzt die Heiden: „Darumb wer im weltlichen Regiment wil lernen und klug

---

[12] „Der seinem (sic!) Nehesten verleumbdet, den vertilge ich. Ich mag des nicht, der stoltz
geberde und hohen mut hat.“
[13] WA 51, 240, 1ff.
[14] WA 51, 241, 39ff.
[15] WA 51, 242, 1ff.
[16] WA 51, 242, 20ff.

werden, der mag die Heidnischen buecher und schriften lesen."[17] Besteht hier ein Widerspruch? Es ist ein Widerspruch, der sich sowohl in Gott als auch im glaubenden Menschen auflöst. Nur wenn wir Gott nicht zutrauen könnten, dass er auch die Geschichte der „Heiden" mit seiner Fürsorge begleitet, entstünde ein unauflösbarer Widerspruch. So aber kann Luther die Parallelität von geistlichem und weltlichem Reich auch als Parallele zwischen der jüdisch-christlichen Welt und der Welt des Heidentums formulieren: „Denn gleich wie die geistlichen und Heiligen Propheten und Koenige haben die Leute geleret und regirt zum ewigen Gottes Reich zu komen und da bey zu bleiben, So haben diese weltliche, Heidnissche, Gottlose Propheten und Koenige die leute geleret und regirt, das weltliche Reich zu erhalten."[18]

Wir sehen, wie weit Luther sich auf das Weltliche, sogar „Gottlose" einlassen kann. Es ist bekannt, wie gut er die „heidnischen" lateinische Schriftsteller Vergil, Ovid, Horaz und Cicero aus dem Kopf zitieren konnte; von diesen kommt besonders Cicero als politischer Denker und Praktiker für die politische Ethik in Frage! Dabei tritt einerseits der Humanist Luther vor unsere Augen, andererseits aber manifestiert sich die ganze Weite seines Glaubens. In dieser Weite konnte er sich nämlich zum Lob einiger „gottloser Heiden" aufschwingen. Sein Glaube sagte ihm aber gleichzeitig, dass es nicht egal ist, in welchem Gottesverhältnis die Regierenden stehen. Das soll noch in einem abschließenden Zitat aus der Auslegung des 101. Psalms belegt werden.

Luther verweist auf Römer 13,6: „Denn Sanct Paulus, da er zun Roemern am dreizehenden die Oberkeit hoch preiset, gibt er warlich ir inn dem die hoehesten ehre, das er sie Gottes dienerin heisst. Und wer wolt sonst (von hertzen und ungezwungen) so viel davon halten, wenn man sie nicht fur Gottes dienerin mueste ansehen? Wo sie nu selbs wil Gott sein und mit Lucifer Tyrannisch regirn und nicht anders dencken, als sey es alles und alles umb ires eigen nutzs, geitzs, ruge, prachts willen zu thun, so mag sie auch gewarten, das im Magnificat stehet ⟨Luk. 1,52⟩: ‚Er stosst die gewaltigen vom stuel und erhoehet die demuetigen'."[19]

Selbst Gott sein zu wollen, Gott nicht anzuerkennen, das ist die größte, aber auch häufigste Sünde. Sie beginnt schon dort, wo Menschen kleinmütig an der Hilfe Gottes verzweifeln bzw. zweifeln, ob Gott überhaupt existiere (und dadurch indirekt den Menschen an die höchste Stelle aller Wesen rücken), besonders erschreckend tritt aber diese Sünde an einer Obrigkeit zutage, die sich selbst an die Stelle Gottes setzt. In der neuesten Geschichte, in der die Menschen wie niemals zuvor die Herrschaft brutalster Diktatoren zu spüren bekamen, könnten auch wir uns beinahe dazu verstehen, von „luziferischer" Anmaßung zu sprechen, müssten wir nicht vorsichtiger als

---

[17] WA 51,242,36f.
[18] WA 51,243,10ff.
[19] WA 51,254,18ff.

Luther mit der Vorstellung des Teufels umgehen. Aber auch bei Luther ist die Teufelsvorstellung nicht das Entscheidende, sondern er will uns lehren, uns so an Gott zu orientieren, dass wir uns unserer Grenzen, Kleinheit und Unvollkommenheit bewusst werden und unsere Hoffnung allein auf die Gnade Gottes setzen. Um im Denken und Sprachgebrauch Luthers zu bleiben: Wir sollen uns für nichts und niemanden halten, damit Gott uns zu etwas und jemandem machen kann; denn Gott schafft aus nichts. Wer sich freilich Gott entgegenstellt und sich für etwas und jemanden hält, der wird zunichte.

Es lässt sich noch fragen, welchen Unterschied Luther zwischen den von ihm ausdrücklich „gottlos" genannten Heiden und den luziferischen Tyrannen angenommen hat und ob überhaupt einen Unterschied. Ich will versuchen, diesen Unterschied (wobei ich mich jetzt nicht auf Luthertexte stützen kann) als den zwischen *gottlos* und *gottfeindlich* zu beschreiben: Cicero und die römische Rechtsgelehrsamkeit sind zwar fern vom biblischen Glauben, aber unter dem Einfluss der stoischen Philosophen sind sie sogar auf dem Weg zum Monotheismus, und jedenfalls schließt ihr Naturrecht den Glauben nicht aus. Deshalb sind sie zwar gottlos, aber nicht gottfeindlich. Die luziferische Tyrannei hingegen verneint und verwirft Gott und den Glauben mit voller Absicht. Sie ist daher gottfeindlich.

Selbstverständlich bleibt in allen Unsicherheiten, Schrecknissen und Bedrohungen der Geschichte die Botschaft bestehen, dass Gott und der Glaube nicht abgeschafft werden werden. Der Sieg des Menschen über Gott ist nach Luther nur scheinbar und führt ins Unheil. Den Gläubigen ist Leiden auferlegt; es trennt sie aber nicht vom Heil.

11.2. Vom Widerstandsrecht

Angesichts einer tyrannischen Obrigkeit stellt sich, und stellte sich schon zu Zeiten der Reformation die Frage des *politischen Widerstandes*.[20] Wie wir bereits am Beispiel des Bauernkrieges gesehen haben, war Luther in Bejahung politischen Widerstandes viel zurückhaltender als in der Bejahung des Widerstandes gegen die kirchliche Obrigkeit. Aus dem Jahre 1539 gibt es aber einen Text, die „Zirkulardisputation über Mt. 19, 21"[21], in der Luther einen Schritt weiter geht als vorher. Dort finden sich „Siebentzig Schlußreden" (schlussfolgernde Thesen), die folgendermaßen überschrieben sind: „Von den drei Göttlichen Hierarchiis, oder Ertzgewalten, Nemlich von

---

[20] Berggrav (1946/1972); Bloch (1963); Dörries (1970); Heckel (1954/1972); Herrmann (1941); Hinrichs (1952/1971); Kaufmann (1972); Kern (1916); Meinhold (1959); K. Müller (1915); Scheible (1969); Stolzenau (1962); Weymar (1962).

[21] Mt. 19, 21: „Jesus sprach zu ihm: Willst du vollkommen sein, so gehe hin, verkaufe, was du hast, und gib's den Armen, so wirst du einen Schatz im Himmel haben; und komm und folge mir nach!" – Die Disputation bezieht sich aber nur im ersten Teil auf Fragen des Besitzes.

der Christlichen Kirchen, Von Weltlichem Regiment oder Policey, Und von Burgerlicher und züchtiger Haushaltung, Und das der Bapst under keinem dieser von Gott geordneten Stenden, gefunden, Sonder sölchen Göttlichen Ordnungen ein offentcher(!) Feind und Verfolger sey."[22]
Wir sind im bekannten Rahmen von Luthers Sozialethik, der Drei-Stände-Lehre, die hier Drei-Hierarchien-Lehre heißen könnte. Luther findet seinen Ansatz zum politischen Widerstand dadurch, dass er diesen Widerstand in letzter Instanz gegen das Papsttum richtet. Dazu nimmt er den Papst aus dem Rahmen der Drei-Stände-Lehre heraus: Er ist keine kirchliche Obrigkeit, weil er das Evangelium mit Füßen tritt. (53. Schlussrede) Er ist keine weltliche Obrigkeit, weil er selber behauptet, über jeder weltlichen Obrigkeit zu stehen. (54. Schlussrede) Er ist schließlich auch keine häusliche Obrigkeit, weil er den Pfarrern Heirat und Ehestand verbietet. (55. Schlussrede) Was ist der Papst dann? – „Er ist aber die mißgeschöpffe und grewel, von welchen Daniel sagt, der alles so Gott gennenet wird und fürnemlich den Gott aller götter sich widersetzet."[23] Luther nennt ihn „Beerwolf" (58. Schlussrede), und erklärt dieses Wort in der 59. Schlussrede: „Diß ist ein Thier dz wol ein Wolf ist, aber mit dem Teufel besessen, zerreisset alles, unnd entlaufft allen spiessen und waffen."[24]
Kann man der Lutherschen „Teufels-Mythologie" im politischen Zusammenhang einen vernünftigen Sinn abgewinnen? Eivind Berggrav tut das mit folgenden Worten: „Das Satanische ist die Machtkrankheit in allen ihren Formen und Folgen: die Macht als Selbstzweck ohne ethische Normen, der Machtwillen unter Nichtbeachtung von Gottes Willen, die Macht ohne das Recht."[25]
Luther, der sein Leben lang den „lieben jüngsten Tag" erwartete, gebraucht in der zitierten 59. Schlussrede apokalyptisches Vokabular. Nach J. Heckel identifiziert Luther den Papst als „apokalyptischen Tyrannen".[26] Während Luther in früheren Schriften durchaus gemeint hatte, im Widerstand gegen die päpstlicher Autorität hauptsächlich Kirchenkritik zu betreiben, ist dies hier nicht mehr der Fall. Seine neue Einsicht in den „Siebentzig Schlußreden" lautet: Man muss den Papst nicht als Kirchenfürsten, sondern als apokalyptische Gestalt bekämpfen!
Im Zeitalter der Ökumene werden wir mit Recht derartig extreme Formulierungen zurückweisen. Das Papsttum hat sich in den vergangenen fünf Jahrhunderten – wenn auch nicht nur im Sinne Luthers – bekanntlich stark gewandelt: Es „tritt" nicht mehr „das Evangelium mit Füßen" und behauptet auch nicht mehr, „über jeden weltlichen Obrigkeit zu stehen". Luther war zu seiner Zeit ein Denker und Formulierer von Extremen! – Der hier in-

[22] WA 39/II, 44, 8ff.
[23] WA 39/II, 49, 6ff.
[24] WA 39/II, 49, 21ff.
[25] Berggrav (1946/1972), 139.
[26] Heckel (1954/1972), 130.

teressierende Punkt ist jedoch, dass Luther einen Konnex zwischen Papsttum und politischer Gewalt herstellt, und über diesen Umweg wird es ihm
möglich, politischen Widerstand zu bejahen. Ich zitiere die 68. und 69.
Schlußrede: „68. Darumb man sich auch des nit irren lassen solle, wann er
die Fürsten, König und Keiser für sich hat, und das sie als ob sie der Chris-
tenlichen kirchen damit dieneten uberredet werend, und in im selbigen
schein woltend verfechten und für in kriegen. 69. Dann der under einem
mörder wolte kriegen, er sey gleich wer er wölle, der muß die geferlichkeit
seins kriegs zu ewiger verdamnis bestehn, unnd der gewertig sein."[27]

Wir müssen klar sehen: Politischer Widerstand ist für Luther nur eine
letzte Möglichkeit. Für die 70. Schlussreden muss man auch die Situation
der Protestanten in Deutschland mit ihrem Zweifel bedenken, ob die evangelischen Fürsten dem Kaiser Widerstand leisten dürften. Dies bejaht Luther mit einer „apokalyptischen" Begründung: Weil das Papsttum eine end-
zeitliche Erscheinung des Bösen ist, der die Fürsten, Könige und Kaiser für
sich Krieg führen lässt, kann und muss man Widerstand leisten. J. Heckel:
„Gegen einen Herrn, der dem Welttyrannen Vorschub leistet, hat das Volk
das Recht und die Pflicht zur Revolution".[28] Dies kommt mit dem oben angeführten Hinweis auf den „luziferischen" Tyrannen in der Auslegung des
101. Psalms überein. Dort hat Luther freilich keinen politischen Widerstand angedacht, sondern allein darauf gehofft, dass Gott den Tyrannen
„vom Stuhl stoßen" würde.

---

[27] WA 39/II, 50, 34ff.
[28] Heckel (1954/1972), 132.

12. Der kirchliche Stand[1]

Der kirchliche Stand oder Beruf, ob ihn Luther nun *Priesteramt, Pfarramt, Dienst des Wortes, Kirche, status ecclesiasticus* o. ä. nennt, ist für Luther in jeder, daher auch in ethischer Hinsicht von höchster Wichtigkeit. Die in ihn Berufenen können nicht nur die Grundlagen der Ethik (Rechtfertigung, Glauben, die Unterscheidungen zwischen Gesetz und Evangelium, Weltreich und Christusreich etc.) deutlich einsehen, sondern auch verbreiten. Aber dass dieser Stand für Luther der *höchste Stand* wäre, kann man nicht sagen. Luther kämpft ja gerade gegen die Anmaßung der mittelalterlichen Kirche, sich über die weltlichen Stände zu erheben. Man könnte sogar das Gegenteil sagen: Weil der kirchliche Beruf aus Leuten zusammengesetzt ist, die Christus nachfolgen, und es in der Nachfolge Christi nicht ohne Leiden, Verachtung, Verkennung und Verfolgung abgeht, ist der kirchliche Stand der niedrigste.

12.1. Der kirchliche Beruf

Der kirchliche Stand ist auf jeden Fall derjenige, in dem Menschen ihre Berufung durch Gott am deutlichsten erfahren. Mit „kirchlichem Stand" meine ich in erster Linie alle Christen, die nach Luthers früher – und nie zurückgenommener – Überzeugung insgesamt das *allgemeine Priestertum* bilden. Ich habe schon oben auf die für Luther wichtige Bibelstelle 1. Petr. 2, 9 hingewiesen. Aber auch andere Bibelstellen bewegen Luther zur Ansicht von der Berufung aller Christen, wie z. B. Hebr. 10, 14[2]. Dazu sagt Luther: „Diß ist eyn geystlich priesterthum, allen Christen gemeyn, da durch wyr alle mit Christo priester sind, das ist, wyr sind kinder Christi, des hochsten priesters, wyr durffen auch keyns andern priesters odder mittlers denn Christum."[3] Zu Joh. 16, 26f[4] lesen wir: „Da hat er uns gekroent, geweicht

---

[1] Allgemeine Literatur: Aarts (1972); Althaus (1929 und 1935); Aulén (1950); Brunotte (1959); Fagerberg (1955); Freiwald (1994); Führer (2001); Goertz (1997); Haendler (1979); Höhne (1963); Holl (1919/1948); Kinder (1958/1983); Kohlmeyer (1928); Lieberg (1962); Maurer: Kirche (1970), Ders.: Luthers Lehre (1970); Mühlhaupt (1959); Pinomaa (1977); Pósfay (1994), Rietschel (1932); Rittner (2001); Scharbau (2003); O. Scheel (1934); Steck (1963); Törnvall (1947).
[2] „Denn mit einem Opfer hat er für immer die vollendet, die geheiligt werden."
[3] WA 8, 486, 27ff.
[4] „An jenem Tage werdet ihr bitten in meinem Namen. Und ich sage euch nicht, dass ich

und gesalbt mit dem hailgen gaist, das wir all zuomal in Christo priester seind und priesterlich ampt thuon moegen, für got tretten, ainer für den andern bitten, also moegen wir allesampt sagen: Christus ist mein priester worden, der hat für mich gebeten und erworben den glauben und gaist, so bin ich nu auch ain priester und sol weiter bitten für die welt, das got inen auch den glauben gebe."[5]

In diesen Zitaten sehen wir, wie Luther im Nachdenken über eine Bibelstelle zu einer ungewöhnlichen Einsicht gelangt, die sich zwar nicht gegen die Exegese der Stelle wendet, aber doch in eine überraschende Weite führt, die nicht direkt mit dem Wortsinn gegeben ist, – hier in die Weite des Berufes aller Gläubigen.

Der kirchliche Stand ist in der Christenheit etwas Allgemeines, nichts Abgehobenes. Ich habe vorhin gesagt, der kirchliche Stand sei der niedrigste. Was bedeutet das? – Alle, die im Glauben berufen werden, sei es im status oeconomicus, im status politicus oder eben im status ecclesiasticus, werden und müssen jene Verachtung erfahren, die Christus selbst erfahren hat; aber das soll nicht in Traurigkeit führen. Ist aber erst einmal jede Möglichkeit von Einbildung und Hochmut auf Grund des Berufenseins ausgeschaltet, darf man aussprechen, dass die Berufung durch Gott Lebenserfüllung und Freude bedeutet. Berufensein heißt, dass Gott für mich und mit mir ist, dass er mich gerechtfertigt hat und mich immer wieder zurechtbringt. Berufensein heißt Leben aus Gnade. Berufung ist die Gewissheit, dass mein Leben gelingt, insofern könnte man sie ein individuelles Evangelium nennen. Wie haben wir uns nun die Berufung durch Gott in den kirchlichen Stand nach Luther vorzustellen?

1.) Die Berufung ins allgemeine Priestertum geschieht durch die Taufe. Dabei ist die Taufe nicht bloß ein einmaliger Akt, sondern ein lebenslanges Geschehen: „Ita semel es baptisatus sacramentaliter, sed semper baptisandus fide, semper moriendum, semperque vivendum."[6]

2.) Die Berufung ins kirchliche Amt erfolgt durch einen zusätzlichen öffentlichen Ritus: „Ac per hoc ordinis sacramentum, si quicquam est, esse nihil aliud, quam ritum quendam vocandi alicuius in ministerium Ecclesiasticum, deinde sacerdotium proprie esse non nisi ministerium verbi, verbi, inquam, non legis sed Euangelii, diaconiam vero esse ministerium non legendi Euangelii aut Epistolae, ut hodie usus habet, sed opes Ecclesiae distribuendi pauperibus."[7] Analog dazu spricht Melanchthon in der Confessio Augus-

---

den Vater für euch bitten will; denn er selbst, der Vater, hat euch lieb, weil ihr mich liebt und glaubt, dass ich von Gott ausgegangen bin."

[5] WA 10/III, 309, 1ff.

[6] WA 6, 535, 10f (= Clemen 1, 469) [De captivitate Babylonica ecclesiae praeludium] Übers.: „So bist du einmal sakramental getauft, musst aber ständig weiterhin durch den Glauben getauft werden: Ständig musst du sterben und ständig leben."

[7] WA 6, 566, 32ff (= Clemen 1, 504) [„Und deshalb ist das Sakrament des Ordo, wenn es ein solches gibt (mit diesen Worten lehnt Luther freilich indirekt die Sakramentalität des Ordo ab), nichts anderes als ein bestimmter Ritus, jemanden in das kirchliche Amt zu berufen, folg-

tana von der „rite" vocatio (Art. XIV „Berufung auf ordnungsgemäße Weise"). Für diese spezielle Berufung wird im mainstream des Luthertums ab da die Bezeichnung „ministerium" (Amt) verwendet, und sowohl „Ordo" als auch „Priestertum" aufgegeben. (Melanchthon konnte später jedoch sowohl dem Wort „Ordo", ja sogar dem Sakrament des Ordo neue Bedeutung abgewinnen.) Die Bezeichnung Priestertum ist bei Luther also tatsächlich für das allgemeine Priestertum reserviert; später wird das griechische Urspungswort von Priester = Presbyter, ausgehend von der Ämterlehre Calvins, Bezeichnung für das Ältesten- (Presbyter-) Amt in den reformierten Kirchen werden, aber z. B. auch in der Lutherischen evangelischen Kirche in Österreich.

Das Privileg des kirchlichen Berufes (in beiden Formen) ist es, in der Vermittlung des Glaubens *Mitarbeiter im Priestertum Christi* zu sein.

12.2. Was ist die Kirche?

Um generelle Aussagen Luther zur Kirche zu finden, können wir zuerst in einen einschlägigen frühen Text Luthers blicken, genannt „Eine kurze Form der zehn Gebote, eine kurze Form des Glaubens, eine kurze Form des Vaterunsers" von 1520,[8] und zwar in die Erklärung des 3. Glaubensartikels: „Ich glaub, das do sey auff erden, ßo weyt die welt ist, nit mehr dan eyne heylige gemeyne Christliche kyrche, wilche nicht anders ist, dan die gemeyne odder samlung der heyligen, der frumen, glaubigen menschen auff erden, Wilche durch den selben heyligen geyst vorsamlet, erhalten und regiret wirt, und teglich ynn den sacramenten und wort gottis gemehret."[9] – Die Versammlung durch den heiligen Geist können wir als den Ruf Gottes auffassen, den Glauben der Menschen als ihre Antwort auf diesen Ruf; und durch Ruf und Antwort darauf kommt der „Beruf" zur Kirche zustande.

Für diese Versammlung verwendet Luther am häufigsten das Wort „Gemeinde" (bzw. „gemeyne") und denkt dabei vorzugsweise an die Ortsgemeinde, jedoch sehen wir gerade an dem eben zitierten Satz, wie er seinen Blick ausweitet. Beachten wir hier nämlich das Bekenntnis zur Einheit, also Katholizität, der (all-„gemeinen") Kirche, an dem Luther sein ganzes Leben lang festgehalten hat! Zwar konnte das die Kirchenspaltung nicht verhindern, jedoch sind andererseits in dem zitierten Text drei Gedanken enthalten, die jede Art von Kirchenspaltung theologisch (leider nicht prak-

---

lich ist das Priestertum eigentlich nur das Amt des Wortes, sage ich, nicht das Amt des Gesetzes, sondern des Evangeliums, das Diakonat aber ist nicht ein Amt, das Evangelium oder die Epistel zu lesen, wie man das heute handhabt, sondern die Güter der Kirche den Armen auszuteilen."]

[8] WA 7, 204ff (= Clemen 2, 38ff). Dieses Werk stellt eine Vorform der Lutherschen Katechismen dar.

[9] WA 7, 219, 1ff (= Clemen 2, 51).

tisch) sofort gänzlich nichtig erscheinen lassen: 1.) Die Versammlung der Kirche geschieht über die ganze Welt hin. 2.) Konkret wird diese Versammlung beim Zusammenkommen der ChristInnen in der einzelnen Gemeinde. 3.) Die Garantie dafür, dass es wirklich christliche Kirche ist, die in der Ortsgemeinde als auch in der ganzen Welt zusammenkommt, ist der heilige Geist. Wenn er nicht regiere, würde die Gemeinde nicht bestehen bleiben, würden weder Wort noch Sakrament den Glauben hervorrufen. So betrachtet *gibt es tatsächlich nur eine Kirche.*

Anschließend geht Luther auf die Prinzipien des kirchlich-gemeindlichen Zusammenlebens ein: „Ich glaub, das yn dißer gemeyne odder Christenheyt alle ding gemeyn seynd, und eyns yglichen gutter des andern eygen und niemant ichts eygen sey, darumb mir und eynem yglichen glaubigen alle gepet und gutte werck der gantzen gemeyne zu hulff kummen, beystehn und stercken mussen, zu aller zeyt, ynn leben und sterben, und alßo eyn yglicher des andern pürden tregt, wie sanct Paulus leret."[10] (Gal. 6, 2) – Luther hat hier neben der Paulusstelle offensichtlich auch Apg. 4, 32[11] im Kopf, wo von der Gütergemeinschaft der christlichen Urgemeinde berichtet wird. – Durch die gesamte Christentumsgeschichte ziehen sich bekanntlich Berichte von Reformbewegungen, die zugleich soziale Bewegungen waren. (Mittelalterliche Reformbewegungen mündeten z. T. in Ordensgemeinschaften ein, spätere kirchlich-soziale Volksbewegungen wie die Waldenser und die Hussiten sollten nicht mehr in die Großkirche integriert werden können. Sie waren Vorboten der Reformation.) Die Revolution der Bauern von 1525 hat sich mit einem gewissen Recht auf die sozialreformerischen Interessen des frühen Luther berufen. Und wenn Luther auch gegen die Bauern und ihre sozialen Forderungen Front machte, so sollte sich die Sorge für das Wohlergehen der in Not geratenen Mitchristen in manchen evangelischen Gemeinden immerhin in den sog. „Kastenordnungen" auswirken. Diese organisierten die „Armenpflege" genannte Sozialfürsorge der Gemeinde.

Wie sollen wir Luthers Plädoyer für die Gütergemeinschaft verstehen? – *Erstens*: Luther spricht von der „Gemeine", und er meint die christliche, nicht die politische Gemeinde. Blenden wir das früher von der Zwei-Reiche-Lehre Gesagte ein, dann müssen Kirche und Christengemeinde mit dem Christusreich identifiziert werden. In ihm aber geschehen alle Aktionen freiwillig. Daher denkt Luther, wenn er eine Gütergemeinschaft in der kirchlichen Gemeinde vorsieht, diese unter dem Zeichen der Freiwilligkeit. So kann man aber im üblichen Verständnis des Wortes keine Sozialreform herbeiführen. Sozialreformen müsste der status politicus im Rahmen des Weltreichs bewirken. Hierzu bedarf es des Gesetzes (im Lutherischen, wie auch im weltlichen Sinn des Wortes), und das heißt des Zwanges. Damit wäre aber gerade die Pointe der christlichen Gemeinde von Apg. 4,32, „ein

---

[10] WA 7, 219, 11ff (= Clemen 2, 51).

[11] „Die Menge aber der Gläubigen war *ein* Herz und *eine* Seele; auch nicht einer sagte von seinen Gütern, dass sie sein wären, sondern es war ihnen alles gemeinsam."

Herz und eine Seele" zu sein, von Anfang an verfehlt. – Gleichwohl brauchen wir Luthers Gedanken der Gütergemeinschaft nicht als weltfern abtun. Gütergemeinschaften auf freiwilliger Basis gibt es. Die meisten Ehen verwirklichen auch heute praktisch und rechtlich Gütergemeinschaft zur beidseitigen (und auch der Kinder) Zufriedenheit – solange nicht ein Rechtsstreit oder die Scheidung drohen. In den normalen lutherischen Gemeinden scheint jedoch weder in der Reformationszeit noch später je Gütergemeinschaft populär geworden zu sein. *Zweitens*: Die von Luther genannte Gütergemeinschaft ist nicht in erster Linie eine Gemeinschaft materieller Güter! Luther nennt ausdrücklich das Gebet füreinander. Luther betrachtet also das Gebet als ein gemeinschaftliches Gut! Das Gebet artikuliert die Einheit der Gläubigen mit Gott und der Gläubigen untereinander. Das Fürbittengebet, das Luther ausdrücklich hervorhebt, kann als Eintreten für die Nächsten und/ oder Selbstbesinnung in der Zuwendung zum Nächsten gelten. Mit den anderen Formulierungen des zuletzt zitierten Abschnittes: zu Hilfe kommen, beistehen, stärken im Leben und Sterben, die Bürden des anderen tragen, sind dann praktische Verhaltensweisen aus dem Bereich der persönlichen Kommunikation genannt, womit uns Luther vor Augen führt, welche Güter, vor allem aber: welche *Güte* in einer solchen Gemeinschaft den Ton anzugeben hat.

Aber Luther sagt noch Weiteres: „Ich glaub, das do sey yn der selben gemeyne, und sonst nyrgend, vorgebung der sund, das außer der selben nit helff, wie vil und groß die gute werck ymmer sein mugen, tzur sund vorgebung, aber ynner der selben nit schade, wie vill, groß und offt gesundigt werden mag, tzur vorgebung der sunde, wilche bleybt, wo und wie lange die selben(!) eynige gemeine bleybt …"[12] – Hier dürfen wir nicht ausschließlich an rituelle Buße und Absolution denken (obwohl Luther und Melanchthon ein solches Sakrament beibehalten wollten), sondern hier ist – wie an vielen Stellen von Luthers Ethik – auf das Zentrum bezug genommen: auf die Lehre der Rechtfertigung und ihre Praxis. Wir verfehlen jede einzelne Handlung und unser ganzes Leben, wenn wir nicht recht sind, positiv ausgedrückt: Wir können nur aus der Rechtfertigung leben. Und der Ort der Gewährung der Rechtfertigung ist die Gemeinde. Wie kann die Gemeinde das tun? Mehrere Möglichkeiten sind vorhanden:

Zuerst ist wohl das Reden von der Rechtfertigung zu nennen, die in der „mutua consolatio fratrum (et sororum)" [wechselseitige Tröstung der Brüder (und Schwestern)] geschieht. Eine *weitere* Möglichkeit besteht in der formellen Buße und Absolution durch den beamteten Seelsorger. Wir wissen, dass Luther viel von persönlicher Beichte (Ohrenbeichte) und mündlich ausgesprochener Absolution gehalten hat (nichts gehalten hat er aber vom *Zwang* dazu). *Drittens* ist an informelle Beichte und Absolution zu denken, was man sich vielleicht so ausmalen kann, dass ein Christenmensch sich

---

[12] WA 7, 219, 17ff (= Clemen 2, 51).

dem andern eröffnet, von seinen Irrtümern und Fehlern spricht, der/die Gesprächspartner/in ihm/ihr zuhört, sich ihm/ihr zuwendet und dabei klärende und aufrichtende Worte findet. *Viertens* ist zu erwarten, dass ChristInnen einander um Verzeihung bitten und Verzeihung gewähren. *Fünftens* wird die ganze Gruppe (die sich dadurch als christliche Gemeinde erweist) generell auf der Grundlage der Rechtfertigung durch Gott und der gegenseitigen Schuldvergebung leben.

Vergebung von Schuld ist bis heute eine elementare Sache und wurde von manchen Psychotherapeuten wiederentdeckt, wenn auch sowohl im öffentlichen als auch im Privatleben und in der Psychotherapie die Termini „Schuld" und „Sünde" vielfach belastet sind. Anstatt ihrer kann man die weniger belasteten Termini „Fehler" und „Fehlhandlung" verwenden. Denn unsere Kommunikation ist rechtlich, persönlich, politisch und geschichtlich in größtem Ausmaß durch Feststellungen von Ursachen und Zuweisung von Schuld bestimmt: Du bist schuld, der oder jener ist schuld, ich bin schuld ... Schuld bedeutet dabei, dass wir etwas *nicht getan haben*, eben *schuldig geblieben sind*. Etwas anderes sind die geschehenen „positiven" (= gesetzten) Fehlhandlungen, die die Bibel *Sünden* nennt; Schuld und Sünde werden aber oft in einem Atemzug genannt.

Luther fasste die menschliche Grundsituation in einer Weise auf, dass die wesentlichen Fehler unserer Vergangenheit von keinem Menschen, sondern nur von Gott vergeben werden können. Dabei erwartete er das Aussprechen der Erkenntnis von der Sündhaftigkeit des Menschen und des Glaubens an die Rechtfertigung, das gegenseitige Verstehen und Verzeihen, sowie das Ermutigen zum Leben aus der Sündenvergebung von der Gemeinde.

12.3. Die Kennzeichen der Kirche

Woran erkennt man aber Kirche und Gemeinde, und was sind *ihre Kennzeichen*? Diese Frage musste besonders in der Reformationszeit virulent werden, da sich ja die Kirche als reformbedürftig erwiesen hatte, und niemand sicher sein konnte, ob nicht unter dem Namen von Kirche und Gemeinde sich etwas Unchristliches breit machte. Außerdem stand die sich langsam herausbildende lutherische Kirche in Konkurrenz zur römisch-katholischen Kirche und zu den zusätzlich entstehenden (durch Zwingli und Calvin) reformierten Gemeinden sowie noch zu den radikaleren Typen von Gemeinde (Täufer, Unitarier).

Luther beantwortete die Frage nach den Kennzeichen der Kirche immer wieder aufs neue (und immer wieder anders). Ich führe in der Folge die zwei extremsten Antworten an. Dabei werden wir sehen, dass Luther ein und dasselbe Wesen der Gemeinde einmal mit einem einzigen alles entscheidenden, ein anderes Mal aber mit noch zusätzlichen erklärenden Kennzeichen beschreiben konnte.

In dem kurzen Werk von 1523 mit dem langen Titel „Daß ein christliche Versammlung oder Gemeine Recht und Macht habe alle Lehre zu urtheilen und Lehrer zu berufen, ein- und abzusetzen, Grund und Ursach aus der Schrift"[13] stellt Luther gleich zu Anfang die Frage (worauf im nächsten Satz sofort die Antwort folgt): „Auffs erst ist von notthen, das man wisse, wo und wer die Christliche gemeyne sey, auff das nicht (wie allezeyt die unchristen gewonet) unter Christlicher gemeyne name menschen menschlich handel furnemen. Da bey soll man die Christliche gemeyne gewißlich erkennen: wo das lautter Evangelion gepredigt wird."[14] – Es ist wichtig, dass wir Problemstellung und Antwort zusammen vor Augen haben. Die Antwort „Wo das lautere Evangelium gepredigt wird" könnte uns nämlich dazu verführen, falsche Kriterien für die genannte Lauterkeit und damit für das Wesen der Gemeinde aufzustellen: Bekenntnisgemäßheit, dogmatische Korrektheit etc. etc. Die Predigt des Evangeliums steht bei Luther jedoch im Gegensatz zum „menschlichen Handel" (menschlichen Handeln)! Wenn also die Predigt des Evangeliums etwas nicht ist, dann ein menschliches Handeln. Wir verstehen genauer, was Luther sagen will (aber leider wird das Problem dadurch auch schwieriger), wenn wir einige Zeilen weiterlesen: „Da her sind wyr sicher, das unmuglich ist, das nicht Christen seyn sollten, da das Evangelion gehet, wie wenig yhr ymer sey und wie sundlich und geprechlich sie auch seyn, gleich wie es unmuglich ist, das da Christen und nicht eyttel heyden seyn sollten, da das Evangelion nicht gehet und menschen lere regirn, wie viel yhr auch ymer sey und wie heylig und feyn sie ymer wandeln."[15] – Wir sehen hier insofern klarer, als das Evangelion nach Luther als selbständige Größe auftritt: Das Evangelium „geht", und wird nicht gepredigt. Trotzdem muss man die Aktivität des Predigers einschließen – Luther meint zweifellos, dass die Evangeliumsverkündigung durch den Mund von Menschen „geht". Aber es sind Menschen, die aus *Gottes*, und nicht aus eigenem *Beruf* predigen. Wir werden somit wieder auf die ethischen Kriterien *Rechtfertigung, Glaube, Reich Christi, Beruf* zurückverwiesen.

Aber wie weiß man, wer den Beruf von Gott hat, wie weiß man, wer glaubt, damit wir in seiner Predigt die genuine Evangeliumspredigt erkennen? Wo ist sozusagen das „Kriterium des Kriteriums"? Hier lässt uns Luther völlig im Stich. Wenn das „Evangelium geht", sagt er ja, kann die Gemeinde aus wenigen, sogar sündigen und gebrechlichen Leuten bestehen, und wenn das Evangelium nicht „geht", können sie viele, sogar heilig (!) sein und fein wandeln …

In der Schrift „Von den Konziliis und Kirchen" aus 1539, stellt Luther sieben Kennzeichen auf, deren Zahl er nach oben hin nicht einmal begrenzen möchte.

---

[13] WA 11, 408–416 (= Clemen 2, 395–403).
[14] WA 11, 408, 5ff (= Clemen 2, 395f).
[15] WA 11, 408, 16ff.

1.) „Erstlich ist dis Christlich heilig Volck dabey zu erkennen, wo es hat
das heilige Gottesworl, wiewol dasselb ungleich zugehet, wie S. Paulus sagt
(1. Kor. 3, 12). Etliche habens gantz rein, Etliche nicht gantz rein."[16] –
Wahrscheinlich haben wir erwartet, dass das *Evangelium* das erste Kennzeichen wäre. Man wird aber keinen Gegensatz zwischen Wort Gottes und
Evangelium konstruieren dürfen, da das „heilige Gotteswort" sicherlich in
der Dialektik von Gesetz und Evangelium zu verstehen ist, und das Evangelium immer Luthers erstes Anliegen war und das Gesetz als seine eigene
Voraussetzung beinhaltet – nur, Luther sagt das hier nicht. Wir werden uns
am besten erinnern, dass der schon oben erwähnte Streit mit den „Antinomern" (Gesetzesgegnern) im Jahre 1539 immer noch aktuell war, und dass
Luther vielleicht deshalb das Evangelium nicht allein anführen wollte. –
Das schon des öfteren erwähnte Ineinander von Gottes- und Menschenwort
finden wir hier wieder: „Denn Gotts wort ist heilig und heiliget alles, was es
rühret, Ja es ist Gotts heiligkeit selbs."[17] Und: „Wir reden aber von dem
eusserlichen wort, durch menschen, als durch dich und mich mündlich gepredigt."[18]

2.) „Zum andern kennet man Gottes Volck oder das Christlich heilig
Volck an dem heiligen Sacrament der Tauffe, wo es recht, nach Christus
ordnung, geleret, gegleubt und gebraucht wird."[19] – Die Taufe ist und
bleibt bis heute das alle Kirchen und Konfessionen verbindende Kennzeichen des Christentums.

3.) „Zum dritten kennet man Gottes Volck oder ein Christlich heilig
Volck an dem heiligen Sacrament des Altars, wo es recht nach Christus ein-
setzung gereicht, gegleubt und empfangen wird."[20] – Es ist interessant, dass
Luther in diesem Text ausdrücklich nur zwei Sakramente kennt und nennt
(die Reformatoren haben sich auf die Anzahl der Sakramente bekanntlich
nicht endgültig festlegen wollen), obwohl er sogar am Ende der Aufzählung
der sieben Kennzeichen erwägt, alle diese Kennzeichen Sakramente zu nennen, den Gedanken aber verwirft.[21] – Mit dem Evangelium bzw. Wort Gottes und den beiden genannten Sakramenten sind wichtige Kriterien für das
Gemeinde-Sein genannt. Aber es treten sodann noch vier weitere Kennzeichen dazu:

4.) „Zum vierden kennet man das Gottesvolck oder heilige Christen an
den schluesseln, die sie oeffentlich brauchen."[22] Luther meint mit den
„Schlüsseln" in Anlehnung an Mt. 18, 15ff Beichte, Buße und Absolution,

---

[16] WA 50, 628, 29ff.
[17] WA 50, 629, 3ff.
[18] WA 50, 629, 16ff.
[19] WA 50, 630, 21ff.
[20] WA 50, 631, 6ff.
[21] „Ich wolt sie auch wol die sieben Sacrament nennen, aber weil dis wort Sacrament in mis-
brauch komen ist durch die Papisten, und anders in der Schrifft gebraucht wird, las ich sieben
heuptstück Christlicher heiligung oder sieben Heilthumb bleiben." (WA 50, 643, 2ff).
[22] WA 50, 631, 36ff.

jedoch tritt bei ihm zur Sündenvergebung auch die abgrenzende Aktion des Ausschlusses aus der Gemeinde: „... und welche sich nicht wollen bekeren noch wider heiligen lassen, das dieselben ausgestossen wurden von solchem heiligen Volk, das ist gebunden und durch den schluessel ausgeschlossen wurden."[23]

5.) „Zum fünfften kennet man die Kirche eusserlich da bey, das sie Kirchen diener weihet oder berufft, oder empter hat, die sie bestellen sol."[24] Hier diskutiert Luther ausführlich und in polemischer Abgrenzung von der Kirche Roms das Bischofs-, Pfarrer- und Predigeramt.

6.) „Zum sechsten erkennet man eusserlich das heilige Christliche Volck am gebet, Gott loben und danken öffentlich."[25] Aus der Öffentlichkeit des Gebets folgt nach Luther die Pflicht zur Verständlichkeit: „Aber wir reden vom gebet und gesenge ⟨Gesang⟩, das verstentlich ist, daraus man lernen und sich bessern kann ..."[26]

Besonders auffallend ist aber wohl das letzte Kennzeichen:

7.) „Zum siebenden erkennet man eusserlich das heilige Christliche Volck bey dem Heilthum des heiligen Creutzes, das es mus alles unglück und verfolgung, allerley anfechtung und ubel (wie das Vater unser betet) vom Teufel, welt und fleisch, inwendig trauren, blöde sein, erschrecken, auswendig arm, veracht, kranck, schwach sein, leiden, damit es seinem Heubt Christo gleich werde."[27]

Luther wollte den kirchlichen Stand und Beruf in „Von den Konziliis und Kirchen" genau umschreiben. Besonders das Kreuz ist für ihn ein untrügliches Erkennungszeichen des Berufenseins der Christen zum Reich Christi. Wenn wir dort die Kirche Jesu Christi suchen wollten, so meint Luther, wo der Erfolg zu Hause ist, wären wir auf der falschen Spur! Die richtige Spur hingegen führt Jesus nach und zum Kreuz. – Das Kennzeichen des Kreuzes für das Christsein in der Gemeinde ist insofern untrüglich, als alle nicht-berufenen Christen das Kreuz scheuen und verachten und anstatt dessen nach Glanz, Erfolg und Gelingen streben werden. Wenn sie merken, wohin der Weg mit Christus führt, werden sie sich verabschieden.

Der Weg der berufenen Gläubigen aber führt über das Kreuz zur Auferstehung: Was nach menschlichem Ermessen zunichte wird, schafft Gott neu.

---

[23] WA 50, 632, 17ff.
[24] WA 50, 632, 35f.
[25] WA 50, 641, 20f.
[26] WA 50, 641, 29f.
[27] WA 50, 641, 35ff.

13. Abschluss

Luthers Ethik besteht nicht in philosophischen oder soziologischen, sondern in theologischen Überlegungen. Sie ist also eine religiöse Ethik, religionshistorisch gesprochen: eine Ethik, die aus der Entwicklung des christlichen Glaubens in Altertum und Mittelalter ihre Konsequenzen zieht und neue Perspektiven eröffnet.

In erster Linie will Luther das Evangelium als jene befreiende Botschaft, die das Tun des Richtigen überhaupt ermöglicht, in der Ethik zur Geltung bringen. Er bedenkt aber auch das Gesetz, einmal in einem ersten Gebrauch, der vor und außerhalb des Evangeliums herrscht, und sodann in einem zweiten Gebrauch, der auf das Evangelium hinführt. Luther vernachlässigt dabei auch nicht die Fragen seiner Zeit. Vielmehr nimmt er, wie in seiner gesamten Theologie von den christlichen Quellen ausgehend, in seiner Ethik alle ihm begegnenden praktischen Probleme in den Blick.

Dabei entwirft Luther eine Ethik aus einem solchen Glauben, in dem und durch den Gott auf uns zukommt und uns mit allen seinen Gaben, ja mit sich selber, beschenkt, vor allem aber: uns gerecht macht und zur Mitarbeit mit ihm beruft.

Die Darlegung der Gerechtwerdung des Menschen in der Rechtfertigungslehre ist nicht nur die Grundlage von Luthers gesamter Theologie, sie ist auch die Grundlage seines ethischen Denkens.

Das Gutsein des erneuerten Menschen bleibt bezogen auf das göttliche Gesetz und die Forderung Gottes, danach zu handeln, verbunden freilich mit der Einsicht, dass wir auf uns selbst gestellt, diese Forderung nicht erfüllen können. Dabei ist das Eigentümliche von Luthers religiösem Ansatz zu zeigen, dass gerade der Versuch, von sich aus gut zu sein und zu handeln, d. h. ohne Glauben an Gott die richtige Praxis zu erreichen, die Sünde des Menschen ist. In Bezug auf die Freiheitsthematik kann man mit Luther formulieren: Mit Gott sind wir frei, ohne Gott sind wir unfrei.

Der Unterscheidung zwischen Gesetz und Evangelium habe ich in Abschnitt 3.3. Bedeutung für meine Praxis zugeschrieben, wenn ich überlege: „Soll ich, und wann soll ich die Einhaltung von Recht und Gesetz verlangen oder soll ich verzeihen, d. h. Verfehlungen übergehen, einen Neuanfang machen? Dies gilt in den Beziehungen zu meinen Nächsten, zu Gruppen und Gemeinschaften und letztlich auch im Verhältnis zu mir selber."

Luther analysiert individuelles und soziales Handeln anhand der drei Unterscheidungen Gesetz/ Evangelium, Weltreich/ Christusreich und status oeconomicus/ status politicus/ status ecclesiasticus. Es ist für ihn nicht egal, ob wir unser Tun an Forderungen des Gesetzes ausrichten oder am Evangelium, ob wir im rauhen weltlichen Bereich agieren oder in der christ-

lichen Gemeinschaft einander bedingungslos vertrauender Menschen, ob
wir im Haushalten (in der Wirtschaft), im politischen oder im geistig-geist-
lichen Bereich tätig sind. Je nachdem finden wir für unser Tun andere Bedingungen, Freiheiten und Perspektiven vor.

Im gerechtmachenden Glauben erkennen wir aber unser ganzes Leben als
Beruf, sprich: Berufung, aus der wir mit dem schaffenden Gott zusammen-
arbeiten. Einen Beruf haben bedeutet, von Gott in eine bestimmte Position
(Stand) gestellt zu werden, und dabei nicht nur *im Stande* zu sein „zu tun,
was ⟨uns⟩ vor die Hände kommt" (1. Sam. 10,7), sondern auch zu Neuem
inspiriert zu werden. Das Neue ist die gestaltende Seite unseres Tuns, unsere *poiesis* (griechisch: Tun, Hervorbringen, Schaffen). Die „poietische"
Konsequenz der Rechtfertigungslehre in der Ethik ist, am Handeln Gottes
in und an der Welt teilzunehmen. Alle großen und kleinen Werke, die im
Glauben getan werden, fallen darunter. Und wenn wir würdigen, dass Luther 1520 in der Schrift „Von den guten Werken" das Minimal-Werk „einen
Strohhalmen aufzuheben"[1], ja sogar „Gehen, Stehen, Essen und Trinken"[2]
als jene guten Werke ansieht, die neben manchen anderen aus der Rechtfertigung entstehen, dann können wir nicht nur unsere herausragenden und er-
folgreichen Werke, sondern unsere gesamte Existenz mit Einschluss aller
Aktivitäten und Leiden als unter der Berufung Gottes stehend definieren.
Zu dieser Berufung gehören das „Werk" der Kommunikation mit dem Be-
rufenden, also das Gebet, die Meditation in der Bibel und das Nachdenken
über uns und unsere Umwelt.

Wie aber Gott selber seine Schöpfung mit Feiern und Ruhen beschließt,
gehört schließlich zum Beruf der Glaubenden das Ruhen in der Rechtfertigung, Nichtstun und Aufhören.

---

[1] WA 6,206,11.
[2] WA 6,205,13.

Literaturverzeichnis

Primärliteratur

Aristoteles: Ethica Nicomacheia (griech.), Bywater, Ingram (Hg.), Oxford (1894) [27]2004.

Aristoteles: Nikomachische Ethik, Bien, Günther (Bearb.), Darmstadt 2003

Augustinus, Aurelius: De civitate Dei, Dombart, Bernhard/ Kalb, Alfons (Hg.), Bd. 1-2, Stuttgart [5]1981.

Die Bekenntnisschriften der evangelisch-lutherischen Kirche, Göttingen (1930) [12]1998.

Biblia. Das ist: Die gantze Heilige Schrifft (Luthers Bibelübersetzung), Wittenberg 1545, Nachdruck, Stuttgart 1983.

Biblia sacra iuxta vulgatam versionem, Weber, Robert/ Fischer, Bonifatius (Hg.), Stuttgart [3]1983.

Calvin, Johannes: Institutio Christanae religionis (1559), Barth, Peter/ Niesel, Wilhelm (Hg.), Bd. 1-3, München 1928-1974.

Denzinger, Heinrich/ Hünermann, Peter (Hg.): Enchiridion symbolorum definitionum et declarationum de rebus fidei et morum/ Kompendium der Glaubensbekenntnisse und kirchlichen Lehrentscheidungen, Freiburg i.Br./ Basel/ Rom/ Wien [37]1991.

Laotse: Tao-tê-king, übers. von Debon, Günther, Stuttgart 1961.

Luther, Martin: Werke. Kritische Gesamtausgabe, Weimar 1883ff (Abkürzung: WA plus Band-, Seiten- und Zeilenziffer) [unter Benutzung der bei Chadwyk-Healy 2001 erschienenen 2 CD-Roms].

Luther, Martin: Archiv zur Weimarer Ausgabe der Werke Martin Luthers, Gerhard Hammer/ Manfred Biersack (Hg.), Köln/ Wien 1981ff (Abk. = AWA)

Luther, Martin: Werke in Auswahl, Clemen, Otto (Hg.), Bonn 1912ff (und mehrer Neuauflagen). (Abk. = Clemen plus Band- und Seitenziffer)

Luther, Martin: Studienausgabe, Delius, Hans-U. (Hg.), Berlin 1979ff.

Melanchthon, Philipp: Ethicae doctrinae elementa (1556), in: Bretschneider, Carl G. (Hg.): Philippi Melanchthonis opera quae supersunt, Corpus Reformatorum, Bd. XVI, 163ff.

Melanchthon, Philipp: Philosophiae moralis epitomes libri duo (1546), in: Nürnberger, Richard (Hg.): Melanchthons Werke, Bd. III., Gütersloh 1961, 149-310.

Sekundärliteratur

Aarts, Jan: Die Lehre Martin Luthers über das Amt in der Kirche. Eine genetisch-systematische Untersuchung seiner Schriften von 1512-1525, Diss., Helsinki 1972.

Aland, Kurt: Hilfsbuch zum Lutherstudium, Witten [3]1970.

Althaus, Paul: Communio Sanctorum, München 1929.

Althaus, Paul: Gebot und Gesetz. Zum Thema „Gesetz und Evangelium" (1952), in: Kindler, Ernst/ Haendler, Klaus (Hg.): Gesetz und Evangelium, Darmstadt 1968, 201-238.

Althaus, Paul: Die Ethik Martin Luthers, Gütersloh 1965.

Althaus, Paul: Kirche und Staat nach lutherischer Lehre, Leipzig 1935.

Althaus, Paul: Luther und die politische Welt, Weimar 1937.

Althaus, Paul: Die lutherische Rechtfertigungslehre und ihre heutigen Kritiker, Berlin 1951.

Althaus, Paul: Obrigkeit und Führertum, Gütersloh 1936.

Althaus, Paul: Die Theologie Martin Luthers, Gütersloh 1962, [7]1994.

Appel, Helmut: Anfechtung und Trost im Spätmittelalter und bei Luther, Leipzig 1938.

Bäumer, Remigius: Martin Luther und der Papst, Münster [5]1987.

Balthasar, Hans Urs von: Glaubhaft ist nur die Liebe, München [4]1977.

Bandt, Hellmut: Luthers Lehre vom verborgenen Gott, Berlin 1958.

Bard, Peter: Luthers Lehre von der Obrigkeit in ihren Grundzügen, in: EvTh 10 (1950/51), 126–144.

Barge, Hermann: Luther und der Frühkapitalismus, Gütersloh 1951.

Barth, Hans-Martin: Der Teufel und Jesus Christus in der Theologie Martin Luthers, Göttingen 1967.

Barth, Karl: Die Kirchliche Dogmatik, Zürich 1932–1967 (Abkürzung: KD plus Band-, Teilband- und Seitenziffer) [unter Benutzung der bei Konsult AB, 1997, erschienenen CD-Rom].

Barth, Karl: Evangelium und Gesetz, ThEx 32, München [3]1961.

Barth, Karl: Das Geschenk der Freiheit. Grundlegung evangelischer Ethik, ThSt 39, Zollikon 1953.

Barth, Karl: Rechtfertigung und Recht, Zürich 1998.

Barton, Peter F.: Liebe, Sexualität und Ehe bei Luther, in: Martin Luther, Heft 6, Wien 1975, 3–70.

Baumann, Richard: Luthers Eid und Bann, Aschaffenburg 1977.

Baur, Jörg: Salus christiana. Die Rechtfertigungslehre in der Geschichte des christlichen Heilsverständnisses I, Gütersloh 1968.

Bayer, Oswald: Freiheit als Antwort. Zur theologischen Ethik, Tübingen 1995.

Bayer, Oswald: Zugesagte Freiheit. Zur Grundlegung theologischer Ethik, Gütersloh 1980.

Bayer, Oswald: Aus Glauben leben. Über Rechtfertigung und Heiligung, Stuttgart 1984.

Bayer, Oswald: Martin Luthers Theologie. Eine Vergegenwältigung, Tübingen 2003.

Bayer, Oswald: Oratio, Meditatio, Tentatio. Eine Besinnung auf Luthers Theologieverständnis, in: LuJ 55 (1988), 7–59.

Bayer, Oswald: Promissio. Geschichte der reformatorischen Wende in Luthers Theologie, Darmstadt [2]1989.

Bayer, Oswald: Theologie, Handbuch Systematischer Theologie, Bd. 1, Gütersloh 1994.

Beer, Theobald: Der fröhliche Wechsel und Streit. Grundzüge der Theologie Martin Luthers, Einsiedeln 1980.

Beintker, Horst: Glaube und Leben. Grundzüge lutherischer Ethik in 4 Kapiteln nach Martin Luthers Schrift „Von den guten Werken", Gross-Oesingen 1986.

Beintker, Horst: Die Überwindung der Anfechtung bei Luther, Berlin 1964.

Beintker, Michael (Hg.), Rechtfertigung und Erfahrung, FS f. Gerhard Sauter, Gütersloh, 1995.

Beisser, Friedrich/Peters, Albrecht: Sünde und Sündenvergebung. Der Schlüssel zu Luthers Theologie, Hannover 1983.

Benrath, Gustav A.: Luther und die Mystik, in: Manns, Peter (Hg.): Zur Lage der Lutherforschung heute, Wiesbaden 1982, 44–58.

Benrath, Karl: Luther im Kloster 1505–1525, Halle a.d.S. 1905.

Berges, Wilhelm: Die Fürstenspiegel des hohen und späten Mittelalters (1938), Nachdr. Stuttgart 1952.

Berggrav, Eivind: Wenn der Kutscher trunken ist. Luther über die Pflicht zum Ungehorsam gegenüber der Obrigkeit, 1946, in: Kaufmann, Arthur u.a. (Hg.): Widerstandsrecht, Darmstadt 1972, 135ff.

Bienert, Walther: Martin Luther und die Juden, Frankfurt a.M. 1982.

Binder, Julius: Luthers Staatsauffassung, Erfurt 1924.

Bizer, Ernst: Luther und der Papst, München 1958.

Bläser, Peter: Rechtfertigungsglaube bei Luther, Münster 1953.

Blaumeiser, Hubertus: Martin Luthers Kreuzestheologie. Schlüssel zu seiner Deutung von Mensch und Wirklichkeit. Eine Untersuchung anhand der Operationes in Psalmos (1519–1521), Paderborn 1995.

Bloch, Ernst: Thomas Münzer, Frankfurt a.M. 1963.

Böckle, Franz (Hg.): Das Naturrecht im Disput, Düsseldorf 1966.

Böckle, Franz: Naturrecht in der Kritik, Mainz 1973.

Böhme, Wolfgang (Hg.): Von Eckhart bis Luther. Über mystischen Glauben, Herrenalber Texte 31, Karlsruhe 1981.

Bonhoeffer, Dietrich: Ethik, Bethge, Eberhard (Hg.), München [10]1984.

Bornkamm, Günther: Das Doppelgebot der Liebe, in: Ders.: Ges. Aufsätze III, München 1968, 37-45.

Bornkamm, Heinrich: Die Frage der Obrigkeit im Reformationszeitalter, in: Ders.: Das Jahrhundert der Reformation, Göttingen [2]1966, 291-315.

Bornkamm, Heinrich (Hg.): Martin Luthers Vorreden zur Bibel, Stuttgart 1967.

Brecht, Martin: Martin Luther, Bd. 1-3, Stuttgart 1981-1987 (Studienausg. 1994).

Bring, Ragnar: Luthers Lehre von Gesetz und Evangelium als Beitrag der lutherischen Theologie für die Ökumene, in: LuJ 24 (1957), 1-39.

Bring, Ragnar: Das Verhältnis von Glauben und Werken in der lutherischen Theologie, München 1955.

Brosseder, Johannes: Luthers Stellung zu den Juden im Spiegel seiner Interpreten, München 1972.

Brosseder, Johannes: Lutherbilder in der neuesten Literatur zum Thema: Martin Luther und die Juden, in: Heine, Susanne (Hg.): Europa in der Krise der Neuzeit, Wien/ Köln/ Graz 1986, 89-111.

Brück, Michael von: Wie können wir leben? Religion und Spiritualität in einer Welt ohne Maß, München 2002.

Brunotte: Das geistliche Amt bei Luther, Berlin 1959.

Brush, Jack E.: Gotteserkenntnis und Selbsterkenntnis. Luthers Verständnis des 51. Psalms, Tübingen 1997.

Bühler, Paul T.: Die Anfechtung bei Martin Luther, Zürich 1942.

Buuck, Friedrich A.: Das Wesen des theologischen Glaubens in der Darstellung Luthers, Essen 1950.

Calixt, Georg: Epitomes theologiae moralis pars prima, in: Calixt, Georg: Werke in Auswahl, Bd. 3 (Ethische Schriften, Mager, Inge [Hg.]), Göttingen 1970, 25-142 (Das Werk ist nicht abgeschlossen. Es existiert nur die pars prima.)

Carrington, Patricia: Das grosse Buch der Meditation, Bern/ München/ Wien [5]1996.

Causse, Jean-Daniel: La haine et l'amour de Dieu, Genf 1999.

Conrad, Hermann: Deutsche Rechtsgeschichte, Bd. 1, Karlsruhe [7]1962.

Dahl, Nils A.: Neutestamentliche Ansätze zur Lehre von den zwei Regimenten, in: Schrey, Heinz-Horst (Hg.): Reich Gottes und Welt. Die Lehre Luthers von den zwei Reichen, Darmstadt 1969, 3-29.

Dantine, Wilhelm: Die Gerechtmachung des Gottlosen, München 1959.

Dantine, Wilhelm: Versöhnung, Wien 1996.

Dettmar, Werner: Schmalkalden. Artikel des Glaubens, glaubende Menschen, Kassel 1987.

Deutelmoser, Arno: Luther. Staat und Glaube, Jena 1937.

Diem, Harald: Luthers Lehre von den zwei Reichen. Untersucht von seinem Verständnis der Bergpredigt aus, Beiheft 5 zur Ev. Theol., München 1938.

Diem, Hermann: Luthers Predigt in den zwei Reichen, München 1947.

Dittrich, Ottmar: Luthers Ethik in ihren Grundzügen dargestellt, Leipzig 1930.

Dörries, Hermann: Gottesgehorsam und Menschengehorsam bei Luther. Ein Beitrag zur Geschichte des Apostelwortes Acta 5. 29, in: AfR 39 (1942), 47-84.

Dörries, Hermann: Luther und das Widerstandsrecht, in: Ders.: Wort und Stunde, Bd. 3, Göttingen 1970, 195-270.

Duchrow, Ulrich: Christenheit und Weltverantwortung. Traditionsgeschichte und systematische Struktur der Zweireichelehre, Stuttgart [2]1983.

Dumoulin, Heinrich: Östliche Meditation und christliche Mystik, Freiburg i.Br./ München 1966.

Dumézil, Georges: L'idéologie tripartite des Indo-Européens, Brüssel 1958.

Ebeling, Gerhard: Disputatio de homine, 3. Teil, Tübingen 1989.

Ebeling, Gerhard: Dogmatik des christlichen Glaubens, Bd. 1-3, Tübingen 1979.

Ebeling, Gerhard: Lehre und Leben in Luthers Theologie, Opladen 1984.

Ebeling, Gerhard: Luther. Einführung in sein Denken (1964), Tübingen ⁴1981.

Ebeling, Gerhard: Lutherstudien, Bd. III, Tübingen 1985.

Ebeling, Gerhard: Luthers Kampf gegen die Moralisierung des Christlichen, in: Reformatio 32 (1983), 447–456.

Ebeling, Gerhard: Die Notwendigkeit der Lehre von den zwei Reichen, in: Ders.: Wort und Glaube I., Tübingen ³1967, 407–428.

Elert, Werner: Dialektik der Offenbarung [1960], jetzt in: Kinder, Ernst/ Haendler, Klaus (Hg.): Gesetz und Evangelium, Darmstadt 1968, 159–165.

Elert, Werner: Das christliche Ethos. Grundlinien der lutherischen Ethik, Hamburg ²1961.

Elert, Werner: Zwischen Gnade und Ungnade. Abwandlungen des Themas Gesetz und Evangelium, München 1948.

Eliade, Mircea: Histoire des croyances et des idées religieuses, Bd. 1–3, Paris 1979/1980/1984.

Ellwein, Theodor: Gesetz und Evangelium, München ²1933.

Emme, Dietrich: Martin Luthers Weg ins Kloster, Regensburg 1991.

Engel, Klaus: Meditation. Geschichte, Systematik, Forschung, Theorie, Frankfurt a. M. ²1999.

Enomiya-Lassalle, Hugo M.: Zen-Meditation für Christen, Sonderausg., München ²1995.

Enomiya-Lassalle, Hugo M.: Zen und christliche Mystik, Freiburg i. Br. ³1986.

Erikson, Erik H.: Der junge Mann Luther. Eine psychoanalytische und historische Untersuchung (1975), Frankfurt a. M. ⁴1989.

Etzold, Otto: Rechtfertigung heute. Ein Wort zur Botschaft des Römerbriefs, Stuttgart 1965.

Fabiunke, Günter: Martin Luther als Nationalökonom, Berlin 1963.

Fagerberg, Holsten: Die Kirche in Luthers Psalmenvorlesungen 1513–16, in: Gedenkschrift für Werner Elert, Berlin 1955, 109ff.

Forck, Gottfried: Die Königsherrschaft Jesu Christi bei Luther, Berlin ²1988.

Frey, Christofer: Die Ethik des Protestantismus von der Reformation bis zur Gegenwart, Gütersloh 1989.

Frostin, Per: Luther's two kingdoms doctrine, Lund 1994.

Fuchs, Josef: Lex Naturae. Zur Theologie des Naturrechts, Düsseldorf 1955.

Führer, Werner: Das Amt der Kirche. Das reformatorische Verständnis des geistlichen Amtes im ökumenischen Kontext, Neuendettelsau 2001.

Gänssler, Hans Joachim: Evangelium und weltliches Schwert. Hintergrund, Entstehungsgeschichte und Anlaß von Luthers Scheidung zweier Reiche oder Regimente, Wiesbaden 1983.

Georges, Karl E.: Ausführliches lateinisch-deutsches Handwörterbuch, Bd. 1–2, Darmstadt 1988.

Göbel, Wolfgang: Der Wille zu Gott und das Handeln in der Welt. M. Luther – Johannes v. Kreuz – I. Kant, Freiburg/Schweiz 1993.

Goertz, Harald: Allgemeines Priestertum und ordiniertes Amt bei Luther, Marburger theol. Studien 46, Marburg 1997.

Gogarten, Friedrich: Luthers Theologie, Tübingen 1967.

Gollwitzer, Helmut: Luthers Ethik, in: Italiaander, Rolf (Hg.): Moral – wozu?, München 1972, 114–139.

Graves, Charles: Calvinist ethics and business attitudes, St. Gallen 1992.

Grimm, Robert: Luther et l'expérience sexuelle, Genf 1999.

Grisar, Hartmann: „Die Abbildung des Papsttums" und andere Kampfbilder in Flugblättern, Freiburg i. Br. 1923.

Haag, Walter: Christliche Mystik am Beispiel Jan van Ruusbroec und ungegenständliche Meditation (Zen), Diss., München 1991.

Haas, Alois M.: Der Kampf um den Heiligen Geist. Luther und die Schwärmer, Freiburg/Schweiz 1979.

Hacker, Paul: Das Ich im Glauben bei Martin Luther, Graz u. a. 1966.

Hacker, Paul: Das Ich im Glauben bei Martin Luther. Der Ursprung der anthropozentrischen Religion, Bonn 2002.

Haendler, Gert: Amt und Gemeinde bei Luther im Kontext der Kirchengeschichte, Stuttgart 1979.

Härle, Wilfried/ Herms, Eilert: Rechtfertigung. Das Wirklichkeitsverständnis des christlichen Glaubens, Göttingen 1980.

Hall, David D.: The Antinomian controversy, Durham u. a. 1990.

Handbuch der christlichen Ethik, Bd. 1-3, Freiburg i. Br. etc. 1978-1982.

Hasselmann, Niels (Hg.): Gottes Wirken in seiner Welt. Zur Diskussion um die Zwei-Reiche-Lehre, Bd. 1-2, Hamburg 1980.

Haun, Johannes: Zur Zwei-Reiche-Lehre Luthers, München 1973.

Heckel, Johannes: Im Irrgarten der Zweireichelehre, ThExh. NF 55, München 1957.

Heckel, Johannes: Lex charitatis, München 1953.

Heckel, Johannes: Widerstand gegen die Obrigkeit? Pflicht und Recht zum Widerstand bei Martin Luther, 1954, in: Kaufmann, Arthur u. a. (Hg.): Widerstandsrecht, Darmstadt 1972, 114-134.

Hegel, Georg W. F.: Werke, Moldenhauer, Eva/ Michel, Karl M. (Hg.), Bd. 5-6 (Die Wissenschaft der Logik), Frankfurt 1969.

Heiler, Friedrich (Hg.): Die Religionen der Menschheit, Stuttgart 1959.

Heintze, Gerhard: Luthers Predigt von Gesetz und Evangelium, München 1958.

Heiss, Robert: Wesen und Formen der Dialektik, Köln/ Berlin 1959.

Hell, Silvia: Die Dialektik des Wortes bei Martin Luther, Innsbruck 1992.

Hendrix, Scott H.: Luther and the papacy, Philadelphia 1981.

Hermann, Rudolf: Zur Bedeutung der lex, ihres Unvermögens und dennoch Bleibens (1958), in: Ders.: Gesammelte Studien zur Theologie Luthers und der Reformation, Göttingen 1960, 473-485.

Hermann, Rudolf: Zu Luthers Lehre von Sünde und Rechtfertigung, Tübingen 1952.

Hermann, Rudolf: Luthers These „Gerecht und Sünder zugleich", Darmstadt ²1960.

Hermann, Rudolf: Luthers Zirkulardisputation über Mt. 19,21, in: LuJ 23 (1941), 35-93.

Herms, Eilert: Die Bedeutung des Gesetzes für die lutherische Sozialethik, in: Homolka, Walter u. a. (Hg.): Von Wittenberg nach Memphis, FS f. R. Schwarz, Göttingen 1989, 62-89.

Herms, Eilert: Rechtfertigung als Grundbegriff der Ethik, in: Handbuch der christlichen Ethik, Bd. 1, Freiburg i. Br./ Gütersloh 1978, 422-440 (= Herms, Eilert: Theorie für die Praxis - Beiträge zur Theologie, München 1982, 78-97).

Herr, Theodor: Zur Frage nach dem Naturrecht im deutschen Protestantismus der Gegenwart, München/ Paderborn/ Wien 1972.

Hillerdal, Gunnar: Gehorsam gegen Gott und Menschen. Luthers Lehre von der Obrigkeit und die moderne evangelische Staatsethik, Göttingen 1955.

Hinkelammert, Franz J.: Befreiung, soziale Sünde und subjektive Verantwortung, in: Venetz, Hermann J./ Vorgrimler, Herbert (Hg.): Das Lehramt der Kirche und der Schrei der Armen, Münster 1985, 60-66.

Hinrichs, Carl: Luther und Müntzer. Ihre Auseinandersetzung über Obrigkeit und Widerstandsrecht (1952), Nachdr. Berlin 1971.

Hirsch, Emanuel: Lutherstudien, Müller, Hans M. (Hg.), Bd. 1-3, Waltrop 1998-1999 (= Hirsch, Emanuel: Ges. Werke, Bd. 1-3).

Höhne, Wolfgang: Luthers Anschauung über die Kontinuität der Kirche, Berlin/ Hamburg 1963.

Hoffmann, Julius: Die „Hausväterlichkeit" und die „Predigten über den christlichen Hausstand", Weinheim 1959.

Holl, Karl: Die Entstehung von Luthers Kirchenbegriff (1915), in: Ders.: Ges. Aufsätze zur Kirchengeschichte I, Luther, Tübingen ⁷1948, 288ff.

Holl, Karl: Der Neubau der Sittlichkeit (1918), in: Ders.: Ges. Aufsätze zur Kirchengeschichte I, Luther, Tübingen ⁷1948, 155-287.

Honecker, Martin: Einführung in die Theologische Ethik, Berlin 1990.

Honecker, Martin: Sozialethik zwischen Tradition und Vernunft, Tübingen 1977.

Honecker, Martin: Thesen zur Aporie der Zweireichelehre, in: ZThK 78 (1981), 128-140.

Huovinen, Eero: Fides infantium. Martin Luthers Lehre vom Kinderglauben, Mainz 1997.

Hut, Almuth u. Werner: Handbuch der Meditation, München 1990.

Ilting, Karl-Heinz: Naturrecht und Sittlichkeit, Stuttgart 1983.

Iserloh, Erwin (Hg.): Luther und die politische Welt, Stuttgart 1984.

Iwand, Hans Joachim: Gesetz und Evangelium in Luthers Vorlesung zum Galaterbrief von 1531/35, in: Ders.: Nachgelassene Werke, Bd. IV, Gütersloh/ München 2000, 404–440.

Freiwald, Jan: Das Verhältnis von allgemeinem Priestertum und besonderem Amt bei Luther, Diss., Heidelberg 1994.

Jehle, Frank: Du darfst kein riesiges Maul sein, das alles gierig in sich hineinfrißt und verschlingt. Freiburger Vorlesungen über Wirtschaftsethik der Reformatoren Luther, Zwingli und Calvin, Zürich 1996.

Jenson, Robert W.: Rechtfertigung als dreieiniges Ereignis, in: Beintker, Michael (Hg.), Rechtfertigung und Erfahrung, FS f. Gerhard Sauter, Gütersloh, 1995.

Joest, Wilfried: Gesetz und Freiheit, Göttingen [4]1968.

Johnson, Roger A. (Hg.): Psychohistory and religion. The case of „Young man Luther", Philadelphia 1977.

Jüngel, Eberhard: Zur Freiheit eines Christenmenschen. Eine Erinnerung an Luthers Schrift, München [2]1981.

Jüngel, Eberhard: „Quae supra nos, nihil ad nos. Eine Kurzformel der Lehre vom verborgenen Gott" (1972), in: Ders.: Entsprechungen, München 1980, 202–251.

Kailus, Jörg: Gesetz und Evangelium in Luthers Großem Galaterkommentar sowie bei Werner Elert und Paul Althaus, Münster 2004.

Kant, Immanuel: Kritik der praktischen Vernunft (A=[1]1788), in: Immanuel Kant: Werke, Weischedel, Wilhelm (Hg.), Bd. 6, Darmstadt, [3]1968.

Kant, Immanuel: Die Religion innerhalb der Grenzen der bloßen Vernunft (A=[1]1793, B= [2]1794), in: Immanuel Kant: Werke, Weischedel, Wilhelm (Hg.), Bd. 7, Darmstadt 1968, 645–879.

Kaufmann, Arthur u. a. (Hg.): Widerstandsrecht, Darmstadt 1972.

Kawerau, Gustav: Johann Agricola v. Eisleben (1881), Hildesheim 1977.

Kerber, Walter (Hg.): Sittliche Normen. Zum Problem ihrer allgemeinen und unwandelbaren Geltung, Düsseldorf 1982.

Kern, Fritz: Luther und das Widerstandsrecht, in: ZRG 6 (1916), 331–340.

Kibe, Takishi: Frieden und Erziehung in Martin Luthers Drei-Stände-Lehre, Frankfurt a. M. 1996.

Kinder, Ernst: Der evangelische Glaube und die Kirche, Berlin 1958 (Nachdruck Fürth 1983).

Kinder, Ernst: Gottesreich und Weltreich bei Augustin und Luther. Erwägungen zu einer Vergleichung der „Zwei-Reiche"-Lehre Augustins und Luthers, in: Schrey, Heinz-Horst (Hg.): Reich Gottes und Welt. Die Lehre Luthers von den zwei Reichen, Darmstadt 1969, 41–69.

Kinder, Ernst: Die evangelische Lehre von der Rechtfertigung, Lüneburg 1957.

Kinder, Ernst: Luthers Ableitung der geistlichen und weltlichen ‚Oberkeit' aus dem 4. Gebot (1959), jetzt in: Schrey, Heinz-Horst (Hg.): Reich Gottes und Welt. Die Lehre Luthers von den zwei Reichen, Darmstadt 1969, 221–241.

Kinder, Ernst/ Haendler, Klaus (Hg.): Gesetz und Evangelium, Darmstadt 1968.

Klappert, Bertold: Promissio und Bund. Gesetz und Evangelium bei Luther und Barth, Göttingen 1976.

Kleffmann, Tom: Die Erbsündenlehre in sprachtheologischem Horizont. Eine Interpretation Augustins, Luthers und Hamanns, Tübingen 1994.

Klose, Alfred: Das neue Naturrecht, Berlin 1985.

Knoll, August M.: Glaube zwischen Herrschaftsordnung und Heilserwartung, Wien 1996.

Koch, Ursula: Rosen im Schnee. Katharina Luther, geborene von Bora – eine Frau wagt ihr Leben, Gießen u. a. [12]2004.

Köpf, Ulrich: Monastische Tradition bei Martin Luther, in: Markschies, Christoph/ Trowitzsch, Michael (Hg.): Luther – zwischen den Zeiten, Tübingen 1999, 17–35.

Kohlmeyer, Ernst: Die Bedeutung der Kirche für Luther, in: ZKG 47, NF 10 (1928), 94ff.

Kohlschmidt, Werner: Luther und die Mystik, Hamburg 1947.

Kremers, Heinz: Die Juden und Martin Luther – Martin Luther und die Juden, Neukirchen-Vluyn ²1987.

Kreuzer, Siegfried: Gerechtigkeit glauben und erfahren, Wuppertal 2002.

Krumwiede, Hans-Walter: Glaube und Geschichte in der Theologie Luthers, Berlin 1952.

Krumwiede, Hans-Walter: Glaubenszuversicht und Weltgestaltung bei Martin Luther, Göttingen 1983.

Kühn, Ulrich: Rechtfertigung im Gespräch zwischen Thomas und Luther, Berlin 1967.

Küng, Hans: Projekt Weltethos, München (1990) ⁷2002.

Laarhoven, Jan van: Luthers Lehre von den zwei Reichen, in: Concilium 2 (1966), 501–506.

Lähteenmäki, Olavi: Sexus und Ehe bei Luther, Turku 1955.

Lage, Dietmar: Martin Luther's christology and ethics, Lewiston u. a. 1990.

Lange, Dietz: Ethik in evangelischer Perspektive, Göttingen ²2002.

Lau, Franz: Luther, Berlin 1959.

Lau, Franz: Luthers Lehre von den beiden Reichen, Berlin 1953.

Lau, Franz: „Äußerliche Ordnung" und „Weltlich Ding" in Luthers Theologie, Göttingen 1933.

Lazareth, William H.: Christians in Society. Luther, the Bible and Social Ethics, Minneapolis 2001.

Lieberg, Hellmut: Amt und Ordination bei Luther und Melanchthon, Forschungen z. Kirchen- u. Dogmengeschichte 11, Göttingen 1962.

Lienhard, Marc: Christologie et humilité dans la Theologia crucis du commentaire de l' Epitre aux Romains de Luther, in: Revue d' Histoire et de Philosophie religieuse 1962, 304–315.

Löfgren, David: Die Theologie der Schöpfung bei Luther, Göttingen 1960.

Loewenich, Walther von: Glaube und Erfahrung bei Luther, Diss., Fürstenfeldbruck 1928.

Loewenich, Walther von: Luther und der Neuprotestantismus, Witten 1963

Loewenich, Walther von: Luthers Theologia crucis, Bielefeld ⁶1982.

Lohmann, Friedrich: Zwischen Naturrecht und Partikularismus. Grundlegung christlicher Ethik mit Blick auf die Debatte um eine universale Begründbarkeit der Menschenrechte, Berlin 2002.

Lohse, Bernhard (Hg.): Der Durchbruch der reformatorischen Erkenntnis bei Luther, Darmstadt 1968.

Lohse, Bernhard (Hg.): Der Durchbruch der reformatorischen Erkenntnis bei Luther. Neuere Untersuchungen, Stuttgart 1988.

Lohse, Bernhard: Luthers Theologie in ihrer historischen Entwicklung und in ihrem systematischen Zusammenhang, Göttingen 1995.

Lohse, Bernhard: Ratio und fides, Göttingen 1958.

Lohse, Eduard: Der Brief an die Römer, Göttingen 2003.

Lotz, Johannes B.: Kurze Anleitung zum Meditieren, Frankfurt a. M. 1973.

Lütgert, Wilhelm: Die Lehre von der Rechtfertigung durch den Glauben, Berlin 1903.

Lüthi, Kurt: Christliche Sexualethik, Wien/ Köln/ Weimar 2001.

Luthardt, Christoph E.: Die Ethik Luthers in ihren Grundzügen, Leipzig 1867.

MacDonough, Thomas M.: The law and the gospel in Luther, Oxford 1963.

Mann, Jeffrey K.: Shall we sin? Responding to the antinomian question in Lutheran theology, New York u. a. 2003.

Mannermaa, Tuomo: Der im Glauben gegenwärtige Christus. Rechtfertigung und Vergottung. Zum ökumenischen Dialog, Hannover 1989.

Manns, Peter: Luthers Zwei-Reiche- und Drei-Stände-Lehre, in: Iserloh, Erwin (Hg.): Luther und die politische Welt, Stuttgart 1984, 3–26.

Mantey, Volker: Zwei Schwerter – Zwei Reiche. Martin Luthers Zwei-Reiche-Lehre vor ihrem spätmittelalterlichen Hintergrund, Tübingen 2005.

Markschies, Christoph/ Trowitzsch, Michael (Hg.): Luther – zwischen den Zeiten, Tübingen 1999.

Marsch, Wolf D.: Die Folgen der Freiheit. Christliche Ethik in der technischen Welt, Gütersloh 1974.

Martensen, H[ans]: Die christliche Ethik, Bd. I (Allgemeiner Theil), Karlsruhe u. Leipzig, ⁴1883, Bd. II/1 (Die individuelle Ethik), Karlsruhe u. Leipzig ²1879, Bd. II/2 (Die sociale Ethik), Karlsruhe u. Leipzig ²1879.

Matthes, Kurt: Luther und die Obrigkeit. Die Obrigkeitsanschauung des reifen Luther in systematischer Darstellung, München 1937.

Marx, Karl: Werke. Schriften, Lieber, Hans-J./ Furth, Peter (Hg.), Bd. I–VI, Darmstadt 1960ff.

Maurer, Wilhelm: Kirche und Geschichte in Luthers Dictata super Psalterium, in: Ders.: Kirche und Geschichte. Ges. Aufs., Bd. 1, Kohls, Ernst-Wilhelm/ Müller, Gerhard (Hg.), Göttingen 1970, 38–61.

Maurer, Wilhelm: Luthers Lehre von den drei Hierarchien und ihr mittelalterlicher Hintergrund, Bayr. Akademie der Wissenschaften, phil.-hist. Klasse, Sitzungsberichte 70/ 1970, München 1970.

Meier, Kurt: Kirche und Judentum. Die Haltung der evangelischen Kirche zur Judenpolitik des Dritten Reiches, Göttingen 1968.

Meinhold, Peter: Ehe im Gespräch der Kirchen, Essen-Werden 1968.

Meinhold, Peter: Revolution im Namen Christi. Ein Beitrag zur Frage von Kirche und Widerstandsrecht, in: Saeculum 10 (1959), 380–405.

Merk, Otto: Handeln aus Glauben. Die Motivierung der paulinischen Ethik, Marburg 1968.

Moltmann, Jürgen: Der gekreuzigte Gott, München 1972, ⁵1987.

Mühlhaupt, Erwin: Herrschaft Christi bei Luther, in: NZSTh 1 (1959), 165–184.

Mühlhaupt, Erwin: Martin Luther und der Bauernkrieg 1525, Sachsen bei Ansbach 1975.

Mühlhaupt, Erwin: Luther im 20. Jahrhundert, Göttingen 1982.

Müller, Gerhard: Luthers Sozialethik, in: Besier, Gerhard u. Lohse, Eduard (Hg.): Glaube – Bekenntnis – Kirchenrecht, FS f. H. Ph. Meyer, Hannover 1989, 114–126.

Müller, Gerhard: Die Rechtfertigungslehre. Geschichte und Probleme. Gütersloh 1977.

Müller, Karl: Luthers Äußerungen über das Recht des bewaffneten Widerstands gegen den Kaiser, München 1915.

Müller, Norbert: Evangelium und politische Existenz, Berlin 1983.

Negri Enrico de: Offenbarung und Dialektik. Luthers Realtheologie, Darmstadt 1973.

Nicol, Martin: Art. Meditation II, in: TRE, Bd. 22 (1992), 337–353.

Nicol, Martin: Meditation bei Luther, Göttingen 1990, ²1991.

Nicolaisen, Carsten: „Anwendungen" der Zweireichelehre im Kirchenkampf – Emanuel Hirsch und Dietrich Bonhoeffer, in: Hasselmann, Niels (Hg.): Gottes Wirken in seiner Welt. Zur Diskussion um die Zwei-Reiche-Lehre, Bd. 2, Hamburg 1980.

Obendiek, Hartmannus: Der Teufel bei Martin Luther, Berlin 1931.

Oberhammer, Gerhard: Strukturen yogischer Meditation, Wien 1977.

Oberman, Heiko A.: Luthers Beziehungen zu den Juden, in: Junghans, Helmar (Hg.): Leben und Werk Martin Luthers von 1526 bis 1546, Göttingen 1983, Bd. 1, 519–530; Bd. 2, 894–904.

Oberman, Heiko A.: Wurzeln des Antisemitismus, Berlin ²1981.

Oberman, Heiko A.: Thesen zur Zwei-Reiche-Lehre, in: Iserloh, Erwin (Hg.):Luther und die politische Welt, Stuttgart 1984, 27–34.

Ohlig, Rudolf: Die Zwei-Reiche-Lehre Luthers in der Auslegung der deutschen lutherischen Theologie der Gegenwart, Bern u. a. 1974.

Ohly, Friedrich: Gesetz und Evangelium, Münster 1985.

Olivier, Daniel: „Dieu caché et crucifié", in: Lumière et Vie 31 (1982), 51–63.

Olivier, Daniel: Luthers Glaube, Stuttgart 1982.

Osten-Sacken, Peter von der: Martin Luther und die Juden. Neu untersucht anhand von Anton Margarithas „Der gantz Jüdisch glaub" (1530/31), Stuttgart 2002.

Pannenberg, Wolfhart: Luthers Lehre von den zwei Reichen, in: Ders.: Ethik und Ekklesiologie, Göttingen 1977, 97–114.

Pannenberg, Wolfhart: Systematische Theologie, Bd. II, Göttingen 1991.

Pannenberg, Wolfhart/ Kaufmann, Arthur: Gesetz und Evangelium, München 1986.

Papapetrou, Konstantinos E.: Über die anthropologischen Grenzen der Kirche. Ein philosophisch-theologischer Entwurf zum Thema Simul iustus et peccator aus orthdox-katholischer Sicht, Hamburg 1972.

Pauls, Theodor: Luthers Auffassung von Staat und Volk, Bonn [2]1927.

Pawlas, Andreas: Die lutherische Berufs- und Wirtschaftsethik, Neukirchen-Vluyn 2000.

Pesch, Otto H.: Frei sein aus Gnade. Theologische Anthropologie, Freiburg 1983.

Pesch, Otto H.: Gerechtfertigt aus Glauben. Luthers Frage an die Kirche, Quaestiones disputatae 97, Freiburg i. Br./ Basel/ Wien 1982.

Pesch, Otto H.: Hinführung zu Luther, Mainz 1982.

Pesch, Otto H./ Peters, Albrecht: Einführung in die Lehre von Gnade und Rechtfertigung, Darmstadt 1981.

Peters, Albrecht: Systematischer Besinnung zu einer Neuinterpretation der reformatorischen Rechtfertigungslehre, in: Lohff, Wenzel/Walther, Christian (Hg.): Rechtfertigung im neuzeitlichen Lebenszusammenhang, Gütersloh 1974, 107–125.

Peters, Albrecht: Die Anfechtung in Martin Luthers Leben und Theologie, in: Lutherische Theologie und Kirche 7 (1983), 1–10.

Peters, Albrecht: Gesetz und Evangelium, Gütersloh [2]1994.

Peters, Albrecht: Kommentar zu Luthers Katechismen, Bd. 1–5, Göttingen 1990–1994.

Peters, Albrecht: Rechtfertigung, Handbuch Systematischer Theologie, Bd. 12, Gütersloh 1984.

Pfeiffer, Gerhard: Totaler Staat – und Luther? Luthers Lehre vom Verhalten des Christen im Staate, Neuendettelsau 1951.

Pfürtner, Stephan H.: Luthers Papstkritik – überholte Polemik oder unbewältigte Vergangenheit?, in: Martin Luther – der Streit um sein Erbe, Monographia Hassiae 11 (1984), 21–39.

Pinomaa, Lennart: Die Heiligen in Luthers Frühtheologie, Helsinki 1977.

Pinomaa, Lennart: Sieg des Glaubens. Grundlinien der Theologie Luthers, Göttingen 1964.

Pöhlmann, Hans G.: Rechtfertigung. Die gegenwärtige kontroverstheologische Problematik der Rechtfertigungslehre zwischen der evangelisch-lutherischen und der römisch-katholischen Kirche, 1971.

Pósfay, George: Die allgemeine Kirche bei Luther, in: Lutherische Kirche in der Welt 41 (1994), 29–53.

Postel, Rainer: Obrigkeitsdenken und Reformation in Hamburg, in: Archiv f. Reformationsgeschichte 70 (1979), 169–201.

Prien, Hans-Jürgen: Luthers Wirtschaftsethik, Göttingen 1992.

Rahner, Karl: Über die Einheit von Nächsten- und Gottesliebe, in: Ders.: Schriften zur Theologie, Bd. VI, Einsiedeln/ Zürich/ Köln 1965, 277–298.

Ratschow, Carl Heinz: Gottesreich und Geschichtswelt, in: Keller-Wentorf, Christel/ Repp, Martin (Hg.): Von den Wandlungen Gottes, FS f. Carl. H. Ratschow, New York 1986, 259–287.

Raunio, Antti: Die Goldene Regel als Gesetz der göttlichen Natur. Das natürliche Gesetz und das göttliche Gesetz in Luthers Theologie 1522–1523, in: Heubach, Joachim (Hg.): Luther und Theosis, Erlangen 1990, 163–186.

Raunio, Antti: Summe des christlichen Lebens. Die „Goldene Regel" als Gesetz der Liebe in der Theologie Martin Luthers von 1510–1527, Mainz 2001.

Reinhuber, Thomas: Kämpfender Glaube. Studien zu Luthers Bekenntnis am Ende von De servo arbitrio, Berlin 2000.

Rendtorff, Trutz: Ethik, Bd. 1–2, Stuttgart [2]1990/ 1991.

Richter, Matthias: Gesetz und Heil. Eine Untersuchung zur Vorgeschichte und zum Verlauf des sogenannten Zweiten Antinomistischen Streits, Göttingen 1996.

Rieske-Braun, Uwe: Zwei-Bereiche-Lehre und christlicher Staat, Gütersloh 1993.

Rieth, Ricardo: „Habsucht" bei Martin Luther, Leipzig 1996.

Rietschel, Ernst: Das Problem der unsichtbar-sichtbaren Kirche bei Luther, Leipzig 1932.

Ritschl, Albrecht: Die christliche Lehre von der Rechtfertigung und Versöhnung, 3. Bd., Bonn [4]1895.

Rittner, Reinhard: In Christus berufen. Amt und allgemeines Priestertum in lutherischer Perspektive, Hannover 2001.

Rogge, Joachim: Art. Agricola, Johann, in: TRE, Bd. 2, Berlin u. a. 1978, 110–118.

Rogge, Joachim: Johann Agricolas Lutherverständnis. Unter Berücksichtigung des Antinomismus, Berlin o.J. (1960).

Rogge, Joachim: Luthers Stellung zu den Juden, in: Luther 40 (1969), 13–24.

Rommen, Heinrich: Die ewige Wiederkehr des Naturrechts, München ²1947.

Rothe, Richard: Theologische Ethik, Bd. 1–3, Wittenberg ¹1845/1848, Bd. 1–5, Wittenberg ²1867/1871.

Ruehl, Artur: Der Einfluss der Mystik auf Denken und Entwicklung des jungen Luther, Diss., Marburg 1960.

Rupp, Ernest G.: Luther and the Jews, London 1972.

Russel, William R.: Martin Luther's understanding of the pope as the Antichrist, in: Archiv f. Reformationsgeschichte 85 (1994), 32–44.

Sartre, Jean-P.: L'être et le néant, Paris 1943.

Sauter, Gerhard (Hg.): Rechtfertigung als Grundbegriff evangelischer Theologie, München 1989.

Sauter, Gerhard (Hg.): Zur Zwei-Reiche-Lehre Luthers, München 1973.

Sauter, Gerhard: Die dialektische Theologie und das Problem der Dialektik in der Theologie, in: Studium Generale 21 (1968), 887–915.

Scharbau, Friedrich-Otto: Luther und die Kirche, Hannover 2003.

Scharfenberg, Joachim: Luther in psychohistorischer Sicht, in: Wege zum Menschen 37 (1985), 15–27.

Scharffenorth, Gerta: „Freunde in Christus werden …" Die Beziehung von Mann und Frau als Frage an Theologie und Kirche, Gelnhausen u. a. 1977.

Scharffenorth, Gerta: Den Glauben ins Leben ziehen …, München 1982.

Scharfetter, Christian: Der spirituelle Weg und seine Gefahren, Stuttgart ⁵1999.

Schaumberger, Christine/ Schottroff, Luise: Schuld und Macht. Studien zu einer feministischen Befreiungstheologie, München 1988.

Scheel, Heide: „Strukturelle" Sünde in theologischen Konzeptionen des 20. Jahrhunderts, Dipl.-Arbeit, Wien 1991.

Scheel, Otto: Dokumente zu Luthers Entwicklung, Tübingen ²1929.

Scheel, Otto: Evangelium, Kirche und Volk bei Luther, Leipzig 1934.

Scheible, Heinz (Hg.): Das Widerstandsrecht als Problem der deutschen Protestanten 1523-1546, Gütersloh 1969.

Schirrmacher, Thomas (Hg.): Die vier Schöpfungsordnungen Gottes. Kirche, Staat, Wirtschaft und Familie bei Martin Luther und Dietrich Bonhoeffer, Nürnberg 2001.

Schmid, Georg: Wo das Schweigen beginnt. Wege indischer und christlicher Meditation, Gütersloh 1984.

Schmid, Heinrich: Die Dogmatik der evangelisch-lutherischen Kirche, in: Hans-Georg Pöhlmann (Hg.), Tübingen ⁹1979.

Schmidt, Kurt D.: Luthers Staatsauffassung, in: Luther 32 (1961), 97–109.

Schneider, Theodor/ Wenz, Gunther (Hg.): Gerecht und Sünder zugleich? Ökumenische Klärungen, Freiburg i.Br. 2001.

Schoonenberg, Piet: Theologie der Sünde, Einsiedeln/ Zürich/ Köln 1966.

Schrey, Heinz-Horst (Hg.): Reich Gottes und Welt. Die Lehre Luthers von den zwei Reichen, Darmstadt 1969.

Schultz, Walter: Die Transformation der theologia crucis bei Hegel und Schleiermacher, in: Neue Zeitschrift f. syst. Theologie u. Religionsphilosophie 6 (1964), 290–317.

Schumann, Friedrich K.: Gottesglaube und Anfechtung bei Luther, Leipzig 1938.

Schwarz, Reinhard: Ecclesia, oeconomia, politia. Sozialgeschichtliche und fundamentalethische Aspekte der protestantischen Drei-Stände-Lehre, in: Renz, Horst/ Graf, Friedrich W. (Hg.): Troeltsch-Studien, Bd. 3: Protestantismus und Neuzeit, Gütersloh 1984, 78–88.

Schwarz, Reinhard: Fides, spes und caritas beim jungen Luther, Berlin 1962.

Schwarz, Reinhard: Martin Luther, in: Ruhbach, Gerhard/ Sudbrack, Josef (Hg.): Große Mystiker, München 1984, 185–202; 375–380.

Schwarz, Reinhard: Luthers Lehre von den drei Ständen und die drei Dimensionen der Ethik, in: LuJ 45 (1978), 15–34.

Schwarzwäller, Klaus: Theologia crucis. Luthers Lehre von der Prädestination nach de servo arbitrio, München 1970.

Seeberg, Reinhold: Die religiösen Grundgedanken des jungen Luther und ihr Verhältnis zu dem Ockamismus und der deutschen Mystik, Berlin 1931.

Seeberg, Reinhold: Lehrbuch der Dogmengeschichte, Bd. IV/1, Darmstadt ⁶1959.

Seils, Martin: Der Gedanke vom Zusammenwirken Gottes und des Menschen in Luthers Theologie, Beiträge zur Förderung christlicher Theologie, Bd. 50, Gütersloh 1962.

Seils, Martin: Der Grund der Rechtfertigung. Zum Verhältnis von „Einung" mit Christus und „Anrechnung" der Christusgerechtigkeit in Luthers Auslegung von Gal. 2, 16 und 2, 20 in der Großen Galatervorlesung, in: Beintker, Michael (Hg.), Rechtfertigung und Erfahrung, FS f. Gerhard Sauter, Gütersloh, 1995.

Senarclens, Jacques de: Dieu avec nous, Genf 1972

Sievernich, Michael: Schuld und Sünde in der Theologie der Gegenwart, Frankfurt a. M. ²1982.

Spät, Andreas: Luther und die Juden, Bonn 2001.

Stachel, Günter: Aufruf zur Meditation, Graz ²1973.

Stachel, Günter: Gebet – Meditation – Schweigen, Freiburg i.Br./ Wien 1993.

Steck, Karl G.: Lehre und Kirche bei Luther, München 1963.

Steck, Karl G.: Luther und die Schwärmer, ThSt 44, Zollikon-Zürich 1955.

Stolle, Volker: Luther und Paulus, Leipzig 2002.

Stolzenau, Karl-Ferdinand: Die Frage des Widerstandes gegen die Obrigkeit bei Luther zugleich in ihrer Bedeutung für die Gegenwart, Diss., Münster 1962.

Subilia, Vittorio: Die Rechtfertigung aus Glauben. Gestalt und Wirkung vom Neuen Testament bis heute, Göttingen 1981.

Suda, Max J.: Das Christentum als „offenbare Religion", in: Hegels „Phänomenologie des Geistes", in: Hegel-Jb. 2001/ 1. Teil, Berlin 2002, 253–258.

Suda, Max J.: Ethik. Ein Überblick über die Theorien vom richtigen Leben, Wien 2005.

Suda, Max J.: Die Ethik des Gesetzes bei Luther, in: Loader, James A./ Kieweler, Hans-V. (Hg.): Vielseitigkeit des Alten Testaments. FS für Georg Sauer zum 70. Geb., Frankfurt a. M. 1999, 345–356.

Suda, Max J.: Meditieren aus evangelischer Sicht, in: Wiener Jb. f. Theologie 5 (2004), 385–397.

Suda, Max J.: Meditieren mit Luther, in: Amt und Gemeinde 47 (1996) [Heft 9/ 10], FS f. Koloman N. Micskey, 134–138.

Suda, Max J.: Religion und Atheismus im Verhältnis von Identität und Widerspruch in der Gedankenwelt der Linkshegelianer, in: Hegel-Jb. 1979, Köln 1980, 324–332.

Suda, Max J.: Von der widersprüchlichen Verborgenheit Gottes nach Luther, in: Körtner, Ulrich H./ Schelander, Robert (Hg.): GottesVorstellungen, FS für Gottfried Adam, Wien 1999, 485–499.

Sudbrack, Josef: Meditative Erfahrung – Quellgrund der Religion?, Mainz 1994.

Suppan, Klaus: Die Ehelehre Martin Luthers, Salzburg 1971.

Thaidigsmann, Edgar: Identitätsverlangen und Widerspruch. Kreuzestheologie bei Luther, Hegel und Barth, München 1983.

Taube, Roselies: Gott und das Ich. Erörtert in einer Auseinandersetzung mit Luthers Lehre über Glaube und Liebe in seinem Galaterkommentar (1531/1535), Frankfurt a. M. u. a. 1986.

Tödt, Heinz E.: Die Bedeutung von Luthers Reiche- und Regimentenlehre für die heutige Theologie und Ethik, in: Hasselmann, Niels (Hg.): Gottes Wirken in seiner Welt. Zur Diskussion um die Zwei-Reiche-Lehre, Bd. 2, Hamburg 1980, 52–135.

Tödt, Heinz E.: Perspektiven theologischer Ethik, München 1988.

Törnvall, Gustaf: Geistliches und weltliches Regiment bei Luther, München 1947.

Treu, Martin: Martin Luther und das Geld, Wittenberg 2000.

Troeltsch, Ernst: Die Soziallehren der christlichen Kirchen und Gruppen (1911), Tübingen 1922, 2. Neudruck Aalen 1965.

Ulrich, Hans G. (Hg.): Evangelische Ethik. Diskussionsbeiträge zu ihrer Grundlegung und ihren Aufgaben, München 1990.

Vries, Josef de: Grundbegriffe der Scholastik, Darmstadt 1983.

Wagner, Falk: Zur gegenwärtigen Lage des Protestantismus, Gütersloh 1995.

Wald, Berthold: Person und Handlung bei Martin Luther, Weilheim-Bierbronnen 1993.

Waldenfels, Hans: An der Grenze des Denkbaren. Meditation – Ost und West, München 1988.

Wallmann, Johannes: Luthers Stellung zu Judentum und Islam, in: Luther 57 (1986), 49–60.

Walther, Carl F.W.: Bei Gott ist viel mehr Gnade. Über den Unterschied von Gesetz und Evangelium, Zwickau 2004.

Watts, Alan: Zen. Stille des Geistes, Berlin 2001.

Weber, Helmut/ Mieth, Dietmar (Hg.): Anspruch der Wirklichkeit und christlicher Glaube. Probleme und Wege theologischer Ethik heute, Düsseldorf 1980

Weber, Max: Die protestantische Ethik, Winckelmann, Johannes (Hg.), 1. Bd., Gütersloh ^{7}1984, 2. Bd. (Kritiken und Antikritiken), Gütersloh ^{4}1982.

Weber, Max: Politik als Beruf (1919), Berlin ^{10}1993.

Wehr, Gerhard: Martin Luther – der Mystiker, München 1999.

Wertelius, Gunnar: Oratio continua. Das Verhältnis zwischen Glaube und Gebet in der Theologie Martin Luthers, Lund 1970.

Weymar, Ernst: Martin Luther: Obrigkeit, Gehorsam und Widerstand, in: GWU 13 (1962), 133–151.

Wiebering, Joachim: Handeln aus Glauben, Berlin 1981.

Wilhelm, Richard/ Jung, Carl G.: Geheimnis der goldenen Blüte. Das Buch von Bewußtsein und Leben, Köln 1986.

Wingren, Gustav: Luther Lehre vom Beruf, München 1952.

Winter, Ingelore M.: Katharina von Bora, Augsburg 2000.

Wolf, Ernst: Gesetz und Evangelium in Luthers Auseinandersetzung mit den Schwärmern, in: EvTh 5 (1938), 96–109.

Wolf, Ernst: „Natürlich Gesetz" und „Gesetz Christi" bei Luther, in: EvTh 2 (1935), 305–330.

Wolf, Ernst: Das Problem der Naturrechtslehre, Karlsruhe ^{3}1964.

Wolf, Gunther (Hg.): Luther und die Obrigkeit, Darmstadt 1972.

Wolgast, Eike: Luther und die katholischen Fürsten, in: Iserloh, Erwin (Hg.): Luther und die politische Welt, Stuttgart 1984, 37–63.

Zeller, Eva: Die Lutherin. Spurensuche nach Katharina von Bora, München u. a. ^{2}2003.

Personen- und Sachregister

Forschungen zur systematischen und ökumenischen Theologie

Herausgegeben von Reinhard Slenczka und Gunther Wenz. Eine Auswahl:

Band 113: Jennifer Wasmuth
Der Protestantismus und die russische Theologie
Zur Rezeption und Kritik des Protestantismus in den Zeitschriften der Geistlichen Akademien in der Wende vom 19. zum 20. Jahrhundert
2006. Ca. 390 Seiten, gebunden
ISBN 3-525-56340-X

Band 112: Miriam Rose
Fides caritate formata
Das Verhältnis von Glaube und Liebe in der Summa Theologiae des Thomas von Aquin
2006. Ca. 320 Seiten, gebunden
ISBN 3-525-56342-6

Band 111: Christiane Tietz
Freiheit zu sich selbst
Entfaltung eines christlichen Begriffs von Selbstannahme
2005. 234 Seiten, gebunden
ISBN 3-525-56339-6

Band 110: Matthias Haudel
Die Selbsterschließung des dreieinigen Gottes
Grundlagen eines ökumenischen Offenbarungs-, Gottes- und Kirchenverständnisses
2005. 640 Seiten, gebunden
ISBN 3-525-56338-8

Band 109: Martin Hailer
Gott und die Götzen
Über Gottes Macht angesichts der lebensbestimmenden Mächte
2005. 430 Seiten, gebunden
ISBN 3-525-56336-1

Band 107: Markus Mühling
Versöhnendes Handeln – Handeln in Versöhnung
Gottes Opfer an die Menschen
2005. 382 Seiten, gebunden
ISBN 3-525-56335-3

Band 106: Magnus Schlette
Die Selbst(er)findung des Neuen Menschen
Zur Entstehung narrativer Identitätsmuster im Pietismus
2005. 384 Seiten, gebunden
ISBN 3-525-56333-7

Band 105: Christoph Klein
Das grenzüberschreitende Gebet
Zugänge zum Beten in unserer Zeit
2004. 222 Seiten, gebunden
ISBN 3-525-56334-5

Band 104: Karsten Lehmkühler
Inhabitatio
Die Einwohnung Gottes im Menschen
2004. 365 Seiten, gebunden
ISBN 3-525-56331-0

Band 103: Henning Theißen
Die evangelische Eschatologie und das Judentum
Strukturprobleme der Konzeptionen seit Schleiermacher
2004. 328 Seiten, gebunden
ISBN 3-525-56256-X

V&R
Vandenhoeck & Ruprecht

Studium Systematische Theologie

10 Bände. Bei Abnahme der Reihe 10% Ermäßigung

Mit »Studium Systematische Theologie, Band 1–3« präsentiert Gunther Wenz die ersten drei Bände einer auf zehn Bände angelegten evangelischen Dogmatik. Die drei Eingangsbände behandeln die Themen Religion, Offenbarung und Kirche. Sie sind nicht klassische Prolegomena zur Dogmatik, sondern sie sollen der Theologie zum entwickelten Bewusstsein ihrer gegenwärtigen Aufgaben durch die Rekonstruktion ihrer Problemgeschichte verhelfen.

Zur raschen Orientierung sind die einzelnen Abschnitte jeweils für sich lesbar. Im Zuge fortschreitender Entwicklung fundamentaltheologischer Fragestellungen verdichten sie sich zu einem Systementwurf.

Band 1: Gunther Wenz
Religion
Aspekte ihres Begriffs und ihrer Theorie in der Neuzeit
2005. 279 Seiten, kartoniert
ISBN 3-525-56704-9

Band 2: Gunther Wenz
Offenbarung
Problemhorizonte moderner evangelischer Theologie
2005. 285 Seiten, kartoniert
ISBN 3-525-56705-7

Band 3: Gunther Wenz
Kirche
Perspektiven reformatorischer Ekklesiologie in ökumenischer Absicht
2005. 284 Seiten, kartoniert
ISBN 3-525-56706-5

In Vorbereitung:
Bd. 4: Gott. ISBN 3-525-56707-3
Bd. 5: Christus. ISBN 3-525-56708-1
Bd. 6: Geist. ISBN 3-525-56710-3
Bd. 7: Schöpfung. ISBN 3-525-56711-1
Bd. 8: Sünde. ISBN 3-525-56712-X
Bd. 9: Versöhnung. ISBN 3-525-56713-8
Bd. 10: Vollendung. ISBN 3-525-56714-6

V&R
Vandenhoeck & Ruprecht